언론 법제의 이론과 현실

언론 법제의 이론과 현실

김동민 편저

언론 법제의 이론과 현실

편저자 / 김동민
펴낸이 / 한기철
책임 편집 / 이리라 · 편집 및 제작 / 이수정
표지 디자인 / 이선영

1993년 8월 20일 1판 1쇄 박음
1993년 8월 30일 1판 1쇄 펴냄
1997년 1월 30일 1판 2쇄 펴냄
1999년 2월 20일 1판 3쇄 펴냄

펴낸 곳 / 도서출판 한나래
등록 / 1991. 2. 25. 제22-80호
주소 / 서울시 송파구 신천동 11-9, 한신오피스텔 1419호
전화 / (02) 420-7385~6 · 팩스 / (02) 420-8474 · 천리안 / HANBOOK

인쇄 / 상지사 · 제책 / 성용제책
공급처 / 한국출판협동조합[전화: (02) 716-5616, 팩스: (02) 716-2995]

언론 법제의 이론과 현실 / 김동민 편. — 서울: 한나래, 1993.
374p.: 23cm(한나래 언론 문화 총서, 3)

ISBN: 89-85367-06-4 94330
KDC: 368.02
DDC: 343.0998

1. Press law. 2. Press law — Korea. I. 김동민, 편.

* 잘못된 책은 바꿔 드립니다.

머리말

"한 국가에서, 즉 법이 존재하는 사회에서 각 사람은 원하는 바를 할 수 있고 원하지 않는 바를 강제당하지 아니한다."

(≪ 법의 정신 ≫)

삼권 분립을 주창한 것으로 유명한 몽테스키외의 '법의 정신'은 훌륭한 것이었다. 그 정신은 근대 시민 사회의 기틀이 되었다. 그에 의하면 법은 시민의 자유와 권리를 보호하기 위해 존재하였다. 그러나 법조 귀족 출신인 몽테스키외가 바라는 사회는 다분히 귀족 지향적인 사회였다. 역사적으로 법은 사적 소유의 발생과 사회적 불평등의 증대를 배경으로 하여 출현하였다. 국가는 지배층에게 유리한 질서를 확립하기 위해 법률을 제정하였다. 법은 경제적, 정치적 관계를 반영하고 옹호한다. 만인은 법 앞에 평등하지 않다. 그렇다고 법의 존재 가치를 부정할 수는 없다. 다만 만인에게 평등하게 적용될 수 있는 법을 갖고자 하는 것이다.

표현의 자유, 언론·출판의 자유를 규정한 제반 헌법과 법률들이 만인에게 평등하게 적용되고 있는가를 연구하는 것이 언론법 연구자들이 가져야 하는 기본 자세라고 믿으며 이 책을 구성하였다. 근대 시민 사회 이후의 언론 관련법 조항들은 소위 '사상의 자유 시장'을 보장하지 않았다. 오히려 사상의 일방적 유통과 강요, 표현 자유의 독점을 제도적으로 보장하였다. 이 구조를 인정하지 않는 자에게는 법의 제재가 가해졌다. 그 억압적 법 체계를 수정시켜 만인이 표현의 자유를 누릴 수 있도록 만들어 가는 것은 시민의 결집된 힘이었다. 그러나 아직도 갈 길은 멀다. 우리의 현실은 더욱더 그러하다. 우리의 언론 관련 법률들은 개인의 표현의 자유를 억제하는 반면에 언론 기업의 이윤 추구를 제도적으로 보장해 주고 있다. 미국의 연방 최고 재판소도 언론 기업에게 '사상의 독점적 시장'을 견고하게 보호해 주고 있다.

혼히 미국 수정 헌법 제1조는 언론의 절대적 자유를 보장하는 세계적으로 가장 본받을 만한 헌법으로 해석되는 경향이 있다. 미국 언론이 자유를 만끽할 수 있는 것도 여기에서부터 연원하는 것으로 이해되었다. 그러나 그 정치적 맥락에 대해서는 검토되지 않았다. 이는 막연히 불리어졌던 '제4부'라는 용어의 사용과 관련되는 문제이기도 하다. 그리고 수정 제1조가 우리에게는 어떻게 소화되어야 하며, 한국의 정치적 맥락과 법 체계와는 어떤 차별성을 갖는지에 대해서도 연구되지 않았다.

이 책에 실린 글들이 이러한 문제들에 대해 완전한 비전을 제시하지는 못할 것이다. 다만 지금까지와는 다른 각도에서 새로운 문제 의식을 던져 줄 것이라는 점은 분명하다. 김동민의 < 언론 법제 연구의 새로운 관점 >은 서론격으로 기존 연구의 한계를 정리하면서 새로운 연구 방향을 제시하였다. 그리고 언론 보도의 공정성, 객관성 등과 관련한 개념들을 나름대로 정리하였다. 양건 교수의 두 논문은 언론학계의 기존 연구 경향과는 아주 다른 각도에서 '표현의 자유'와 관련한 이론들을 비판적으로 검토하였다. 우리 학계에 꼭 소개되어야 할 논문이라고 여겨져서 수록하였다.

< 반론권 >과 < 방송에 대한 민중의 악세스권 >은 일본의 논문을 번역한 것으로 매스 미디어의 권리가 과도하게 행사되고 있는 현실에서 수용자의 법률적 권리를 조명하고 있다. 대륙법 계통의 유럽 국가들에서 반론권이 보장되는 과정을 역사적으로 정리하였으며, 매스 미디어에 대한 수용자의 권리가 확보된 국가별 사례를 제시하였다. 이 글들을 보면 매스 미디어 측이 주장하는 '편집권'이라는 것의 실상과 허상을 반추해 볼 수 있을 것이다. < 미국의 지역 사회 라디오 >는 표현 자유의 실천적 노력으로서 매

체 소유의 사례들을 소개하고 있다.

< 편집권과 언론에 대한 국민의 권리 >에서는 언론에 대한 국민의 권리로서의 악세스권·반론권 등이 언론의 편집권과 충돌할 수 있는 것이 아니라는 점을 지적하고, 언론에 대한 국민의 권리라는 차원에서 시민 언론 운동의 현실을 진단하였다.

박형상, 안상운 두 변호사의 글들은 언론 보도로 인한 피해의 구제 제도의 문제점들을 전문가의 입장에서 조목조목 지적하고 있다. 논문으로서의 체계는 부족하더라도 학계의 언론법 연구자들에게 많은 도움이 될 것이라고 믿는다.

조병량 교수의 < 한국 광고의 모방, 표절, 복제의 현황과 문제점 >은 현재 심각한 수준에 도달해 있는 광고 표절의 법률적 문제들을 잘 지적하고 있다. 유의선 박사의 < 방송법 >은 최근에 법률과 시행령이 제정, 공표되어 곧 시행될 종합 유선 방송 CATV 사업의 규제·탈규제의 문제, 프로그램 심의 등을 다루고 있다. CATV 법제의 독보적 연구라고 할 수 있겠다.

이 책이 빛을 보게끔 귀한 연구 결과의 수록을 쾌히 승낙해 주신 양건 교수님과 조병량 교수님, 안상운 변호사님과 박형상 변호사님, 그리고 유의선 박사께 감사드린다. 언론학 저서 출판에 남다른 의욕을 가지고 있는 한나래 출판사의 한기철 사장님께도 감사드린다.

1993년 7월 2일
김동민

차례

서론:
언론 법제 연구의 새로운 관점

김동민

1. 문제의 제기

우리 나라에서의 언론 법제 연구는 그다지 활발하지 못한 편에 속한다. 커뮤니케이션 이론과 방법론에의 천착, 방송 매체 및 뉴 미디어 분야에서의 정책적 과제 연구의 범람, 비판 이론의 패션화 경향 등으로 인해 언론 법제 연구가 주목을 받지 못한 데서 그 원인을 찾을 수 있을 것이다. 그런 가운데서도 선구적 연구자들에 의해 수행된 법제 연구는 후속의 연구를 위한 든든한 토대를 구축해 놓았다. 그러나 선행의 연구들은 몇 가지 기본적인 한계들을 노출하고 있는 것으로 보인다.

기존의 언론 법제 연구는 이론의 철학적 배경의 부재, 미국의 판례 이론에 대한 과대한 평가, 현상적 측면의 단순한 설명 등에 머물고 있다. 철학의 부재는 표현의 자유에 관한 낭만적인 해석으로 이어져 표현의 자유를 절대시하는 경향을 보여 준다. 표현의 자유에 대한 어떠한 제약도 부당한 것으로 묘사된다. 표현의 자유에 대해서는 그것이 제기된 시대적 배경과 자유주의 사상가들의 철학적 배경을 규명해야 하고, 변화된 시대와 다른 조건의 사회에서는 어떻게 재해석되어야 하는가를 유념해야 할 것이다.

그리고 기본적으로 법이 사회에서 수행하는 역할에 대해서도 먼저 분명히 해야 할 필요가 있다. 법이란 사회 제도의 이념화이며, 마찬가지로 언론법은 언론 제도의 이념화이다. 법은 옛부터 강자와 가진 자, 기득권자들의 생명과 재산을 보호하기 위한 취지로 제정되어 왔다. 약자와 피지배자를 위해 제정된 것이 결코 아니었다. 근대 이후의 시민 사회에서 법을 약자의 권리를 보호하기 위한 법으로 만들고 있는 것은 시민들의 의식의 성장 및 시민 운동과 관련이 있다. 그렇다면 언론법도 국민의 언론·출판·표현의 자유를 보장하기 위해 제정되지 않았을 터이다. 기득권자를 위해 만들어진 언론법을 시민의 표현 자유를 신장시키는 방향으로 전환시키는 것 역시 시민 운동에 의해서만 가능할 것이다. 언론 기업 위주의 법에서 시민의 권리를 실현시켜 주는 내용으로 전환시키는 것은 권력의 시혜에 의해서가 아니라 시민 운동에 의해서만 가능하다는 점이다. 시민 의식의 성장 없이는 법원의 현명한 판결도 기대하기 어렵다.

기존의 연구는 미국 수정 헌법 제1조를 언론 자유 보장의 전형으로 삼으며 그것에 대한 연방 최고 재판소의 판결 및 판례 이론을 과대 평가하는 경향이 있다. 미국의 판례 이론이 우리에게 어떤 의미가 있는지, 혹은 없는지에 대해서도 주목하지 않았다. 한편 언론 법제 연구는 우리의 언론 현실과 법의 문제를 긴밀하게 연결시키지 못하였다. 언론법에 대한 연구가 현실의 문제로 부각되지 못한 것이다. 여기에서는 이러한 문제 의식에 입각하여 이 편저의 서론을 대신하여 구체적으로 서술하고자 한다.

2. 근대 시민 사회의 대두와 표현의 자유

근대적 의미의 표현의 자유, 즉 자유주의 사상가들이 주장했던 표현의 자유는 시민 혁명의 과정에서 생성되었다. 그 내용은 봉건 사회의 피지배 계급에게 표현의 자유와 언론·출판의 자유를 허용해야 된다는 것이었다. 그것은 인간의 기본권이라는 논리로 주장되었다. 자유주의 사상가들이 민중의 편에 서서 표현의 자유를 부르짖은 이유는 순수한 신념에 의한 것이라기보다는 시대적 변화를 반영한 것이었다. 즉 부르주아적 세계관을 대변한 것이었다.

봉건 사회 말기에는 상인들의 활약이 두드러지면서 주문 생산 내지는 생산 활동에 참여하는 신흥 부르주아 계급이 등장한다. 상품에 대한 사회적 수요가 급증하면서 공장의 규모는 점점 커진다. 잉여는 노동에 의해 창출된다는 이론을 들추지 않더라도 자본가들이 노동자들을 절대적으로 필요로 하였을 것이라는 점을 짐작할 수 있을 것이다. 그러나 봉건 체제하에서 노동력의 공급은 한계가 있을 수밖에 없었다. 잠재적 노동력의 대부분은 토지에 긴박 緊縛 되어 있었기 때문이다. 농노들에게 자손 대대로 농사를 지으며 생계를 부지해 온 농지는, 생명의 원천이었다. 그들의 신분은 운명적인 것이었으며, 그들이 태어난 곳을 떠난다는 것은 꿈에도 생각하지 않았다. 카톨릭 교회에서는 또 그렇게 가르쳤다. 따라서 봉건적 속박은 자본주의적 생산과는 공존할 수 없다는 것이 분명해졌다. 봉건 체제를 무너뜨려야만 노동력이 충분히 공급되고 생산이 원활하게 가동될 수 있었다.

혁명은 필연적이었다. 신흥 자본가와 시민 계급은 봉건 체제에 반기를 들었다. 이에 대항하여 봉건 영주들은 왕권을 강화한 절대주의 체제를 구축하고 탄압에 나섰다. 이 과정에서 혁명 세력은 신문을 발행하여 절대주의 권력을 공격하는 한편, 시민과 농노들에게 새로운 사상을 주입시키려 하였다. 봉건 영주에게 묶여 있는 농노들을 도시 노동자로 변신시키기 위한 사상적 근거로 작용한 것이 거주·이전의 자유, 직업 선택의 자유라는 것이었다. 인간은 누구나 천부적인 권리를 갖고 있으며 어느 누구로부터도 침해받지 아니한다. 한 곳에 머물러 사는 것이 운명적인 것은 아니며, 농사만짓고 살라는 법은 없다. 도시로 이주하여 많은 공장들 중에서 자유 의사에 따라 직업을 선택할 수 있다. 봉건 세력에게는 대단히 불온한 사상이었음에 틀림없다. 절대 권력은 이 불온 사상이 담긴 신문의 발행을 철저하게 통제하였다. 화형에까지 처하는 신체적 구속과 인지세·광고세 부과 등 경제적 탄압으로 혁명적 분위기의 확산을 막고자 하였다. 권력의 탄압에 맞서 혁명세력은 언론 자유 투쟁을 전개하였다. 여기에서도 자유주의 사상가들은 표현의 자유, 언론·출판의 자유를 인간의 기본권으로 제기함으로써 혁명 세력을 뒷받침하였다. 표현의 자유는 이러한 배경에서 제기되었던 것이다.

표현의 자유는 종교적인 차원에서 보다 적극적으로 개진되었다. 근대시민 혁명은 봉건 세력 대 부르주아 시민 계급의 대립인 동시에 카톨릭과프로테스탄티즘의 대립이기도 하였다. 그럴 수밖에 없는 것이 카톨릭은 봉건 지배 세력의 일원인 동시에 이데올로기적 지주였다. 로마 카톨릭은 당시유럽 최대의 지주였다. 카톨릭에 대항한 프로테스탄티즘은 당연히 봉건 제도를 부정하였으며 자본주의적 질서를 옹호하였다.

자유주의 사상가들이 주장한 표현의 자유는 당시 열세에 놓여 있는 혁명 세력의 처지를 반영하고 있음을 엿볼 수 있다. 언론·표현 행위에 대한탄압이 극심하던 때에 탄압 내지는 검열의 부당함을 역설하면서 그들이 활동할 수 있는 최소한의 입지를 확보하기 위한 고육지책에서 제기된 것이표현의 자유, 사상의 자유 시장과 같은 주장들이란 점이다. 대표적인 것으로존 밀 John S. Mill 과 존 밀턴 John Milton 의 주장을 보자.

"전 인류가 한 사람을 제외하고 다 같이 동일한 의견을 품었고 그 한 사람만이 이에 반대하는 의견을 품었을 경우 전 인류에게는 그 한 사람을 침묵시킬 권리가 없다. 그것은 마치 그 한 사람이 권력을 쥐고 전 인류를 침묵시킬 권리가 없는 것과 마찬가지이다. [……] 그러나 의견의 표명을 침묵시키는데서 오는 폐해는 그것이 전 인류에게서 권리를 빼앗아 버리는 데 있는 것이다. 만약 그의 의견이 옳은 경우 그의 반대자들은 오류를 버리고 진리에 따를 기회를 잃어버릴 것이다. 만약 그의 의견이 잘못인 경우도 진리와 오류의 대결이 가져오는 진리에 대한 보다 명료한 지각과 선명한 인상 — 이는 오류를 버리고 진리를 지키는 이익과 맞먹는 이익 — 을 잃는 것이 된다."

(≪ 자유론 ≫)

"진리와 허위가 대결하게 하라. 자유롭고 공개된 대결에서 진리가 불리한 편에 놓이는 것을 본 사람이 있느냐. 모든 사람으로 하여금 자유롭게 말할 수 있게 하라. 그러면 진리의 편이 반드시 생존하고 승리한다. 허위와 불건전은 '공개된 자유 시장'에서 다투다가 마침내 패배하리라. 권력은 이러한 선악의 싸움에 일체 개입하지 말라. 설혹 허위가 일시적으로 득세하는 일이 있더라도 선악과 진위가 자유롭게 싸워 간다면 마침내 선과 진이 '자가 교정 과정'을 거쳐 궁극적인 승리를 얻게 되리라."

(≪ 아레오파지티카 ≫)

신흥 부르주아지와 시민 계급, 프로테스탄티스트 등 혁명 세력은 절대주의 권력의 가혹한 탄압에 맞서 싸워야 했으며, 새로운 사상의 보급·확산은 필수 불가결한 사업이었다. 자유주의 사상가들은 바로 이러한 처지를 대변한 것이었다. 이들은 절대주의 권력과 카톨릭을 향해 진리와 오류(혹은 허위)를 인위적으로 가려서 진리라고 단정하는 것만을 강요해서는 안 된다는 점을 역설한 것이다. 당신들의 주장이 진리라고 믿는다면 반드시 승리할 것이고, 또 그렇게 오류를 물리친 진리일수록 선명하게 부각될 것이니 자유주의 사상과 프로테스탄티즘을 애써 억압할 필요가 없다는 것이다. 한편 '공개된 자유 시장'(혹은 '사상의 자유 시장')이니 '자가 교정 과정'이니 하는 용어를 사용하는 것을 볼 때도, 이들은 자본주의라는 새로운 질서를 지향하고 있음을 알 수 있다.

표현의 자유가 근대 시민 사회의 도래 과정에서 정치 권력에 의한 사전 검열에서 벗어나고자 하는 의도에서 비롯된 것이지만, 그 내용을 전면 부인할 필요는 없을 것이다. 그 정치적 저의와는 무관하게 공리주의적 효용론이나 기본권론의 주장은 인류의 지적 자산으로 평가받기에 부족함이 없다.

3. 자본주의 사회에서의 표현의 자유

시민 혁명의 시기에 노동자와 농민을 포함한 모든 인간의 기본권으로 주장된 '표현의 자유'는 혁명 이후 자본주의의 진화 과정에서 내용적 변화를 겪게 된다. 근대 시민 국가 초기의 헌법은 대개 표현의 자유를 보장하는 조항을 포함시켜 놓았다. 그러나 실제로 그러한 자유의 행사는 점차 부르주아 지배 계급을 제한하게 된다.

혁명 시기에서는 부르주아지와 시민이 일체가 되어 권력에 대항하였으므로 신문은 바로 민중의 대변지였다. 혁명 직후의 정론지 政論紙 시대에는 신문이 특정 정당 및 정파의 후원을 받는 기관지의 형태를 띠고 있었다. 아직은 적은 자본 규모를 가지고도 어렵지 않게 신문을 발행할 수 있었으므로 대다수 시민들은 그들이 표현의 자유를 누리고 있다는 사실을 의심하지 않았다. 시민들은 그들의 의견을 표현하기 위해 결사를 하고 신문을 발행할 수 있었던 것이다. 적어도 자유 경쟁의 산업 자본주의 단계까지는 그것이 가능했다.

그러나 자본주의가 독점 단계로 진행되면서 신문 산업에서도 집중과 독점 현상이 어김없이 나타났다. 신문사의 규모는 커지고 숫자는 급격히 줄어들었다. 이와 더불어 기술의 발전이 수반됨으로써 자본의 규모를 더욱 크게 만들었다. 신문이 시민의 수중을 떠나 독점 자본의 소유로 귀결된 것이다. 이제 신문은 더 이상 시민의 대변지가 아니라 독점 자본의 대변지로 구실을 하게 된다. 그리고 신문은 자본의 대변지로서 정부를 견제하는 소임을 부여받는다. 언론의 자유란 것은 이제 '시민'(혹은 국민)이 아닌 '언론 기업'의 자유가 되어 버렸다. 독점 자본의 소유인 신문이 자본의 대변지로서 정부가 자본주의 질서를 잘 유지하는지를 감시·비판하고 정책적 대안을 제시하는 자유를 누리고 있다는 것이다.

국가 독점 자본주의 사회에서 정부는 독점 자본의 이익을 지키는 방향으로 경제에 개입한다. 국민의 세금으로 국가 기간 산업을 육성하고 노동 운동을 통제한다. 총자본의 이익을 위해, 다시 말해서 자본주의를 수호하기 위해 개별 자본의 일탈 행위에 제재를 가하기도 한다. 이 과정에서 정부의 위세가 증대된다. 그럴수록 자본의 소유인 신문의 정부 견제 기능은 보다 활성화된다. 자본주의 사회에서 지배 계급은 자본가 계급이며 정부는 집행 기구로서 기능하기 때문이다.

현대 자본주의 사회에서 고전적 의미의 '표현의 자유'는 거의 유명 무실하게 되었다고 해도 과언이 아니다. 시민들 사이에서 의견 표명에 제약을 받지 않는다고 하더라도 매스 미디어가 누리는 언론의 '자유'와는 비교가 되지 않는다. 매스 미디어의 소유주와 저널리스트, 그리고 기고가 허용된 소수의 지식인들이 누리는 언론·표현의 자유는 가히 위력적이다. 매스 미디어는 시민들 사이의 여론과는 무관하게, 더러는 묵살하면서 일방적으로 여론을 조성(作)한다. 매스 미디어는 더 이상 시민의 표현 수단이 아니며, 지배 계급의 이데올로기적 도구요, 헤게모니 기구가 되어 버린 것이다. 법이란 현실적 토대를 반영하는 것이므로, 언론 관련법도 자본주의적 질서를 수호하는 방향으로 제정·집행된다. 매스 미디어의 자유로운 활동을 보장하는 반면에 비판적·저항적 의견의 대두를 차단할 수 있도록 되어 있다.

제국주의 단계에서 시민의 '표현의 자유'는 완전하게 사장된다. 국가와 독점 자본은 제국주의 전쟁을 수행하면서 매스 미디어를 이용해 국민들 사이에서 허구적 애국심을 고취시킨다. 과거 노동 운동에 열심이던 노동자들도 매스 미디어에 의해 세뇌되어 자본가들을 위해 목숨을 건 전쟁에 참여하게 된다. 매스 미디어가 독점 자본가들간의 전쟁인 제국주의 전쟁을 국가를 위한 전쟁으로 미화시킨 결과인 것이다.

제2차 세계 대전이 끝난 후에 '표현의 자유' 이념은 미국의 패권주의에 이용된다. 1948년 유엔이 채택한 '세계 인권 선언' 제19조는 "모든 사람은 표현의 자유에 대한 권리를 갖는다. 이 권리는 구두나 문서 혹은 인쇄로써 예술의 형태나 온갖 미디어에 의해, 또 국경을 넘고 안 넘고와는 상관없이 ……정보 및 사상을 구하고 받고 전달할 자유를 포함한다"라고 규정하였다.

여기서 중요한 것은 '국경을 넘고 안 넘고와는 상관없이'라는 부분이다. 제2차 대전 이후 세계의 새로운 지배자로 부상한 미국이 차제에 세계의 커뮤니케이션 네트워크를 장악하겠다는 의지의 표명이었던 것이다. 유럽과는 달리 본토의 생산 시설을 고스란히 보유하고 있던 미국은 영국과 프랑스가 장악하고 있는 세계의 정보 흐름을 미국 중심으로 재편하려고 했던 셈이다.

　요약하면 현대 자본주의 사회에서의 표현의 자유는 매스 미디어의 자유로 변질되었다는 것이다. 여기에서 중요하게 취급되어야 할 것이 시민 의식의 성장과 시민 운동의 역할이다. 애초에 표현 자유의 주체였던 시민이 그 권리의 회복에 나선 점이다. 절대 권력에 맞서 언론 자유를 부르짖었던 부르주아 계급은 그들이 신봉했던 '사상의 자유 시장'을 액면 그대로 인정하지 않았다. 매스 미디어에는 지배적인 사상과 의견만이 실릴 수 있었고, 지배적인 사상에 반하는 의견은 개인적인 차원의 발설이라도 처벌의 대상이 되었다. 표현의 자유에 대한 억압을 완화시키고 악세스권, 알 권리 등 시민적 자유를 미약하게나마 획득하게 된 것은 시민 의식의 성장과 시민 운동의 발전에 기인하는 것이었다.

4. '표현 자유 제약 이론'의 재검토

흔히 미국 수정 헌법 제1조 The First Amendment 는 언론·출판의 거의 절대적인 자유를 인정하고 있으며, 이 헌법 조항으로 인해 미국의 언론 자유는 보장되는 것으로 해석되었다. 그리고 수정 제1조를 둘러싼 미 연방 최고 재판소의 판결은 언제나 표현의 자유에게 보다 '우월적 지위'를 부여하는 경향을 보여 온 것으로 이해되었다. 또한 그 판결이 표현의 자유를 제약하는 입장이냐, 절대권에 가깝게 인정하는 입장이냐 하는 것은 연방 최고 재판소 판사들의 성향에 따라 취해진 것으로 해석되었다. 이러한 해석은 일정 부분 진실이면서도 새롭게 검토, 보완될 필요가 있는 것 같다.

수정 제1조가 수정 조항으로 헌법에 추가되었던 1791년만 해도 모든 미국 국민은 헌법에 보장된 대로 '법 앞에 평등'하지 못했다. 법 앞에 평등할 수 있는 국민은 백인 남자에 한정되었다. 헌법의 규정을 문자 그대로 실현되도록 한 것은 시민 운동의 힘이었다. 수정 제1조 역시 모든 사람의 언론·출판의 자유를 보장한 것은 아니었다. 수정 제1조를 매스 미디어의 자유가 아닌 시민의 자유로 해석하도록 한 것도 시민 운동의 힘이었다고 보는 것이다.

미 연방 최고 재판소는 매스 미디어의 자유에 대해서는 적극적인 판결을 내리면서, 개인(시민)의 자유에 대해서는 대단히 보수적인 판결을 내린 경향이 있다. 솅크 대 미 연방 Schenck v. United States 사건에 대한 판결에서 제시된 '명백·현존하는 위험' 이론은 언론의 자유를 보장하는 법리로 해석되었지만, 그 판결 자체는 해로운 경향 *bad tendency* 의 원칙에 의존하였다.[1] '명백·현존하는 위험'이라는 기준이 주는 신선함보다는 전단의 배부에 대해 '만장 일치'로 유죄 판결을 내렸다는 점에 주목할 필요가 있다. 같은 해(1919년)에 있었던 에이브럼스 대 미 연방 Abrams v. United States 판결에 대한 반대 의견에서, '명백·현존하는 위험' 이론을 고수한 것으로 평가받는 홈스 Holmes 판사와 브렌다이스 Brandeis 판사는 다음과 같은 의견을 제시하였다.

"살인의 교사에 대한 처벌이 정당한 것과 같은 이치에서 미국이 헌법상 방지하고자 하는 실질적인 해악을 즉각 초래하는 명백하고도 절박한 위험을 생기게 하거나, 또는 생기게 할 의도가 있는 언론을 처벌하는 것이 위헌이 아니라는 점을 나는 조금도 의심치 않는다. [……] 요망되는 궁극적인 선은 사상의 자유로운 교환 *free trade in ideas* 에 의해 더 잘 이루어질 수 있다는 것 — 즉, 진리의 가장 좋은 기준은 시장에서의 경쟁 속에서 자신을 수용시킬 수 있는 사상의 힘에 있는 것이며, 또한 그 진리야말로 인간의 소망이 안전하게 실현될 수 있는 유일한 터전인 것이다."

이 의견은 앞뒤의 논리가 모순되는 보수적 의견이라는 점을 쉽게 알 수 있다. '사상의 자유 시장'론을 그토록 신봉한다면서 솅크의 전단 배부 행위를 유죄로 판결한 점이다. 그 행위가 유죄라는 것을 입증하기 위해 든 예도 적절치 못했다. 사상의 문제가 거론되는 마당에 '거짓말로 극장에 불이 났다고 소리 질러서 공포 상태를 야기'한다든지 '살인의 교사'와 같은 엉뚱한 예를 들고 있는 것이다. 개인의 표현 행위에 대해서는 이같이 보수적인 판결을 내리면서 매스 미디어에 대해서는 아주 관대한 것을 볼 수 있다. 유명한 '펜타곤' 사건에 대한 연방 최고 재판소 판결의 보충 찬성 의견에서 블랙 Black 판사는 수정 제1조의 의의를 다음과 같이 강조하였다.

"수정 제1조로써 건국의 아버지들은 자유 언론에게 그것이 우리의 민주 정치에서 맡은바 불가결의 역할을 수행하기에 필요한 보호를 준 것이다. 언론은 통치자가 아니라 피치자에게 봉사하도록 되어 있다. 언론을 검열할 정부의 권한은 언론이 언제까지나 자유롭게 정부를 감시할 위치를 차지하게 하려고 폐지되었다. 언론은 정부의 비밀을 폭로하고 국민에게 알림을 주기 때문에 보호를 받는 것이다. 오직 자유롭고 제약 받지 않는 언론만이 정부의 속임수를 효과적으로 적발할 수 있는 것이다."

정부와 언론의 관계에 대한 순수한 판단에서 나온 것이라고 볼 수도 있지만, 다른 측면에서 보면 자본의 소유인 언론의 정부에 대한 감시를 합리화해 준 판결인바, 비대해진 정부의 권력 남용을 견제하려는 사법부의 공동인식에서 비롯된 것이라고 볼 수 있다. 앞에서 언급한 대로 국가 독점 자본주의 사회에서는 국가 기간 산업의 육성, 노동 운동의 통제, 일탈 자본의 제재 등의 필요성에 의해 정부의 역할이 증대되고 그만큼 정부의 권력은 비대해진다. 그럼으로써 자본주의 사회를 지탱하는 3권 분립이라는 균형이 무너지게 된다. 당연히 그 균형을 유지하려는 입법부와 사법부의 노력이 경주되고, 독점 자본이 소유하고 있는 언론의 정부에 대한 견제 기능도 한층 강화된다. 이 같은 배경에서 정부에 대한 비판·견제 기능이라는 점에 관한 사법부와 언론은 공감대를 형성하게 되었다고 보는 것이다. 연방 최고 재판소가 시민의 권익이 아닌 언론 기업의 권익을 지키는 보루가 되고 있음은 1974년의 < 마이애미 헤럴드 > 대 토르닐로 Miami Herald Publishing Co. v. Tornillo 사건에 대한 판결에서 단적으로 확인할 수 있다.

"우리가 승인한 법리에 의하면 미국 수정 헌법 제1조는 발행 전의 뉴스와 그 편집 내용에 관한 한, 정부와 인쇄 매체 사이에 사실상 넘기 어려운 장벽을 구축해 놓은 것이라고 할 수 있다. 무엇을 인쇄할 것인가 하는 '저널리스틱'한 판단의 행사를 요하는 사항에 관해서는 신문이든 잡지이든 그것은 '합리적' 규제에 따르는 공공물이 아니다. 물론 신문이 항상 정확한 것이 아니며 무책임한 경우도 있다. 또 중요한 공공 문제에 관하여 충분하고 공평한 논평을 제공하지 못할지도 모른다. 그러나 수정 제1조가 언론의 자유에 관해서 상정한 판단은 중요 문제에 관한 논의가 따르는 불완전할 수 있고, 또 모든 견해가 완전하게 표명되지 못할 수 있는 위험을 사회 자신이 부담해야 한다는 것이다. [……] 비록 신문이 플로리다 주 법에 따라 새로운 부담을 지는 것이 아무것도 없고 또 반론을 게재하는 것으로써 어떤 뉴스나 의견의 발표를 미루어야 하는 일이 없더라도 동법은 신문이 게재할 재료의 선택과 기사의 내용, 크기 …… 등에 관한 결정에서 편집자의 기능에 개입하는 것이기 때문에 수정 헌법 제1조에 위반되는 것이다."

요지는 반론권을 인정한 플로리다 주 법이 수정 제1조에 위배된다는 것인바, 그 이유는 신문의 자유를 침해한다는 것이다. 신문이 부정확하고 무책임하고 불공평할 수 있다는 것을 인정하면서 그 부정확과 무책임과 불공평에 대한 시민의 반론권 행사를 인정하지 않겠다는 것이다. 연방 최고 재판소는 수정 제1조가 보장하는 언론·출판의 자유를 시민의 것이 아닌 언론 기업의 것으로 해석하고 있다. 사전 검열과 정부의 편집권 침해를 배격한 것은 합당하지만, '편집자의 기능에 개입하는 것'이라는 이유로 시민의 반론권을 인정하지 않는 것은 논리의 비약이다. 편집권(혹은 편집의 자율성)이라는 것은 권력과 자본의 부당한 간섭과 통제를 물리치고자 하는 권리 개념이지, 시민의 정당한 비판까지 묵살할 수 있는 천부적인 권리가 아니다. 비대해진 정부의 기능에 대한 견제라는 공동 인식을 기저에 깔고서 언론 기업의 입장을 두둔한 판결이었음에 틀림없다. < 뉴욕 타임스 > 대 설리번 *New York Times* Co. v. Sullivan 사건이나 게르츠 대 로버트 웰흐 Gertz v. Robert Welch, Inc. 사건에 대한 판결도 같은 맥락에서 해석할 수 있을 것이다.

5. 표현의 자유와 규제의 문제

표현의 자유에 관한 역사적 배경과 구조적 요인을 감안하지 않고 미국의 판례 이론을 무비판적으로 수용한 결과, 표현의 자유는 어떤 형태의 것이라도 보호의 대상이며 규제는 나쁜 것으로 호도되는 경향이 만연해 있는 것 같다. 규제도 자율 규제를 선호하는 가운데 타율 규제는 배격의 대상이 된다. 이러한 인식은 학계나 언론계, 그리고 광고계의 공통적인 현상으로 보인다.

그러나 언론 기업에 경사되어 있는 표현의 자유는 경계되어야 하며, 자본주의 사회에서 규제는 필연적이다. 신문, 방송, 광고 등에 대한 규제를 무조건 백안시하는 것은 바람직하지 못하다. 정치적 목적의 통제나 정부의 규제는 배격해야겠지만 공적인 규제는 보다 적극적으로 도입되어야 한다. 언론의 보도가 개인의 명예를 훼손하거나 사생활을 침해했을 경우 법적 제재를 가하는 데 반대할 사람은 없다. 무책임하고 비윤리적인 기사와 프로그램 및 광고에 대한 규제는 오히려 더욱 강화되어야 할 필요가 있다. 기사와 프로그램 및 광고가 규제의 대상이 되는 것은 자본주의 사회에서는 불가피한 현상이다. 그것들은 공익보다는 이윤을 추구하는 사적 기업들간의 치열한 경쟁의 산물이기 때문이다.

광고는 대량 생산과 대량 소비를 연결시켜 주는 가교의 역할을 한다. 자본주의적 생산은 무계획적이고 따라서 대량 생산을 수반한다. 기업들은 생산 시설의 노후화, 특히 사회적 마모를 감안하여 노동력을 최대한 가동하여 상품을 생산한다. 당연히 사회적 수요를 훨씬 초과하는 상품의 생산이 이루어진다. 이 대량 생산은 대량 소비에 뒷받침되어야만 자본의 지속적인 순환이 가능하다. 매스 미디어를 이용한 광고는 바로 대량 소비를 창출하는 기능인 셈이다. 자본주의를 지탱시켜 주는 가장 강력한 메커니즘의 하나라고 할 수 있다. 광고는 소비자의 구매 욕구를 자극하기 위해 온갖 아이디어를 총동원한다. 광고가 한 기업의 사활을 결정한다고 여겨졌을 때 수단과 방법을 가리지 않는 광고가 제작될 수 있다. 허위·과대 광고, 선정적인 광고, 표절 행위 등이 근절되지 않는 것은 이 같은 구조적 원인이 있는 것을 알 수 있다. 최근 '포스트모던' 광고라고 하여 합리화되고 있는 광고도 상업주의의 극단적 표현과 다르지 않다. 보다 파격적이고 충격적인 광고에 의해 소비 욕구를 자극하려는 상업주의의 외적 현시라는 것이다.

광고가 구매력으로 연결되도록 하기 위해 광고주와 제작자는 상식과 통념을 벗어나고 때로는 자극적인 내용의 광고 제작에 유혹을 받는다. 그래서 이들은 광고에 대한 사전 심의나 규제를 매우 못마땅하게 여긴다. < 광고 단체 연합회 > 등 광고 관련 단체들은 정부가 입법을 추진중인 소비자 보호법 개정안에 대해 '광고 행위 자체를 제한해 기업의 활동을 위축시킬 우려가 있으며, 특히 공정 거래법에 과장·허위·과대 광고에 대한 규제가 충분히 마련되어 있는 상황에서 광고 내용, 매체 수, 시간, 비용 등 구체적인 광고 행위를 규제한다는 것은 소비자의 권익 보호 차원을 벗어난 과잉 규제이므로 삭제해야 한다'고 주장하고, 개정안 중 특히 '물품 또는 용역의 잘못된 소비 또는 과다한 소비로 인해 소비자의 생명 또는 신체의 위해 및 재산상의 손해가 우려되는 경우 광고를 제한할 수 있다'는 조항은 삭제돼야 한다고 지적하였다.[2] 그러나 공정 거래법뿐 아니라 소비자 보호법, 식품 위생법, 약사법, 의료법 등 광고를 규제하는 많은 법 조항에도 불구하고 허위·과대 광고는 줄어들지 않고 있다.[3] 소비자를 생각하지 않고 대량 소비의 창출만을 목표로 하여 제작되는 광고에 대한 규제는 필연적이다.

방송의 경우 SBS가 등장하면서 나타난 프로그램의 저질화 경향은 방송에 대한 공적 규제의 당위성과 강화의 필요성을 웅변적으로 입증해 주었다. 저질 프로그램을 제작하는 당사자들의 말은 가히 가관이다. 1992년 10월 14

일 < 방송 위원회 > 주최로 열린 '방송에서의 성 표현 문제' 토론회에서 KBS의 예능 제작국 부주간은 "방송에서 성 표현의 과감성이나 개방성은 사회 현상의 거울"이며 "성적인 상품이 널려 있는 우리의 현실을 외면한 채 방송만 문제삼는 것은 형평의 원칙에 어긋난다"고 주장한 것으로 전해진다. MBC의 제작국 부국장도 "드라마의 외설성 여부는 시청자가 판단할 수 있을 것으로 본다"고 말하고 "성 표현이 텔레비전에 노출되는 현상은 그것을 수용할 만큼 사회의 인식이 변화되고 있음을 말해 준다"라고 하였다. 한편 한 드라마 작가는 "일부의 비판이 편견과 소아병적 시각에서 사회 현상보다 그것을 비추는 거울을 나무라는 경우도 있다"라고 말했다. 방송 제작자들의 인식이 이 정도라면 정말로 심각한 문제가 아닐 수 없다.

자율 규제는 불가능하다. 법적·공적 규제만이 기업과 언론의 상업주의로부터 시민의 건전한 소비와 여가를 보장할 수 있을 것이다. 자율 규제는 고양이에게 생선을 맡기는 것과 다를 바 없다. 시민의 언론·표현의 자유는 적극적으로 보장되도록 하는 반면에, 언론의 상업주의에 대해서는 보다 철저한 규제가 필요하다. 그러나 현실은 그 반대로 되어 있다. 시민의 자유는 위축시키는 반면 언론사의 이윤 추구 행위는 활성화되어 왔다. 표현의 자유를 시민의 것으로 되찾기 위한 시민 의식의 성장과 시민 운동의 발전, 그리고 그것을 위한 법제 연구의 방향 설정이 요청되는 시점인 것 같다.

6. 공정성을 둘러싼 몇 가지 개념의 문제

1) 공정성

언론이 공정해야 한다고 했을 때 '공정성'의 개념은 무엇인가? 그리고 이와 관련하여 객관성, 중립성, 불편 부당성 등은 어떻게 개념 정의가 되는가?

팽원순 교수는 방송 보도의 공정성을 중립성과 같은 뜻으로 해석하고, "중립성이란 어느 특정의 당파에도 기울지 않고 대립되는 후보나 정당, 정치적 주장 등에 대해 일정한 '거리'를 두고 이를 대한다는 것을 의미"한다는 데 동의하였다.[4] 이효성 교수는 공정성을 "어느 한쪽의 견해나 주장에 치우침이 없이 중립적인 입장에서 보도하거나 논평하는 태도"라 했다.[5] 한편 한진만 교수는 선거 보도의 공정성에서 대표적인 두 요소로 균형성과 객관성을 들고, 균형성은 다시 양적 측면과 질적 측면으로 구분된다고 하였다.[6] 공정성은 중립적이고 객관적인 보도와 관련이 있다는 의견들이다.

맥퀘일은 여러 나라에서 연구되어 온 견해들을 종합하여 < 미디어 활동에 대한 평가 기준 >을 제시하였다.[7] 5개의 기준 중 선거 보도에 적용해 볼 수 있는 것은 네 번째의 '객관성과 정보의 질'이다. 맥퀘일은 스웨덴의 정치학자인 웨스터스탈 J. Westerstahl 의 도식에 의해 객관성과 공정성 등을 설명한다.

객관성은 사실성과 공정성으로 구성되며, 사실성은 다시 진실성과 적합성으로 구성된다. 사실성은 '개인적이거나 주관적인 선호나 판단을 보류하고, 대신 기자들에 의해 채택되는 중립적인 태도'를 말하며, 적합성은 뉴스 가치에 관한 것이다. 다음으로 공정성은 '반대 해설 및 견해와 보도상 중립성 간의 균형 있는 조합(동일하거나 균형 있는 시간, 지면, 강조)을 통해서 달성

< 그림 1 > 뉴스 객관성의 구성 요소

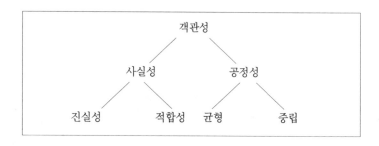

객관성

사실성   공정성

진실성   적합성   균형   중립

되어야 한다'고 한다. 이러한 요소들로 구성되는 객관적인 보도는 '사실뿐만 아니라 가치를 다루는 것을 포함해야 하며, 사실이라는 것 또한 평가적인 함의를 갖고 있다는 점을 보여 준다'고 정의한다. 이 도식에 따르면 객관 보도는 사실을 근거로 한 공정한 보도를 의미한다고 할 수 있다. 이 정의에서는 객관성이 가치 중립적이고 사실만을 전달해야 한다는 기존의 통념과 반대되는 견해를 제시하고 있음을 알 수 있다. 정리하면 공정성이란 편견에 의해 치우침이 없이 공평함을 유지하는 것이라고 할 수 있다.

2) 객관성

흔히 객관 보도라 하면 주관이 배제된, 가치 중립적인 보도로 인식되고 있다. 그래서 객관 보도가 과연 현실적으로 가능한 것인지에 대한 의문이 제기된다. '객관 보도'와 관련한 몇 가지 용어의 사전적인 뜻 풀이를 보자 (≪ 국어 대사전 ≫, 이희승 편).

- 객관: ① 주관 작용의 객체가 되는 것으로 정신적·육체적 자아에 대한 공간적 외계 外界 또는 인식 주관에 대한 의식 내용, ② 주관의 작용과는 독립하여 존재한다고 생각되는 것. 세계·자연 등 객체, ③ 자기 혼자만의 생각을 떠나, 제3자의 입장에서 사물을 보거나 생각하는 일.
- 객관성: 주관의 영향을 받지 아니한 객관적인 성질. 보편 타당성.
- 객관적: 객관을 기초로 한 모양. 주관의 작용과는 독립된 모양. 제3자의 입장에서 사물을 보고 생각하는 모양.
- 객관주의: 실재나 진리는 주관적 인식 또는 인간적 실천의 매개에 의하지 아니하고 주관과는 독립하여 존립한다고 보는 주의. 윤리학에서는, 만인에게 한결같이 타당하는 올바른 규범이 있다고 보는 입장.

이 같은 정의에 따르면, '객관 보도'는 객관적인 실재를 기자의 주관이 배제된 가운데 제3자의 입장에서 전달하는 보도라고 말할 수 있겠다. 그런데 이것이 가능하냐는 것이다. 주관의 작용과는 독립된 실재를 얼마나 정확하게 파악하고 전달할 수 있느냐의 문제이다. 그리고 주관적 판단을 배제한 가치 중립적인 보도가 바람직한 것인가도 문제가 된다. 이 용어들을 보다 철학적으로 정의하면 다음과 같다(≪ 철학대사전 ≫, 동녘).

- 객관: 주관으로부터 독립해 있는, 인간의 인식과 실천의 대상.
- 객관성: 객관적 실재를 적합하게 반영하는 진술이나 이론 등을 형성하는 것을 지향하는 과학적 탐구의 특징 및 원리.
- 객관적: 개별 주관과 그 의식으로부터 독립적이라는 의미.
- 객관주의: 과학적 탐구는 (탐구 대상에 대한) 그 어떤 비판적 평가나 계급적인 평가 또는 당파적인 판정을 내려서는 안 된다는 세계관적, 방법론적 사고 방식.

이 철학적 정의들은 객관 보도에 대해 보다 분명한 방향을 제시해 주는 것 같다. 이 정의에서 주목할 점은 '객관성'과 '객관주의'의 구별이다. '객관성'은 과학적 탐구의 특징 및 원리이지만, '객관주의'는 원천적으로 불가능한 "과학적 탐구의 절대적 무전제성을 요청"하고 있다는 점이다. 객관주의는 사회적 실천에 대한 무관심과 과학적 탐구의 완전한 무전제성을 요구함으로써 비과학적인 이데올로기에 대항할 수 없다는 것이다. 그리고 객관주의는 과학적 인식을 세계관적 근본 입장과 무관하게 여김으로써, 어쩔 수 없이 순수한 경험론에 빠져 들고 말았으며, 인간 의식의 인식 능력과 판단 능력, 사실 진술과 가치 판단, 인식 객관과 인식 주관 사이의 이원론적인 분리와 대립 속에 매몰되고 말았다고 한다.

그렇다면 객관 보도가 지향해야 할 방향은 객관성이지 객관주의가 아니라는 점이 분명해진다. 사실 보도도 중요하지만 이와 더불어 객관적인 입장에서 객관에 대한 가치 판단을 내려 주어야 한다는 것이다. 여기에서 언론 보도를 평가하는 하나의 기준이 제시된다. '사실 보도에 충실했는가'와 '가치 판단이 객관적인가' 하는 것이다. 가치 판단은 요구되는 사항이며 다만 그것이 객관적이어야 한다는 점이 중요하다는 것이다.

3) 중립성과 불편 부당

언론은 편파적이어서는 안 되며, 중립적이고 불편 부당 不偏不黨 해야 한다고
한다. 그렇다면 객관주의를 지향하는 객관 보도에서 가치 판단의 요구는 보
도의 '중립성' '불편 부당'과 상충되는 것은 아닌가? 다시 사전적 정의를
보자(≪ 국어 대사전 ≫, 이희승 편).

- 중립: ① 어느 편에도 치우침이 없이 그 중간에 서는 일. 어떤 특정의 사
상·입장·의견 등에 치우침이 없이 중용을 취하는 일, ② 반대·적대하고 있
는 사람의 어느 편에도 편 들지 않는 일.
- 중립성: 중립국이 교전국 쌍방에 대하여 공평한 태도를 유지하여야 할
성질.
- 중립적: 중립을 지키는 모양.
- 불편 부당: 어느 편으로나 치우치지 아니함. 어떤 당이나 주의에 기울지
아니하고 중정 中正 의 입장을 지킴.

중립과 불편 부당은 같은 의미의 다른 표현이다. 둘 다 '치우침이 없이
공정한 입장을 견지하는 태도'를 가리킨다고 할 수 있다. 그러나 이것을 몰
가치적이고 어느 경우에나 판단을 내려서는 안 된다는 식으로 해석해서는
곤란하다. 이보다는 가치 판단을 할 때 치우침이 없이 공정해야 한다는 것
을 의미한다. 언론이 중립적이고 불편 부당해야 한다는 것은 편견에 의한
편파적인 태도를 가져서는 안 된다는 것과, 치우침이 없는 공정한 입장에서
시시비비를 가려야 한다는 것을 뜻한다. 무조건적이고 기계적인 중립성은
오히려 '공평한 태도'를 상실한 결과를 가져온다. 기계적 중립성의 강조는
이미 '어떤 당이나 주의'에 기운 편파적인 태도를 은폐하려는 것이다. 몰가
치적 중립 보도의 강조가 낳은 것이 바로 '양비론 兩非論'이라는 것이다. 분
명히 시비를 가릴 수 있고 가려야 하는 상황에서도 중립성을 지킨다고 하
여 양측의 잘잘못을 인위적으로 조작해 제시한다. 이러한 보도로 이득을 보
는 측은 원천적으로 잘못의 원인을 제공했거나 더 많은 잘못을 저지른 측

이다. 이것은 중립적인 보도가 아니라 편파 보도이다.

　언론은 권투 경기의 심판과도 같은 중립성과 객관성의 원칙을 지켜야한다. 어느 선수에게도 치우침이 없이 공평한 입장에서 누가 보더라도 객관적인 점수를 주어 우열을 가려 주는 것이 심판의 할 일이다. 만일 중립적이어야 한다고 해서 우열이 분명하게 가려지는데도 무승부 판결을 내린다면 어떻게 되는가? 우리는 그러한 심판을 중립적이라고 하지 않을 것이다. 언론의 중립성은 객관적 사실을 토대로 하여 적극적으로 시시비비를 가려 주는 것이어야 한다. 시시비비를 회피하는 것은 위에서 언급된 객관주의에 해당되는 것으로 편파 보도의 원천이다. 언론의 공정성 여부를 평가할 때는 이상의 개념들을 염두에 두어야 할 것이다.

주

1) David M. O'Brien, *The Public's Right to Know — The Supreme Court and the First Amendment*, Praeger Publishers, 1981, p.75.

2) < 중앙일보 > 1992년 9월 7일.

3) < 건강 사회를 위한 약사회 >의 조사에 따르면 의약품 광고의 78.8%가 약사법을 위반했고, 그 내용은 자가 진단 유도성이 30.6%, 과대 광고가 18.7%, 오남용 유도가 14.9% 등이었다고 한다. < 중앙일보 > 1993년 4월 14일.

4) 팽원순, ≪ 현대 신문 방송 보도론 ≫, 서울: 범우사, 1990, p.21.

5) 이효성, < 1992년 선거 방송의 원칙과 법적, 제도적 검토 >, ≪ 언론 단체 연합 심포지엄 자료집 ≫, 1992, p.21.

6) 한진만, < 학계에서 본 선거 방송 >, 한국 방송학회 토론회 발표 논문, 1992, p.2.

7) 데니스 맥퀘일, ≪ 매스 커뮤니케이션 이론 ≫, 오진환 옮김, 서울: 나남, 1990, pp.156~66.

제1부

언론 법제 연구의 핵심은 표현의 자유
에 관한 이론을 구축하는 데 있다. 미국
에서의 표현의 자유 제약 이론의 정치
사회적 배경과 그 이론들의 한국에서의
함의를 검토하고, 방송에서의 공적 규제
의 합리성을 제시하고 있다.

제1장
표현의 자유[*]

양건[**]

1. 표현의 자유와 그 법리 法理: 미국의 역사적 전개 과정

흔히 미국을 언론의 자유의 천국인 것처럼 말한다. 그리고 이것을 가능케
한 토대의 하나가 미국 수정 헌법 제1조의 표현의 자유 보장 규정이라고
생각한다. 그러나 오늘날의 미국에서의 표현의 자유와 이를 보장하는 법리
는 결코 수정 제1조의 조문 條文 자체나 그 제정자들의 의도에 의해 형성된
것이 아니라, 헌법 제정 이후 오늘에 이르는 오랜 역사적 과정을 거쳐 힘들
게 이루어진 것임에 유의할 필요가 있다.

---

[*] 한국 공법학회 韓國公法學會 엮음, ≪ 미국 헌법과 한국 헌법 ≫(서울: 대학출판사,
1989)에 실린 논문.
[**] 한양대학교 교수, 법학과.

1) 수정 헌법 제1조의 채택 당시의 상황[1]

1787년에 제정된 미국 연방 헌법은 애당초 국민의 기본적 인권에 관한 규정들을 포함하고 있지 않았다. 헌법 제정에 중심적 역할을 했던 대부분의 헌법안 기초자들은 인권에 대한 그들의 신념에도 불구하고, 특별히 기본권 규정들을 둘 필요를 느끼지 않았던 것으로 보인다. 그들은 새로운 연방 정부의 권한들이 한정적으로 열거되어 엄격히 제한되어 있는 이상 연방 의회나 대통령이 개인의 자유와 권리를 위협할 여지는 크지 않을 것이라고 생각하였다. 뿐만 아니라, 권리 장전 Bill of Rights 은 영국에서와 같이 군주와 백성 사이의 규정이며, 미국에서처럼 국민의 힘에 기초하여 헌법이 제정되고 또한 국민의 대표들에 의해 그것이 시행되는 곳에서는 적용될 여지가 없는, 불필요한 것이라고 생각되었다.[2]

개인의 자유에 대한 위협이 있다면 그것은 주 법 州法 이나 주 정부로부터 올 수 있는 것이었는데, 이로부터의 보호는 각각의 주 헌법에 의거하면 될 것이라고 기대되었다.

그러나 헌법안의 비준 과정에서, 연방 정부의 권한 남용에 대한 우려가 각 주로부터 제기되었고, 각 주로부터의 비준을 얻어 헌법이 제정되면 곧 첫 연방 의회가 권리 장전에 해당하는 인권 규정들을 설치하는 헌법 개정에 착수할 것이 약속되었다. 이렇게 해서 제임스 매디슨 James Madison 이 초안한 수정 제1조로부터 수정 제10조까지의 10개 인권 조항이 헌법 개정 절차를 통해 첨부된 것이 1791년이며, 표현의 자유의 보장은 그 첫머리인 수정 제1조에서 규정되었다. 연방 수정 헌법 제1조는 다음과 같이 규정하고 있다.

"(연방) 의회는 종교를 수립하거나 종교의 자유로운 행사를 금지하거나 또는 언론과 출판의 자유를 제한하거나, 또는 평화롭게 집회하고, 고충의 구제를 정부에 청원할 국민의 권리를 제한하는 법률을 제정할 수 없다."

종교의 자유, 청원의 권리와 함께 언론·출판·집회 등 표현의 자유를 규정하고 있는 위의 조항은 그 문면상 文面上, 마치 표현의 자유에 대한 어떠한 법률적 제한도 금지하고 절대적 보호를 부여하는 것처럼 보인다. 이 규정에 관한 헌법 제정자들의 주관적 의도가 무엇이었는지에 관해 헌법 사학자들의 견해는 반드시 일치하고 있지 않다. 이 설에 의하면 영국으로부터의 보통법 Common Law 상의 원칙이나 당시의 실제에 비추어, 이 조항은 표현의 자유의 보장을 곧 검열 등 사전 제한의 금지와 등식시켰던 당시의 지배적인 생각을 반영한 것이며, 정부에 대한 비판적 표현 행위를 선동죄 sedition 로써 처벌했던 보통법상의 원칙까지 배격한 것은 아니라고 본다.[3] 이에 대하여 검열과 같은 사전 제한뿐 아니라 사후 제한으로서의 처벌까지도 금지하는 취지라는 절대론적 해석도 제시되고 있다.[4] 이 두 가지 견해 가운데 대체로 앞의 견해가 더 지지를 받고 있는 것으로 보인다.

　식민지 시대의 미국은 각 지방적 단위의 내부적으로는 사상적, 종교적으로 폐쇄적인 사회였다. 1735년의 젠거 Zenger 사건에서와 같이 주 식민 당국에 대한 비판적 언론이 무죄 판결을 받은 특이한 예가 없었던 것은 아니지만[5] 식민지 시대 전체를 통하여 언론·출판의 자유가 실제적인 의미를 지녔던 예는 찾아보기 힘들다.

　이러한 상황이 독립 전쟁 후에 과연 결정적 변화를 겪게 되었는지에 대해서는 소극적으로 보는 것이 유력한 견해이다. 출판의 자유에 대한 당시 영국의 보통법상의 원칙은 블랙스톤 Blackstone 에 의한 요약에서 찾아볼 수 있다. 이에 따르면, 출판의 자유는 출판에 대한 사전적 제한의 배제에 있으며 출판된 연후의 형사적 처벌로부터 자유를 의미하는 것은 아니라고 보았다.[6] 그런데 연방 헌법 및 수정 제1조의 기초자들이 표현의 자유에 관하여 어떤 생각을 품고 있었는지 확실한 얘기를 할 수 있는 근거는 없으며, 블랙스톤적인 법리에서 벗어나 당시 보통법상의 '문서에 의한 선동 seditious libel'의 처벌을 금지시키려 했다는 해석은 결코 입증되지 못하고 있다는 것이다. 이것은 결국 독립을 위해 자유를 부르짖은 사람들이 독립을 쟁취한 후에는 그들 자신에 대한 비판의 자유를 허용하지 않았다는 것을 뜻하며,

이는 독립 후 상황의 혁명적 성격을 통해 풀이될 수도 있다.

한편, 표현의 자유의 법리에 대한 헌법 기초자들의 불명확한 인식은 연방법과 주 법의 관할 관계라는 측면에서 해명될 수도 있다. 수정 제1조는 본래 연방 정부에 대한 관계에서만 규정된 것이었고, 일반적인 민사·형사법의 제정과 적용에 관한 주의 관할권에는 아무 영향도 주지 않는 것이었다. 따라서 수정 제1조가 블랙스톤적인 법리에 어떤 영향을 주는 것이지, 이를 수용하는 것인지 또는 거부하는 것인지에 대한 고려는 반드시 필요한 것은 아니었다고 할 수 있다.[7]

"어떠한 주도 적법 절차 *due process of law*에 의하지 아니하고는 어떤 사람으로부터도 생명, 자유 또는 재산을 박탈할 수 없으며……"라는 수정 제14조가 채택된 것은 1868년이며, 수정 제1조의 표현의 자유의 보장이 수정 제14조를 통해 주 법에 대해서도 적용된다는 해석이 관례를 통해 확립된 것은 1925년에 이르러서이다(다음의 기틀로우 대 뉴욕 Gitlow v. New York 사건 참조).

2) 수정 제1조 채택 이후의 역사적 전개 과정

1791년에 수정 제1조가 채택된 이래, 표현의 자유의 실제와 판례법상의 그 법리는 부침을 거치면서 점차 확대되어 가는데, 그 과정은 오늘에 이르기까지 대체로 다음과 같은 3기로 구분하여 볼 수 있다.[8]

제1기는 1791년부터 1919년까지의 시기로, 헌법상 표현의 자유의 보장 규정에도 불구하고 실제에 있어서는 이에 대한 법적 보호가 주어지지 않았다. 종교적 또는 사회적인 진보적 사상가들의 일부 운동에도 불구하고, 연방 및 주 법원은 어떤 형태의 표현 행위에 대해서도 그 보호를 거부하였다.

제2기는 1919년부터 1940년에 이르는 시기로, 1차 대전을 계기로 하여 표현의 자유의 법리가 변혁되기 시작한 후, 1930년대에 일정한 성과를 보게 된다. 여기에는 언론 자유 운동과 노동 운동의 결합이 큰 역할을 담당하였다.

제3기는 1940년 이후 오늘에 이르기까지이다. 표현의 자유에 대한 일정한 법적 보장이 이루어지기 시작한 이래, 전반적인 정치적·사회적 상황 및 이와 관련한 실천적 대중 운동의 부침과 함께 이에 따라 표현의 자유의 보장의 정도도 달라지게 된다.

수정 제1조의 채택 이후, 표현의 자유의 문제가 처음으로 쟁점화된 것은 1798년의 '선동죄 처벌법 Sedition Act'의 제정을 계기로 한다.[9] 프랑스와의 전쟁 임박에 대응하기 위해 제정된 이 법은 특히 정부에 대한 '허위의, 중상적이고, 악의적인' 저술을 처벌토록 규정하였는데, 이는 영국 보통법상의 '문서에 의한 선동죄'를 본뜬 것이었다. 당시의 소송법상 연방 대법원은 연방 형사 사건에서의 유죄 판결에 대한 상고심 관할권을 갖지 못했기 때문에 이들 사건에 대한 대법원 판결은 나올 수 없었다.

이 법은 당시 집권당이었던 연방주의당 Federalist Party 에 대해 비판을 가했던 제퍼슨의 공화당파에 대해 주로 적용되어 처벌을 가하였는데, 제퍼슨과 매디슨은 이 법이 수정 제1조에 대한 위헌이라고 주장하여 공격하였다. 그러나 연방 하급 법원은 블랙스톤적인 법리에 따라 이 법을 지지하였다. 후에 제퍼슨은 대통령이 된 후, 이 법에 의해 처벌 받은 사람들을 사면하였으며, 의회는 벌금형을 받은 사람들에 대해 벌금을 상환할 지출법을 의결하였다. 그의 집권 후에도 정부 비판에 대한 처벌은 그치지 않았으며, 연방주의당파는 그들이 사용했던 것과 똑같은 수단으로 처벌되었다.

1791년부터 1919년까지의 시기에 표현의 자유의 보장을 주장했던 것은 종교적·사회적 운동가들이었는데, 이들 대부분은 사상적 진보주의자들이었으며, 특히 노예 제도 폐지론자, 무정부주의자, < 세계 노동자 연맹 >(IWW: Industrial Workers of the World), 초기 노동 운동 및 여성 운동가들이 중요한 역할을 담당하였다. IWW는 1909년부터 1915년 사이에 공공 도로 등 공공 장소에서의 연설의 권리를 주장하는 전국적 캠페인을 벌이기도 하였다.

그러나 연방 법원 및 주 법원은(대부분 주 헌법에서 표현의 자유 보장 규정을 두었지만) 이들 표현의 자유의 요구를 거듭 배격하였다. 이들 판결에서 표현의 자유를 제한하는 데 원용된 법 원리는 두 가지로 요약된다. 하나는 이른바 '해로운 경향 *bad-tendency*'의 원칙이며, 다른 하나는 '의사 의제 意思擬制 *constructive intent*'의 원칙이다. 전자에 따르면 장래의 질서 교란이나 불법 행동에 영향을 줄 수 있는 글이나 말은 그 영향이 아무리 간접적이고 먼 것이라고 하더라도 처벌될 수 있다는 것이다. 그리고 후자에 따르면, 행위자가 그의 행위를 인식하고, 해악 발생의 결과를 인용 認容 하는 경우에는 그 결과 발생에 대한 의사 intent 가 있다고 보는 것이다.

1919년 이전에 표현의 자유의 문제를 논급한 유일한 연방 대법원 판결은 1897년의 데이비스 판결이다.[10] 이 사건에서 노예 제도 폐지론자였던 데이비스 목사는 공원에서 설교회를 가지려 한 이유로 처벌되었는데, 그는 시 당국의 방해 없이 공공 장소를 사용할 헌법상의 권리를 주장하였다. 주 대법원은 당시 같은 법원 판사였던 홈스 Holmes 의 판결문을 통해, 시장의 허가 없이 공공 장소에서의 연설을 금지한 시 조례 市條例 에 근거하여 같은 처벌을 인용하였다. 연방 대법원은 판시하기를, 헌법은 헌법과 주 법에 도전하여 공공 재산을 사용할 권리를 창출하지 않는다고 하여, 전원 일치로 유죄 판결을 인용하였다.

이처럼 1919년 이전의 시기에 있어서, 연방 법원과 주 법원의 판결 및 실제의 관행에 있어 표현의 자유의 보장이라는 전통은 결코 존재하지 않았다.[11]

수정 제1조의 표현의 자유 규정에 새로운 의미가 부여되기 시작한 것은 1차 세계 대전 직후부터이다.[12] 미국의 1차 세계 대전 참전에 대한 반대자들을 규제하기 위해 고안된 1917년의 방첩법 Espionage Act 에서는 징병을 방해하는 행위에 대한 처벌 규정을 두었으며, 이어 1918년의 같은 개정법에서는 처벌 대상을 확대하여, 미국의 정부 형태, 헌법 등에 대해 비난하거나 기타 적을 이롭게 하기 위한 언론·출판에 대해 처벌토록 하였다. 이 법률에 따른 2,000건 이상의 형사 처벌은 '해로운 경향의 원칙'에 따라 모두 인용되었으며, 연방 대법원이 이를 파기한 예는 없었다. 당시의 법원이 이 사건들을 어떻게 다루었는가에 대해 챠페 Chafee 교수는 이렇게 평한 바 있다. "법원은 의견 opinions 을 사실 facts 에 관한 진술인 것처럼 취급하고, 그리고 나서는 이들 의견이 대통령 연설이나 또는 전쟁을 선언한 의회의 의결과 상이하다는 이유로 허위라고 보아 유죄 판결을 내렸다."[13]

그런데 1919년의 셍크 대 미 연방 Schenck v. United States 사건에서의

대법원 판결[14]에서부터 변화의 계기가 나타나기 시작하였다. 이 판결에서 홈스 판사의 판결문을 통해 제시된 '명백·현존하는 위험'의 원칙은 그 이전부터의 '해로운 경향'의 원칙을 부분적으로 부정하는 듯한 취지를 나타내었다. 이 판결문은 당시의 자유주의적 평자 評者 들에 의해 널리 지지되기도 했지만, 그러나 그 의의나 중요성은 과장되었음이 틀림없다. 우선 이 판결 자체가 유죄 인용의 결과를 나타내고 있을 뿐 아니라, 뒤이은 프로베르크 Frohwerk,[15] 뎁즈 Debs[16] 판결에서도 홈스 자신에 의해 유죄 인용의 판결이 거듭되었다. 또한 홈스가 반대 의견을 썼던 에이브럼스 Abrams 사건[17]에서도 다수 의견은 셍크 판결 등을 선례로서 원용하면서 유죄 인용의 판결을 내렸다. 이 같은 판결은 그 이후에도 반복되었는데, 이는 결국 셍크 판결에서의 '명백·현존하는 위험'의 원칙의 실제에 있어서 종래의 '해로운 경향' 및 '의사 의제'의 원칙과 별다른 차이 없이 적용되어 왔음을 말해 준다. 홈스가 에이브럼스 사건에서 썼던 것은 전시 아닌 평시에도 무정부주의자나 공산주의자들의 조그마한 집단이 어떤 말을 했다는 그것만으로 처벌 받는데 대해 그 위험성을 민감하게 느꼈기 때문이다. 이후 홈스와 함께 브렌다이스 Brandeis 판사는 그들의 반대 의견 등을 통해 '명백·현존하는 위험'의 원칙의 의미를 좁게 엄격화시켰으며, 후일 표현의 자유의 확대를 위한 사상적, 법리적 토대를 마련해 주었다.

1차 세계 대전 이후 미국에는 여러 형태의 급진주의가 꽃피기 시작하였는데 이에 대한 반응은 이른바 '적색 공포'라 일컬어지는 히스테리컬한 것이었다. 1919년부터 당시의 법무장관 파머 Palmer 는 파머 공습 Palmer Raid 이라 불리는 2년에 걸친 공산주의자 소탕 작업을 시작하고, 인신 보호 영장의 혜택도 없는 대량 구속과 함께 대량 추방을 행하였다. 각 주에서는 새로운 선동 처벌법, 범죄 신디컬리즘 Syndicalism 규제법들이 제정되었고, 사회주의자 빅터 버거 Victor Berger 는 두 차례에 걸쳐 하원 의원 취임을 거부당하는가 하면, 하버드 법과 대학의 챠페 교수는 법학지에서 에이브럼스 판결에 대한 비판적 논평을 했다는 이유로 동창회 및 법무부로부터 퇴직의 압력을 받기도 했다.

1925년의 기틀로우 판결[18]에서는 수정 제1조가 수정 제14조를 통해 주 법에 대해서도 적용된다는 원칙이 처음 등장하였는데, 그러나 판결은 1920년대의 적색 공포의 분위기 속에서 '해로운 경향'의 원칙을 벗어나지 못했다.

새로운 전환점이 마련된 것은 1931년의 스트롬버그 대 캘리포니아 Stromberg v. California 판결[19]에서였다. 이 사건에서 연방 대법원은 < 청년 공산주의자 동맹 >의 여름 캠프에서 붉은 기를 게양한 데 대한 주 법원의 유죄 판결을 파기하였다. 또한 같은 해에 대법원은 니어 대 미네소타 Near v. Minnesota 판결[20]에서 사전 제한을 금지하는 최초의 판결을 내렸다.

그 후 1930년대 및 1940년대 초에 이르기까지 표현의 자유를 확대하는 여러 주요한 판결들이 나타나게 된다. 예컨대, 평화적 집회에 대한 유죄 판결을 파기하거나,[21] 전단의 배포에 허가제를 취한 조례를 위헌으로 판결하거나,[22] 학교에서의 국기 경례의 강제를 위헌으로 본 판결[23] 등을 들 수 있다. 이들 판결에서는 종래의 '해로운 경향'의 원칙, '의사 의제'의 원칙들이 배제되었다.

표현의 자유의 확대를 법적으로 확립시킨 대법원 판결들에서 그 논거는 흔히 자연법 사상에 바탕을 두고 있는데, 표현의 자유의 문제를 단순히 법적 관점에서 보거나 또는 자연법적 바탕 위에서만 보아서는 이 문제의 본질을 제대로 파악할 수 없다. 표현의 자유의 확대, 실현이 되기까지에는 실천 운동가들의 언론 자유 운동 free-speech movement 이 중요한 역할을 했음을 간과해서는 안 된다. 초기의 언론 자유 운동은 대중적 토대와 효과적 조직을 결여하고 있었으나, 이 운동이 노동 운동과 결합함으로써 그러한 점들을 보완할 수 있었다. 이 같은 발전된 형태의 대표적 예로 < 전국 시민 자유회 National Civil Liberties Bureau > ― 이 조직은 1920년에 < 미국 시민 자유 동맹 American Civil Liberties Union >으로 발전되었다 ― 및 이 조직을 이끈 로저 볼드윈 Roger Baldwin 을 들 수 있다.

1930년대에 표현의 자유의 법적 보장에 있어 일정한 성과를 이룬 이후, 1940년 이래 오늘에 이르기까지 표현의 자유의 확대 여부는 각 시대적 상황에 따라 부침을 보여 준다.

1940년대에 '명백·현존하는 위험'의 원칙이 일시적으로 회복의 기운을 보이면서, 평화적 마케팅을 보호하는 판결,[24] 재판 비판 발언을 보호하는 판결[25] 등이 나타난다.

그러나 1950년대 냉전 시대의 전개와 함께, 상원 의원 조 매카시 Joe McCarthy 의 선풍, 하원 < 비미 활동 조사 위원회 非美活動調査委員會 >의 조사 활동이 벌어지면서 표현의 자유의 법적 보호는 다시 후퇴하게 된다. 1951년의 데니스 판결[26]에서 나타나는, '명백·현존하는 위험'의 원칙의 수정·퇴행도 그 일례이다.

이후 1960년대의 흑인 민권 운동, 월남전 반대 운동과 함께 자유주의적 물결이 도래하면서 표현의 자유에 대한 법적 보장도 다시 회복, 확대되기에 이른다. 예컨대 상점 앞에서의 피케팅이나 공공 도서관에서의 연좌 데모의 권리를 인정한 판결,[27] 또는 신문의 자유를 높이 보호하여 공공 기관에 대한 명예 훼손 책임을 축소시키거나[28] 국가 기밀에 앞서 국민의 알 권리를 더 우선으로 한 판결[29] 등이 그러한 경향을 보여 준다. 또한, 보안법 Internal Security Act(1950)에 의거 공산당에 대해 등록을 의무화한 규정 자체는 합헌이라고 보면서도,[30] 그 간부나 구성원에 대해 등록을 강제하는 것은 자기 부죄 거부 특권 自己負罪拒否特權 privilege against self-incrimination 에 대한 위반으로 위헌이라고 보고,[31] 등록 대상인 공산당원에 대한 여권 발급 거부 등의 제재를 위헌이라고 본 판결[32] 등도 1960년대 판례 동향의 일면을 나타낸다.

그러나 1970년대 이래의 이른바 버거 대법원 시대에 있어서 표현의 자유의 보장은[33] 다시 축소의 경향을 보여 주고 있다고 지적된다. 이러한 경향의 판례로서 1976년의 허드겐스 Hudgens 판결,[34] 1981년의 헤프런 Heffron 판결[35] 등을 들 수 있다.

그러나 일반적인 평가에 따르면 버거 대법원 시대에 있어서 새로운 진전은 별로 없었다고 하더라도 워런 Warren 시대의 법리가 기본적으로 지속되고 있다고 보고 있다.[36]

이상에서 미국에서의 표현의 자유와 그 법리의 역사적 전개 과정을 개관하여 보았거니와 우리는 여기에서 오늘날의 문제와 관련하여 다음과 같은 몇 가지 점을 지적해 볼 수 있다.

첫째, 연방 대법원에 의해 확립된 표현의 자유에 관한 여러 법 원칙들은 분명 소중한 것들이고, 이들 원칙의 확립에 판사들의 의식과 노력이 중요한 기여를 했음을 부인할 수 없을 것이다. 그러나 여러 법 원칙의 형성과 부침에는 언제나 그 밑바탕에 시민적 운동이 관련되어 있었다는 점이다.[37] 표현의 자유와 그 법리의 확대는 항상 대중 운동이 이를 강력히 요구했을 때 가능하였으며, 반대로 1950년대에 나타났던 것처럼 대중적 토대하의 억압의 시대에는 축소와 퇴행의 양상을 보여 주었다.

둘째, 판례에 의한 여러 법 원칙들의 의의나 중요성이 과장되어서는 안 된다는 점이다. 표현의 자유에 관한 여러 법 원칙들은 그 실상 애매한 것이 많으며, 그 실제의 적용은 넓은 재량적 판단에 의존할 수밖에 없음이 사실이다. 예컨대 명백·현존하는 위험의 원칙도 그러한 일례이다. 또한 이익 형량 *balancing* 의 원칙도 애당초 그 취지가 그러했던 것처럼[38] 표현의 자유를 제한하는 방향에서 적용될 소지를 안고 있다. 또한 명백·현존하는 위험의 원칙이나 이익 형량의 원칙은 결국 실제의 영향력이 적은 표현만 보호하는 것이 아니냐 하는 점도 지적된다.

셋째, 표현의 자유에 관한 법 원칙의 대부분은 지나간 언론 상황을 배경으로 성립된 것으로(예컨대 공공 장소에서의 연설이나 문서 배포가 주된 표현 수단이었던 1920~30년대), 이들 법 원칙은 기술적·사회적·문화적인 큰 변동을 겪고 있는 오늘날의 새로운 언론 상황에서의 문제들에 대처하기에는 부적절한 경우가 많다. 소수의 특정 기관에 의한 대량적 정보 독점 시대에 있어서의 '알 권리'의 문제,[39] 독점적인 대중 매체 체제하에서의 매체 이용권의 문제,[40] 방송 등 전파·전자 매체 시대에 있어서의 표현의 자유의 확보의 문제[41] 등은 새로운 법적 해결을 요구하고 있다.

다음에, 미국 판례법상 표현의 자유에 관한 대표적 법 원칙으로서 사전 제한 금지의 원칙 및 명백·현존하는 위험의 원칙에 대해 좀더 자세히 살펴 보기로 한다.

2. 사전 제한 금지의 원칙

1) 개론

앞서 언급된 것처럼, 미국 연방 수정 헌법 제1조가 채택되던 당시의 지배적 관념에 따르면 표현의 자유의 보장은 사전 제한 금지를 주로 겨냥한 것이었으며, 표현 행위에 대한 사후 처벌로부터의 면제까지도 의미하는 것은 아니었다. 그러나 그 후 오늘에 이르는 판례법의 전개에 의하면, 한편에서 사후 처벌도 결코 제한 없이 인정되는 것이 아니라 일정한 법 원칙들이 충족되는 경우에 한하여 그것이 인정된다고 보는 반면, 다른 한편 사전 제한 금지는 여전히 표현의 자유의 보장에 관한 핵심적 내용으로서 보다 본질적인 것으로 파악되고 있다.

　여기에서 제기되는 문제는 사전 제한 금지는 절대적인 것인가, 만일 그렇지 않고 사전 제한이 인정되는 일정한 예외적 경우가 있다면 사전 제한과 사후 제한에 관한 헌법적 판단 기준의 차이는 기본적으로 어디에서 찾을 수 있는가, 나아가 그 근거는 무엇인가, 예외적으로 사전 제한이 인정되는 것은 어떠한 경우인가 하는 것이다.

　이들 문제에 앞서, 먼저 사전 제한과 사후 제한의 구별 자체에 관하여 언급해 둘 필요가 있다. 사전 제한과 사후 제한의 구별은 결코 자명한 것은 아니다. 예컨대 일정한 표현 내용을 이유로 하는 사후 처벌은 그 처벌 후의 표현 행위에 대하여 일반 제지적 一般制止的 또는 특별 제지적, 사전 억제적인 효과를 지닌다. 다만 사전 제한의 의미를 보다 한정적으로 국한시킨다면, 일단 다음과 같이 규정 지을 수 있을 것이다. "사전 제한이란, 특정한 사람이 그가 원하는 커뮤니케이션을 할 수 있는지의 여부를 미리 정부가 결정할 수 있도록 하는 커뮤니케이션 규제의 방법이다."[42]

　사전 제한의 흔한 형태로는, 특정한 표현 활동을 하기 위하여 미리 검열을 받거나 허가를 받도록 요구하는 검열제와 허가제, 그리고 특정인에게 특정한 표현 활동을 못 하도록 금지시키는 법원의 유지 명령 *injunction* 을 들 수 있다.

이 가운데에서 미국 판례법에서 문제 되었던 형태는 법원의 유지 명령에 의한 사전 제한 및 집회 시위에 대한 허가제, 그리고 영화를 비롯한 음란 표현물에 대한 검열이다(이 글에서 영화 등 음란 표현물에 관한 문제는 부분만 논하였다).

다음에 나오는 미국 판례법상 사전 제한 금지의 원칙이 결코 절대적인 것이 아니고 일정한 예외가 인정되고 있다면, 사전 제한과 사후 제한에 대한 헌법적 판단 기준의 차이는 어디에서 찾아볼 수 있는가? < 오스틴 협회 > 대 키프 Organization for a Better Austin v. Keefe 사건에서의 연방 대법원 판지에 의거한다면, 사전 제한의 정당화를 위하여는 사후 제한의 경우보다도 더 '무거운 입증 부담 *heavy burden*'을 지지 않으면 안 된다는 것이다. 이 점은 그 후의 유명한 국방성 기밀 문서 사건의 대법원 판결에서도 그대로 계승되고 있다. (이 점에 관한 전제로서 유념되어야 할 것은 사전 제한이든 사후 제한이든 표현의 자유에 대한 모든 제한은 일단 위헌의 추정을 받으며, 따라서 제한하는 측에서 입증 책임을 진다는 것이 미국 헌법과 판례에 대한 유력한 해석이라는 점이다. 이러한 위헌 추정론적 해석에 반대하는 입장에서는 적어도 표현의 자유를 제한하는 법률은 다른 자유를 제한하는 법률보다도 그 합헌성 추정의 정도가 좁아진다는 점은 인정하고 있다.)[43] 이러한 상이한 헌법적 판단 기준을 적용하게 되면 특정한 표현에 대한 사후 처벌은 헌법적으로 허용될 수 있다 하더라도 사전 제한은 허용될 수 없는 경우가 있게 되며, 이 점은 법리적으로 매우 중요한 점이 아닐 수 없다. 예컨대 국방성 기밀 문서 사건에서 게재 중지 명령의 청구는 기각되었으나, 국방성 기밀 문서의 누설자 엘스버그 Elsberg 에 대한 형사 재판은 증거법상의 문제로 말미암아 실제법적 판단에까지는 이르지 못했었다.

그러면, 사전 제한을 원칙적으로 금지하고 그 예외의 정당화를 위하여 보다 무거운 입증 부담을 지우는 논거는 무엇인가? 역사적으로 영국이나 미국에서 표현의 자유가 먼저 검열 금지에서부터 시작되었다는 배경 이외에도 다음과 같은 기능적 근거들을 제시해 볼 수 있다.

첫째, 형사 처벌과 같은 사후 제한은 일단 표현 행위가 행하여진 다음에 가해지는 것인 데 대하여 사전 제한은 표현 행위 자체를 불가능하게 한다는 점에서 더 본질적이다. 사전 제한은 일정한 표현 내용에 대한 공중의 평가의 기회를 아예 봉쇄해 버리고 기존의 사상과 대립되는 새로운 사상의 표출을 억압하는 점에서, 이른바 '사상의 자유 시장'의 성립 자체에 훼손을 가하는 것이라고 할 수 있다.[44]

둘째, 절차적인 관점에서 보아 사전 제한의 결정은 형사 소송 절차를 통한 사후 처벌보다도 더 쉽게 이루어지는 속성을 지니며, 과도한 제한의 결과를 가져오게 마련이다. 검열자와 같은 사전 제한 결정자는 그 자리를 만든 사람들의 생각을 먼저 염두에 두지 않을 수 없고, 제한의 결정은 공중으로부터의 감시가 없는 상태에서 행하여지므로 보다 쉽게 이루어진다. 검열자의 기능은 표현 내용을 살리는 것이 아니라 자르는 데 있다.

셋째, 검열이나 그 밖의 행정청에 의한 사전 제한의 과정은 형사 처벌의 과정에서와 같은 사법적인 절차적 보호 장치를 결여하고 있다.

넷째, 사전 제한의 결정에 대한 사법적 불복이 제도상 인정되더라도, 그에 따르는 시간적 지연은 사법적 구제의 시도 자체를 무의미하게 만들 것이다. 이것은 특히 시의성 *timeliness* 을 요하는 표현 내용의 경우에는 더욱 그러하다.[45]

사전 제한 금지의 원칙이 절대적인 것이 아니라 일정한 예외가 인정될 수 있다면 그 예외는 어떠한 경우인가?

니어 판결에서는 사전 제한 금지의 예외로서 세 가지 경우를 들고 있다. (1) 전쟁시 군대의 주둔지나 출병 일자 등, (2) 음란 출판물, (3) 폭력 행위에 의한 정부 전복의 선동. 그런데 니어 판결의 이 부분은 선례로서의 구속력이 있는 판결 이유에 해당되는 것이 아니며, 단지 부수적 의견에 지나지 않는다.

실제로 니어 판결 이후의 미국 판례를 보면, 니어 판결에서 예외적 경우로 제시된 것들이 전혀 구속력을 갖지 못하고 있음을 보여 주고 있다. 우선 국방성 기밀 문서 사건에서 보는 것처럼 전쟁 중 그에 관련된 국가 기밀의 보도에 대해서도 사전 제한이 인정되지 않았다. 또한 음란 출판물에 대해서도 사전 제한 금지의 원칙은 그대로 적용되고 있다.[46]

니어 판결 이후, 널리 표현의 자유의 영역에서 연방 대법원 판결을 통해 사전 제한이 인정된 경우는 다음의 두 가지 부류의 사건에 국한된다. 첫째, 영화에 대한 검열, 둘째, 공공 장소에서의 표현 활동(특히 집회·시위)에 대한 제한된 사전 허가제, 그 밖에 연방 하급 법원 판결로 인정된 것으로는 국가 안보를 이유로 출판에 대한 사전 제한이 인정된 희귀한 판례가 있다 (< 프로그레시브 *Progressive* > 판결).

2) 니어 Near 판결

1931년의 니어 대 미네소타 Near v. Minnesota 판결[47]은 널리 표현의 자유의 사전 제한에 관한 대표적 판결로 꼽힌다.

이 사건의 개요와 판지를 살펴보면 다음과 같다.

미네소타 주의 법에 의하면 "악의적이고 중상적 中傷的 이며 명예 훼손적인 *malicious, scandalous, and defamatory*" 신문 또는 정기 간행물을 공적 불법 방해 *public nuisance* 라고 하여 이를 제거시킬 수 있도록 규정하였다. 피고(Near)는 < 새터데이 프레스 *The Saturday Press* >라는 신문의 발행인이었는데, 이 신문은 미니애폴리스의 법률 집행관들이 유태인 폭력범들에 의해 통제되어 도박, 주류 밀매, 암 거래 등을 제대로 규제하지 못하고 있다고 비난하는 기사들을 게재하였다. 이에 미니애폴리스의 한 군 郡 검사는 피고의 신문 발행 금지를 청구하는 소송을 제기하였고 주 법원은 이 청구를 인용하였다.

그러나 연방 대법원은 원심을 파기하였다. 연방 대법원의 판지는 다음과 같았다.

"세부적인 절차를 살펴보면, 이 주 법의 작용과 효과는 본질적으로 신문이나 정기 간행물이 중상적이고 명예 훼손적인 사항을 게재했다는 혐의로 당국이 그 소유자나 발행인을 판사 앞에 불러내어, 게재된 사실이 진실하며 또한 정당한 목적을 위해 선의의 동기로 공표된 것임을 판사에게 납득시킬 만한 유력한 증거를 제시할 수 있지 않는 한, 그 신문이나 정기 간행물의 발행을 금지시키고 이에 위반하여 출간하는 경우에는 법원 모욕으로 처벌할 수 있다는 점이다. 이것은 바로 검열의 본질을 띤 것이다."

"문제는, 출간을 억제하는 그러한 절차를 규정한 법률이, 역사적으로 보장되어 오고 이해되어 온 바의 출판의 자유의 개념과 일치되느냐에 있다. 헌법적 보장의 정도를 결정하는 데 있어서, 출간에 대한 사전 제한의 방지가 그 보장의 주된 목적이라고 일반적으로 생각되어 왔다."

"……사전 제한에 관한 보장도 결코 절대적으로 무한계한 것은 아니다. 그러나 그 한계는 오직 예외적인 경우에만 인정되어 왔다. [……] 군대의 모집을 실제로 방해하거나 군대의 출병 일자나 주둔의 장소 또는 숫자를 공표하는 것을 정부가 막을 수 있을 것임을 의문 삼는 사람은 없을 것이다. 유사한 근거에서, 기본적인 품위를 위하여 이를 외설적인 출간물로부터 지켜 낼 수 있을 것이다. 폭력 행위와 힘에 의한 정부 전복의 선동으로부터 공동 생활의 안전을 보호할 수도 있을 것이다. [……] 이러한 한계들은 본건 本件 의 경우에는 해당되지 않는다.

"……출판의 자유가 악랄한 스캔들 상인에 의해 남용될 수 있다는 사실은, 공무원의 비행을 다룸에 있어 출판이 사전 제한으로부터 면제받을 필요성을 결코 감소시키지 않는다. 그러한 남용에 대해서는 사후 처벌이 적절한 구제책이며, 이것은 또한 헌법적 특권과도 일치하는 것이다……."

이상의 다수 의견에 대해 버틀러 판사를 비롯한 4명의 판사들은 반대 의견을 제시하였는데, 그 요지는 위 주 법의 규제 조항이 사전 제한이라고 볼 수 없다는 것이다.

3) 니어 판결 이후의 주요 판례

위의 니어 대 미네소타 사건 이후 출판에 대한 사전 제한에 관한 대표적 판례로는 다음 넷을 들 수 있다.

(1) 밴텀 북스 대 설리번 Bantam Books Inc. v. Sullivan[48]
로드아일랜드 주는 주의 지원을 받는 < 소년 범죄 위원회 >를 설치하여, 청소년들에게 해로운 음란 서적이 출간되는 경우 이를 판정하여 서적 상인 들에게 알리는 '비공식적 권고'를 할 수 있도록 하였다. 위원회 자체는 법 률 집행권이 없었지만, 이 권고가 있음에도 서적이 판매되는 경우에는 형사 소추를 위해 사법 당국에 회부될 것이 예정되고 있었다.

　　연방 대법원은 이러한 절차의 효과가 출판에 대한 사전 검열이라고 보 고 위헌이라고 판시하였다.

(2) < 오스틴 협회 > 대 키프 Organization for a Better Austin v. Keefe[49]
일리노이 주 오스틴의 한 주민 단체는 그 지역의 한 부동산 소개업자의 사 업 내용을 비난하는 팜플렛을 배포하였다. 부동산 소개업자는 이것이 그의 사생활을 침해하는 것이라고 주장하고, 팜플렛의 배포를 중지시키는 유지 명령을 군 순회 법원으로부터 얻어 냈다. 주민 단체는 이 유지 명령이 사전 제한이며 무효라고 주장하여 상고하였다.

　　연방 대법원은 상고를 인용하면서, 팜플렛의 평화적인 배포에 대한 사 전 제한을 정당화시키려면 '무거운 (입증) 부담을 지는데, 부동산 소개업자 는 이 부담을 제대로 충족시키지 못했다고 보았다.

(3) < 뉴욕 타임스 > 대 미 연방 *New York Times* v. United States[50]
이것은 흔히 "국방성 기밀 문서 *Pentagon Papers*" 사건으로 일컬어지는 유 명한 판례이다. < 뉴욕 타임스 >와 < 워싱턴 포스트 >가 미국 국방성 기밀 문서('월남전의 정책 결정 과정사')를 게재하기 시작하자, 미국 정부는 이의 중지 명령을 법원에 청구하였다. 이 사건들을 맡게 된 연방 법원들 가운데 뉴욕 타임스 사건에서의 연방 항소 법원만 제외하고는 모두, 정부가 게재 중지를 정당화할 무거운 부담을 충족치 못했다고 보았다. < 뉴욕 타임스 > 는 연방 대법원에 상고하였다.

연방 대법원은 원심을 파기하면서 사전 제한을 정당화시키기 위한 무거운 부담을 충족시키지 못했다고 보았다. 판사들의 의견은 6 : 3으로 갈라졌으며, 판사들 모두가 각각 개별 의견을 제시하였다.[51]

(4) 미 연방 대 프로그레시브 United States v. Progressive, Inc.[52]

대학에서 약간의 과학 과목을 수강한 적이 있는 한 자유 기고가가 여러 자료, 서적들을 독학으로 연구하여 수소 폭탄 제조법에 관한 글을 한 잡지 (< 프로그레시브 *Progressive* >)에 실으려 하였다. 이 잡지는 이 글의 게재를 결정하고 그 원고의 개요를 여러 핵 전문가들에게 보내 정확성 여부를 심사해 주도록 의뢰하였다. 그러는 가운데 그 원고의 사본이 정부 당국에 입수되었다. 필자가 참고한 자료 가운데 기밀로 분류된 것은 없었는데, 그럼에도 불구하고 정부의 입장에 따르면 이 글은 국가 안보를 해치는 것으로 원자력 에너지법에서 그 공표를 금지하고 있는 자료에 해당된다고 보면서, 이 글의 게재는 위법이라고 주장하였다. 연방 지방 법원은 정부의 청구를 인용하여 그 글의 게재 금지를 명하는 예비성 *preservation* 유지 명령을 발하였다.

법원은 판결 이유 가운데, 특히 상기 국방성 기밀 문서 사건과의 차이를 다음 세 가지 점에서 지적하였다. 첫째, 국방성 기밀 문서는 3년 내지 20년 전의 사건에 관한 역사적 자료이다. 둘째, 국방성 기밀 문서의 게재가 어떻게 국가 안보에 영향을 미치는가에 관해서 설득력 있는 이유가 제시되지 않았다. 셋째, 국방성 기밀 문서 사건과는 달리, 본건에서는 특히 원자력 에너지법이라는 특정한 적용 법률이 존재한다는 점이다. 이 판결은 국가 안보를 이유로 출판에 대한 사전 제한을 허용한 희귀한 판례로 꼽힌다. 그 후 이 사건은 예비적 유지 명령에 대한 연방 대법원에의 비약 상고가 각하되고, 궁극적으로는 연방 항소 법원에 의해 항소가 각하됨으로써 종결되었다.

4) 집회·시위의 사전 허가제에 관한 주요 판례

위에서 본 것은 특히 출판물에 대한 사전 제한의 문제였다. 그런데 표현의 자유에 관한 법 원리는 그 표현 수단이 무엇이냐에 따라 한결같지 아니하며, 집회·시위와 같은 행동을 수반하는 표현 행위에 대하여는 상이한 법 원리가 제시되고 있다. 요컨대 '매체가 다르면 그 다른 만큼 법적 취급도 달라진다. 사전 제한의 문제에 대해서도 미국 판례는 출판물의 경우와는 다른 접근을 보여 주고 있다.

옥외 집회·시위의 자유에 관한 미국 연방 대법원의 판례 가운데 대표적인 것으로서 다음에 보는 세 판례를 정리해 보기로 한다.

다만 이들 판례 이전에도 집회·시위의 문제와 연관된 영역에서 이미 주요한 선도적 판례들이 나타나 있는데, 대표적으로 로벨 대 그리핀 Lovell v. Griffin 사건[53]을 들 수 있다. 이 사건에서는 전단이나 그 밖의 문서들을 거리에서 배포하는 데 대해 미리 시 당국의 사전 허가를 얻도록 규정한 시 조례의 합헌성 여부가 문제 되었다. 연방 대법원은 이 조례에서의 허가 제도는 그 허가 여부가 시 당국의 재량적 판단에 맡겨져 있기 때문에 그 규정은 이미 문면상 무효라고 판결하였다.

이러한 판지는 이후의 유사한 사건에서 재확인되었고(예컨대 손힐 대 앨라배마 Thornhill v. Alabama[54], 캔트웰 대 코네티컷 Cantwell v. Connecticut[55], 토머스 대 콜린스 Thomas v. Collins[56] 등), 직접적으로 옥외 집회·시위가 문제 된 사건에서도 수용되었다.

특히 옥외 집회·시위의 자유의 문제는 널리 표현의 자유의 문제 가운데에서도 이른바 '공공의 광장 *public forum*'의 개념에 속하는 문제의 하나로 다루어지고 있다. 이 개념은, 일반 공중이 그 의사 표현을 위해 공공의 장소를 공공의 광장으로 사용할 권리를 지닌다는 의미를 지칭하고 있다.[57]

(1) 콕스 대 뉴햄프셔 Cox v. New Hampshire[58]

'여호와의 증인' 교파에 속하는 약 80여 명의 교도들이 토요일 밤, 뉴햄프셔 주 맨체스터 시의 한 공공 도로에서 시가 행진을 하였다. 주 법에 의하면 '시위 또는 행진'을 하기 위하여는 사전에 허가를 받도록 되어 있었으나, 이들은 허가의 신청을 내지도 않았다. 이들이 행진한 도로는 통상적으로 토요일 밤의 경우, 한 시간에 약 2만 6000명이 통행하는 도로였다. 특별한 치안 교란은 발생하지 않았다.

주 대법원은 판시하기를, 특별한 질서 교란이 없었다 하더라도, 이들의 행진이 행인들의 통상적인 통행을 방해하였다고 보면서 68명의 피고인들에게 유죄 판결을 내렸다. 주 법원의 해석에 따르면, 허가제를 규정한 주 법의 규정은 허가 당국에 대해 한정된 권한만을 부여했다.

연방 대법원은 전원 일치로 허가제를 규정한 주 법이 합헌, 유효하다고 보면서 다음과 같이 판시하였다.

> "(주 법의 규정은 상고인들에게), 만일 행진의 허가로 말미암아 일반 공중의 도로 사용의 편의가 부당하게 지장을 받지 않는 한, 그러한 지장을 피하기 위한 시간, 장소, 방법의 조건하에서 행진 허가를 받을 권리를 부여하고 있다. 시 당국이 시위나 행진을 위한 공공 도로의 사용을 규제할 권한이 있다면, 다른 적절한 목적으로 그 도로를 사용하는 것과 관련하여 부당한 차별 없이 시간, 장소, 방법에 관하여 고려할 권한이 있다는 것도 또한 부정될 수 없는 것이다."

(2) 폴로스 대 뉴햄프셔 Poulos v. New Hampshire[59]

뉴햄프셔 주 포츠머스 시의 조례에 의하면, 시 당국의 사전 허가가 없이는 모든 공공 도로상에서의 행진, 시위나 기타 옥외에서의 공중 집회를 가질 수 없다고 규정하였다.

'여호와의 증인' 교도인 폴로스는 시 공원에서 종교 집회를 가지려고 허가를 신청했으나, 거부되었다. 후의 주 법원의 판결에 의하면 시 당국의 이 거부는 불합리하고 자의적인 것이었음이 인정되었다.

폴로스는 시 당국의 거부에 대하여 그 구제를 위해 법원에 제소하지 않았으며, 바로 집회를 감행하였다. 그는 벌금형의 유죄 판결을 받았고 이에 주 대법원에 상고하였다. 주 대법원은 판시하기를, 시 조례는 문면상 유효하다고 보고, 허가 지부가 자의적이고 차별적이었다고 하더라도 그에 대한 구제는 직무 집행 영장 *writ of mandamus*을 법원에 청구하는 방법에 의하여야 하며, 허가 거부를 무시하고 집회를 행할 수는 없다고 판결하였다. 이에 폴로스는 시 조례의 무효를 주장하면서 연방 대법원에 상고하였다.

연방 대법원은 7 : 2의 의견으로 다음과 같이 주 법원의 판결을 인용하였다. 시 조례에서 허가 여부에 관한 아무 기준도 설정하고 있지 않으며, 따라서 이 규정은 무제한의 재량을 부여하는 위헌, 무효라고 주장할지 모른다. 그러나 주 대법원은 이 조례가 허가 여부에 관하여 통일적이고 비차별적이며 일관된 취급을 하도록 규정된 것으로 매우 좁게 해석하였으며, 따라서 이러한 해석에 따라서 볼 때 이 규정은 문면상 합헌이다. 이 조례는 경찰의 통상적인 절차를 규정했을 뿐이다. 시 당국이 상고인에게 허가를 거부한 것이 잘못된 것이었다고 하더라도 허가 없이 집회를 가질 수 있는 것은 아니다.

> "행정 당국이 적법한 공무 집행의 의무를 자의적으로 거부한 데 대한 사법적 구제의 절차는 시간과 비용이 드는 것임에 틀림없다. 그러나 (사전 허가 없이 집회를 가질 수 있도록 허용한다면……) 이는 질서를 교란하거나 공공의 위험을 불러오기 쉽다. [……] (소송으로 인한) 지체는 불행한 것이다. 그러나 소송으로 인한 비용과 귀찮음은 표현의 자유가 현실적이고 지속적인 의미를 지니는 질서 있는 사회에서 살기 위해 치러야 하는 대가이다."

차별적인 허가 거부를 무시하고 집회를 가진 것은 허가 신청을 해 보았자 거부될 것이라고 믿고 허가 신청을 하지 않은 것이나 마찬가지이다. 이 두 경우에는 그 거부 행위가 정당화될 수 있는 것은 조례 규정이 후에 문면상 무효라고 판결되는 경우뿐이다. 무효인 법 규정에 불복종하는 것은 범죄가 아니다.

(3) 셔틀워스 대 버밍햄 Shuttlesworth v. City of Birmingham[60]

상고인 셔틀워스를 비롯한 50여 명의 흑인들은 1963년의 부활절 전 성聖 금요일 오후에 앨라배마 주 버밍햄 시에서 흑인의 민권 제한에 항의하는 도보 행진을 하였다. 이들은 둘씩 줄을 맞추어 네 블럭가량 질서 있게 보도를 행진하였으며 다른 행인들이나 차량에 대해 지장을 주지도 않았다. 이들은 경찰에 제지당하였고 시 조례 위반으로 체포되었다. 시 조례에 따르면, 시위나 행진을 위하여는 시 당국의 사전 허가가 필요하며, "공공의 복리, 평화, 안전, 공공 도덕, 질서, 윤리 또는 공공 편의에 비추어 그 거부가 필요하다고 판단하지 않는 한," 허가가 부여되어야 한다고 규정하였다.

상고인은 위 조례 위반으로 138일간의 징역형을 선고 받았다.

주 항소 법원은 위 시 조례의 규정이 허가 여부에 관해 무제한의 재량을 부여하고 있기 때문에 표현의 자유에 대한 위헌적인 사전 제한이라고 보아 원심을 파기하였다. 그러나 주 대법원은 조례의 규정을 매우 한정적으로 좁게 해석을 가하고, 이에 따라 동 규정이 무제한의 재량을 부여한 것이 아니라고 보면서, 다시 유죄 판결을 내렸다. 이에 피고인은 다시 연방 대법원에 상고하였다. 연방 대법원은 다음과 같이 판시하면서, 주 대법원의 유죄 판결을 파기하였다.

버밍햄 시의 조례가 그 문면상 시 당국에게 시위나 행진을 금지시킬 수 있는 실질적인 무제한의 절대적 권한을 부여하고 있음은 의심할 바 없다. 지난 30여 년 간의 대법원의 많은 판결에 따르면 객관적이고 명백하며 좁은 기준을 설정하지 않고 표현의 자유를 사전 제한하는 허가제는 위헌이라고 보았으며, 이러한 위헌적인 허가제 규정에 직면한 개인은 이를 무시하고 표현의 자유를 행사할 수 있음을 분명히 하였다.

주 대법원은 이 규정을 매우 좁게 해석함으로써 그 위헌성으로부터 구제하려 시도하였다. 문제는, 사건 발생 후 4년 후에 주 법원에 의해 내려진 이러한 법 해석에도 불구하고 과연 1963년의 사건 당시 이 조례 규정이 복종되어야 했는가 하는 것이다.

"상고인은 그 자신과 그의 집단이 결코 시위의 허가를 받을 수 없을 것이라고 믿을 수밖에 없었다. [……] 조례의 집행이 집회의 권리와 사상 표현의 기회를 부당하게 제한하거나 거부하는 것이었음은 분명하다. [……] 원심을 파기한다."

이상에서 살펴본 집회·시위의 자유에 관한 미국 연방 대법원 판례의 전반적 기조는 다음과 같이 요약해 볼 수 있다.

첫째, 집회·시위에 대한 사전 허가제 자체가 위헌은 아니며, 공중의 교통상의 편의를 위하여 허가제가 규정될 수 있다.

둘째, 허가제는 그 기준이 객관적이고 명백하며 한정적으로 좁게 설정되어야 하며, 막연한 규정으로 허가 여부에 관해 실질적인 무제한의 재량권이 부여되어 있으면 위헌이다.

셋째, 위헌인 규정에 대하여는 이를 무시하고 표현 행위를 할 수 있다.

넷째, 규정 자체가 위헌이 아닌 한, 법 집행이 자의적으로 되어 불법적인 허가 거부를 하더라도 이를 무시할 수는 없고 법원을 통한 사법적 구제 절차를 밟아야 한다.

위의 출판물 및 집회·시위에 대한 주요 판례들을 정리해 보면, 사전 제한 금지에 대한 예외로 인정된 사례들 가운데 어떤 공통적 특성을 추출할 수 있을까? 이에 관하여 다음과 같은 분석이 주목되고 있다.

우선, 표현의 자유에 대립되는 정부 이익의 상대적 중요성을 가지고는 설명이 되지 않는다. 예컨대 전쟁 중에 그에 관련한 국가 기밀을 이유로도 사전 제한은 인정되지 않았다. 예외가 인정된 사례들은 오히려 일견 중요치 않은 듯한 영역에서이다. 그 설명은 다음의 두 가지 점에서 시도될 수 있다.

첫째, 일정한 표현으로 인한 해악의 사전적 입증이 비상하게 확실한 경우로, 예컨대 음란물의 경우가 이에 해당된다.

둘째, 해악의 성격 면에서 일단 표현된 이후에는 회복될 수 없는 성질의 것인 경우로, 예컨대 공공 장소에서의 집회·시위라든가, 또는 국가 기밀도 이에 해당될 경우가 있을 것이다.[61]

3. 명백·현존하는 위험의 원칙: 사후 제한에 관한 기본 원리

표현의 자유에 대한 사전 제한이 사후 제한보다도 더 본질적인 중대한 침해라고 할 수 있지만, 그러나 사후 제한에도 한계가 있을 뿐 아니라, 그것이 헌법상 허용되기 위하여는 여러 법 원칙들을 충족시키지 않으면 안 된다. 다시 말하면 사전 제한뿐 아니라 사후 제한 역시 어디까지나 예외적으로 인정되는 것이라고 할 수 있다. 특히 미국 판례법에서는 표현의 자유를 다른 기본권보다도 더욱 중대한 것으로 인정하여 이른바 표현의 자유의 '우월적 지위 *preferred position*'[62]라는 이름 아래, 표현의 자유에 대한 제한을 한정 짓는 여러 가지 법 원칙들을 전개시켜 왔다. 그 중 대표적인 것이 바로 명백·현존하는 위험의 원칙이다. 이 원칙은 주로 사회 질서와 관련된 표현에 관한 법 원칙으로서 적용되어 왔다.

1) 원칙의 형성과 변화 과정: 1919~40년대

(1) 1919년의 셴크 판결과 '명백·현존하는 위험'의 원칙의 형성
미국 연방 대법원의 판결을 통하여 '명백·현존하는 위험'의 원칙이 처음 등장한 것은 1919년의 셴크 판결[63]을 통해서이다. 이 사건에서 셴크를 비롯한 상고인들은 1917년의 방첩법 Espionage Act 위반 혐의로 기소되었다. 이 법률은 미국이 제1차 세계 대전에 개입하면서 제정된 것인데, 동법에 따르면 징병을 방해하는 행위를 처벌하도록 규정하였다. 상고인들은 징병이 수정 헌법 제13조(판결에 의하지 않는 강제 노역의 금지) 위반이라고 주장하고 징병 거부를 권하는 취지의 전단을 징병 대상자들에게 우송한 사실 때문에 동법 위반으로 유죄 판결을 받았고, 이에 연방 대법원에 상고하였다.

연방 대법원은 홈스 판사의 판결문을 통하여 전원 일치로 유죄 판결을

인용하였다. 전단의 배포가 수정 헌법 제1조에 의해 보호받는다는 상고인의 주장에 답하면서 홈스 판사는 다음과 같이 판시하고 있다.

"언론의 자유를 제한하는 법률의 금지는 사전 제한의 금지를 주된 목적으로 하는 것이었겠지만, 반드시 그것에만 국한되는 것은 아니라고 할 수 있다. [……] 평상시라면 피고인들이 여러 장소에서 전단에서 말한 모든 것을 이야기하더라도 그것은 헌법상 권리 범위 내의 것이 될 것임을 인정한다. 그러나 모든 행위의 성격은 그것이 행하여진 상황에 달려 있다. [……] 언론 자유를 아무리 엄격히 보호한다고 하더라도 극장에서 거짓말로 불이 났다고 소리 쳐서 혼란을 야기시키는 사람까지 보호하지는 않을 것이다. [……] 모든 경우에 문제는 사용된 말이 의회가 그 방지의 권한을 가지는 중대한 해악 *substantive evils* 을 가져올 명백하고 현존하는 위험을 발생시키는 상황에서 행하여졌는가, 그리고 그러한 성질의 것인가의 여부이다. 그것은 근접도와 정도의 문제이다. 국가가 전쟁 상태에 있을 때에는 평화시에 이야기될 수 있는 많은 것들이 국가의 (전쟁 수행) 노력에 장애가 될 수 있고, 따라서 전투를 하는 동안은 그러한 말들이 허용되지 않을 것이다."

이 판결은 수정 헌법 제1조의 표현의 자유의 보장 규정이 오직 사전 제한 금지만을 요구하는 것은 아니며, 사후 제한의 법률에 대해서도 일정한 한계를 설정하는 것임을 인정하는 한편, 그렇다고 표현의 자유가 결코 제한 불가의 절대적 자유도 아님을 분명히 하고 있다. 그리고 그 경계의 설정은 기본적으로 정도의 문제이며, 전시와 같은 예외적 상황에서는 제한 가능성이 높아짐을 밝히고 있다. 이 같은 판지는 판결 당시의 보통법상의 일반적인 관념을 대체로 반영하는 것으로 평가되고 있다.

당시의 관념에 따르면 표현 행위가 일정하게 금지된 결과를 가져올 성향이 있음을 합리적으로 인정할 수 있고, 또 그러한 결과를 초래하려는 주관적인 의사가 있는 경우에 그 표현 행위는 처벌될 수 있다고 보았다.[64]

셍크 판결이 내려진 일 주일 후, 이 사건과 유사한 성격의 두 사건에 대하여 대법원 판결이 내려졌다. 이 두 사건에서도 역시 홈스 판사가 판결문을 썼는데, 셍크 판결에서 설정된 기준이 적용되어, 역시 모두 유죄 판결이 인용되었다. [Frohwerk v. United States, 249 U. S. 204(1919), Debs v. United States, 249 U. S. 211(1919)]

(2) 에이브럼스 판결과 '해로운 경향'의 원칙

셍크 판결 이후, 같은 해에 내려진 에이브럼스 판결[65]에서는 셍크 판결서의 명백·현존하는 위험의 원칙이 도외시되는 결과를 보여 주고 있다.

에이브럼스 사건에서 상고인들은 1918년의 개정 방첩법 위반으로 하급심에서 유죄 판결을 받았다. 상고인들은 공산주의 신봉자들로서, 러시아에서의 새로운 공산주의 정권에 대한 분쇄의 노력에 미국 정부가 개입함을 비판하고 반소 세력에 대한 무기 수송을 막기 위해 파업할 것을 촉구하는 미국 정부의 전쟁 수행을 방해할 의도로 군수품 생산의 감소를 충동함을 금지하는 규정에 위반했다 하여 20년의 징역형을 선고받은 것이다. 동 개정 법률은 1917년의 법률 규정과 달리 직접 표현 행위 자체를 금지하는 여러 규정을 신설하였다.

연방 대법원의 다수 의견은 이 사건에서의 표현의 자유의 문제에 별로 주의를 기울이지 않았으며, 셍크 판결을 원용하면서도, 문제 된 전단이 전쟁 수행의 노력에 대한 거부를 고무시키고 군수품 생산의 감소를 가져올 '해로운 경향'이 있다고 보고 유죄 판결을 인용하였다. 다수 의견에 의한 이른바 '해로운 경향'의 원칙에 따르면, 어떠한 표현 행위가 해로운 결과를 가져올 성격의 것이라면 금지될 수 있다고 본 것이다.

에이브럼스 사건에서 홈스 판사와 브렌다이스 판사는 다수 의견에 반대하였다. 홈스 판사는 반대 의견에서, 상고인들의 행위가 독일과의 전쟁 수행과는 무관하다는 점에서 먼저 법률 해석·적용상의 차원에서 유죄 판결의 파기를 주장한 다음, 헌법적 차원의 문제로 명백·현존하는 위험의 논리를 전개하였다. 여기에서 그는 셍크 판결에서보다도 더 나아가 특히 해악의 '급진성 *immediacy*'을 강조하였다. 또한 이 반대 의견 속에서 홈스는, "바람직하고 긍정적인 선은 사상의 자유로운 소통 *free trade in ideas* 에 의해 더 잘 도달될 수 있다. 즉 진리에 대한 최선의 검증은 시장의 경쟁 속에서 사상이 그 자신을 수용시키는 힘에 있다"라는 유명한 '사상의 자유 시장'의 논리를 전개하고 있다.

에이브럼스 사건에서의 홈스의 반대 의견에 대하여는 평가가 엇갈린다. 그가 솅크 판결 및 그 후의 두 판결에서 유죄 판결을 인용했던 점과 관련하여, 그의 논리는 결국 '무명인에 의한 우스꽝스런 팜플렛'처럼 전혀 비효과적인 표현 행위만 헌법적 보호를 받는다는 것인가 하는 냉소적 비판이 가해지는가 하면, 다른 한편에서는 좀더 관대한 해석을 취하여, 특히 그의 반대 의견 가운데 "유해한 주장에 대한 교정을 시간에 맡겨 두면 급박한 위험이 초래되는 긴급 사태의 경우에만, 표현의 자유의 절대적 보장에 대한 예외가 시인될 수 있다"는 것에 중점을 두기도 한다.[66]

에이브럼스 판결 이후에도 홈스가 생각했던 바의 명백·현존하는 위험의 원칙은 다수를 형성하지 못하였으며, '해로운 경향'의 원칙이 여전히 지속되었다. 판례의 이러한 태도는 폭력에 의한 정치 경제적 변혁을 주장하는 이른바 '범죄 신디칼리즘 criminal syndicalism'을 규제하기 위한 일련의 주 법들에 대한 사건에서 찾아볼 수 있다. 그 대표적인 예로는 1925년의 기틀로우 판결[67]을 들 수 있다.

기틀로우 사건에서는 상고인들이 정치적 파업을 고취하는 과격한 선언문을 인쇄, 배포한 것이 뉴욕 주 법 위반으로 문제 되었다. 연방 대법원은 하급심의 유죄 판결을 인용하면서, 명백·현존하는 위험의 원칙은 이 사건에서 적용될 수 없다고 보았다. 다수 의견에 의하면, 명백·현존하는 위험의 원칙은 법률에서 언어 자체가 아닌 특정한 행위를 규제하고 있는 경우에, 문제 된 어떤 특정한 언어가 동법에서의 규제로부터 벗어나 헌법상 보호를 받을 수 있는지를 결정하기 위해 채택되는 기준이라고 보면서, 이 사건에서처럼 법률 자체가 특정한 언어 자체를 범죄로 규정하고 있는 경우에는 동법의 합리적 근거의 입증만 있으면 충분하고 명백·현존하는 위험의 유무는 무관하다고 판시하였다.

기틀로우 사건에서 홈스와 브렌다이스 판사는 명백·현존하는 위험의 원칙을 반복 주장하면서 다수 의견에 반대하였다. 다만 이들의 반대 의견에서 직접 행위를 규제하는 법률과 직접 언어를 규제하는 법률의 구분에 관한 대답은 제시되지 않았다.

이 문제에 대답은 1927년의 휘트니 Whitney 판결[68]에서의 브렌다이스 판사의 동지 의견 속에서 제시되었다.

휘트니 사건에서도 범죄 신디칼리즘을 금지하는 주 법 위반이 문제 되었다. 상고인은 캘리포니아 공산당 당원으로서 당 대회에 참가하였는데 이 때문에 주 법 위반으로 유죄 판결을 받았다. 상고인은 자신이 당 대회에서 폭력이 아닌 민주적 절차에 의한 정치적 개혁을 주장한 점을 들어 자신에 대한 처벌이 헌법상 적법 절차 위반이라고 주장하였으나, 연방 대법원은 유죄 판결을 인용하였다.

휘트니 사건에서 브렌다이스 판사는 동지 의견을 썼고, 홈스 판사가 이에 가담하였다. 브렌다이스는 상고인이 수정 제1조의 표현의 자유의 문제를 제기하지 않고 적법 절차 위반만을 문제삼았다는 절차적인 이유 때문에 결론에서는 유죄 판결에 동조하였으나, 그의 동지 의견은 그 내용에 있어 실제로는 반대 의견에 가까운 것이었다.

브렌다이스 판사는 특히 기틀로우 판결에서의 주요 논지를 반박하였다. 즉, 법률 자체에서 특정한 언어를 금지하였다고 하여 그것이 최종적인 것은 아니며, 그 경우에도 명백·현존하는 위험의 원칙이 허용된다고 보았다. 그 밖에도 그는 이 동지 의견 속에서 후세에 자주 원용되는 유명한 논리들을 전개하고 있다. 그는 '주장 *advocacy*'과 '선동 *incitement*'을 구분하여, 급박한 행동이 뒤따를 위험이 있는 후자의 경우에만 규제가 가능하다고 보았고, "우려되는 해악의 발생이 너무 임박하여 *imminent* 충분한 토론의 기회가 있기 전에 그 해악이 닥칠 경우가 아니면, 명백하고 현존하는 위험이 있다고 볼 수 없다"고 하였다. 말하자면 말의 해악을 말로써 시정하기 어려운 긴급한 경우에 한하여 말을 규제할 수 있다는 논리인데, 이 점은 이미 에이브럼스 사건에서의 홈스의 반대 의견 속에서도 개진된 바 있다. 그 밖에, 표현의 자유의 보장이 사회 질서의 안전판 *safety valve* 구실을 한다는 논지도 이 동지 의견 속에 나타나 있다.

(3) 1940년대에 있어서 명백·현존하는 위험의 원칙의 회복

위에서 본 것처럼, 1919년의 솅크 판결에서 등장한 명백·현존하는 위험의 원칙은 같은 해의 에이브럼스 판결 이래로 반대 의견 속에서 지속되기에 이르렀다. 이 원칙의 취지가 대법원의 다수 의견 속에서 다시 등장하게 되는 것은 1937년의 헤른돈 Herndon 판결[69]을 통해서이다. 이 사건에서 대법원은 내란 선동 혐의에 관한 하급심의 유죄 판결에 대하여, "정부에 대한 위험성의 합리적 우려"가 있는 경우에만 표현의 규제가 정당화될 수 있고, 위험스런 '경향'이 있다는 것만으로 표현을 제한할 수 없다고 보았다. 이는 기틀로우 판결의 판지를 사실상 배척한 것이다.

헤른돈 판결 이후 명백·현존하는 위험의 원칙은 1940년대에 들어서면서 선동죄 영역이 아닌 다른 여러 사건에서 채택되기에 이른다. 예컨대 평화적인 피케팅에 관한 손힐 대 앨라배마 Thornhill v. Alabama 사건[70] '여호와의 증인' 교도의 국기 경례 거부에 관한 서버지니아 주 교육청 대 바네트 West Virginia State Board of Education v. Barnette 사건[71]에서는 동 원칙이 적용되어 각각 문제 된 법률 또는 처분에 대해 위헌 판결이 내려졌다.

이들 사건 이외에도 오늘에 이르기까지 계속 동 원칙이 적용되고 있는 대표적 사건 영역으로 법정 모욕에 관한 사건들을 들 수 있다. 진행중인 재판 절차를 비판하는 언론에 대해 전통적인 판례의 입장은 이를 보호하지 않는 것이었다. 그러나 1941년의 브리지스 대 캘리포니아 Bridges v. California 사건에서[72] 블랙 판사는 판시하기를, "중대한 해악이 극히 심각하고, 급박성의 정도가 극히 높은 경우에 한하여" 재판 비판 발언에 대해 처벌할 수 있다고 보고, 하급심의 유죄 판결을 파기하였다. 재판 비판에 관한 사건에서의 동지의 판결은 이후에도 지속되었다. 예컨대 1946년의 페네캠프 대 플로리다 Pennekamp v. Florida 사건,[73] 1947년의 크레이그 대 하니 Craig v. Harney 사건[74]을 들 수 있다.

근래에도 1976년의 < 네브라스카 연합 신문 > 대 스튜어트 Nebraska Press Association v. Stuart 사건에서[75] 연방 대법원은 '명백·현존하는 위험'이라는 용어를 사용하면서, 재판 관련 보도에 대한 법원의 보도 금지 명령

을 파기하였다.

이처럼 명백·현존하는 위험의 원칙은 1940년대에 이르러 선동 행위 이
외의 여러 영역에서 채택되어 표현의 자유의 제한에 관한 일반적 원칙으로
서의 지위에 오르는 듯이 보이게 되었다. 그러나 뒤에서 보는 것처럼, 1950
년대의 냉전 시대의 전개와 더불어 이 원칙은 수정·퇴행을 겪게 된다.

2) 원칙의 수정·퇴행: 1950년대

(1) 1951년의 데니스 Dennis 판결

냉전을 배경으로 한 매카시 선풍과 함께 명백·현존하는 위험의 원칙은 수
정·퇴행의 길을 걷게 되었다. 전반적으로 표현의 자유가 위축되는 가운데,
특히 정부 비판 발언이나 국가 안보에 관한 표현은 보다 엄격히 제한되었
다. 이러한 상황 속에서 홈스와 브렌다이스 판사에 의해 제시, 유지된 본래
의 명백·현존하는 위험의 원칙은 1951년 데니스 판결[76]을 통해 퇴행적 수정
을 당하게 된다.

데니스 사건에서는 미국 공산당원들에 대한 스미스법 Smith Act 위반이
문제 되었다. 동법은 연방 법률로서, 냉전의 전개 이전인 1940년에 제정된
것으로 기틀로우 사건에서 문제 되었던 뉴욕의 무정부법 Criminal Anarchy
Act(1920)과 유사한 내용의 것이었다. 상고인들은 폭력 혁명을 주장하는 공
산당을 조직한 혐의로 유죄 판결을 받았다. 대법원에서의 쟁점은 스미스법
의 관련 조항의 위헌 여부였다.

빈슨 Vinson 대법원장을 비롯한 4인의 복수 의견(*plurality opinion*: 후술하는
프랭크퍼터 Frankfurter 판사는 동지 의견을 제시했다)은 명백·현존하는 위험의 원
칙을 채택하면서도 홈스와 브렌다이스에 의한 그 본래의 의미와는 다르게
변질시키고 있다. 이에 따르면 어떤 주장의 성공 가능성을 가지고 판단 기
준으로 삼는 것은 현실을 도외시한 것이라고 보면서, "폭력에 의한 정부 전
복의 시도는 비록 그것이 혁명가들의 수효나 힘에 비추어 애당초부터 실현
가능성이 없는 것이라 하더라도, 의회가 이를 규제하기에 충분한 해악이다"

라고 판시하였다.

　대법원은 특히 하급심에서의 런드 핸드 Learned Hand 판사(연방 고등 법원)의 판지를 인용하였는데, 핸드 판사는, 비록 해악의 실현이 비개연적이라 하더라도, 그 '해악의 중대성 *gravity of the evil*'에 따라 판단해야 한다고 보았다. 이는 곧 주장한 행동의 내용이 중대한 경우에는 비록 그 실현의 위험성이 없더라도 규제될 수 있다고 보는 것으로, 그 실질에 있어 '막연한 해로운 경향 *the remote bad tendency*'의 원칙과 다름없는 것이라고 평가되고 있다. 한편, 프랭크퍼터 판사는 동지 의견에서, 명백·현존하는 위험의 원칙은 너무 융통성이 없다고 보면서 '이익 형량'의 원칙의 채택을 주장하였다.

(2) 1957년의 예이츠 Yates 판결과 그 이후

1957년의 예이츠 대 미 연방 Yates v. United States 사건에서도[77] 공산당원에 대한 스미스법 적용·차별이 문제 되었다. 하를란 Harlan 판사에 의한 대법원 판결은, 하급심이 데니스 선례에 대한 해석을 잘못했다고 보면서, 데니스 판결의 취지를 축소시키려 시도하였다. 대법원은 스미스법의 규정은 "행동과 구별되는 원리 *principles* 의 주장"까지 금지하는 것은 아니라고 보면서, 상고인들은 철학을 주장하였을 뿐, 행동을 선동한 것은 아니라고 하여 유죄 판결을 파기하였다.

　요컨대, 예이츠 판결은 이론 또는 원리의 주장과 행동의 주장을 구분하고, 후자 즉 '선동'만을 규제할 수 있다고 본 것이다. 그러나 홈스 판사가 기틀로우 사건의 반대 의견에서 "모든 사상은 선동이다 *every idea is incitement*"라고 밝히고 있듯이 그러한 구분은 지극히 불분명한 것일 수밖에 없다.

　이러한 우려는 1961년의 스케일스 대 미 연방 Scales v. United States 사건[78]에서 그대로 나타나고 있다. 역시 공산당원에 대한 스미스법 위반 사건에서, 같은 하를란 판사에 의한 대법원 판결은 이번에는 유죄 판결을 인용하고 있다. 대법원은 "폭력 혁명을 위한 미래의 행동을 현재 주장하는 것은, 똑같은 목적의 당장의 행동을 주장하는 것과 마찬가지로 법률상 및 헌법상의 (규제) 요건을 충족시킴은 데니스 및 예이츠 판결에 의해 의심할 바 없이 되었다"고 판시하였다.

　이후 냉전의 지속에 따른 공산주의 공포 속에서 명백·현존하는 위험의
원칙은 사실상 대법원에 의해 도외시되었고, '이익 형량'의 원칙이 이를 대
체하게 되었다.

3) 원칙의 재형성: 1960년대 이후

(1) 1969년의 브란덴부르크 Brandenburg 판결

1960년대의 진보주의 물결과 함께 명백·현존하는 위험의 원칙도 그 재형성
의 계기를 맞게 된다. 이미 1966년의 본드 대 플로이드 Bond v. Floyd 사건[79]
에서 동 원칙의 취지는 다시 나타나기 시작한다. 이 사건에서 대법원은 주
의회 의원 당선자에 대해 베트남 전쟁 개입 비판 발언을 이유로 그 취임 배
제를 의결한 주 의회의 결정을, 표현의 자유에 대한 위헌적 침해라고 판시하
였다.

　명백·현존하는 위험의 원칙이 보다 뚜렷이 새롭게 형성된 것은 1969년
의 브란덴부르크 대 오하이오 Brandenburg v. Ohio 사건[80]을 통해서이다. 이
사건에서의 상고인은 Ku Klux Klan(K. K. K.)의 지도자로서, 폭력에 의한 정
치적 개혁을 주장하여 오하이오 주의 범죄 신디칼리즘법을 위반한 혐의로
유죄 판결을 받았다. 그는 K. K. K.의 집회에서 정부를 비난하고 의사당으
로의 행진 계획을 밝혔다. 동 주 법에 의하면, "산업적 또는 정치적 개혁을
달성하기 위한 수단으로서 범죄, 사보타지, 폭력 또는 불법적인 테러의 방법
의 의무, 필요성 또는 적절성을 주장"하는 것과, "범죄 신디칼리즘의 원리를
지도 또는 주장하기 위하여 형성된 집단과 자발적으로 집회하는 것"을 금
지하였다.

　워런이 이끄는 연방 대법원은 전원 全院 의 의견 per curiam opinion 을 통
하여 유죄 판결을 파기하였다. 동 휘트니 판결은 판결을 번복시키고, 홈스
와 브렌다이스에 의한 본래의 명백·현존하는 위험의 원칙을 되살리되, 그 표
현과 강조점에 있어 다른 면을 나타내면서, 다음과 같이 판시하였다.

"폭력의 사용 또는 불법 수단의 주장이 임박한 불법 행동의 선동, 야기를 겨냥하는 것이고 또한 그러한 행동을 선동, 야기할 개연성이 있는 경우 이 외에는 주가 이를 금지할 수 없다"([The state may not] forbid or proscribe advocacy of the use of force or of law violation except where such advocacy is directed to inciting or producing imminent lawless action and is likely to incite or produce such action).

대법원은 이러한 판지에 따라, K. K. K.의 원리를 단지 주장하는 것을 금지하는 주 법은 위헌이라고 판결하였다.

한편 더글러스 판사는 별도의 동지 의견을 통하여, 수정 제1조의 표현의 자유의 해석에 있어서 명백·현존하는 위험의 원칙은 배척되어야 한다고 주장하였다. 그는 적어도 평화시에 있어 동 원칙은 수정 제1조와 양립할 수 없음이 분명하다고 말하고, 동 원칙이 편의대로 조작될 수 있음을 지적하면서, 명백한 행위가 아닌 모든 사상의 표현은 제한할 수 없다고 보았다.

브란덴부르크 판결은 에이브럼스 판결 이래로 오랫동안 '해로운 경향'의 원칙에 의해 사실상 대체되어 왔던 명백·현존하는 위험의 본래의 취지를 되살린 점에서 큰 의의를 지닌다. 첫째는, 말의 객관적인 내용의 면에서, '원리의 주장'이 아닌, '임박한' 행동의 '선동'에 해당하는가, 둘째는, 말의 효과에 있어서 해악 발생의 개연성이 있는가 하는 것이다. 첫째의 기준에서 '선동' 여부는 데니스 사건의 하급심에서 런드 핸드 판사가 강조했던 점이고, '임박성'의 요소는 홈스적인 영향이며, 둘째의 기준은 셍크 판결에서 홈스가 중시했던 요건이라고 평가되고 있다.[81]

⑵ 브란덴부르크 판결 이후

워런 대법원을 뒤이은 부르거 대법원의 판결 속에서도 브란덴부르크 판결의 취지는 지속되었다. 헤스 대 인디애나 Hess v. Indiana 사건[82]이 그 일례이다.

헤스 사건에서 상고인은 반전 시위 중 "나중에 다시 거리를 점거할 것이다"라고 다중을 향하여 소리 친 것 때문에, 질서 교란 행위를 처벌하는 주 법 위반으로 유죄 판결을 받았다. 연방 대법원은 전원 의견을 통하여 유죄 판결을 파기하면서, 특히 브란덴부르크 판결에 의거하였다. 대법원은 "상고인의 말은 좋게 보면, 현재의 온건한 행동의 의사를 나타내는 것이고, 나쁘게 보더라도 불특정한 장래의 시간에 있어서의 불법 행동을 주장한 것 이상은 아니다. 이것만으로는 처벌하기에 충분하지 않다"라고 말하면서, 상고인의 말은 임박한 불법 행동을 주장한 것은 아니라고 결론 지었다.

이상의 판례 분석을 통하여 명백·현존하는 위험의 원칙의 법적 성격을 다음의 몇 가지로 요약해 볼 수 있다.

첫째, 동 원칙은 애당초부터 표현의 자유가 절대적이 아니며 제한될 수 있다는 정당화의 법리로 제시되었다.

둘째, 동 원칙은 표현의 자유에 대한 사전 제한에 관한 위헌 여부의 판단 기준으로 제시, 전개되었다.

셋째, 동 원칙은 주로 반사회적·반국가적 언론, 특히 공산주의자들을 겨냥하여 적용되어 왔으며, 그 후의 전개에 따라 다른 언론 영역에도 확대·적용되었다.

넷째, 동 원칙은 표현의 자유의 절대적 보호론의 입장에서 보면 그 남용죄의 우려가 있고, 반대로 규제 강화론의 입장에서 보면 너무 관대한 원칙으로 평가된다.

다섯째, 동 원칙의 현재의 법적 위치는 1969년의 브란덴부르크 판결에서 찾아볼 수 있다.

4. 표현의 자유의 법리: 미국과 한국의 거리

제1 공화국 헌법하의 언론 규제적 법률로는 일반 법률인 형법 및 국가 보안법에서의 관련 규정 이외에도, 특히 두 개의 직접적인 언론 규제법이 존재하였다. 하나는 이른바 광무 신문지법 光武新聞之法 이며, 다른 하나는 군정 법령 88호이다.

제1 공화국 헌법 제100조는 "현행 법령은 이 헌법에 저촉되지 아니하는 한 효력을 가진다"고 규정하였는데, 자유당 정권은 그 언론 탄압에 있어 이 두 법률이 여전히 유효하다는 입장을 취하였다.

광무 신문지법은 대한 제국 말기인 1907년(광무 光武 11년) 7월 24일에 법률 제1호로 제정된 것으로 당시 일제 총독부가 독립 운동을 탄압하기 위하여 이완용 내각을 시켜 만든 것이다. 미 군정하에서 일제하의 여러 악법들은 폐지되었으나, 군정 당국은 무슨 이유에서인지 이 신문지법은 폐기시키지 않았다. 이 법은 신문 발행의 허가제를 취하는 한편, 무허가 발행에 대한 벌금형을 규정하고, 또한 "안녕 질서를 방해하거나 풍속을 회란 懷亂 한다고 인정할 때에는 발매, 반포를 금지하여 압수하며, 또는 발행을 정지 혹은 금지할 수 있다"(제21조)고 규정하였으며, 그 위반에 대해서는 벌금형을 규정하였다.

한편, 신문 이외의 출판물에 대하여는 1908년의 출판법에서 역시 허가제를 취하였으며, 그 위반에 대하여는 출판 내용에 따라 징역, 금고 또는 벌금형을 규정하였다. 또한 이 법 위반의 출판물에 대하여는 발매 반포를 금지하고 압수할 수 있도록 하였다.

위의 두 법률은 일제 통치 기간 중에도 여전히 지속되었다. 출판법은 1945년 10월 9일, 미 군정 법령을 통해 폐지되었고, 신문지법은 1952년 3월 19일에 와서야 국회에 의해 공식 폐지되었다. 신문지법은 1951년 9월의 < 동아 일보 > 필화 사건(세칭 '김대운 조서 발표 사건')에서 두 신문인의 기소시 적용 법률로 원용된 바 있다.[83]

미 군정 법령 88호 '신문 기타 정기 간행물 허가에 관한 건'은 1945년 9월 19일 공포된 것으로 신문 및 그 밖의 정기 간행물의 허가제를 규정하고, "법률의 위반이 있을 때"에는 허가 취소 또는 정지할 수 있도록 하였으며, 동령 위반에 대하여는 "군정 재판에 의하여 처단한다"고 규정하였다. 이 법은 그 이전의 군정 법령 19호(1945년 10월 29일 발포)에서의 등록제를 변경시킨 것으로 당시 좌익 언론에 대한 규제를 강화시키기 위한 것이었다.

군정 법령 88호는 유명한 < 경향신문 > 폐간 사건에서 적용되었다. 제1 공화국 헌법은 "모든 국민은 법률에 의하지 아니하고는 언론·출판·집회·결사의 자유를 제한받지 아니한다"(제28조 2항)고 규정하였는데, 군정 법령 88호에서 규정한 허가제와 허가 취소 또는 정지는 위 헌법 규정에 위반이 아닌가 하는 것이 < 경향신문 > 사건에서 문제 되었다. 이에 대해 대법원은 군정 법령 제1조, 제4조가 위헌이라고 보면서 < 헌법 위원회 >에 위헌 심사를 제청하였다.[84] 4·19 후, 1960년 4월 26일, 대법원은 "……위헌 여부의 결정을 조속하기 어려운 상태임에 비추어……본지 행정 처분의 집행을 정지함이 타당하다……"고 보아 정간 처분 집행 정지 결정을 내렸다. 미 군정 법령 88호는 제2 공화국하의 '신문 등 및 정당 등의 등록에 관한 법률'에 의하여 사실상 폐지되었다고 할 수 있는데, 그것이 명시적으로 폐지된 것은 5·16 후인 1961년 12월 30일에 이르러서이다.

제2 공화국 헌법은 특히 "언론 출판에 대한 허가를 규정할 수 없다"(제28조)고 명시하였다. 4·19 후의 민주당 정권은 < 경향신문 > 폐간 사건으로 크게 논란되었던 군정 법령 88호를 명시적으로 폐기하지 않은 채, 1960년 7월 1일, 전기 前記 '신문 등……등록에 관한 법률'을 제정·공포하였다. 이 법은 신문 및 기타 정기 간행물에 대해 등록제를 규정한 것으로, 등록 사항에 어떠한 장애 조항도 없었고, 등록 취소 규정도 두지 않았으며 등록 의무 위반에 대해 과태료 아닌 벌금(20만원 이하)을 규정한 점 이외에는 본래의 의미의 등록제에 충실한 것이었다. 등록제 실시 이후 정기 간행물의 수는 대폭 증가되었는데, 1961년 2월 말의 집계에 의하면, 4·19 이전에 709종이던 것이 1594종으로 늘어나고, 그 중에서 일간 신문은 41종이 124종으로 증가되었다.[85] 다시 발행의 제한이 있을지도 모른다는 생각에 신문 발행권을 하나의 이권으로 인식했던 것이 이러한 증가의 주요 원인으로 지적되고 있다.

민주당 정권하에서 정부로부터의 언론 규제에 따른 필화 사건은 없었다. 이 시대의 언론 관계 판례로 주목되는 것은 정치적 시위에 대한 경범죄 처벌법 적용 사건이다. 정치적 목적으로 시위하면서 삐라를 살포한 데 대해 경범죄 처벌법으로 기소된 사건에서 대법원은 동법의 남용 금지의 원칙에 위배된다 하여 무죄 판결을 내렸다.[86]

제3 공화국 헌법은 언론·출판에 대한 허가·검열의 금지를 명시하면서, 다만 영화·연예에 대한 검열은 인정하였다.

5·16 후의 박 정권은 1961년의 반공법에서 언론 관련 조항(제4조 1항: 반국가 단체 찬양·고무 동조 등 이적 利敵 행위자 처벌)을 두는 한편, 1963년 12월 12일에 '신문·통신 등의 등록에 관한 법률'을 제정·공포하였다. 이 법은 신문 및 기타 정기 간행물의 발행에 대해 문화 공보부에 등록을 하도록 규정하였는데, 특히 그 등록 사항 가운데에 일간 및 주간 신문에 대해 일정한 시설을 갖출 것을 요건으로 설정하였다. 제3 공화국 헌법은 이 제도의 채택을 위한 근거 조항을 이미 마련해 두고 있었다. 아울러 이 법은 일정한 등록 취소 사유들을 규정하였는데, 다만 직접적으로 게재 내용을 문제삼은 규정은 없었다.

이후 박 정권은 보다 직접적인 언론 규제를 위하여 1964년에 '언론 윤리 위원회법'을 제정하였으나 언론계의 반발에 부딪혀 그 실시를 보류한 바 있다. 이 법은 1980년의 언론 기본법의 부칙을 통해 확정적으로 폐지되었다.

1961년 12월 30일에 제정된 '출판사 및 인쇄소의 등록에 관한 법률'에서는 서적 출판 등에 대해 등록·등록 취소제를 규정하였고, 1962년 12월 31일에 제정된 '집회 및 시위에 관한 법률'에서는 신고제라는 이름 아래서의 실질적인 허가제를 규정하였다.

제3 공화국 시대의 언론 관계 판례로서, 먼저 사전 제한에 관한 것으로는 < 씨올의 소리 > 등록 취소 사건[87], < 사상계 > 등록 취소 사건[88]을 들 수 있다. 이들 사건에서 대법원은 법률 해석의 차원에서 이들 잡지사에 승소 판결을 내렸다.

사후 처벌에 관한 대표적 판례로는, 평화 통일론이 문제 된 < 세대 >지 사건을 들 수 있다. 이 사건에서 대법원은 반공법 제4조 1항이 합헌이라고 보면서 유죄 판결을 인용하였다. 한편, 반공법 위반에 관한 지방 법원 판결

에서 명백·현존하는 위험의 원칙을 적용하여 무죄 판결을 내린 드문 예도 있다.[89]

유신 시대에 들어와서는 특히 긴급 조치를 통해 노골적인 언론 탄압이 가해졌음은 익히 아는 대로이다. 그 밖에도 경범죄 처벌법에 신설된 '유언 비어 날조 유포죄'(1973년 개정 법률 제1조 48호) 처벌은 언론 규제적으로 적용되었다. 그 당시 반공법 제4조 1항 위반 사건으로는 대표적으로 이영희 교수 사건[90]을 들 수 있다.

제5 공화국 헌법하의 대표적 언론 규제법인 언론 기본법은 1980년 12월 19일, 국가 보위 입법 회의에서 제정·공포된 것이다. 이 법은 종래의 '신문·통신 등의 등록에 관한 법률'과 '방송법'을 통합 규정하는 한편, 여기에 여러 새로운 규제 조항을 첨가하면서, 아울러 정보 청구권을 비롯한 몇몇 장식적 조항들을 덧붙인 것이다.   •

언론 기본법이 안고 있는 가장 중대한 문제 조항은 등록(제20조) 및 등록 취소(제24조) 규정이다. 특히 등록 취소 사유 가운데 일정한 게재 내용을 문제삼고 있는 조항(제24조 1항 4호)은 종전의 법률에서 찾아볼 수 없었던 새로운 규제 조항이며, 실제로 < 실천 문학 > 사건 등에서 이 규정이 적용된 바 있다.

등록·등록 취소 규정 이외에도 이 법은 많은 규제 조항을 포함하고 있다. 특히 편집인에게 게재 내용에 대한 형사 책임을 지우는 규정, 언론인의 자격을 제한하는 규정 등을 그러한 예로 지적할 수 있다.

언론 기본법은 5·16 이후 점차 강화되어 온 언론 규제법의 가장 심화된 상태를 보여 주고 있으며, 그 실질에 있어 광무 신문지법이나 군정 법령 88호에서의 허가제와 다름없다고 할 수 있고,[91] 오히려 벌칙의 형량에 있어서는 신문지법에서보다 더 강화된 일면마저 보여 주고 있다. 언론 기본법은 기본 성격에 있어 '언론 형법'이라는 평가까지 나오고 있다.

제5 공화국 시대의 언론 관련 판결을 보면, 우선 국가 보안법 위반 사건과 집회 및 시위에 관한 법률 위반 사건이 대량적으로 산출된 사실이 무엇보다 특징적이다. 구 반공법 제4조 1항의 규정을 흡수한 국가 보안법 제7

조 1항의 위반 사건에 있어서 대법원은 동 범죄가 목적범이 아니라는 일관된 판결을 거듭하고 있다. 이에 따르면 "반국가 단체를 이롭게 하는 행위라 함은 그 행위의 내용이 객관적으로 반국가 단체의 이익이 될 수 있는 것이면 이에 해당하고, 그 행위가 반국가 단체를 이롭게 함을 인식하거나 또는 이익이 될 수 있다는 미필적 인식이 있으면 충분하며, 그 행위자에게 반국가 단체를 이롭게 하려는 목적 의식(의욕)을 필요로 하는 것은 아니라고 보고 있다.[92] 또한, 집시법 위반 사건에서는, 동법 제3조에서의 일정한 집회·시위 금지 규정이 합헌이라는 일관된 태도를 취하고 있다.[93]

1975년 3월 19일, 국회에서의 변칙적 처리를 통해 신설된 형법상 '국가 모독죄' 규정은 유신 시대에는 실제로 적용되지 않았으나, 제5 공화국 시대에 들어와 몇 차례의 정치적 사건에서 적용되었다. 또한 < 말 >지 사건에서는 문화 공보부의 이른바 '보도 지침' 내용의 게재와 관련하여, 외교상 기밀 누설죄, 국가 보안법 위반 등이 문제 되었는데, 서울 형사 지법은 1987년 6월 3일의 판결에서, 집행 유예 또는 선고 유예의 판결을 선고한 바 있다.

미국 헌법상 표현의 자유의 법리가 과연 한국에 대해 어떤 영향을 미쳤는지는 극히 의문이다. 위에서 개관하여 본 것처럼, 사전 제한과 사후 제한을 불문하고 미국에서의 그 법리는 한국에서 수용되지 못하였다. 사전 제한 금지에 관하여 이미 입법에서부터 명시적인 허가제, 또는 등록제라는 이름의 실질적 허가제를 통해 이것이 거부되어 왔고, 법 현실을 통해 그것이 좀더 철저히 배제되어 왔음은 < 말 >지의 '보도 지침' 사건에서 나타난 대로이다.

사후 제한에 관한 명백·현존하는 위험의 원칙도 하급 심판법에서 드물게 채택되었을 뿐이다. 다수의 국가 보안법 위반 사건에서 나타나 있는 것을 보면 그 판결들 밑에 깔린 묵시적인 일관된 논지는 미국의 1910년대 이전의 '해로운 경향'의 원칙에 가깝지 않은가 생각된다.

표현의 자유와 관련하여 미국 헌법이 우리에게 어떤 영향을 미쳤다면, 그것은 실제의 입법이나 법 현실에서가 아니라, 강학 講學 이나 대중 매체를 통한 인권 의의상의 영향이 아닌가 여겨진다.

표현의 자유에 관한 미국 헌법사가 우리에게 던져 주는 좀더 깊은 교훈은, 표현의 자유가 갖는 실천적 성격에 대해서일 것이다. 미국에서의 표현의 자유는 밑에서부터의 시민적 운동이 뒷받침될 때 법리상으로도 그것이 확대되었으며, 그렇지 못할 때 후퇴의 양상을 나타내었다. 이 점이야말로 미국의 경험이 우리에게 주는 교훈의 핵심이라고 생각한다.

주

1) 그 개관을 위하여 W. Cohen and J. Kaplan (eds.), *Constitutional Law: Civil Liberty and Individual Rights,* 2nd ed., Foundation Press, 1982, pp.1~13, 17~28 참조.

2) A. Cox, "First Amendment," *Society* Vol. 24. No. 1, Rutgers-The State Univ., 1986, p.8.

3) L. Levy, *Legacy of Suppression,* Harvard Univ. Press, 1960; L. Levy, "Liberty and the First Amendment: 1790~1800," Friedman and Scheiber (eds.), *American Law and the Constitutional Order,* Harvard Univ. Press, 1978, pp.99~106 참조.

4) Z. Chafee, *Free Speech in the United States,* Cohen & Kaplan, 앞의 책, p.23f 참조.

5) W. Coleman Jr., "A Free Press: the Need to Ensure an Unfettered Check on Democratic Government Between Elections," 59 *Tulane Law Rev.* 243, 1984, p.247f.

6) W. Blackstone, "Commentaries on the Law of England(1765~1796)," Book IV, Nowak, Rotunda & Young, *Constitutional Law,* West Publ. Co., 1978, p.715.

7) Cox, 앞의 책, p.9.

8) D. Kairys, "Freedom of Speech," D. Kairys ed., *The Politics of Law,* Pantheon Books, 앞의 책, p.141 참조.

9) Cohen & Kaplan, 앞의 책, pp.28~36.

10) Davis v. Massachusetts, 167 U. S. 43(1897).

11) Kairys, 앞의 책, p.145f 참조.

12) Cohen & Kaplan, 앞의 책, pp.50~66 참조.

13) Chafee, 앞의 책, p.51; Kairys, 앞의 책, p.154.

14) 249 U. S. 47(1919).

15) Frohwerk v. U. S., 249 U. S. 204(1919).

16) Debs v. U. S., 249 U. S. 211(1919).

17) Abrams v. U. S., 250 U. S. 616(1919).

18) Gitlow v. New York, 268 U. S. 652(1925).

19) 283 U. S. 359(1931).

20) 283 U. S. 697(1931).

21) De Jonge v. Oregon, 299 U. S. 353(1937).

22) Lovell v. Griffin, 303 U. S. 444(1938).

23) West Virginia State Board of Education v. Barnette, 319 U. S. 624(1943).

24) Thornhill v. Alabama, 310 U. S. 88(1940).

25) Bridges v. California, 314 U. S. 252(1941).

26) 341 U. S. 494(191).

27) Cox v. Louisiana, 379 U. S. 536(1965); Cox v. Louisiana, 379 U. S. 559(1965); Brown v. Louisiana, 383 U. S. 131(1966).

28) *New York Times* v. Sullivan, 376 U. S. 254(1964).

29) *New York Times* v. U. S., 403 U. S. 713(1971).

30) Communist Party v. Subversive Activities Control Board, 367 U. S. 1(1961).

31) Albertson v. SACB, 382 U. S. 70(1965).

32) Aptheker v. Secretary of State, 378 U. S. 500(1964).

33) 이에 관하여는 A. Cox, "Freedom of Expression in the Burger Court," *Harvard Law Rev.* Vol. 94. No. 1, 1980, pp.1~73 참조.

34) Hudgens v. NLRB, 424 U. S. 507(1976). 이 판결에서는 사유 私有 의 쇼핑 센터 안에서의 피케팅의 권리가 부인되었다.

35) Heffron v. Int'l Society for Krishna Consciousness, Inc., 452 U. S. 640(1981). 이 판결에서는 시장에서의 문서 배포의 장소를 지정된 시설 내에 국한시킨 주의 규제를 합헌이라고 보았다.

36) Cox, 앞의 책, pp.70~1 참조.

37) Kairys, 앞의 책, p.164f.

38) Bridges v. California, 314 U. S. 252(1941)에서의 프랭크퍼터 판사의 반대 의견 참조.

39) 다음을 참조. A. Lewis, "A Preferred Position for Journalism?," 7 *Hofstra Law Rev.* 595, 1979; Note, "The First Amendment Right to Gather State-Held Information," 89 *Yale L. J.* 932, 1980; Houchins v. KQED, 438 U. S. 1(1978); Richmond Newspaper, Inc. v. Virginia, 100 S. Ct. 2814(1980).

40) 다음을 참조. J. Barron, "Access to the Press — A New First Amendment Right," *80 Harvard Law Rev.* 1641(1967); Red Lion Broadcasting Co. v. FCC, 395 U. S. 367(1969); CBS v. Democratic National Committee, 412 U. S. 94(1973); Miami Herald Publ. Co. v. Tornillo, 418 U. S. 241(1974).

41) Ithlel de Sola Pool, *Technologies of Freedom*, Harvard Univ. Press, 1983.

42) Lockart, Kamisar and Choper (eds.), *Constitutional Law*, 5th ed., West Publ. Co., 1980, p.917.

43) 이른바 표현의 자유의 '우월적 지위'의 법적 의의에 관하여, 그것이 표현 규제 법률의 위헌 추정을 의미하는 것인지에 대하여는 논란이 있는데, 이 문제의 개관으로, Lockart et al., 앞의 책, p.639f 참조.

44) Nowak, Rotunda and Young, 앞의 책, p.742.

45) T. Emerson, *The System of Freedom of Expression*, Vantage Books, 1970, p.506.

46) 후술하는 밴텀 북스 Bantam Books 판결 및 Kingsley Books v. Brown, 354 U. S. 436(1957) 참조.

47) U. S. 697(1931).

48) 372 U. S. 58(1963).

49) 402 U. S. 415(1971).

50) 403 U. S. 713(1971).

51) 이 판결에 관한 상세한 해설로는, 김철수, ≪ 헌법학 ≫(하), 서울: 지학사, 1972, pp.571~92 참조.

52) 467 F. Supp. 990(W. D. Wis, 1979).

53) 303 U. S. 444(1938).

54) 310 U. S. 88(1940).

55) 310 U. S. 296(1940).

56) 323 U. S. 516(1945).

57) 이 개념은 다음의 논문을 계기로 널리 사용되고 있다.
  Kalven, "The Concept of Public Forum: Cox v. Louisiana," *S. Ct. Rev.* 1, 1965.

58) 312 U. S. 569(1941).

59) 345 U. S. 395(1953).

60) 394 U. S. 147(1969).

61) L. Tribe, *American Constitutional Law,* Foundation Press, 1978, pp.728~31.

62) 앞의 주 4) 참조.

63) Schenck v. United States, 249 U. S. 47(1919).

64) L. Tribe, 앞의 책, p.608.

65) Abrams v. United States, 250 U. S. 616(1919).

66) L. Tribe, 앞의 책, p.611.

67) Gitlow v. New York, 298 U. S. 652(1925).

68) Whitney v. California, 274 U. S. 357(1927).

69) Herndon v. Lowry, 301 U. S. 242(1937).

70) 310 U. S. 88(1940).

71) 319 U. S. 624(1941).

72) 314 U. S. 252.

73) 328 U. S. 331.

74) 331 U. S. 367.

75) 427 U. S. 539.

76) Dennis v. U. S., 341 U. S. 494(1951).

77) 354 U. S. 298(1957).

78) 367 U. S. 203(1961).

79) 385 U. S. 116(1966).

80) 395 U. S. 444(1969). 이 판결의 분석에 관하여, H. A. Linde, "Clear and Present Danger Reexamined: Dissonance in the Brandenburg Concerto," 22 *Stanford Law Rev.* 1126, 1970 참조.

81) Tribe, 앞의 책, pp.616~7.

82) 414 U. S. 105(1973).

83) 정진석. ≪ 한국 현대 언론사론 ≫, 서울: 전예원, 1985, p.258.

84) 대결 大決 1960. 2. 5(4292 행지 行止 110. < 경향신문 > 무기 정간 행정 처분 취소 청구 사건에 관한 위헌 제청 결정).

85) 정진석, 앞의 책, p.276.

86) 4293. 5. 31. 대판 大判, 4293 형상 形上 90. 동지 同旨 의 판결로, 4293. 6. 22 대판 4292 형상 875 참조.

87) 1971. 7. 6. 대판. 71 누 62.

88) 1972. 4. 25. 대판. 71 누 183.

89) 1967. 10. 18 대구 지법. 65 고 8762.

90) 1979. 1. 16 대판. 78 도 2706.

91) 그 위헌성에 관하여는 양건, < 언론·출판의 자유와 언론 기본법 >, < 대한 변호사 협회지 > 1987년 2월, pp.6~12 참조.

92) 1987. 4. 28. 제4부 판결 87 도 434.

93) 1987. 3. 10. 6 제3부 판결 86 도 1246.

제2장
방송에서의 표현의 자유와 공적 규제:
헌법론적 소고[*]

양건[**]

1. 머리말

새 방송법 체제의 출범에도 불구하고 방송법, 방송 제도에 관한 논의가 끊이지 않고 있다. 여러 논의들의 중심을 이루어 온 것은 공영제냐 공·민영제냐 하는 방송 체제론이라고 하겠는데, 방송 제도에 관한 여러 다른 주제들도 이 문제와 연관되어 있는 것으로 보인다. 그런데 여기에서 보다 근본적인 문제라고 생각되는 것은, 방송을 기본적으로 어떤 시각에서 바라보느냐하는, 이를테면 방송관 放送觀 의 문제이다. 이 글에서는 바로 이 방송관의 문제를 헌법 및 헌법 이론과 관련하여 살펴보면서 이와 연관된 기본적 문제들을 다루어 보려고 한다.

근래에 방송에 관하여 마치 신화적인 언어처럼 당연시되어 온 말에 '공

---

* < 방송연구 >(1989년 여름호)에 실린 논문.
** 한양대학교 교수, 법학과.

공성', '공익', '공정성'이라는 용어들이 있다. 그리고 이러한 용어들은 곧 방송에 관한 여러 규제의 필요성과 연결되는 것이 보통이다. 여기에서 제기 되는 질문은, 방송의 공공성은 그 자체로서 목적 개념이 되는, 마치 공리와 같은 것인가 하는 것이다. 방송의 공공성을 방송에 관한 논의의 제1의 출발 점으로 보고 여기에서부터 곧 공적 규제들을 도출해 내려는 시도는 잘못된 방송관에 입각한 것이 아닌가 여겨진다.

방송은 기본적으로 언론이며, 따라서 이를 헌법과 관련시켜 볼 때는 헌 법상의 표현의 자유의 관점에서 이를 파악할 필요가 있다는 것이 이 글에 서의 기본 시각이다. 방송의 공공성과 공적 규제도 방송을 통한 표현의 자 유를 전제할 때 비로소 의미를 지니는 것이 아니냐 하는 것이다.

이 같은 기본 출발점에서 볼 때, 방송에 관한 헌법적 논의가 거의 전무 한 우리의 현실에서 미국에서의 방송에 관한 헌법론에 크게 의존하지 않을 수 없는 것은 불가피한 것 같다. 미국적 상황이 우리와 다른 것은 말할 것 도 없지만, 다만 방송에서의 자유의 관점이 가장 강조되는 미국에서의 법리 가 우리의 방송에 관한 논의에도 참고가 될 것으로 본다.

2. 방송과 공적 규제: 헌법론적 검토를 중심으로

현행 우리 헌법에서 직접적으로 방송에 관해 규정한 것은 단 한 군데이다. 헌법 제21조는 언론·출판·집회·결사의 자유 등, 표현의 자유에 관해 규정하 는 가운데, 제3항에서 "통신·방송의 시설 기준과 신문의 기능을 보장하기 위하여 필요한 사항은 법률로 정한다"고 규정하고 있다. 이 규정이 직접적 으로 의미하고 있는 것은 방송의 시설 기준을 법률로 정한다는 것이고, 이 것은 곧 법률로 정한 일정한 시설 기준을 충족시킨 자만이 방송국을 개설 할 수 있다는 것을 뜻한다. 그렇다면 방송에 관해 헌법이 요청하는 것은 단지 이러한 제한된 의미에 불과한 것인가. 결코 그렇지는 않다. 헌법 제21조 3항을 둘러싼 다른 직접적 관련 규정에 한정시켜 보더라도, 다음과 같은 몇 가지 의미를 도출해 낼 수 있을 것이다.

첫째, 헌법은 방송의 문제를 기본적으로 표현의 자유의 문제로서 파악하고 있다. 이것은 방송에 관한 규정을 표현의 자유에 관한 규정 속에서 다루고 있다는, 조문의 위치라는 측면에서도 우선 간취 看取 될 수 있다. 이 점을 헌법의 문언 文言 과 관련시켜 말한다면, 방송은 헌법 제21조 1항에서 말하는 '언론'에 포함되는 개념이며, 따라서 헌법은 방송의 문제를 '언론의 자유'라는 맥락에서 파악하고 있다고 말할 수 있다.

헌법이 방송의 문제를 기본적으로 언론의 자유의 문제로서 파악하고 있다는 것은 당연한 것처럼 보이면서도 실은 매우 중요한 점이다. 이 점은 방송 문제를 논의하는 데에 있어서 출발점이 되어야 하며, 이를 분명히 인식하는 것은 매우 긴요하다. 특히 근래 방송에 관한 숱한 논의에서 흔히 '공익', '공공성', '공정성' 또는 '공적 책임'이라는 개념이 그 출발점으로 당연시되는 듯한 경향에 비추어 볼 때, 이 점은 거듭 강조될 필요가 있다.

방송을 언론에 내포되는 개념으로 볼 때, 방송에 관한 헌법적 원리는 '방송의 자유'라는 개념에서 시작된다고 할 수 있다. 즉, 언론의 자유의 한 가지 양태로서의 방송의 자유가 방송에 관한 헌법적 논의의 출발점이 된다.

둘째, 방송을 언론의 일종으로 볼 때, 언론 또는 언론 자유에 관한 헌법의 다른 규정들은 원칙적으로 방송에 대해서도 적용된다고 할 수 있다. 따라서 언론 자유의 한계·제한에 관한 헌법 제21조 4항(언론·출판은 타인의 명예나 권리 또는 공중 도덕이나 사회 윤리를 침해하여서는 아니 된다. 언론·출판이 타인의 명예나 권리를 침해한 때에는 피해자는 이에 대한 피해의 배상을 청구할 수 있다) 및 헌법 제37조 2항(국민의 모든 자유와 권리는 국가 안전 보장·질서 유지 또는 공공 복리를 위하여 필요한 경우에 한하여 법률로써 제한할 수 있으며, 제한하는 경우에도 자유와 권리의 본질적인 내용을 침해할 수 없다)의 규정은 방송에 대해서도 적용된다. 그러나 이것은 방송의 자유의 한계·제한의 내용이 다른 매체에 의한 언론의 자유의 한계·제한과 똑같다는 것을 의미하는 것은 아니다.

'매체가 다르면 다른 만큼 매체에 대한 규제의 정도·내용도 다르다'는 원칙은 헌법적 차원에서도 마찬가지로 적용된다고 보기 때문이다. 이 점과 관련된 것으로, 미국 연방 대법원의 한 판결에서는 다음과 같이 판시한 바 있다.

> "방송은 분명히 수정 헌법 제1조(표현의 자유)에 의해 영향 받는 매체이지만, 새로운 매체의 성격상의 차이점들은 그것에 대해 적용되는 수정 헌법 제1조의 기준들의 차이를 정당화한다."[1]

셋째, 헌법 제21조 2항("언론·출판에 대한 허가나 검열(은)……인정되지 아니한다")의 규정은 방송과 관련하여 해석상 곤란한 문제를 제기한다. 우선 전파 관리법에 따르면 방송국 개설은 허가제로 되어 있다(동법 제4조 이하). 방송국 개설의 허가제는 비단 우리 나라만이 아니다. 방송 제도에 있어서 그 어느 나라보다도 자유의 측면을 강조하고 있는 미국에서도 이 점은 다르지 않다. 한편 검열 금지와 관련하여, 새 방송법에서는 영화 방영 등에 관하여 일정한 검열제를 규정하고 있는데(동법 제17조 2항 2, 3, 4호), 이 점에 관하여는 다음 장에서 다룬다.

언론에 대한 허가제 금지를 규정한 헌법 규정과 전파 관리법상의 방송국 개설 허가제 조항에 관하여는 일단 다음과 같은 해석을 내려 둔다. 방송에서의 전달 수단인 전파의 주파수가 지니는 물리적 특성과 그 회소성 때문에 방송국 개설의 허가제도 이미 기술적으로 불가피한 것이다. 때문에 허가제는 방송의 속성에서 비롯되는, 방송의 자유의 내재적 한계를 이룬다고 할 수 있다. 따라서 헌법의 허가제 금지 조항은 방송에 관한 한 적용되지 않으며, 방송 이외의 언론에 대해서만 적용된다고 해석할 수 있다. 이 점과 관련된 것으로, 미국의 대법원 판례는 일찍이 1943년의 판례에서 다음과 같이 판시한 바 있다.

"다른 표현 방법과 달리 라디오 시설은 정부의 규제에 따른다. 모두가 이를 사용할 수는 없기 때문에, 그것을 사용하기 원하는 사람들 가운데 어떤 사람들에 대해서는 그것이 거부되지 않으면 안 된다. 그러나 의회가 < 연방 통신 위원회 FCC >에 대해 정치적, 경제적, 또는 사회적 견해나 그 어떤 편파적인 근거에 의거하여 신청자들 가운데 선정하도록 권리를 준 것은 아니다. 만일 그렇게 했다면……쟁점은 달라졌을 것이다……."

"언론 자유의 권리는 허가 없이 라디오 시설을 사용할 권리를 포함하지 않는다. 1934년의 통신법에 의한 허가제는 통상 通商 에 관한 의회 권한의 정당한 행사이다. 방송국 허가에 관해 이 법률에서 규정한 기준은 '공익, 편의 또는 필요성'이었다. 그러한 근거에 의한 허가 거부는 이 법에 따른 유효한 것인 한 자유 언론의 거부가 아니다."[2]

이 판결에서 한 가지 주목되는 것은, 방송국 개설 허가에 있어서 정치·경제·사회적 견해나 그 어떤 편파적 근거에 따라 허가 여부가 결정되어서는 안 된다는 대목이다. 이것은 허가제 자체는 불가피하더라도 그 기준이 자의적이어서는 안 된다는 것을 말해 주고 있다.

방송이 언론의 일종이며, 방송에 관한 헌법적 원리는 방송의 자유에서 출발한다고 할 때, 그 방송의 자유란 무엇을 의미하는가, 그것은 누구의 자유이며, 어떤 내용의 자유인가. 이 문제에 관하여 헌법의 규정 자체에서 어떤 실마리를 찾아보기는 매우 어렵다. 이 문제에 관해서도 미국의 판례는 의미 있는 참고가 될 것이다.

이른바 레드 라이온 Red Lion 방송국 사건에서는 '공정성의 원칙 *fairness doctrine*'과 그 특수 형태라 할 수 있는 '인신 공격 규칙 *personal attack rule*' 및 공직 선거 후보자에 대한 '정치 논설 규칙 *political editorial rule*'의 합헌성 여부가 다루어졌는데, 대법원은 1969년의 판결에서 합헌 판결을 내린 바 있다.[3] 이 판결에서 대법원은 판결 이유를 전개하는 가운데, 수정 헌법 제1조의 언론의 자유 규정이 방송에 대해 어떤 의미를 지니는지에 대해 다음과 같이 판시하였다.

"라디오 주파수의 희소성 때문에, 정부는 방송국 개설 허가를 받은 사람에 대해 다른 사람들의 견해가 이 독특한 매체를 통해 나타날 수 있도록 일정한 제한을 가할 수 있다. 그러나 전체로서의 국민은 라디오에 의한 자유 언론에 대해 이해 관계를 가지며, 이 매체가 수정 헌법 제1조의 목표와 목적에 부합되도록 기능하게 하기 위한 집합적 권리를 가진다. 가장 중요한 것은 방송인의 권리가 아니라 시청자의 권리이다. [……] 수정 헌법 제1조의 목적은 진리가 궁극적으로 지배하는 사상의 자유 시장을 유지하는 데에 있는 것이지, 정부나 사인 私人 이 그 시장을 독점하도록 지지해 주는 데 있는 것이 아니다. [……] 여기에서 핵심을 이루는 것은 사회적, 정치적, 미적, 윤리적, 그리고 그 밖의 사상과 경험에 대한 적절한 접근을 수용할 일반 공중의 권리이다."

이 판례는 방송에 있어서의 언론의 자유가 일차적으로 국민 전체에 있는 것이지 방송인에게 있는 것이 아님을 강조하는 것으로 보인다. 궁극적으로는 전파의 주파수의 희소성에 근거하여 방송의 자유의 일차적 주체를 국민 전체로 보고, 따라서 방송인에 대해 제약을 가하는 공정성의 원칙도 그것이 국민 전체의 언론의 자유를 위한 것이기 때문에 헌법 위반이 아니라는 논리이다.

이러한 논리는 반론권 反論權 의 주장자인 제롬 배런 Jerome Barron 의 이론과 닮은 것으로 보인다. 그런데 이 같은 논리에 대하여 이론의 여지가 없지 않다. 배런은 언론 매체에 대한 일반 공중의 접근 이용권이 헌법상 허용될 뿐만 아니라 헌법상 요구되고 있다고 주장한다.[4] 그는 이러한 주장을 방송에 대해서만 국한시키지 않는다. 기술적 희소성이 아닌 경제적 희소성 때문에 일간 신문의 경우에도 독점적 상황이 나타나 있으며 따라서 신문에 대해서도 반론권이 인정되어야 한다고 주장한다. 그러나 이러한 주장은 1974년의 < 마이애미 헤럴드 > 대 토르닐로 *Miami Herald* v. *Tornillo* 사건의 대법원 판결에서 거부된 바 있다.[5] 그 주요 판결 이유는 반론권으로 말미암아 편집자의 재량이 침해되고 발행인의 헌법상의 권리에 대해 '위축 효과 *chilling effect*'를 미치게 되며, 결국 편집자가 논쟁거리를 회피하게 되는 결과를 가져온다는 것이었다. 그렇다면 이러한 논리는 신문에만 적용되고 방송에는 적용될 수 없는 것인가. 매체의 기술적 희소성과 경제적 희소성은 그 법적 의미에 있어서 차이가 있는 것인가.

바로 이러한 점과 관련하여 미국의 대법원 판사 가운데는 공정성의 원칙이 수정 헌법 제1조에 위반된다고 본 예도 발견된다. 더글러스 Douglas 판사는 시비에스 대 민주당 국민 위원회 CBS v. Democratic National Committee 사건의 대법원 판결(1973)[6]에서 동지 의견 concurring opinion 을 전개하는 가운데 특히 레드 라이온사 사건의 대법원 판결을 논급하면서, 공정성의 원칙은 헌법의 언론 자유 규정에 위반된다고 밝히고 있다. 그에 따르면 주파수의 특수성은 기술적 문제에서 비롯되는 것인데, 인쇄 매체에 있어서도 현실적인 의미에서는 아무나 그것을 이용할 수 없음은 마찬가지라는 것이다. "실질적 의미에서는, 신문과 잡지도 TV나 라디오와 마찬가지로 오직 선택된 일부만이 이용할 수 있다." 따라서 신문에 대해 반론권이 인정될 수 없는 것과 마찬가지로 방송에 대해서도 이것이 인정될 수 없다는 논리이다(더글러스 판사는 레드 라이온사 판결에 참여하지 않았으며, 그는 언론의 자유에 대한 어떠한 제한도 인정치 않는 절대론자였다).

한편, 주파수의 희소성에 관한 논의를 떠나서도 인쇄 매체와 방송 매체 사이의 일정한 차이를 발견할 수 있다. 방송의 경우, 한정된 방송 시간 내에서 분명히 알아들을 수 있도록 말할 수 있는 단어의 수에는 물리적 한계가 있다. 반면 분량의 제한을 받지 않으며, 신문 분량이 많더라도 독자는 언제라도 직접 원하는 기사를 볼 수 있고 다른 것은 떼어 가며 읽거나 무시할 수 있다. 반면에 방송의 경우에는 선택은 방송인에 의해 주어지며 속도, 내용, 순서는 고정되어 있다. 여기에서 두 매체의 이러한 차이는 방송에 대한 보다 큰 제한을 정당화시키는 것인가 하는 문제가 제기된다.[7]

반면에 이와는 다른 측면도 발견할 수 있다. 방송은 인쇄 매체에 비해 비탄력적인 매체이다. 예컨대 인신 공격에 대한 반론을 싣는 경우, 방송의 경우에는 다른 프로그램을 축소, 삭제할 수밖에 없는데, 신문의 경우에는 증면의 선택 가능성도 있다. 이러한 측면에서는 강제된 접근 이용 access 이 방

송 매체의 경우에 보다 큰 위축 효과를 가지지 않는가 생각해 볼 수도 있다.[8]

한편, 다른 측면에서도 인쇄 매체와 전자 매체의 차이를 찾아볼 수 있다. 일정한 유형의 정보의 전달에 있어서는 방송이 보다 직접적이고 강한 효과를 지니는 것으로 흔히 지적되고 있다. 미국의 경우, 월남전이 치러지는 동안 TV의 화면에 비친 선명한 영상은 공중의 여론을 반전 무드로 돌리는 데 큰 요인이 되었던 것으로 평가되고 있다. 우리 나라에서도 국회 청문회의 TV 중계를 통해 TV가 현실 정치에 대해 미치는 엄청난 영향력을 감지할 수 있었다. 이러한 사실은 방송에 대한 보다 강한 공적 규제를 정당화시키는 근거가 되는 것인가. 그러나 이에 대하여는 다른 견해도 제시되고 있다. 방송의 효과·영향력은 진공 상태에서 나타나는 것이 아니라 특정한 시·공간 속에서의 역사적 산물이며, 흔히 말하는 방송의 강효과관은 책임 전가식 발상일 수도 있다는 것이다.[9]

최근의 미국의 한 대법원 판결에서는 '공공 방송법 Public Broadcasting Act'의 한 규정을 위헌이라고 판시하는 가운데, 방송에 관한 헌법적 원리에 관하여 주목할 판결을 내린 바 있다. 1984년의 연방 통신 위원회 대 < 캘리포니아 여성 유권자 동맹 > FCC v. League of Women Voters of California(LWVC) 판결[10]이 그것이다. 이 사건에서의 원고의 하나는 < 캘리포니아 여성 유권자 동맹 >이었는데, 이 단체는 비상업적 공공 방송국이 논설 방송을 하도록 촉구하였다. 다른 두 원고는 논설 방송을 원하는 시청자 및 공공 방송국의 방송인이었다. 여기에 장애가 된 것은 1967년의 공공 방송법 제399조의 논설 방송 금지 조항인데, 다음과 같이 규정하고 있었다.

"본장의 C절에 따라 공공 방송 법인 대중 보도 단체 Corporation for Public Broadcasting 로부터 보조금을 받는 비상업적 교육 방송국은 논설 *editorializing* 을 방송할 수 없다. 비상업적 교육 방송국은 어떠한 공직 선거의 후보자에 대해서도 지지 또는 반대할 수 없다."

이 사건에서 특히 문제 된 것은 위 규정 가운데 첫번째 조문이었다. 하급심에서 연방 지방 법원은 위 규정이 위헌이라고 보았는데, 대법원도 이를 인용하면서 역시 위헌이라고 판시하였다. 그 판결 이유 가운데서 대법원은 방송과 헌법상 언론의 자유에 관하여 매우 중요한 견해를 제시하고 있다.

"방송인은 그 공적 의무에 부합하는 한, 최대한 저널리즘의 자유를 누릴 권리를 수정 헌법 제1조로부터 부여받고 있다. [……] 균형적인 견해 제시를 수용하는 데 대한 공중의 이익이 충분히 충족되려면, 우리는 필연코 공공 신탁을 담당하고 있는 방송인의 논설상의 주도권과 판단에 크게 의존하지 않을 수 없다……."

"방송 산업은 다른 매체에는 가해지지 않는 제한하에 움직이고 있는 것이 분명하지만, 일반적으로 이들 제한의 작동은 다양한 공공 관심사에 대한 균형적 견해의 제시를 수용하는 데 대한 일반 공중의 수정 헌법 제1조상의 이익률을 확보하기 위한 것이었다. 물론 이들 제한의 결과로, 반대 견해를 제시하지 않고 자신의 입장만을 주장하는 절대적 자유, 예컨대 신문 발행자나 가두 연설자가 누리는 자유는 방송인에 대해서는 거부된다. 그러나 우리의 선판례들이 보여 주는 것처럼 이들 제한은 공공적 쟁점의 적절하고 균형적인 취급과 같은 정부의 중요한 이익을 증진시키도록 그 제한이 좁게 한정된 경우에 한해서만 지지되어 왔다. 이 판단을 하는 데에는 개개 경우의 특수한 상황에 비추어 일반 공중과 방송인의 이익을 엄밀히 검토할 것이 요청된다."

이 판결은 헌법상 언론의 자유 규정이 방송에 대해 갖는 의미에 관해, 특히 방송인의 자유를 헌법 위에 근거 짓고 여기에 대한 제한은 최소한에 그쳐야 한다는 것을 밝힌 점에서 주목된다고 하겠다. 즉, 헌법상의 언론 자유는 방송의 경우, 일반 공중이 다양한 견해를 접할 수 있게 하는 권리를 보장하는 것일 뿐 아니라 방송인의 방송의 자유도 보장하는 것이며, 전자를 위한 후자의 제한은 최소한에 그쳐야 하고, 후자를 증진시킴으로써 전자가 보장되는 측면이 있음을 밝혀 준 것이다.

위에서의 논의를 통하여 우리는 방송에 관한 헌법상의 기본 원리를 다음과 같이 정리해 볼 수 있다.

첫째, 방송은 기본적으로 자유로운 언론 표현의 수단이며, 방송에 의한 언론 표현도 헌법의 언론의 자유의 규정에 의한 보장을 받는다.

둘째, 방송은 그 기술적 특성으로부터 오는 공적 규제를 받지 않을 수 없으나, 그것은 어디까지나 방송에 의한 언론 표현의 자유(그러한 의미에서의 방송의 자유)를 확보하는 데 필요한 범위 내에서, 또는 그러한 방송의 자유를 위협하지 않는 한계 내에 그쳐야 한다.

셋째, 방송에 의한 언론 표현의 자유, 즉 방송의 자유는 기본적으로 일반 공중이 공공 관심사에 관하여 다양한 견해를 접할 수 있도록 보장 받는 권리를 의미한다.

넷째, 방송의 자유는 일반 공중의 권리라는 측면만이 아니라, 방송인의 자유라는 측면도 지닌다. 즉 방송국 경영자의 경영상의 자유 및 방송 편성자의 방송 편성의 자유도 포함한다(이를 좁은 의미의 방송의 자유라고 부를 수 있을 것이다). 그러한 의미에서 언론의 자유가 일반적으로 지니는 '국가로부터의 자유'라는 측면은 방송의 자유에도 해당된다.

다섯째, 방송인의 방송의 자유는 일반 공중의 권리의 보호를 위하여 제한을 당하는 측면도 있지만, 이 양자의 관계가 반드시 대립적인 것은 아니다. 즉, 방송인의 자유를 증진시켜야만 일반 공중의 방송에 대한 권리가 확보될 수 있는 측면이 있음을 유의해야 한다. 상황에 따라서는, 일반 공중의 방송에 관한 권리를 보장한다는 취지에서 방송인의 방송의 자유를 과도하게 제한하는 경우, 도리어 일반 공중의 권리를 축소시켜 버리는 결과를 가져올 수 있다. (최근에 미국에서 공정성의 원칙이 언론의 자유을 위축시키고 위헌적이라는 이유로 폐지된 것도 이러한 근거에서였다. 이에 관하여는 뒤에서 다시 논급한다.)

3. 방송 법제상 방송의 자유에 대한 제한: 방송 내용의 규제를 중심으로

방송의 자유에 관한 앞에서의 논의를 집약해 본다면, 넓은 의미의 방송의 자유란 ① 사상의 자유 시장 성립·유지에 관한 일반 공중의 권리, ② 방송의 운영·편성에 관한 방송인의 자유를 의미하며, ③ 이에 대한 제한은 위의 양자를 최대한 양립시키는 선에서 이루어져야 한다고 정리해 볼 수 있다.

방송에 관한 법제의 평가도 위의 기준에 비추어 이루어질 수 있을 것인데, 따지고 보면 방송에 관한 거의 모든 문제들이 이러한 기준과 연관될 것이다. 몇 가지 기본적인 문제만 간추려 보더라도 다음과 같은 것들을 추출해 볼 수 있다. ① 방송의 자유에 비추어, 방송 체제는 공영제, 공·민영제, 민영제 중 어떤 것이 바람직한가. 민영 방송의 배제가 과연 방송의 자유의 원리에 부합된다고 할 수 있을 것인가, ② 방송국 개설의 허가와 관련하여, 허가권자를 누구로 할 것인가. 현행 전파 관리법과 그 시행령에 따르면, 문공부 장관의 추천을 받아 체신부 장관이 허가하는 것으로 되어 있는데, 이것은 방송의 자유에 부합하는 것인가. 대통령·국회 의장·대법원장에 의해 구성되는 < 방송 위원회 >를 제쳐 두고 행정 기관에게 맡기는 것이 과연 합리적이고 타당한가. 또한, 허가 기준에 있어서 자의적 판단의 소지를 넓게 남기고 있는 현행 법령의 규정은 방송의 자유를 침해하는 것이 아닌가, ③ 방송의 운용·편성을 관장하는 < 방송 위원회 >는 그 구성과 권한에 있어서 방송의 자유의 보장에 충실한가. < 방송 위원회 >의 구성은 일반 공중의 사상의 자유 시장 확보권과 방송인의 방송의 자유를 보장하는 데 적절한가. < 방송 위원회 >의 권한은 방송인의 방송의 자유를 침해하고 있지는 않은가, ④ 특히 방송 내용의 규제에 있어서, 새 방송 법제상 그 규제의 기준과 절차·방법은 방송의 자유의 원리에 비추어 어떻게 평가될 수 있는가.

여기에서 이 여러 문제들을 다 다루지는 못한다. 다만 협의의 방송의 자유에 가장 직접적으로 관련된다고 보여지는 ④의 문제, 즉 방송 내용의 규제의 문제에 국한하여, 특히 헌법론과 관련하여 다루어 보기로 한다.

1987년 11월 28일부터 새 방송법이 시행되고 있는데, 그 법안의 제안 과정에서 제안 이유로 다음의 네 가지 사항이 천명된 바 있다. ① 방송의 공정성과 공공성을 강조하며 방송이 특정한 정당을 지지 또는 옹호하지 못하게 함, ② < 방송 위원회 >의 독립성을 보장하고 실질적인 권한을 강화하여 공영 방송 체제를 정착시킴, ③ 방송 순서의 편성·제작 및 방송국의 운영에 관하여 불필요한 규제·간섭을 제거함, ④ 이 법 시행 당시 특별법에 의하여 설립된 법인이 소유한 다른 방송 법인의 주식이나 지분은 1988년 12월 31일 이내에 이를 처분하도록 함. 이 네 가지의 제안 이유 가운데 ③항에서는 분명히 방송인의 방송의 자유의 보장을 규정하고 있지만, 실질에 있어 새 방송법의 기본 특성은 방송인의 자유보다는 ①, ②항에 치중되어 있는 것으로 평가되고 있다.

우선 지적될 수 있는 것은 방송 편성의 비율에 대한 규제이다. 방송법 제3조 1항은 "방송 편성의 자유는 보장된다"고 규정하고 있으나, 제31조 2항에서는 "'방송국은 방송 순서의 편성'에 있어서 특수 방송을 제외하고는 대통령령이 정하는 기준에 따라 교양 또는 교육, 보도 및 오락 내용을 포함하여야 하고 그 종류에 따라 방송 순서 상호간에 조화를 이루게 하여야 한다"고 하여 편성에 대한 규제의 원칙을 밝히고 있다. 이 규정에 따른 시행령 제29조에 의하면, 일 주일간 시간 비율에 있어서 보도 방송 10% 이상, 교양 방송 40% 이상, 오락 방송 20% 이상으로 편성하도록 규정하고 있다.

편성 비율 준수의 법적 의무화는 방송인의 방송의 자유(이하 방송의 자유라고 약한다)와 충돌하는 것이 아닐 수 없고 위헌 여부의 문제도 제기될 수 있다. 다만, 일반 공중의 사상의 자유 시장 확보권에 비추어 보면, 편성 비율의 법정 자체가 위헌이라고는 볼 수 없지 않느냐는 측면도 있다. 예컨대 오락 방송이 과다하게 되는 경우, 사상의 시장의 크기 자체가 축소되고, 이것은 그 자체로서 일정한 정치적 의미를 갖게 된다. 오락 방송은 언론으로서의 성격이 없거나 약하다고 할 수 있고 따라서 보도·교양 방송의 언론적 성격과는 차이가 있다고 할 수 있다.

또한 편성 비율의 내용이 어떻게 되어 있느냐, 방송국의 재량적 편성의 여지가 얼마만큼 되느냐 하는 그 정도와 양의 차원에서 위헌 여부의 문제가 제기될 수 있다. 위헌 여부의 문제는 많은 경우, 비례성의 원칙에 따라 좌우되기 때문이다. 이 판단은 획일적일 수 없고, 구체적인 시간·장소에서의 개별적인 상황에 따라 정해질 수밖에 없을 것이다.

언론의 자유의 관점에서 특히 중시되는 것은 보도 방송의 내용에 대한 규제이며, 방송의 공공성·공정성이 특히 강조되는 것이 이 분야임은 물론이다.

보도 방송의 내용에 대한 규제의 원칙으로서 방송법은 제5조 1항에서 "방송에 의한 보도는 공정하고 객관적이어야 한다"고 규정한 다음, 제3항에서 "방송은 특정한 정당·집단·이익·신념 또는 사상을 지지 또는 옹호할 수 없다. 다만 종교의 목적으로 허가 받은 방송이 허가 받은 내용에 따라 방송하는 경우에는 그러하지 아니하다"고 하여 이른바 중립성의 원칙을 밝히고 있다.

또한, < 방송 위원회 > 규칙으로 제정된 '방송 심의에 관한 규정(이하, '방송 심의 규정'이라 약한다)'의 제2장에서는 보도 방송에 관한 보다 구체적인 규제의 기준을 규정하고 있다. 그 가운데에서도 특히 제18조는 "방송은 대립하고 있는 정치·경제·사회·문화 등에 관한 문제를 공정한 관점에서 다각도로 다루어야 한다. 특히 정치에 관한 문제를 다룰 때에는 특정 정당이나 정치·이념 단체에 편향되지 않도록 하여야 한다"고 규정하고, 제21조에서는 "방송은 사실 보도와 해설·논평 등을 구별하여야 하고, 해설이나 논평 등에 있어서도 사실과 개인의 견해를 명백히 구분하며 해설자 또는 논평자의 성명을 밝혀야 한다"고 명시하고 있다.

여기에서 우선 제기되는 문제는 이른바 논설 방송의 문제이다. 언론 자유가 강조되는 미국에서도 원래는 논설 방송이 금지되었다. 1941년의 유명한 매이플라워 Mayflower 방송국 사건에서 FCC는 "방송 사업자는 주창자 *advocate* 가 될 수 없다"는 견해를 명백히 하였다. 그러나 2차 세계 대전 후 1949년에 이르러 FCC는 방침을 변경하여 논설 방송을 허용하였으며, 현재

상업 방송에서는 논설 방송을 실시하고 있다. 한편 공공 방송의 경우, 본래 공공 방송법에 따라 논설 방송이 금지되었으나, 앞의 1984년의 대법원 판결에서 동 규정이 언론 자유를 침해한 것이라 하여 위헌 판결을 받았다.

그러나 우리의 경우, 논설 방송은 금지되는 것으로 해석된다. 방송 심의 규정 제21조에서 '논평' 방송의 허용을 전제하고 있으나, 논평 방송의 내용은 방송법 제5조 3항과 방송 심의 규정 제18조에 의해 제약당한다고 풀이되기 때문이다.

논설 방송을 허용할 것인가의 여부는 일차적으로 민영 방송을 허용하느냐 하는 방송 체제와 관련이 있고, 공영 방송의 경우 이를 인정할 수 없다는 견해가 유력한 것으로 보인다. 그러나 앞서 지적한 것처럼, 미국의 판례는 비상업 방송에서도 논설 방송을 허용하는 것이 헌법의 언론 자유 규정에 부합한다고 보고 있다. 이렇게 볼 때 문제는, 논설 방송을 금지할 것인가, 아니면 논설 방송을 허용하되 동시에 반론 방송을 의무화할 것인가의 선택에 귀결된다고 할 수 있다. 여기에 덧붙여 현재의 미국과 같은 제3의 선택 가능성도 있을 수 있다. 현재 미국에서는 일정한 특수 경우를 제외하고는 '공정성의 원칙'이 폐기되었으며, 동시에 논설 방송은 허용되고 있다. 이 문제에 관한 논의는 결국 공정성의 원칙과 반론권의 문제에 그 핵심이 있다고 할 것이다.

우리의 방송법 및 방송 심의 규정에도 미국에서의 공정성의 원칙과 유사한 규정을 발견할 수 있다. 방송법 제4조 2항 및 앞서 본 방송 심의 규정 제18조가 그것이다. 방송법 제4조 2항은 이렇게 규정하고 있다.

> "방송은 공익 사항에 관하여 취재·보도·평론 기타의 방법으로 민주적 여론 형성에 기여하여야 하며, 사회 각계 각층의 다양한 의견을 균형 있게 수렴함으로써 그 공적 임무를 수행한다."

그러나 이 규정은 원칙적인 선언 규정에 그치고 있을 뿐 쟁점을 둘러싼 일방의 견해가 방송된 경우, 반대 의견측에 방송의 기회를 주도록 의무를 과하고 있지는 않으며, 이 점에서 과거 미국에서의 공정성의 원칙과는 다르다고 할 수 있다. 언론 기본법 시대 이래로 새 방송법에서도 유지되고 있는 정정 보도 청구권 제도는 공정성의 원칙 및 반론권 제도와는 성격이 다르다.[11]

방송 내용의 규제 기준에 관하여 한 가지 중요한 문제는 저속하거나 지나치게 자극적인 내용에 대한 규제이다. 이것은 오락 방송이나 교양 방송, 특히 전자의 경우에 문제가 될 것이다. 이에 관하여 방송법에서는 추상적인 원칙 규정만을 두고 있고(제4조 3항, 제5조 2항, 제20조 2항), 좀더 구체적인 기준은 방송 심의 규정에 설정되어 있다.

방송 기구의 성격은 언론 기구와 오락 기구 및 교육 기구라는 측면에서 파악될 수 있을 것인데, 이 가운데 특히 오락 기구로서의 방송에 대하여는 언론 기구로서의 방송에 대해서보다도 더욱 강한 규제가 적용되어야 할 것이다. 이를테면 이중적 기준을 설정할 필요가 있다.

이와 관련하여 미국 대법원의 한 판례도 좋은 시사를 준다. 1978년의 < 연방 통신 위원회 > 대 퍼시피카 재단 FCC v. Pacifica Foundation 사건[12]에서는 '저속한 indecent' 언어 사용에 대한 FCC의 규제권의 합헌성 여부가 다루어졌는데, 여기에서의 쟁점은 '음란 obscene'하지는 않으나 '저속한' 방송 내용에 대한 규제가 헌법의 언론 자유 조항에 저촉되느냐 여부였다. 음란한 표현에 관한 미국 판례에 따르면, 음란물은 이미 헌법의 표현의 자유의 보장 대상 밖에 있다고 보아 왔다. 위 사건에서 대법원은 '저속한' 방송도 합헌적인 규제 대상이 된다고 판시하였다. 대법원은 우선 이렇게 판시하였다.

"우리는 오랫동안, 개개의 표현 매체는 각각 특수한 표현의 자유의 문제를 제기한다고 인정하여 왔다. [……] 모든 형태의 커뮤니케이션 가운데 가장 제한된 헌법적 보호를 받는 것은 방송이다."

이어서 이 판결은 특히 이 사건에서의 방송에 대한 특수 취급의 이유로 두 가지를 제시하였다. 첫째, 방송은 개개인의 사적 생활에 깊이 침투하는 속성을 지녔고, 둘째, 어린이들이 쉽게 접할 수 있는 특성을 지녔다는 점이다.

방송 내용에 대한 규제는 그 규제 기준 못지않게 규제의 방법·절차도 문제 된다. 새 방송법에 따르면, < 방송 위원회 >가 직접 심의 결정권을 갖되 보조 기관으로서의 < 방송 심의 위원회 >에 위임할 수 있도록 되어 있다(제17조 2항, 3항, 4항). 또한, < 방송 위원회 >는 심의 결과 방송국과 관계자에 대한 시정 또는 제재의 명령권을 갖는다고 규정되어 있다(제21조). 이들 규정은 특히 다음의 두 가지 점에서 헌법과 관련한 문제점을 제기한다.

첫째, 극영화 및 만화 영화와 수입 영화 등에 대해 사전 검열제를 취하고 있는 점이다(제17조 2항 2, 3호). 극영화의 경우, '공연법'에 따라 한 번 < 공연 윤리 위원회 >의 심의를 거친 것을 다시 방송을 위하여 심의를 받도록 되어 있으므로 이중적 검열이 되는 셈이다. 일반적으로 사전 검열은 표현의 자유에 대한 본질적 내용의 침해로 보며 이를 금지하는 것으로 되어 있다. 특히 현행 헌법은 언론에 대한 검열 금지를 명시하고 있다(제21조 2항).

그러나 특히 극영화와 만화 영화의 경우, 사전 검열 자체가 곧 위헌이라고 보기는 어렵다고 생각된다. 언론의 자유를 특별히 강조하고 법리적으로도 다른 기본권에 비해 우월적 지위에 있음을 인정하는 미국에서도, 헌법에 예외 규정이 없음에도 불구하고, 일반 영화관에서 상영되는 영화의 검열자체가 위헌이라고는 보고 있지 않다(1961년의 타임스 필름 대 시카고 Times Film Corp. v. Chicago 판결).[13] 방송의 특성에 비추어 일반 영화관에서의 영화보다 방송용 영화에 대하여는 더 엄격한 기준이 적용되어야 할 것이므로 방송법에 따른 별도의 검열이 곧 위헌이라고 보기는 어려울 것이다.

다만 문제 될 수 있는 것은, 국산 영화와 수입 영화에 대해 차별적 규정을 두고 있는 점이다. 방송법 제17조 2항 3호에 따르면, 방송국이 수입한 방송용 텔레비전 영화의 경우, 극영화와 비非 극영화를 구분하지 않고 모두 사전 검열의 대상으로 삼고 있다. 여기에서 오락 방송이라기보다는 보도 방송으로서의 성격이 짙은 비 극영화에 대해서도 사전 검열을 하는 것은 언론에 대한 위헌적인 사전 제한의 소지가 크다. 앞에서 오락 방송과 보도 방송에 대한 규제 기준을 구별하여 이중적 기준의 접근이 필요하다고 지적하였는데, 규제 방법에 있어서도 역시 이중적 기준이 필요하지 않은가 생각된다.

둘째로 문제 되는 것은, < 방송 위원회 >의 심의 결정 또는 시정·제재의 명령에 대해 불복하는 경우, 그 구제 절차가 별도로 규정되어 있지 않다는 점이다. 헌법상의 재판 청구권과 일반적 법리에 따라 법원에 의한 사법적 구제가 인정된다고 볼 것이나, 특히 문제 되는 것은 영화 등에 대한 사전 검열의 경우이다. 특별히 시의성을 가지는 영화의 경우에는 신속한 구제 절차를 별도로 마련하는 것이 요구된다. 그러한 특별한 구제 절차가 마련되어 있지 않은 검열 제도는 위헌의 소지가 크다고 보지 않을 수 없다. 참고로 일반 영화의 검열에 관한 미국 대법원의 판례를 보면, 첫째, 행정 당국에 의한 상영 거부가 있는 경우 그 최종적 결정은 법원의 판단에 맡기되, 거부 대상 여부의 입증 부담은 검열 당국이 지며, 둘째, 신속한 사법적 구체 절차가 마련되어야 한다고 판시하고 있다. 이 두 가지 요건이 만족되지 않는 검열 제도는 위헌이라고 보는 것이다(1965년의 프리드먼 대 메릴랜드 Freedman v. Maryland 판결).[14]

4. 미국에서의 '공정성의 원칙'과 그 수용에 관한 문제

앞서 지적한 것처럼, 보도 방송에 대한 규제 기준으로서 특히 논의 대상이 되는 것은, 미국에서 형성되어 최근 폐지된 바 있는 '공정성의 원칙 *fairness doctrine*' 이다.

공정성의 원칙은 1949년의 FCC의 보고서(Report on Editorializing)에서 주된 주제로 등장하기까지 FCC의 결정 예를 통하여 형성되어 왔다. 그 주된 내용은 두 부분으로 구성된다. 첫째, 방송 사업자는 공공적 중요성을 갖는 쟁점들을 방송해야 하며 이 쟁점들을 무시해서는 안 된다는 것이고, 둘째, 방송 사업자가 '공공적 중요성을 갖는 쟁점 *controversial issue of public importance*'을 다루는 경우, 중요한 대립적 견해들이 제시되도록 조치를 취하지 않으면 안 된다는 것이다. 이 같은 내용의 공정성의 원칙은 1959년의 통신법 Communiations Act 개정(제315조)을 통해 법률적으로 수용된 것으로 흔히 해석되어 왔다.

또한, 넓은 의미의 공정성의 원칙에 포함될 수 있는 두 가지의 특수한 규칙이 있다. 그 하나는 '평등 기회의 규칙 *equal opportunities rule*'이다. 이 규칙은 통신법의 일부를 이루는 것으로(제315조), 공직 선거에서 어떤 한 후보자에게 방송 시간을 팔거나 제공한 방송 사업자는 다른 모든 후보자들에게도 동등한 조건의 기회를 부여해야 한다는 규칙이다. 다른 하나는 '인신공격 규칙 *personal attack rule*'으로서, 방송에서 어떤 공공적 중요성이 있는 쟁점에 관한 견해들을 제시하는 가운데, 어느 특정 개인이나 집단에 대해 그 정직성, 인격, 기타 개별적 성격에 관해 공격이 가해진 경우, 공격받은 측에 이에 대항할 기회를 주어야 한다는 규칙이다. 이 규칙은 법률 규정이 아니라 FCC의 규칙으로서 성립된 것이다.

공정성의 원칙의 보다 구체적 의미에 관하여는 FCC의 1949년의 보고서(In the Matter of the Handling of Public Issues under the Fairness Doctrine and the Public Interest Standards of the Communications Act)에서 제시되어 있다. 그 몇몇 중요 내용을 보면 다음과 같다.

먼저, 공공성의 원칙의 제1 부분에 관하여 FCC는 종래 때때로 특정한 주제들이 공공적 중요성이 있는 쟁점임을 지적하고 방송에서 이를 다루지 않음은 불합리하다고 말해 왔는데, 이는 예외적인 것이다. 또한, 사회에서 일어나는 모든 중요한 문제에 관해 일일이 이를 취급하도록 방송 사업자에게 기대하는 것도 아니며, 프로그램 내용의 선택에 대한 책임은 개별적인 방송 사업자에게 있다.

다음, 제2 부분에 관하여(이것이 주로 관심의 대상이 되어 온 부분인데), 쟁점에 관한 어느 한 입장을 방송한 경우, 반드시 똑같은 프로그램에서 반대 견해에 대해 기회를 주도록 요구되는 것은 아니며, 전반적인 프로그램 편성을 통해 반대 입장에게 기회를 주면 된다. 또한, 정확하게 동등한 균형이 이루어지도록 요구하는 것은 아니며, 반대 입장 표명자의 선정이나 그 포맷은 합리성과 선의에 따른 방송 사업자의 재량에 맡겨진다.

'공공적 중요성'이 있는 쟁점이라고 할 때 그 의미에 관해서, 일정한 문제가 신문, 방송 등에 의해 취급되었다는 것 자체는 결정의 한 요인일 뿐이고 궁극적으로는 주관적 평가에 크게 의존할 수밖에 없다. 한편 '쟁점' 여부의 판단은 상대적으로 객관성을 띨 수 있는 것으로 언론, 공직자, 사회 지도자들의 관심의 정도가 그 주요 기준이 된다.

반대 입장에 대한 '합리적 기회 reasonable opportunity'의 부여란, 단순히 반대 입장으로부터의 기회 제공 요구에 대해 거부하지 않는다는 소극적인 것이 아니라, 반대 견해의 제시를 위해 의식적이고 적극적 역할을 해야 한다는 의미이다. 특정한 문제에 대한 견해가 둘 이상일 수 있는 가능성에 대해서도 유의해야 한다. 또한, 자신이 말하는 바를 실제로 신봉하는 순수한 당파적 인물 partisans에 대해서도 견해 제시의 합리적 기회를 주어야 하며, 이들 당파적 목소리를 배제하는 정책을 받아들일 수 없음은 분명하다. 반대 견해를 취급하는 방식, 대변자의 선정, 견해 제시의 기술적 방법 등은 개개 방송인의 상당한 재량에 맡겨지며, 여러 대립적 견해들에 대해 동등한 시간이 제공되도록 요청되는 것은 아니다.

뉴스 보도에 있어서 반드시 고의가 아니라도 불가피하게 일정한 편향이 나타날 수 있음을 인정할 수밖에 없으며, 일견 고의적 왜곡임을 분명하게 보여 주는 상당한 외적 증거가 없는 한, 왜곡 보도의 혐의를 조사하는 것은 적절치 못하다.

일반적 절차로서, 위원회가 위반 여부를 모니터하는 것은 아니며, 이해 당사자로부터의 이의가 제시되는 경우에 이에 기초하여 심사한다.

위와 같은 내용의 보고서를 제시하면서 FCC는 공정성의 원칙이 공익성의 판단에 있어서 단일한 가장 중요한 요건이며, 방송 사업 허가의 연장을 위한 필요 불가결한 요소임을 지적하였다.[15]

앞서 본 1969년의 레드 라이온사 사건에서 대법원이 공정성 원칙에 대해 합헌 판결을 내렸음에도 불구하고, 이 판결 이후로도 많은 방송인들은 이 원칙이 헌법의 표현의 자유 조항에 위반임을 주장하여 왔다. 이들은 이 원칙의 집행을 재고해 주도록 FCC에 요청하였다.

1985년의 보고서(In the Matter of Inquiry into Section 73. 1910 of the Commission's Rules Regulations Concerning the General Fairness Doctrine Obligations of Broadcast Licensees)를 통하여 FCC는 결국 공정성의 원칙이 실제의 운용을 통해 도리어 공공적 중요성을 지닌 쟁점에 대한 토론을 억제시켜 왔으며, 언론을 위축시켰다고 결론 지었다. 이 보고서 가운데 특히 공정성의 원칙의 합헌성에 대해 의문을 제시한 부분을 보면 다음과 같다.

"본 위원회는 공정성의 원칙이 쟁점들에 대한 취급을 억제하지 않는다고 주장해 왔고, 레드 라이온사 사건에서 대법원은 이러한 주장에 크게 의존하였다. 위원회는 이 입장을 더 이상 취하지 않는다. [……] 공정성의 원칙은 그 실제의 운용에 있어서 공공적 중요성이 있는 쟁점들의 제시를 억제하여 왔다. [……] 시청자의 헌법상 표현의 자유의 권리를 증진시키기 위해 공정성의 원칙이 필요하다는 생각은 이제 더 이상 정당화될 수 없게 되었다. 규제적 정책으로 말미암아 쟁점 제시에 대한 위축 효과 *chilling effect* 를 가져왔고 이것은 공중이 다양한 견해를 접하는 것을 방해해 왔다."

1985년의 보고서에도 불구하고 FCC는 공정성의 원칙의 폐지를 거부했으며, 그 결정을 의회와 법원에게 미루었다. 1959년의 통신법 개정으로 공정성 원칙이 입법화되었는지도 모른다는 것이 그 구실이었다. 그러나 1986년 9월, 한 사건에서 연방 항소심은 이 원칙이 입법화되지 않았다고 보고 위원회가 이를 폐지할 수 있다고 판결하였다.

그러는 가운데 1987년 봄, 의회는 공정성 원칙을 입법화하는 법안을 통과시켰는데, 당시 레이건 대통령은 거부권을 행사하였고 의회는 이를 재의결하는 데 실패하였다. 1987년 8월, FCC는 공공성 원칙과 관련된 한 사건을 재심하면서, 1985년의 보고서에 의거하여 공정성의 원칙을 폐지하였다. 이 결정에서 '인신 공격 규칙' 및 공직 선거에서의 '정치 논설 규칙'은 제외되었다. 위의 결정에 대해 공정성 원칙을 지지하는 의원들은 입법화 시도의 의사를 천명하기도 하였다.[16]

앞에서 지적한 것처럼, 우리 나라 방송법에도 공정성 원칙과 유사한 내용의 규정이 있음을 발견할 수 있다(방송법 제4조 2항, 방송 심의 규정 제18조). 그러나 이들 규정은 원칙적 선언에 그치고 있으며, 반론 제공 등의 구체적 의무를 설정한 것이라고는 해석되지 않는다. 그렇다면 구체적 형태의 공정성의 원칙을 수용하는 문제를 어떻게 볼 것인가. 이것은 매우 어려운 문제이며, 여기에서는 다만 논의의 시발과 관련된 두 가지 점만을 지적해 둔다.

첫째, 공정성의 원칙이 갖는 의미와 기능은 방송 체제 및 채널의 다양성 여부에 따라 다르게 될 것이다. 본래 미국에서 공정성 원칙이 채택되었던 것은 방송을 통해 공중에게 다양한 견해를 전달할 필요성과 방송인의 방송의 자유를 균형 짓기 위한 고심 끝의 방책이었다고 할 수 있다.[17] 그러나 민영 체제에서 기술의 발전과 더불어 전파 이용 가능성이 확대되고 뉴 미디어가 출현함에 따라 방송에서의 자유의 욕구가 더욱 강해지면서, 공정성 원칙과 같은 제약은 지나친 부담으로 받아들여지고 방송 시장 전체적으로도 다양성 확보에 대한 역작용이 나타나지 않았는가 추측된다. 이런 배경 하에서 공정성의 원칙이 폐지된 것은 미국적 상황하에서 이해될 수 있는 일면이 있지 않은가 여겨진다. 그러나 공정성 원칙 폐지의 논리는 우리 나라와 같은 공영 체제와 다양하지 못한 제한된 채널의 여건하에서는 그대로 적용될 수 없을 것이다. 공영 체제하에서 방송의 자유를 추구하는 경우에는 그 대비책으로서 공정성 원칙을 수용할 필요성은 더욱 커지지 않을까 생각된다. 민영 체제를 전제로 채널이 다양해질 경우, 방송의 외적 다양성을 통해 의견의 다양성 확보가 기대될 수 있을 것이지만, 공영 체제나 공영 중심 체제에서는 자칫 그 운영에 따라서는 실질적 관영 체제나 또는 그 어느 방향에서이든 편향된 체제로 전환될 가능성을 고려하지 않을 수 없다.

둘째, 공정성의 원칙의 두 부분 가운데, 미국에서는 종래 제2 부분이 주로 논란되어 왔지만, 우리의 경우 제2 부분 못지않게 제1 부분이 중요한 의미를 지니게 될 것이다. 종래 우리의 방송에서는 여러 금기의 영역이 사실상 설정되어 왔고, 핵 문제·미군 철수 문제 등 공동체적 중요성을 지닌 문제들이 방송에서 외면당해 온 사례가 적지 않았다. 이처럼 중요한 공공적 쟁점들이 우선 방송에 의해 취급되어 '방송 무보 無報'의 영역이 제거되는 것이[18] 중요하다.

5. 맺음말

방송은 언론 수단의 하나이다. 언론 문제의 출발점이 언론의 자유에 있다면, 방송 문제의 시발점도 방송을 통한 언론의 자유, 즉 방송의 자유에 있다. 다만 방송이 지닌 기술적 특성과 관련하여 공적 규제의 영역이 상대적으로 광범위할 뿐, 결코 공공성과 공적 규제가 제1의 원리가 되는 것은 아니다.

언론학자들은 전자 매체가 미래의 세계를 지배할 것이라고 점치고 있다. 방송과 전자 매체가 지니는 힘은 더욱 확대, 강화될 것이라고 예견한다. 여기에서 무엇보다 유념하지 않으면 안 될 것은, 방송의 영향력이 점차 강해질수록, 그만큼 더 방송에서의 자유의 문제가 강조되지 않으면 안 된다는 것이다.[19] 이런 점에서 근래 구미에서의 방송이 탈규제의 방향으로 나아가는 것은 충분히 이해될 수 있다. 방송에서의 탈규제 현상이 전자 기술의 발전 및 전파 이용 가능성의 확대를 그 배경으로 하고 있음은 물론인데, 이것은 결코 우리와도 무관한 것이 아니다. 방송에서의 자유의 문제는 거듭 강조될 필요가 있다.

다만 앞에서도 언급된 것처럼, 언론 기구로서의 방송과 오락 기구로서의 방송을 구별하여, 이에 관한 규제의 원리도 이원화될 필요가 있지 않나 생각된다. 언론 자유의 문제를 특별히 취급하고 그 보장을 위한 이중적 기준의 원리를 전개하는 것은 이미 기존의 자유 민주주의 헌법 이론에서도 확립되어 있다. 방송법과 방송 제도에 관한 앞으로의 논의에서 위의 두 가지 지적이 고려되기를 기대한다.

주

1) Red Lion Broadcasting Co. v. FCC, 395 U. S. 367(1969). 이 판례에 대하여는 뒤에서 좀더 언급된다.

2) NBC, U. S., 319 U. S. 190(1943).

3) 앞의 주 1) 참조.

4) J. A. Barron, "Access to the Press — A New First Amendment Right," 80 *Harvard Law Rev.* 1641(1967).

5) 418 U. S. 241(1974). 이 판결에 관하여는 양건, < 반론권 행사의 실제 >, < 언론중재 > 1982년 여름, pp.60~2 참조.

6) 412 U. S. 94(1973).

7) T. Barton Carter, Marc A. Franklin, and Jay B. Wright, *The First Amendment and the Fifth Estate: Regulation of Electronic Mass Media,* Mineola, New York: The Foundation Press, 1986, p.73.

8) 위의 책, p.73.

9) 임상원, < 방송법·제도 개선에 있어서의 인식과 전제 >, < 방송연구 > 1988년 가을, p.36.

10) 104 S. et. 3106(1984).

11) 이에 관하여는 양건, 앞의 글, p.57 참조.

12) 438 U. S. 726(1978).

13) 365 U. S. 43(1961).

14) 380 U. S. 51(1965).

15) 공정성 원칙의 실제 적용 예와 그 문제점들에 관하여는 Carter·Franklin·Wright, 앞의 책, pp.207~18; Douglas H. Ginsburg, *Regulation of Broadcasting,* West Publ. Co., 1979, pp.532~614 참조.

16) 공정성 원칙의 폐지의 경과와 관련 논의에 대하여, *The News Media and the Law,* 1987. Fall, Vol. 11. No. 4, pp.39~41 참조.

17) 內川芳美, < 放送における 表現の自由 >, ヅユリスト 總合特輯, 現代のマスユミ, 1976.

10, p.53.

18) 김정기, < 방송 보도의 공정성 원칙에 대한 새로운 시각 >, < 방송연구 > 1988
년 겨울, p.146.

19) 이 문제에 관한 예지적 통찰을 보여 주는 것으로, Ithiel de Sola Pool, *Technologies
of Freedom*, Belknap Harvard, 1983 참조.

제2부

현대 사회에서 표현의 자유는 매스 미
디어 소유자들이 독점하다시피 하고 있
다. 정작 표현의 자유를 누려야 할 국민
들은 객체로 전락되어 있는 것이다. 이
러한 왜곡된 구조를 개선하기 위한 작
은 노력들이 소개되어 있다.

제3장
반론권[*]

松井修視

1. 머리말

오늘날 대중 매체의 거대화·집중화·독점화에 수반하여 언론, 정보의 단일화·
획일화 현상이 진행되는 가운데 역으로 정보를 '받는 사람의 표현의 자유'
가 문제로 되고 있다.[1] 즉 국민은 대중 매체로부터 소외되고 오로지 정보를
'받는 사람'으로 고정화됨으로써 표현 수단의 이용에서 나아가서는 정보의
수집·처리 과정에서 이미 자유를 잃고 있다. 이것에 대해 최근 정보를 받는
사람의 표현의 자유라는 관점으로부터 정보 수집·처리·전달의 각 과정에
중점을 둔 '국민의 알 권리', '언론의 내부적 자유', '악세스권', '반론권'
이 주장되고 있다.[2] 그 결과 호환성이 결핍되어, 정보를 보내는 편인 대중
매체와 받는 편인 국민 간에는 그러한 권리 주장을 둘러싸고 현재 일정한
긴장 관계가 존재하고 있다.

---

* 김동민 편역, ≪ 언론 민주화의 논리 ≫(서울: 한울, 1990)에 실린 논문.

이 글에서는 이러한 긴장 상황을 파악하고 특히 대중 매체에 대한 반론권을 다루려고 한다.

반론권은 신문·잡지·방송 등에 의해 비판·비난 등의 공격을 받은 경우 공격을 받은 사람이 자기의 반론을 해당 기사 또는 방송과 같은 조건하에서 가해자측 매체에 대해 무료로 게재 또는 방송하도록 요구할 수 있는 권리이다.[3] 역사적으로는 프랑스의 1822년 출판법 제11조까지 거슬러 올라간다.[4] 일본에서는 명치 헌법하에서 신문지조례 혹은 신문지법 가운데에 '정정권'으로서 정해져 있었다.[5] 그러나 여기에서의 정정권은 개인의 권리·자유보다도 오히려 잘못된 기사 정정이라는 관료적인 발상에 기반을 둔 것이었다[6]고 한다. 그 후 패전을 계기로 신문지법이 폐지됨으로써 일본은 오늘날까지 방송법에서 그러한 종류의 규정을 약간 정한 것 외에는 그 같은 규정을 가지고 있지 않다.[7] 그러나 일본에서도 최근 < 산케이신문 > 의견 광고 소송 사건을 계기로 반론권 논의가 활발해지고 있다.[8] 이것이 활발해지는 경향은 세계적 추세이기도 하고, 그 단서는 1960년대 후반 구미에서 이미 나타났다. 1966년 EBU(European Broadcasting Union) 총회에서 < 법률 위원회 >에 대한 반론권 연구 요청과 그에 따른 반론권 조사, 1967년 미국에서 배린 J. A. Barron에 의한 악세스 *access* 권 제창이 그것이다.[9] 또한 1970년대에 들어서 '유럽의 반론권 — 조화 가능성'이란 주제하에 프랑스에서 개최된 슈트라스부르 회의는 반론권에 대한 유럽 각국의 높은 관심을 보여 주고 있다.[10] 나아가 이러한 움직임은 오늘날 구미 각국에서 일정한 성과를 거두고 있다는 것도 사실이다. 예를 들면 프랑스와 이탈리아의 방송법에 반론권 규정을 도입한 것(프랑스: 1972년, 이탈리아: 1975년), 위에서 언급한 슈트라스부르 회의 결의와 구주 회의에 대한 권고(1973), < 서독 신문 평의회 >의 반론권 취급 설정 (1972), 영국에서 < 프로그램 불만 처리 위원회 >를 설치한 것(1971) 그리고 시청자 단체 제작 *public access* 프로그램의 도입, 미국의 레드 라이온사 Red Lion Broadcasting Co. 사건에 대한 연방 최고 재판소의 반론권 승인(1969)을 들 수 있다.[11] 이처럼 최근 구미의 반론권 상황에는 두드러진 바가 있고 주목할 만한 점도 많다.

아래에서는 이러한 움직임에 착안하여 각국 반론권에 대한 간략한 현황, 특히 프랑스 방송 매체의 반론권, 맺음말, 이러한 순서로 이 글을 쓰고자 한다. 그런데 이러한 반론권을 다루는 데 있어서 반론권을 둘러싼 국가 법제만이 아니라 현실로서 대중 매체가 국민의 반론권 주장에 어떠한 반응을 나타내고 있는가 하는 점도 유의하면서 인쇄·방송 두 매체의 반론권에 대해 언급하고자 한다.

2. 각국의 반론권

1) 프랑스

(1) 반론권 제창과 입법화

프랑스는 반론권의 모국으로 일컬어지는데 그 역사는 프랑스 혁명 시기까지 거슬러 올라간다. 공화력 共和曆 7년 최초의 반론권 법안이 퓌 뒤드몽 현의 대의원 듀 론에 의해 그 당시 증대하는 신문으로부터 시민의 명예·명성을 보호할 500인 회의에 상정되었다. 그러나 이 법안은 신문측의 반론문 게재 거부에 대하여 중벌을 과하는 것이었기 때문에 채택되지 못했다.[12]

프랑스의 최초의 반론권 규정은 1822년 3월 25일 출판법 제11조이다. 그 내용은 "모든 신문 또는 정기 간행물의 소유자 또는 편집자는 (반론의) 수리로부터 3일 이내에 또는 3일 이내에 발행되지 않는 경우는 다음 호에서 그 신문 또는 정기 간행물에 지명 또는 지시된 모든 사람의 반론을 게재하지 않으면 안 된다. 이것을 위반한 경우는 다른 벌칙에 상관없이 또한 고발된 기사가 그 사람에게 주는 손해 배상에 상관없이 50프랑부터 500프랑까지의 벌금에 처해진다. 그 게재는 무료이고 반론은 원문 기사의 2배로 작성할 수 있다"[13]고 되어 있다. 이 규정은 그 후 1835년 법에 의해 수정되고 1881년 7월

29일 출판법 제13조에 의해 그 요점이 계승되었다.[14]

다른 한편 이 제13조 규정이 정한 '반론권 *droit de reponse*'과는 별도로 1881년 출판법 제12조에서 공권력의 수탁자인 공무원의 '정정권 *droit de rectification*'이 정해져 있다. 이 규정은 신문 또는 정기 간행물에 의해 부정확하게 보도된 공무원의 행위에 관해 동 同 공무원의 정정 요구를 인정한 것이고 역사적으로는 1819년 6월 8일법까지 거슬러 올라간다. 그러나 이것은 일찍이 공권력에 부여되었던 도가 지나친 특권의 잔존물이라고도 하고 오늘날에는 거의 이용되고 있지 않다.[15]

⑵ 1881년 7월 29일 출판법이 규정한 반론권

1881년 출판법 제13조 규정은 제정 후 1919년법에 의한 것 이외에 두 번 수정되어 오늘에 이르고 있다. 그러나 그 기본적 내용은 거의 변하지 않고 있다.[16] 이 규정은 반론권의 성립 요건에 대하여 ① 신문 또는 정기 간행물에 의해, ② 지명 또는 지시된 사람이라는 두 요건을 정했다. 즉 공표 수단의 성격에 대해서는 일간 또는 일간 이외의 정기 간행물로 국한되어 있다. 그러나 그 경우에도 특정한 공적 성격을 갖는 문서, 예를 들면 관보, 판례집, 국회와 지방 의회 의사록 등은 반론권의 대상으로부터 제외되어 있다. 다음으로 반론권은 지명 또는 지시된 모든 사람에게 인정되고 있는데 지시란 성명이 명기되어 있을 필요는 없고 표적으로 된 사람이 실제로 인식되기에 충분하면 요건이 충족된다. 개인, 법인의 차이는 없다. 이들 두 요건을 충족시키면 반론권을 일반적·절대적 권리로서 행사할 수 있다. 이 경우 나아가 권리 행사의 이익, 반론 내용·형식은 반론 청구자의 재량에 속하고 재판소의 통제에는 따르지 않는다고도 한다. 그러나 사실상 반론 내용은 이제까지의 판례에 의해 ① 원문 기사와 관련이 있는 것, ② 제3자의 정당한 이익을 침해하지 않는 것, ③ 법령·미풍 양속에 반하지 않는 것, ④ 저널리스트의 명예를 침해하지 않는 것 등으로 제한되어 있다.[17]

반론이 수령되면 반론문은 일간인 간행물에 대해서는 수령 후 3일 이내에, 일간 이외의 간행물에 대해서는 수령 이틀 후 발행되는 호에 게재된다.

게재는 법이 정한 길이의 범위 내에서 원인으로 된 기사와 같은 장소에 같은 활자로 무료로 이루어진다. 게재 거부에 대해서는 형사 처벌이나 민사 배상 외에 게재 강제 소송이 제기될 수 있다.

1881년 출판법 제13조는 나아가 선거 기간 중의 반론권에 대해 규정하고 있다. 그에 따르면 우선 신문 발행 책임자는 선거 기간 개시와 함께 신문 발행 시간을 검찰청에 보고할 의무를 진다. 반론문의 게재 기한과 게재 거부에 관한 재판소의 소환 기간은 일간 신문의 경우 24시간으로 단축된다. 또한 반론 강제 판결 후 24시간 이내에 반론문이 게재되지 않는 경우는 발행 책임자가 징역과 벌금형에 처해진다.[18]

(3) 프랑스 반론권의 새로운 전개

앞에서 지적한 것처럼 반론권에 관한 최근의 국제적 움직임에는 두드러진 바가 있다. 이에 대응하여 프랑스에서도 종래의 반론권 제도와 학설에 대한 검토·수정이 시작되고 있다. 다음에서는 이 점에 대해 F. 노브르의 견해를 단서로 삼아 극히 간단하게 서술하고자 한다.[19] 첫째로 프랑스의 반론권 제도는 이미 설명한 것처럼 1881년 출판법 제12조에서 공무원의 정정권을, 제13조에서 일반 국민의 반론권을 규정해서 이른바 이원 구조를 취하고 있다. 우선 이것에 대해 노브르는 반론권의 국제적 통일이라는 관점으로부터 이원적 구조의 일원화를 말하고 있다. 즉 개인, 법인 그리고 공무원의 차이를 불문하고 '정정적 반론'이라는 표현하에 일반적 의미의 반론권 채용을 주장한다. 이러한 이원적 구조는 예를 들면 서독이 반론권 중에 관청의 반론도 포함하는 것에 대해, 프랑스의 독특한 것이고 반론권의 국제적 통일이라는 입장에서는 하나의 장애로 되는 것이기도 하다. 다만 제12조의 규정은 앞에서 서술한 바와 같이 종래의 지나친 정부 특권의 잔존물이라고도 하고 현재에는 거의 이용되지 않는데, 위의 일원화라는 생각에서는 이 점에 대한 유의가 필요하다고 생각한다.

다음으로 프랑스의 명예 재판소는 이제까지 반론권 성립 요건으로서 ① 신문 또는 정기 간행물에 의해, ② 지명 또는 지시된 사람이라는 두 요건만을 언급하는 권리 절대주의 입장을 취해 왔다.[20] 그러나 다른 한편 앞에서 지적한 것처럼 많은 판례가 반론 내용에 대해 반론권 성립의 실질적 요건으로서 일정한 제한을 가해 왔던 것도 사실이다.[21] 노브르는 특히 최근의 이같은 경향을 강조하여 반론권의 권리 절대주의적 성격으로부터 권리 상대주의적 성격으로의 이행을 지적한다. 즉 오늘날 위에서 언급한 두 요건만을 반론권의 성립 요건으로 하는 권리 절대주의 입장으로부터 두 요건 외에 재판상 확립된 실질적 요건을 고려에 넣는 권리 상대주의 입장으로 반론권에 대한 생각이 변화하고 있다는 것을 주장한다. 노브르의 이러한 주장은 이 같은 변화를 판례에서 보면서도 여전히 프랑스의 입장은 권리 절대주의에 있다고 하는 G. 비오리의 견해와 대립하고 있다.[22]

나아가 최근 프랑스의 경향으로서 신문 등의 반론 게재 거부시에 반론 게재 강제 소송에 비해 형사 소송과 함께 민사상의 손해 배상 청구 소송이 증가하고 있다는 점이 지적되고 있다. 증가 이유는 이러한 판결이 종종 해당 간행물 또는 다른 많은 간행물에 판결 내용을 공표하도록 의무적으로 되어 있는 점에 있다고 한다. 사실 최근의 사례 중에는 가집행 결정 중에 판단·결정의 공표를 의무화하고 더욱이 일정한 소송 수속하에 재판소가 그 판결의 손해 배상액의 전부 또는 일부를 일시 지불할 것을 명하고 있는 경우가 있다.[23] 이러한 경향은 반론 게재 강제 소송에 의하지 않고도 그 소송에 의한 것과 같은 효과를 낳게 만드는 것으로 주목되고 있다.

마지막으로 반론권 제도의 새로운 전개로 라디오·TV에 관한 반론권 규정 창설을 언급하고 있다. 이제까지 많은 사람들에 의해 방송에서 반론권 규정의 결여가 지적되어 왔는데, 1972년과 1974년의 방송 조직법[24]에 의해서 처음으로 반론권이 방송에서도 보장되게 되었다. 1975년에는 더욱이 그것의 구체적인 실시를 위해 법령이[25] 발령되었다. 방송에 대한 반론권에 관해서는 현재 주목할 만한 위헌·합헌 논쟁도 이루어지고 있어서 장을 달리해서 서술하려 한다.

2) 서독

(1) 서독 반론권의 역사적 전개

서독의 반론권은 각 주 출판법, 연방과 각 주의 방송법과 공영 시설물에 관한 주간 州間 협정에 의해 보장되어 있다.[26] 여기에서 규정된 반론권은 역사적으로는 1874년 5월 7일의 제국 출판법 제11조와 1831년 12월 28일의 바덴 출판법 제10조까지 거슬러 올라간다. 바덴 출판법이 정한 반론권은 이념 면에서는 프랑스 최초의 반론권 규정인 1822년 3월 25일 출판법 제11조에서 유래한다.[27] 제국 출판법 제11조는 반론권에 대해 대략 "정기 간행물에서 관청 또는 개인에 관한 사실이 보도된 경우 관계된 자는 책임 편집자에 대해 정정 *Berichtigung* 을 요구할 수 있다. 정정은 처벌 대상으로 되는 내용을 실을 수 없고 동시에 사실 진술에 제한된다. 정정은 일정 요건하에서 무료로 게재된다"[28]고 정해 놓고 있다. 현재 서독의 반론 규정은 본질적으로 이 규정에 뿌리를 두고 있고 일정 요건에 대해서도 거의 같은 규정을 이어받고 있다.[29]

그러나 또한 서독의 반론권 규정은 1960년대 전반까지 거의 주 출판법과 방송법이 개정 또는 새로이 제정됨에 따라 다음과 같은 주요한 수정이 있었다. 우선 종래의 제국 출판법 제11조가 그 규정상 '정정'이라는 개념을 사용한 것에 대해 현행 주 출판법은 그것 대신 '반론 *Gegendarstellung*'이라는 개념을 도입하고 있다. 이것은 오늘날 반론이 그 내용에 관련되지 진실성에 의존하지 않으며 일정한 형식적 요건만 만족시키면 게재된다는 점에 기초한 것이다. 이러한 관점으로부터 반론권의 그러한 성격에 적절한 용어로서 반론이라는 개념을 채용하게 되었다.[30] 또한 현행 주 출판법은 이제까지의 형벌 규정을 폐지하고 있다. 제국 출판법은 반론 게재 거부에 대하여 형사 처벌을 정했지만 이것은 차라리 신문·잡지 등에 의한 침해로부터 공공 질서를 유지하고 안전을 꾀하기 위해 고안된 것이었다. 주 출판법은 이 점에 대해 그러한 생각을 버리고 반론권의 목적을 '인격권', '의견 형성의 자유' 혹은 '동일성의 권리' 보장에 두고 있다.[31] 이러한 수정은 방송 매체에도 거의 공통되고 오늘날의 반론권에 기본적인 것이며 또한 현재 서독에서 반론권에 대해 지적되는 '무기의 대등함 *Waffengleichheit*'의 전제로 되어 있다.[32]

다른 한편 각 주 출판법과는 별도로 연방 정부와 주 내무부 장관 회의 등에 의해 1949년 이후 모든 주에 공통되는 통일적인 출판법 제정이 제안되고 이들 제11조에서의 반론권도 검토되어 왔다. 예를 들면 연방 정부에 의한 1952년과 1969년의 연방 출판법 외곽 입법 초안, 주 내무부 장관 회의에 의한 1960년과 1963년의 제1차, 제2차 모델 초안이 그것이다. 이것들은 이제껏 어느 것도 법률로서 채택되어 있지 않지만 현행 출판법과 방송법 등이 정한 반론권에 미치는 영향은 크다.[33] 또한 < 독일 신문 평의회 >에 의해 1972년에 반론권에 관한 연방 통일 기준으로서 '반론권 취급 기준에 관한 원칙'이 공표되어 있다. 이것은 오늘날에도 여전히 통일되지 못한 각 주 간의 반론권을 대중 매체측에서 해결하려고 하는 시도이다.[34]

(2) 주 출판법이 정한 반론권과 그 특징

각 주 출판법이 정한 반론권은 우선 엄격한 형식적 성격을 그 본질로 하고 있다. 관계된 사람은 반론하려고 하는 원문 기사가 사실에 반反 한다는 것, 그리고 자신이 하는 반론이 진실이라는 것을 증명할 의무는 없다. 요컨대 반론권은 순수히 형식적 청구권이고 형식적 요건이 충족되면 그것만으로 반론 게재를 의무 지울 수 있다. 그러므로 반론시에 잠정적 이익의 평형만이 문제라고 말할 수 있다. 이러한 형식적 성격은 현행 주 출판법의 제국 출판법에 대한 특질로 되어 있다.[35]

다음으로 반론권은 관계된 모든 사람 또는 기관에게 인정된다. 사람이란 자연인과 법인을 말하고 권리 능력이 없는 사단 社團 도 포함된다. 기관 중에는 관청 외에 모든 단체, 조직, 시설물, 협회, 조합이 포함된다. 또한 서독의 경우 외국 관청과 외국인에게도 반론권이 인정되고 있다.[36]

반론 청구는 정기 간행물에 대해서만 이루어질 수 있다. 여기에서는 6개월 이내에 연속적으로 출판되는 신문, 잡지 기타 인쇄물이 정기 간행물로 간주된다. 또한 신문, 통신과 통신사의 보고도 여기에 속한다.[37] 반론의 게재 의무는 책임 편집자와 발행자에게 있다. 양자가 연대로 그 의무를 떠맡는다. 신문 등의 각각의 난에 별개로 책임 편집자가 존재하는 경우는 그 각각의 편집자가 게재 의무를 진다.[38] 그러나 다음 경우는 반론의 게재 의무를 지지 않는다. 즉 ① 전적으로 영업 거래에 관련된 광고가 문제 된 경우, ② 공공 인쇄물에서 공공 보고를 포함한 경우, ③ 의회와 재판소의 공개 의사와 심리에 관한 경우, ④ 오로지 가정, 사교 모임, 상업상의 활동에 복무하는 단체의 간행물의 경우, ⑤ 반론이 처벌 대상으로 되는 내용을 갖는 경우, ⑥ 반론에 대한 새로운 반론의 경우, ⑦ 반론이 의견과 가치 판단을 포함한 경우 등이다.[39]

주 출판법은 나아가 반론의 형식적 요건에 대해 정해 놓고 있다. 우선 반론은 '적절한 길이'로 제한된다. 만약 반론이 그 길이를 넘는 경우는 반론 전체가 거부되게 된다. 다음으로 반론은 서식을 필요로 하고 관계된 사람이 서명하지 않으면 안 된다. 그러나 반론의 자필 서명은 반드시 필요한 것은 아니고 관계된 사람에 의한 전보 또는 텔레타이프로도 충분하다. 나아가 반론 청구는 지체 없이 원문 기사 공표로부터 3개월 이내에 책임 편집자 또는 발행자에 대해 이루어지지 않으면 안 된다.[40] 이들 요건이 충족되면 관계된 사람은 무기의 대등함이라는 원칙하에서 그 반론을 게재 공표하게 된다. 즉 반론의 공표는 반론 수령 후 즉시 다음 호에 이의를 받게 된 원문 기사와 같은 난에 같은 활자로 이루어진다. 반론 내용은 게재시에 변경되어서는 안 되고 편집자에 의한 주석도 제한되어 있다.[41]

다음으로 주 출판법이 정한 반론권의 특징에 대해 서술해 보자. 첫째로 주 출판법에서 반론은 앞에서 지적한 것처럼 의견 또는 가치 판단을 포함한 것이어서는 안 되고 사실 주장에 한정되어 있다. 사실이란 과거 또는 현재의 일·사건 내지 상황을 말하고 내면적 사건이라도 외부로 나타나 있는 것(예를 들면 동기)은 사실 주장에 포함된다고 말할 수 있다. 그러나 구체적 사건에 대해 그것이 사실 주장에 들어가는가 아닌가의 구별은 어렵고, 그 경우 사실이라는 개념은 널리 해석되고 있다.[42] 그 점에 대해 예를 들면 앞에서 언급한 < 독일 신문 평의회 >가 공표한 반론권 취급 기준은 "의견인가, 사실 주장인가 의문이 있는 경우는 지나치게 엄격한 척도가 적용되어서는 안 된다"고 주장하고 있다.[43] 다음으로 주 출판법은 반론 청구의 실현을 위해 민사상의 가처분을 정해 놓고 있다. 여기에서 반론권은 가처분 수속만으로 재판상 주장될 수 있고 본 소송 수속은 필요하지 않다. 이것은 제국 출판법에서 규정된 형사 처벌을 버리고 민사상의 신속한 강제 수단을 가지고 반론 청구를 실효 있는 것으로 만드는 것이다.[44] 이 점들은 프랑스의 반론권이 의견 주장을 포함하고 반론 게재 거부에 대해 형사 처벌을 규정하고 있는 것에 비해 서독 반론권의 특색이다.

(3) 방송에서의 반론권에 대해

연방법의 규제를 받는 대 對 외국 방송, 독일방송 DLF 그리고 도이체벨레 DW 를 제외하면 방송은 주 법에 의해서 규제되고 있다.[45] 즉 방송에서 반론권은 각 주 방송법, 출판법 그리고 공공 시설물에 관한 주간 州間 협정 등에 의해 보장되고 있다. 그것을 크게 주간 협정에 의한 것[제2독일TV(ZDF), 남서방송(SWF)], 방송법에 의한 것[바이에른방송(BR), 남독일방송(SDR), 자르란트방송(SR)], 방송법의 참조 조항에 의한 것[헤센방송(HR)], 공공 시설물 규정에 의한 것[서독일방송(WKR)], 주 출판법에 의한 것[북독일방송(NDR), 라디오브레멘(RB), 자유베를린방송(SFB)]으로 나눌 수 있다.[46]

　제2독일TV는 '제2독일TV 방송 협회에 관한 주간 협정' 제4조에서 반론권에 대해 정해 놓고 있다. 그에 따르면, 반론권은 직접 관계된 사람 또는기관에 귀속되고 반론은 사실 주장에 한정된다. 반론은 서식과 서명을 필요로 하고 처벌 대상으로 되는 내용을 담을 수 없다. 반론은 원인으로 된 방송의 길이를 넘을 수 없고 또한 같은 시간에 같은 범위에 걸쳐서 더구나 어떠한 삽입·생략 없이 방송된다. 나아가 반론 청구는 그 실현을 위해 재판소에서 주장될 수 있다.

　제2독일TV의 이러한 규정은 내용적으로 대략 독일방송과 바이에른방송이 정한 반론 규정과 일치하고 또한 재판소에 의한 반론 청구의 강제 방법이 약간 불명확한 것을 제외하면 방송에서 반론권 규정의 모범이라고도 말할 수 있다.[47] 독일방송의 규정은 제2독일TV의 불명확한 점을 보완하고 재판소에 의한 민사상의 가처분 수속을 규정하고 반론 강제라는 방법을 명확히 하고 있다.[48] 이에 비해 바이에른방송의 규정은 반론 방송의 거부시에 오늘날에도 여전히 형사 처벌을 정해 놓고 있다.[49] 반론 방송은 통상 아나운서에 의한 반론문 낭독에 의해 실시되고 있다. 영상에 의해 이루어지는 반론은 사람이 다른 경우에만 사진에 의한 반론 형태로 인정되고 있다.[50]

헤센방송, 남독일방송에 대해서는 거기에서 정한 반론권의 성격, 근거 규정에 관해 약간의 문제가 제기되고 있다. 헤센방송에서는 반론권 보장 근거로서 방송법 제3조 제8·9호와 주 출판법 제10조가 대치되고 진실이 아닌 주장의 정정을 목적으로 하는 방송법과 반론 청구의 형식적 성격을 그 본질로 하는 출판법이 대립하고 있다.[51] 남독일방송은 그 방송 규약 제2조 제4항 8호에 2단에서 "정부, 일반적으로 이러한 형태로 비판 받는 모든 사람, 관청 그리고 기관에게 동등한 방송 시간과 상당한 방법으로 침해에 대해 자기를 지키고 또는 지킬 수 있는 권리를 보장한다"고 규정하고 있다. 남독일방송의 경우 남독일방송의 방송 영역에서 유효한 바덴, 뷔르템베르크 주 출판법은 적용되지 않으며, 그 결과 반론권에 관한 더 구체적인 규정은 존재하지 않는다. 이러한 상황하에서 그 해결을 위해 남독일방송은 제2독일TV의 규정과 많은 점에서 일치하는 방침을 정했다. 이 방침은 남독일방송에서 확실히 진보를 의미하는 것이지만 다른 한편 여기에서 반론권이 진실이 아닌 사실 정정을 지향하고 있는 점 그리고 그 법적 구속력이란 점 등에서 여전히 문제를 안고 있는 것이다.[52]

3) 영국

(1) 반론권 규정의 부재와 수정 의사 표시 제도

영국에서는 반론권이 인정되고 있지 않다. 그렇기 때문에 국민은 관습법하에서도 실정법하에서도 그러한 권리를 재판소를 통해 주장할 수 없다고 말할 수 있다. 그러나 여기에서 언급되는 '수정 의사 표시 *an offer of amend*'

제도는 내용적으로 각국의 반론권 제도와 견줄 만한 것을 지니고 있어 주목된다.[53]

명예 훼손법 제4조는 타인의 명예를 침해하는 말을 공표한 경우 고의 없이 공표했다고 주장하면 손해 배상에 대신해서 수정 의사 표시를 할 수 있다고 정해 놓고 있다.[54] 즉 명예 훼손법 제4조의 제5항에서 ① 이의 대상으로 된 말을 이 말에 불복 신청을 한 사람과 관련해서 일부러 공표한 것이 아니고 또한 그 말이 불복을 신청한 사람에 관한 것으로 해석될 상황을 알지 못했다는 것, 또는 ② 그 말은 문맥상 명예 훼손적인 것이 아니고 또한 발행자가 그 말이 불복을 신청한 사람의 명예를 훼손하는 것으로 해석될 상황을 알지 못했다는 것, 그리고 위의 두 경우 어느 것이든 발행자가 공표에 관해 상당한 주의를 기울였다는 것을 증명하면 발행자는 수정 의사 표시를 할 수 있다고 규정한다. 수정 의사 표시의 내용에 대해서는 제3항에서 정해 놓았는데 ① 어떠한 경우에도 불복 대상으로 된 말의 적절한 정정과 피해자에 대한 충분한 사죄를 스스로 공표 또는 출판물에 서명해서 공표할 것, ② 만약 명예 훼손적인 말을 포함하는 문서 또는 기록의 사본이 발행자에 의해 배포되고 배포선을 알고 있는 경우는 발행자는 그 배포를 받은 사람에 대해 해당 문구가 피해자로부터 명예 훼손이라는 불복 신청을 받고 있다는 것을 통지하기 위한 상당한 조치를 취할 것이라고 되어 있다. 피해자가 이 의사 표시를 승낙하고 발행자가 올바로 의사 표시를 하면 그 효과로서 명예 훼손 소송은 제기되지 않고 이미 제기되어 있어도 취하된다. 또한 피해자가 이러한 의사 표시를 거부해도 선의 무과실 善意無過失 이라는 증명과 신속하게 수정 의사 표시를 한 것을 증명하면 소송상의 완전한 방어가 된다. 단 후자의 경우 명예 훼손적인 말의 필자에게 악의가 없었다는 것의 증명이 발행자에게 요구되고 있다.[55]

명예 훼손법 제4조의 규정은 내용상 반론 제도로 충분히 기능할 수 있는 내용을 가지고 있다. 그러나 이 규정은 유감스럽게 실질적으로 없는 것과 마찬가지이고 실제로 이용된 것은 과거에 한 번 정도밖에 없었다고 할 수 있다. 그것의 커다란 원인으로 발행자의 증명 의무가 크다는 점이 지적되고 있다.[56] 이에 대해 오늘날 명예 훼손법의 재검토가 이루어지고 있고, 이러한 규정에 대해서도 발행자의 증명 의무 경감, 고의적인 명예 훼손에 대한 수정 요청과 수정 요청 내용에 대한 심사권을 재판소에 부여하는 것 등이 새롭게 제안되고 있다.[57]

또한 수정 의사 표시 제도와는 별도로 명예 훼손의 피해자는 신문의 면책 특권과의 관련 속에서 반론을 청구할 수 있는 기회를 갖는다고 할 수 있다. 신문은 일정한 경우에 면책 특권을 갖지만[58] 이 경우에도 피해자가 해당 공표가 악의로 이루어졌다는 것, 그리고 피해자로부터의 변명 또는 반론서를 신문이 동일한 난에 게재한다는 것을 거부 또는 무시하거나 또는 부적당하고 원문에 상응하지 못하게 공표한 것을 증명하면 그 면책 특권을 박탈할 수 있다. 즉 여기에서 면책 특권을 배제하는 것으로서 반론문 게재 등의 거부가 작용하고 있다는 것을 지적할 수 있다.[59]

(2) < 신문 평의회 >와 BBC의 < 프로그램 불만 처리 위원회 > 등의 활동

반론권이 인정되지 않는 영국에서, 더욱이 반론권과의 관련 속에서 주목할 만한 것으로 < 신문 평의회 The Press Council >와 < BBC 프로그램 불만 처리 위원회 BBC Programmes Complaints Commission > 활동이 있다.[60] 신문 평의회는 1953년에 설립되어 1963년의 개편을 계기로 신문에 대한 불만의 조정 기관으로 활약하여 왔다. 우선 그 편집자에게 신청을 하지 않으면 안 된다.[61] 편집자의 조치에 불복하는 경우 비로소 신문 평의회에 불만을 내세울 수 있다. 불만을 받아들인 평의회는 우선 그 사무국이 관계 증거를 수집하고 편집자로부터 사정을 청취한다. 다음으로 관계 서류는 < 불만 처리 위원회 >로 넘겨진다. 이러한 < 불만 처리 위원회 >는 기록을 상세히 검토하고 필요에 따라 증인 조사를 하고 그 후에 정식으로 평의회에 권고한다. 여기에서 평의회는 합의 재정을 하고 최종적으로 재정문 공표를 해당 신문에게 요청하게 된다. 이 요청은 어떠한 법적 강제력도 갖지 않지만 신문측이 그것의 공표를 무시하는 일은 거의 없다고 한다.[62]

< 신문 평의회 >는 재정시에 그 기준으로 되는 강령을 명확히 하고 있지는

않지만 판례법으로서 몇 개 원칙이 그 재정 가운데에 확립되어 있다고 한다. 반론 제도와의 관련에서는 그러한 원리 중 하나로서 사실에 대해 오보가 있고 피해자가 편집자에게 정정 등을 촉구한 경우에는 적절한 정정과 사죄가 공표되어야만 한다는 점이 지적되고 있다.[63] < BBC 프로그램 불만 처리 위원회 >는 1971년에 시청자와 출연자의 불만을 처리할 목적으로 설치되어 그 다음 해부터 활동에 들어갔다. 이 위원회는 위원장 외 2명의 위원으로 이루어지고 나아가 위원회에는 사무국이 딸려 있다. 불만이 있는 사람은 우선 BBC 당국에 신청을 하고 그 조치에 불복하는 경우에 비로소 < 불만 처리 위원회 >에 불만 처리를 요청할 수 있다. 불만 처리 요청은 사무국에 대해 한다. 사무국은 그 불만이 위원회의 권한 내에 있는가 아닌가를 불만을 수리할 때 심사하고, 수리한 경우에는 나아가 상세한 관계 서류 프로그램을 모으고 쌍방 별도로 당사자의 주장을 듣는다. 그것을 기반으로 위원회가 재정한다. 이 재정은 영국 방송 협회의 정기 간행물에 공표하도록 되어 있고, 현재 그 간행물 중 하나인 < 리스너 *The Listener* >에 공표하고 있다. 또한 재정은 위원회가 필요하다고 인정하면 BBC의 방송을 통해서도 공표될 수 있다.[64]

< 독립 방송 협회 IBA >도 BBC와 마찬가지로 < 불만 처리 위원회 Complaints Review Board >를 갖고 있다. 그러나 이 위원회는 조사 사항에 대해 최종적으로 IBA 당국과 불만 처리 요청인에게 보고만 하고 IBA 감독하에 있는 해당 방송국에게 그 공표 의무를 부과하지는 않는다.[65]

4) 미국

(1) 미국의 반론권과 그 역사적 전개
미국에서는 오늘날 플로리다, 미시시피 두 주가 반론권 규정을 갖고 있는데 그치고 있다. 네바다 주도 종래에는 반론권 규정을 갖고 있었는데 1969년에 취소법으로 개정되었다. 연방은 인쇄 매체에 대해 반론권 규정을 갖고 있지 않다.

1913년에 제정된 플로리다 주 반론권 규정 제104·제38조는 다음과 같이 정하고 있다.

"이러한 신문이라고 하더라도 그 난에 지명 후보자 또는 선거 후보자의 인격을 공격하고, 또는 공직에서의 부정 행위 혹은 부당 행위를 가지고 해당 후보자를 고발하고, 또는 그렇지 않으면 후보자의 공직 이력을 공격하고, 또는 그러한 목적을 위해 다른 사람에게 자유로운 공간을 제공할 경우 해당 신문은 해당 후보자의 청구에 근거해 후보자가 이에 대해서 한 반론을 반론의 원인으로 된 기사와 마찬가지로 눈에 띄는 장소에 같은 활자로 즉각 무료로 공표하지 않으면 안 된다. 단 그 반론은 원인으로 된 기사의 길이를 넘을 수 없다. 본 조항의 규정을 위반한 사람 또는 단체는 제1급 경범죄로서 775·682조 또는 775·683조의 규정에 의해서 처벌 받는다."[66]

이 규정은 공직 후보자에 한해서 반론권을 규정하는 것인데 이 점은 미시시피 주의 규정도 마찬가지이다. 또한 반론 내용에 대해서도 두 주 모두 마찬가지로 정정, 의견의 양측을 포함하는 것으로 되어 있다. 이것에 대해 종래의 네바다 주의 규정은 일반적인 반론권 규정이고 나아가 반론 내용에 대해서는 정정에 국한된 것이었다. 그러나 어느 것이나 반론 게재 거부에 대해서는 형사 처벌을 규정하고 있고 여기에서 이들 주 법에 대한 프랑스 법의 영향을 찾아볼 수 있다.[67]

다음으로 이들 주 법의 적용 상황을 보면 플로리다 주 법은 제정 이래 1970년대에 들어설 때까지 적용된 것은 아니고 언론·표현의 자유를 보장하는 미국 수정 헌법 제1조 내지 제14조와의 관련 속에서 그 헌법 판단이 이루어진 것도 아니었다. 그러나 1972년에 이르러 뉴스 저널 사건에서 처음으로 헌법 판단이 군 郡 재판소에 의해 이루어지고 나아가 그 후 1974년에 토르닐로 대 < 마이애미 헤럴드 > Tornillo v. Miami Herald Publ. Co. 사건에서 연방 최고 재판소에 의한 주목할 만한 위헌 무효 판결이 내려지고 있다.[68] 미시시피 주 법은 1953년에 이미 헌법 판단 기회가 있었는데 주 최고 재판소는 그것을 하지 않고 반론권 규정을 엄격하게 해석해서 공직 후보자의

청구를 기각하고 있다.[69]

미국의 경우 나아가 '반론권에 관계된 미국의 관례'로서 '취소 *retraction*' 제도가 논의되고 있다. 이 제도는 신문의 임의에 중점을 둔 것이고 명예 훼손에 관한 손해 배상 소송시에 신문측의 불이익을 완화하기 위해 신문에 의해 도입된 것이다. 관습법하에서는 명예 훼손 기사의 취소가 충분히 공정 명백한 경우는 통상, 징벌적 배상을 부과하지 않고 나아가 일반적 배상을 완화시킨다고 한다.[70] 또한 몬태나, 오하이오, 위스콘신 3개 주의 취소 규정은 이의를 갖는 당사자에게 자신의 견해를 제시할 기회를 인정해 주고 있다.[71] 예를 들면 위스콘신 주의 규정은 정기 간행물 등에 의해 명예 훼손을 당한 사람은 우선 그로 인한 민사 소송을 제기하기 전에 그러한 명예 훼손적인 기사의 공표에 책임을 지는 사람에 대해 정정 기회를 주어야 할 것, 그리고 정정은 명예 훼손을 당한 사람의 진실에 관한 진술 공표를 포함할 것을 정해 놓고 있다.[72] 이러한 규정은 반론권 규정의 성격을 갖는 것이라고 말할 수 있을 것이다.

방송 매체에 대해서는 1934년 제정된 연방 통신법이 제315조에서 공직 후보자의 방송 시설 이용에 관해 해당 후보자 모두에게 반론 기회를 인정하고 있다. 이것은 후보자의 선거 기간 중 방송 이용시에 균등한 시간 제공을 방송 사업자에게 의무적으로 부과한 것이고, 균등 시간 *equal time* 조항이라고 불린다. 또한 방송의 반론권과의 관련에서는 '공평의 원칙 *fairness doctrine*'의 존재가 지적된다. 이것은 1959년의 연방 통신법 개정에서 명문화된 것이라고도 하며 공적 주요 사항에 관한 상반되는 견해에 대해 공평한 방송 시간을 주도록 방송 사업자에게 의무를 부과한 것이다. 이 원칙은 반론권과는 성격을 달리하지만 오늘날 방송에 대한 반론 요구에서 일정한 역할을 수행하고 있다.[73]

나아가 최근에는 이들 법 제도와는 별도로 미국에서 보도 기관과 공공 대표자 15명으로 구성되는 < 전국 보도 평의회 The National News Council > 가 설립되어 뉴스 보도에 관한 불만 처리 기관으로 활동을 개시하고 있는 것이 주목된다. 이 < 전국 보도 평의회 >는 1972년의 20세기 기금 연구반의 연구 보고와 권고의 성과로서 1973년 8월 1일에 발족한 것이고, 발족 이래 현재까지 상당수의 불복을 수리 受理 하고 있다. 또한 이 < 전국 보도 평의회 > 활동에 대한 매체의 반응은 복잡해서 여기에서는 그 활동 자체가 미국 수정 헌법 제1조가 규정한 매체의 권리를 보장하고 매체와 공중 公衆 간에 자유 토론의 광장을 제공하는 것이라는 견해와 정부 규제와 매체의 표현 자유의 저하로 통하는 사적 단체에 의한 검열을 시도하는 것이라는 견해가 대립하고 있다. 원래 이 < 전국 보도 평의회 >는 집중화된 전국적 규모의 보도 기관의 존재에 대해 뉴스 보도의 정확·공평함을 유지하고 추진하기 위해 설치된 것으로 그 활동은 반론권과 연관시켜 보아도 흥미롭다.[74]

(2) 인쇄 매체의 반론권: 특히 토르닐로 대 < 마이애미 헤럴드 > 사건을 중심으로

토르닐로 대 < 마이애미 헤럴드 > 사건은 1972년 플로리다 주 의회 선거시 후보자 토르닐로가 < 마이애미 헤럴드 >지의 비판적 사설에 의해 불이익을 당했다고 하여 < 마이애미 헤럴드 >지에 무료로 자신의 반론을 게재하도록 청구한 것에 대해 그 청구를 동지가 거부함으로써 제기된 것이다. 이 사건에서 토르닐로는 플로리다 주의 반론권 규정을 근거로 이러한 청구를 했지만 < 마이애미 헤럴드 >지는 이 플로리다 주 법의 위헌성을 가지고 그것에 대항했다.

이 사건에 대해 먼저 제1심인 데이비드 군 郡 순회 재판소는 "신문이 무엇을 인쇄해야 하는가를 지도하는 것은 그것이 무엇을 인쇄해서는 안 되는가를 지도하는 것과 아무런 차이가 없다"고 하여 < 마이애미 헤럴드 >지의 주장에 따라 플로리다 주의 반론권 규정은 미국 수정 헌법 제1조와 제14조가 보장한 언론 자유에 위반된다는 판단을 내렸다. 이것에 대해 플로리다 주 최고 재판소는 합헌론의 입장에서 제1심 판결과는 반대로 "자유로운 발언은 플로리다의 반론권법에 의해 고양된다고 할지언정 박탈 당하는 것은 아니다", 또한 그것은 "공중에 대한 정보의 자유로운 유포로 광범한 사회적 이익을 촉진하는 것이다"라고 진술하고 해당 플로리다 주 법은 헌법에 위반되지 않는다고 판시했다.[75] 연방 최고 재판소는 이 같은 하급심의 판단에

대해 재차 < 마이애미 헤럴드 >지의 요구를 받아들여 1975년 플로리다 주의 반론권 규정은 미국 수정 헌법 제1조가 보장하는 언론 자유에 위반되는 것으로 위헌 무효라는 판단을 내렸다. 연방 최고 재판소는 그 이유로서 다음과 같은 점을 들고 있다. ① '이성'에 따라 게재할 만하지 않다고 생각되는 것을 게재하는 것은 헌법 위반이다. ② 플로리다법은 특정 사항의 게재를 상고인(< 마이애미 헤럴드 >지)에 대해 금하는 법규 또는 규칙과 같은 의미로 주의 명령으로서 작용한다. ③ 플로리다법은 새롭게 인쇄, 조판과 자재 비용을 부과하는 것에 의해, 또한 신문이 게재하려고 생각했을지도 모르는 다음 기사에 할당되는 지면을 빼앗는 것에 의해 신문 내용의 기초에 일종의 형벌을 부과한다. ④ 설령 신문이 그러한 플로리다법에 따라 아무런 새로운 부담도 주지 않고 또한 반론을 게재하는 것에 의해 뉴스와 의견 발표를 보류당하지 않았다고 하더라도 플로리다법은 신문에 게재할 재료의 선택과 신문 내용, 크기, 공적 문제와 공무원의 중재에 관한 결정시에 편집자의 기능에 개입하므로 수정 헌법 제1조의 장벽을 뛰어넘는 것은 여전히 가능하지 않다.[76]

이러한 연방 최고 재판소의 위헌 판결은 플로리다 주의 강제적 반론권을 언론·표현의 자유에 대해 권력의 개입을 용인하는 것이라 하여 배제한 점에서는 확실히 평가할 만하지만, 다른 한편 독점적 대중 매체의 일방적 비판·비난 그리고 명예 훼손시에는 여전히 그에 대한 보장을 빠뜨리고 있다고 말할 수 있다. 이러한 점에서 플로리다 주 최고 재판소의 판결에는 주목할 만한 바가 있다. 주 최고 재판소는 판결 가운데 플로리다 주 법에서 형벌 부분을 분리·소거하고 반론이라는 형벌에 의한 강제를 부정하고 플로리다법의 나머지 부분에 근거해서 인사상 손해 배상 청구 등 가능한 것을 지적하고 있다. 이것은 플로리다법의 형벌 부분만을 위헌 무효라고 하고, 다른 부분을 반론 청구의 근거로 유지하는 것이다. 이러한 플로리다 주 최고 재판소의 판결은 연방 최고 재판소의 위헌론에 대해 합헌론의 판단 방법으로서 유의할 만한 것이라고 할 수 있다.[77] 또한 연방 최고 재판소와 주 최고 재판소의 판단의 차이는 반론권을 둘러싼 학설의 대립을 반영한 것이다.[78]

이러한 대립에 대해서는 최종적인 연방 최고 재판소의 판단에 의해 일단 결론이 내려졌다고도 생각할 수 있지만, 언론의 현 상황은 여전히 반론권 문제 출현의 토양을 가지고 있고 더욱이 앞으로 이들 문제에 대한 판례·학설의 종합적인 검토가 다가오게 될 것이다.

⑶ 방송의 반론권: 특히 레드 라이온사 사건을 중심으로

여기에서는 방송에서의 반론권을 '공평의 원칙'과의 관련 속에서 서술해 보고 싶다. 공평의 원칙은 1927년 라디오법하에서 설치된 < 연방 라디오 위원회 >에 의해 그 법률로 정해진 '공공의 편의, 이익 또는 필요'에 따라 도출된 방송 행정상의 지도 원리이다. 이 원칙은 1934년 연방 통신법에 근거한 < 연방 통신 위원회 >로 계승되고, 그 후 앞에서 말한 바와 같이 1959년 연방 통신법 개정에 의해 동법 제315조 후단에서 명문화되었다고 한다. 또한, < 연방 통신 위원회 >는 1967년에 공평 원칙의 내용으로서 개인 공격·정치 논설에 관한 규칙을 제정했다. 동 규칙은 "⒜ 공적으로 중요한 논쟁 사항에 관한 견해를 제시하고 있는 동안에 특정 개인 또는 단체의 성실성, 성격, 품위 또는 마찬가지로 개인적 자질에 대해 공격이 가해진 경우 피면허자被免許者 는 상당 기간 내에, 동시에 공격 후 반드시 일 주일 이내에 공격을 받은 개인 또는 단체에게, ① 그 방송 시간과 방송 내용의 통지, ② 그 공격의 대본 또는 타이프(또는 대본 혹은 타이프를 구할 수 없을 때는 정확한 요약)와 ③ 피면허자의 시설에 의한 상당한 반론 기회를 제공할 것을 전하지 않으면 안 된다"[79]고 규정하고 있어 방송에서의 반론권에 대해 여기에서 명시하고 있다.

공평 원칙을 둘러싼 이러한 움직임 가운데에 제기된 것이 레드 라이온사 사건이다. 문제의 공통성 때문에 최고 재판소에서는 이것을 RTNDA 사건[80]과 병합하여 심리하고 있다. 레드 라이온사 사건은 1964년 11월의 15분 프로그램에서 비난 받았다고 하는 F. J. 쿠크가 그 프로그램을 방송한 레드 라이온 방송국에게 무료 반론 시간을 제공하도록 요구한 것에 대해 해당 방송국이 그것을 거부함과 동시에 공평 원칙의 위헌성을 주장함으로써 제기된 것이다. 연방 최고 재판소는 이 사건에서 우선 방송용 전파의 유한성에 대해, 다음으로 < 연방 통신 위원회 > 규칙의 법률상 근거에 대해 진술하고 나아가 공평 원칙과 위의 규칙의 합헌성에 대해 다음과 같은 판단을 내리고 있다.

"전체로서의 국민이야말로 라디오에 의한 언론 자유의 권리를 갖고 이 매체를 수정 제1조의 목적에 적합하도록 기능하게 하는 집단적 권리를 갖는다. 가장 중요한 것은 시청자의 권리이지 방송 사업자의 권리는 아니다."

"헌법 원칙과 부족한 자원의 강제 할당으로부터 말하더라도 개인 공격과 정치 논설 규칙은 방송국에게 특정한 사정하에서 반론 시간을 부여하는 것을 요구하는 연방 의회의 특별 법령인 제315조의 균등 시간 조항과 그 규칙들은 그 조항의 중요한 보충 규정이다. 당재판소는 1927년 이래 법률의 일부였던 균등 시간 조항(1927년 라디오법 제18조 44 Stat 1170)을……유효하다고 판시해 왔다."

"또한 방송 사업자에게 논쟁 사항의 토론 과정에서 생긴 개인 공격에 대한 반론을 인정할 것을 요구하고, 또한 그 방송국에 의해 지지 받는 사람의 정치적 대항자에게 공공 대중과 대화할 시간을 줄 것을 요구하는 것은 자신의 문제에 대해 스스로 처리할 수 있는 정보가 풍부한 공공 대중을 키운다고 하는 수정 제1조의 목표에 모순된다고 말할 수 없다."[81]

연방 최고 재판소 판결은 이처럼 공평 원칙과 개인 공격·정치 논설에 관한 규칙의 합헌 판단을 내림과 동시에 방송에서의 반론권을 승인하고 있다.

이 판결은 J. A. 배런 등에 의해 미국의 표현의 자유 문제에서 의미 있는 새로운 전개를 보이는 것으로 높이 평가되고 있다.[82] 그러나 또한 다른 한편에서 이것은 방송 사업자의 권리를 제한하고 < 연방 통신 위원회 >의 권한 확대에 관계가 있는 것으로 경계되고 있는 경향도 있어서 이후의 움직임이 주목된다.[83]

3. 특히 프랑스 방송 매체에서의 반론권

(1) 1972년 법에 근거한 반론권 보장

프랑스에서는 1972년 7월 3일 방송법 제8조에서 비로소 방송 매체에 대한 반론권 규정이 도입되었다. 그러므로 1975년에 이 규정의 실시를 위해 다음에서 언급한 법령이 정해지기까지는 반론 방송이 보장된 것은 아니었다. 다만 방송이 1881년 출판법 제29조가 정한 명예 훼손 또는 모욕에 해당되는 경우에는 그 방송의 제작자 등을 상대로 소송을 제기할 수 있는 것에 불과했다.[84]

　　그러나 1972년 법에 의한 반론권 규정의 도입까지 같은 종류의 규정의 제안이 전혀 없었던 것은 아니다. 예를 들면 1937년 블룸에 의한 정부안을 최초로 페랑, 까르갓손느, 엘상 등에 의해 반론권법의 제안이 이루어졌다. 이들 대부분은 1881년 출판법 제13조를 보족·추가하는 형태로 방송에서 반론권을 보장하려고 하는 것이었다. 그러나 이것들은 그 기술적·법적 구성의 어려움 때문에 어느 것도 채택되지 않았다.[85] 1972년 방송법 제8조는 반론권에 대하여 "자연인의 명예, 명성 또는 이익에 공격을 가하는 비난이 동 협회에 의해 방송된 경우에 대해 법령 *décreten Conseil d'Etat* 은 반론권을 구성하는 요건들을 정한다"[86]고 규정하고 있다. 이 규정은 1881년 출판법 제13조와 함께 반론권의 실정법상 근거 규정으로 되는 것이다. 동 규정의 효력은 그 후 1974년 방송법 개정시에도 제34조에서 그대로 유지되었다.[87] 그러나 반론권의 구체적 행사에 대해서는 1975년의 법령 제정을 기다리지 않으면 안 되었다.

(2) 반론권의 형성에 관한 1975년 법령에 대하여

1972년과 1974년 위와 같은 방송법의 반론권 규정을 이어받아 반론권의 구체적인 보장에 들어가기 위해 1975년 5월 13일 방송에서 반론권의 형성에 관한 법령이 공표·실시되었다.[88] 이 법령은 반론 방송 청구의 구성 요건을 정함과 동시에 ① < 전국 반론권 위원회 >를 설치한 것, ② 반론 청구에 대해 세부적인 수속을 정한 것, ③ < 전국 반론권 위원회 >의 결정에 대해 콘세이유 데타[89]에 대한 월권 소송의 길을 연 것이란 점에서 그 특색이 드러난다.

우선 법령은 반론 방송의 청구권자에 대해 '모든 자연인 또는 그가 죽은 경우에는 직계 상속인 혹은 배우자'로 정하고 있다. 즉 청구권자가 법인이어서는 안 되고 자연인에만 한정된다. 더구나 이들이 청구할 수 있기 위해서는 명예, 명성 또는 이익에 공격이 가해진 것이어야 한다. 이들 요건은 앞에서 언급한 1972년 방송법에서도 반론 방송의 청구 요건으로서 규정되어 있다. 다음으로 반론 청구 심사 기관으로서 < 전국 반론권 위원회 >가 설치되어 있다. 이 위원회에 대해서는 법령 제6조 이하에서 그 구성, 임기, 임무 등에 대해 정하고 있다. 위원회는 5명으로 이루어지는데 내역은 콘세이유 데타로부터 2명, 명예 재판소로부터 2명, < 시청각 고등 평의회 >로부터 1명으로 되어 있다. 이들 구성원은 수상에 의해 3년 임기로 임명된다. 반론 청구 수속에 대해서는 우선 반론 방송의 청구권자가 그 의사를 각 프로그램 협회의 장에게 신청하지 않으면 안 된다. 그 때 신청서는 방송이 된 시간, 신청인의 명예, 명성 또는 이익에 공격을 가한 비난과 신청인이 하려고 하는 반론 사항을 제시하는 것이어야만 한다. 신청을 각 프로그램 협회장이 받아들인 경우는 마찬가지의 시청 상황하에서 반론 방송이 이루어진다. 거부된 경우는 청구권자가 < 전국 반론권 위원회 >에 다시 신청을 할 수 있다. 신청을 접수한 위원회는 지체 없이 그 신청에 대해 결정하고 또한 필요한 때에는 방송되어야 할 반론 내용, 형식에 대해 결정을 한다. 동 결정하에 각 프로그램 협회장은 위원회가 정한 요건에 따라 반론 방송을 할 의무를 진다. 의무 위반은 1000프랑부터 2000프랑의 벌금형에 처해진다. 각 프로그램 협회장과 < 전국 반론권 위원회 >에 대한 신청 기간은 양쪽 모두 일주일이다. 나아가 < 전국 반론권 위원회 >의 결정에 대해 불복하는 경우는 그 결정의 취소를 요구하는 월권 越權 소송을 제기할 수 있다.[90]

1972년 방송법 제8조와 이 법령이 정한 반론 청구 요건은 1881년 출판법 제13조와 비교한다면 한정적이다. 즉 출판법이 청구권자로서 자연인과 법인 양자를 정한 데 비해 방송법과 법령은 자연인만으로 정해 놓았다. 또한 방송법과 법령은 반론 청구 가능성에 대해서 '명예·명성 또는 이익에 공격을 가하는 비난이 동 협회에 의해 방송된 경우'에 한정되어 있다. 그러나 출판법은 이러한 한정을 하지 않고 있다. 나아가 반론 방송의 청구 기관에 대해서도 법령은 일 주일로 대폭 단축하고 있다. 방송의 이러한 제한적 반론권에 대해서는 오늘날 비판의 소리가 나온다.[91]

(3) 1975년 법령을 둘러싼 위헌·합헌론

1975년 5월 13일 법령에 대해서는 오늘날 합헌·위헌 양론이 전개되고 있다. 즉 이 법령의 공포·실시 후 먼저 랑돈에 의해 위헌론이, 이어서 그에 대한 반론 형태로 뒤르볼베의 합헌론이 전개되고 있다.[92] 랑돈은 먼저 1975년 법령이 정한 요건·수속이 1881년 출판법의 그것보다 제한적이고 불명확하다는 것을 말한 후 그러한 법령은 헌법 제34조의 관점에서 볼 때 위헌이라고 주장한다. 즉 헌법 제34조를 들어 동 규정에 의해 ① 시민의 권리와 공공의 자유 행사에 대해 시민에게 인정되는 기본적 보장에 관한 법규의 제정은 법률로 유보되어 있는 점, ② 새로운 재판 제도의 창설도 또한 법률로 유보되어 있는 것을 지적하고 법령에 의한 반론권의 제한적 형성과 < 전국 반론권 위원회 >의 창설을 위헌이라고 한다. 후자에 대해서는 < 전국 반론권 위원회 >가 과반수의 재판관으로 구성되고 더구나 벌금형을 부과할 수 있다는 점에서 재판권의 새로운 창설이 있다고 간주하고 이 법령에 의한 바의 위헌성을 주장한다.[93] 이에 대해 뒤르볼베는 방송에서의 반론권이 반론 자유로서 표현 자유의 한 측면을 이룬다는 점을 확인한 후 나아가 반론의 전달에 유익한 수단 자체의 이용이 인정되는가 하는 물음에 대해서는 명확한 실정법상 근거 규정의 존재를 조건으로 그것을 긍정한다. 즉 그는 그 근거 규정으로 1972년 방송법 제8조를 들고 동 규정을 가지고 방송에서 반론권은 공공 자유로서의 존재를 인정받게 되었다고 말한다. 그러므로 1975년 법령은 1972년 방송법 제8조가 정한 원칙에 근거한 것이고 여기에서 정한 요건과 권한에 대해서도 동 법률의 위임 범위 내에 있다고 하여 헌법 위반은 아니라고 한다. 또한 랑돈이 주장하는 법령에 의한 재판권 창설의 위헌성에 대해서도 < 전국 반론권 위원회 >의 조직과 기능 양면으로부터 고찰을 하고 1975년 법령은 단순히 재판권을 창설한 것은 전혀 아니고 그 위원회는 행정 기관이고 정부의 권한 내에 있다는 점을 지적하고 있다.[94]

　뒤르볼베의 이러한 반론에 대해서 랑돈의 재반론이 있다. 랑돈은 뒤르볼베의 앞의 주장에 대해 반론권은 표현 자유의 한 측면으로 나온 것이 아니라 말하자면 그것의 한 계열인 권리이고 또한 동일 매체 이용이 반론권의 특질이라고 말한다. 그러므로 이 반론권과 그 특질은 이미 1881년 출판법 이전에 구성된 자연법과 실정법상의 것이고, 방송 매체의 경우 1972년 방송법 이전에는 공공 자유라고 간주될 수 있는 반론권은 존재하지 않았다고 하는 것은 문제가 있다고 한다. 이런 점에서 1972년 방송법 제8조를 실시하는 1975년 법령은 방송 매체의 반론권의 기초를 설정한 것이 아니고 특별한 제한적 규제를 하는 것이며, 언론·표현 자유의 기본적 성격을 변경시키는 것이라고 지적한다. 또한 그러한 규제는 공공 자유에 관계된 것이고 법률 사항이라고 누차 주장한다. 재판권의 새로운 창설 문제에 대해서는 뒤르볼베가 벌금형 집행에 관해 형사 재판소의 관할에 의한 것을 주장하는데 대해 랑돈은 구제 방법이 번잡해지는 것을 들고 뒤르볼베가 말하는 수속에 따르면 프로그램 협회장 → < 전국 반론권 위원회 > → 콘세이유 데타 → 형사 재판소 → 명예 재판소라는 6단계에 이른다고 주장한다. 이에 대해 인쇄 매체의 경우는 형사 재판소로부터 시작해서 3단계로 끝나는 것을 지적한다. 이리하여 랑돈은 1975년 법령이 정한 반론 청구 요건·수속은 결국 헌법 정신에 반한다고 주장한다.[95] < 헌법 평의회 >는 이제까지 1975년 법령에 대해 헌법 판단을 하지 않고 있다. 이 규정에 대한 평가는 이후 그 운용에 걸려 있다고 생각된다. 더구나 이러한 위헌·합헌론은 일본에서 반론권을 어떻게 이해하고 어떻게 법적으로 구성하는가 하는 문제와 관련해서 시사하는 바가 대단히 크다. 또한 주목할 만한 것은 이러한 양론이 모두 방송에서 반론권을 적극적으로 보장하려고 하는 점에서 일치하고 있는 점일 것이다.

⑷ 1975년 법령에 기반한 반론권 행사의 실상

1975년 법령이 공표·시행된 이래 거의 2년 동안 국영 프로그램 협회의 하나인 제1TV(TF1)에 대해 이루어진 반론권 행사를 위한 신청 건수는 모두 23건이다.[96] 그 중 1건이 제1TV의 장에 의해서, 3건이 < 전국 반론권 위원회 >의 결정에 의해서 반론권 행사를 인정받았다. 다른 19건은 기각되고 그 중 1건이 콘세이유 데타에 제소되어 있다. 기각의 주된 이유는 ① 거의 모든 신청이 기한 후에 이루어졌다는 것, ② 신청자 다수가 법인을 대표하는 등 필요한 요건을 갖추지 못했다는 것이었다.[97] 반론권 행사가 인정된 경우는 청구권자의 주장을 내용의 골자로 한 반론문이 같은 프로그램에서 같은 시청 상황하에서 아나운서에 의해 낭독되었다. 또한 < 전국 반론권 위원회 >의 결정에 기초해서 이루어진 반론 방송 중에는 1분 30초에 걸쳐서 청구권자 스스로가 반론문을 낭독하는 것을 인정한 예도 있다.[98] 1975년 법령은 제8조에서 반론 내용과 그 공표 방법에 대해 < 전국 반론권 위원회 > 결정에 위임해 놓았는데 이후 이러한 방법이 정착되리라고 생각된다.

이제까지 < 전국 반론권 위원회 >의 결정에 불복해서 콘세이유 데타에 제소된 것은 제1TV와 라디오프랑스의 두 사건이 있다.[99] 전자는 1975년 5월 13일 법령 실시 이전의 방송 프로그램에 대해 제기된 것으로 실시 이전이라는 이유로 소송은 기각되었다. 후자는 회사 중역인 젤메스가 회사의 이익을 침해하는 방송이 라디오프랑스에 의해 이루어졌다고 하여 동 방송의 정정을 요구하여 제소한 사건이다. 콘세이유 데타는 이것에 대해서도 1972년 방송법 제8조가 법인이 아니라 자연인의 명예, 명성 또는 이익에 대한 공격에 대해서만 반론권을 보장하고 있는 것을 확인하여 젤메스에 의한 < 전국 반론권 위원회 > 결정 취소 소송을 기각하였다.

이리하여 오늘날 방송에서 반론권 보장은 현실적인 것으로 되고 있다. 그러나 반론 방송의 접수에는 여전히 엄격한 면이 있고 여기에서 출판법과 비교해서 방송의 반론권이 상당히 제한적이라는 것을 알 수 있다. 또한 방송에서의 이러한 반론권은 프랑스 영토를 커버하는 소위 주변 방송이라고 불리는 라디오룩셈부르크와 유럽제1방송에까지 적용된다. 이것은 주변 방송국의 자주적인 대응에 의한 것이다.[100] 이들 대응도 포함해서 이후 전체의 움직임이 더욱 주목된다.

4. 끝머리에

이상에서 각국의 반론권에 대해 살펴보았다. 다음에서는 이들 각 나라의 상황 가운데에서 일본의 반론권 문제와 관련해서 특히 중요한 점을 지적해 두고 싶다.

우선 첫째로, 서독의 경우 1960년대 주 출판법의 개정과 새로운 제정에서 그 때까지의 반론권의 성격을 기본적으로 변경하는 일정한 수정이 이루어지고 있는 것을 주목하지 않으면 안 된다. 그 수정이란 이미 지적한 정정으로부터 반론으로 사용 용어를 변경한 것이다. 이것은 종래의 공공 질서 유지를 목적으로 한 반론권으로부터 개인의 인격권 보호와 '의견 형성의 자유' 보장에 중점을 둔 반론권으로 이행한 것에 근거를 둔 것이다. 더욱이 이러한 수정이 형사 처벌의 폐지를 수반하고 있는 사실은 오늘날 언론·표현의 자유에서 불가결한 반론권 형성 의지를 한층 더 잘 드러내고 있다. 여기에서 현대적 의미의 반론권을 볼 수 있다.[101]

둘째로, 반론권의 기본적 성격과 관련해서 일본 헌법 해석상의 문제에 대해 약간 언급해 두고 싶다. < 산케이신문 > 의견 광고 사건 제1심 판결은 반론권이 반론의 자유로서 언론·표현의 자유로부터 끌어내고 더욱이 매체 이용이 인정되기 위해서는 별도로 법적 근거가 필요하다는 점을 설명하고 있다. 그러나 반론권은 예를 들면 랑돈의 논의에서 본 것처럼 본래 동일 매체 이용권으로서 구성되어 왔고 앞의 판결의 기초 근거는 결국 불충분하다고 생각된다.[102] 이후 이 점에 대해 의견 형성의 자유, 국민의 알 권리 나아가서는 현재 서독 등에서 강조되고 있는 무기의 대등함이라는 원칙에 기초한 반론권 구성이 필요하다고도 생각한다.

셋째로, 반론 청구 요건·수속 면의 문제를 지적해 두고 싶다. 우선 청구권자에 대해, 관청과 개인의 경우를 생각할 수 있는데 프랑스의 경우 관청에 대해서는 공권력의 수탁자로서 제12조에서 정정 규정을 설정해서 보장하고 있다. 이에 대해 서독의 경우는 동일 규정 가운데에서 관청과 개인의 반론권을 동시에 보장하고 있다. 관청의 반론권을 어떻게 생각하는가는 차후 문제로 될 수 있다고 생각한다. 다음으로 반론 내용에 대해서는 서독의 경우 사실의 주장에 한정되고 프랑스의 경우는 의견도 포함해서 인정하고 있다. 그러나 서독에서도 의견인가 사실인가에 대해서 판단이 곤란한 경우에는 상당히 탄력적으로 생각하고 있는데 그것은 유의할 만하다고 본다. 또한 반론 게재 거부시에 프랑스의 경우 형벌을 정해 놓고 있는 데 대해 서독의 각 주 출판법은 민사상의 강제 수속만을 규정하고 있다. 프랑스법에서 볼 수 있는 형벌 규정은 앞에서 언급한 현대적 의미의 반론권에 있어서는 마이너스 요인으로서 작용한다고 생각된다.[103]

넷째로, 일본 방송에서의 반론권을 생각할 때 프랑스 방송의 시스템 구성은 주목할 만하다. 특히 < 전국 반론권 위원회 >는 행정 위원회 성격을 갖는 것으로 그 조직과 활동은 흥미롭다.

마지막으로 각국의 대중 매체의 자주적 대응의 중요성을 지적할 수 있다. 영국의 < 신문 평의회 >, < BBC 불만 처리 위원회 >는 국민의 불만·반론을 심사·공표하는 기관으로서 오늘날 중요한 역할을 하고 있다. 또한 미국의 임의 단체인 < 전국 보도 평의회 > 활동은 국민의 반론권에 관한 운동론이라는 관점에서도 충분히 평가되어야 할 점을 갖고 있다.[104] 일본에서도 이 같은 자주적 제도 확립이 요망된다.

(옮긴이: 김동민)

주

1) 山口和秀, < 表現の自由とマス·メデイアへの'接近の權利' >, < 岡山大學 法學會雜誌 > 제21권 3·4호, pp.57~9; 堀部政男, < アクサス權 >, ≪ ジュリスト ≫ 573호, pp.40~2; 堀部政男, ≪ アクサス權 ≫, 東京大學出版會, 1977, pp.32~5 참조. 대중 매체의 독점·집중화에 대해서는 浦部法穂, < 新聞獨占と表現の自由 ─ アメリカの'新聞保全法'をめぐって >, < 神戶法學雜誌 > 23권 3~4호, 1974; 浦部法穂, < 新聞の集中と競爭 >, ジュリスト 증간 종합 특집 ≪ 現代マスコミ ≫, 1976; 高木敎典, < マス·メディア産業における獨占の進行 >(上, 下), < 科學と思想 > 1976년 1·7월.

2) 정보 유통 과정에 착안하여 그 과정을 정보원·정보 수집·정보 처리·정보 전달의 4개로 나누고 여기에서 법률 관계를 정리한 것으로서 石村善治, < 國民の知る權利 >, ≪ 憲法學 ≫ 2, 奧平·杉原 엮음, 有斐閣, 1976, pp.52~3.

3) 샤반네 등에 따르면, 반론권은 "신문 또는 정기 간행물(의 내용)에 관련된 모든 사람에 대해 법률에 의해 인정된 것이고, 그 해당 신문 또는 간행물을 이용해 그 사건에 관련해서 그 사람의 견해를 제시할 수 있는 가능성이다"라고 한다. A. Chavanne, H. Blin, R. Drago, *Traité du droit de la presse*, 1969, p.49.

4) D. M. Gillmor, J. A. Barron, *Mass Communication Law*, Sec. ed., 1974, p.282; Gérard Biolley, *Le droit de réponse en matiére de presse*, 1963, pp.11~2; Sirey 1821~8. 2. p.121.

5) 榛村專一, ≪ 新聞法制論 ≫, 1933, p.279 이하 참조. 榛村은 여기에서 신문지법 등이 정한 오류 정정의 의무에 대하여 각국의 입법 예를 참고로 고찰하고 일본의 오류 정정 규정이 프랑스 입법 계열에 속한다는 점을 지적하고 있다.

6) 奧平康弘, < 言論の自由を生かす反論權 >, < 世界正經 > 1975년 5월, p.80.

7) 방송법 제4조를 반론권과의 관계에서 어떻게 위치짓는가에 대해서는 伊藤正己, < 放送に對するアクセス權と現行法制 >, ≪ 放送制度 ─ この現狀と展望 ≫, 伊藤 엮음, 일본 방송 출판 협회, 1976, pp.84~92. 외국의 반론권에 대한 연구서 중에는 일본의 반론권 규정의 예로서 이 방송법 제4조를 들고 있는 것이다. Freitas Nobre, *Le droit de réponse et la nouvelle technique de l'information*, 1973, pp.206~7.

8) < 산케이신문 > 의견 광고 사건에 대해서는 < 산케이신문 > 의견 광고 소송 가처분 사건 1974년 5월 14일 동경 지방 재판소 결정과 < 산케이신문 > 의견 광고 소송 사건 1977년 7월 13일 동경 지방 재판소 판결 참조. 본건은 일본 공산당의

1977년 7월 27일자 공소에 의해 동경 고등 재판소로 이첩되었다.

9) EBU의 반론권 조사에 대해서는 1966년 9월 5일자 EBU 의사록 참고. J. A. Barron, "Access to the Press — A New First Amendment Right," 80 *Harvard and Law Rev.* 1641(1967).

10) 독일 신문학 연구회의 상부 조직인 < 국제 정보 연구 조사 협회 Association Internationale des Etudes et Recherches sur l'information >에 의해 주최된 슈트라스부르 회의 보고·자료·결의문 등은 이미 단행본으로 나와 있다. Löffler·Golsong·Frank, *Das Gegendarstellungsrecht in Europa — Möglichkeiten der Harmonisierung*, 1974.

11) Red Lion Broadcasting Co., v. FCC, U. S. Supreme Court Reports 23 L. Ed. 2d. pp.371~95. 여기에서 이탈리아의 반론권에 대해서 조금 언급해 두고 싶다. 이탈리아에서 반론권은 인쇄 매체에 대해서는 1948년 2월 8일 법 제8조(반론과 정정)에 의해 이미 보장되고 있다. 또한, 기타 저널리스트의 직업 규정에 관한 1963년 2월 3일 법에 의해 설정된 저널리스트 규정이 있고, 그 제2조에서 오보에 관한 정정 등에 대해 규정되어 있다. 방송 매체에 대해서는 1975년 4월 14일 법 제7조에서 정정권이 인정되고 있고 그 권리 행사 요건·수속에 관해서는 RAI(Radio Italiano) 스스로 10개조에 걸친 규칙을 정해 놓고 있다. Lucia da Prà Galanti, Le 'diritto di risposta' en Italie, Löffler·Golsong·Frank, op. cit., pp.54~7; R. Esposito and A. Grassi, "The right of rectification in Italian broadcasting legislation," *EBU Review* vol. XXVII, March, 1976, pp.36~47.

12) 반론권에 대한 입법의 역사에 대해서는 Gérard Biolley, *Le droit de réponse en matiére de presse*, 1963, pp.11~7 참조.

13) 1822년 3월 25일 출판법 제11조 Sirey 1821~2. 2. p.121.

14) 개정 전의 1881년 7월 29일 출판법 제13조 Sirey 1882. p.6.

15) Roger Pinto, *La liberte d'opinion et d'information*, 1955, p.178. 개정 전의 1881년 7월 29일 출판법 제12조 Sirey 1882. p.6.
    오늘날 제12조 규정은 거의 이용되고 있지 않다고 하고 그 이유로서 정부는 오히려 대리자를 통해 성명을 공표하는 방법을 선택하고 있는 점, 그리고 직접 효과가 있는 라디오·TV를 자유롭게 이용할 수 있는 점이 지적되고 있다. Roger Pinto, op. cit., p.179.

16) 개정 후의 현행 1881년 7월 29일 출판법 제13조 규정이 정한 요건·내용에 대해서는 山口俊夫, < 反論權 — フランス法を中心としつ >, ≪ 現代損害賠償法講座 ≫ 2,

1972, pp.267~92; Roger Pinto, op. cit., pp.163~81; A. Chavanne, H. Blin, R. Drago, *Traité du droit de la presse*, 1969, pp.49~75; Philippe Solal, Le 'droit de réponse' et le 'droit de rectification' en France; Löffler·Golsong·Frank, *Das Gegendarstellungsrecht in Europa — Möglichkeiten der Harmonisierung*, 1974, pp.41~7; Gérard Biolley, op. cit., pp.21~97 참조.

17) 이러한 제한을 드러낸 판례에 대해서는 Roger Pinto, op. cit., pp.172 n.(534)~175 n.(543); A. Chavanne, H. Blin, R. Drago, op. cit., pp.62 n.(58)~66 n.(81) 참조.

18) 이 선거 기간 중의 반론권에 대해서는 1919년 9월 29일 법 Sirey 1921. pp.361~5; Philippe Solal, op. cit., p.45 참조.

19) 이하의 내용에 대해서는 Freitas Nobre, *Le droit de réponse et la nouvelle technique de l'information*, 1973, pp.125~37 참조.

20) 이러한 입장에 선 판례에 대해서는 Gérard Biolley, op. cit., p.23 n.(2) 참조.

21) 앞의 주 17) 참조.

22) Freitas Nobre, op. cit., pp.129~32; Gérard Biolley, op. cit., p.167.

23) 이러한 사례에 대해서는 Freitas Nobre, op. cit., pp.132~3 참조.

24) 1972년 7월 3일 방송법 제8조 Recueil Dalloz Sirey 1972. 329. 1974년 8월 7일 법 제34조 Recueil Dalloz Sirey 1974. 273.

25) 1975년 5월 13일 조례 La semaine juridique, 1975, III, 42814.

26) 각 주가 정한 반론권은 바덴·뷔르템베르크 주 출판법(1964. 1. 14.), 슐레스비히·홀슈타인 주 출판법(1964. 6. 19.), 함부르크 출판법(1965. 1. 29.), 브레멘 출판법(1965. 3. 16.), 자르란트 출판법(1965. 5. 12.), 라인란트·팔츠 주 출판법(1965. 6. 14.), 노르트라인·베스트팔렌 주 출판법(1966. 5. 24.)의 경우는 제11조에서 베를린 출판법(1965. 6. 15.), 헤센 출판 자유와 권리에 관한 법률(1958. 11. 20.), 바이에른 출판법(1949. 10. 3.)의 경우는 제10조에서 보장되고 있다. 각 주 출판법이 정한 반론권 규정에 대해서는 西岡祝, < 西ドイツ州出版法の反論權規定(資料) >, ≪ 후쿠오카대 法學論叢 ≫ 제20권 3호, 1976년; Martin Löffler, *Presserecht Band II*, 1968, S.204~58 참조. 방송의 반론권에 대해서는 주 46) 참조.

27) Hans v. Dewall, *Gegendarstellungsrecht und Right of reply*, 1973, S.3.

28) Hans v. Dewall, a.a.O.

29) Hans v. Dewall, a.a.O., 西岡祝, < 西ドイツ反論權硏究(1) — フランスに對する反論について >, ≪ 후쿠오카대 法學論叢 ≫ 제20권 3호, 1976, p.219.

30) Martin Löffler, *Das "Gegendarstellungsrecht" in der Bundesrepublik Deutschland;* Löffler·Golsong·Frank, *Das Gegendarstellungsrecht in Europa,* 1974, S.27; Urs Schwarz, Presserecht für Unsere Zeit, 1966, S.89ff. 슈바르츠는 제국 출판법하에서는 관청에 의한 정정시에 신문 보도는 잘못된 것이고, 관청의 진술은 올바르다고 하는 것이 처음부터 자명한 것으로 받아들여지고 있었다고 지적하고 있다. '정정'이라는 개념은 여기에서 오류에 대한 정정으로서 이미 일정한 가치 판단을 내리고 있다고 볼 수 있다.

31) Martin Löffler, *Das "Gegendarstellungsrecht" in der Bundesrepublik Deutschland,* S.27~8. 이 점에 대해서는 반론권의 법적 성질과의 관련 속에서 西岡祝, < 西ドイツ反論權研究(1) — フランスに對する反論について >, 앞의 잡지, pp.209~12 참조.

32) 무기의 대등함이라는 요청은 '다른 쪽도 또한 전달할 만한'이란 원칙에서 연역된다고 할 수 있다. Kurt Reumann, *Waffengleichheit in der Gegendarstellung,* 1971, S.10.

33) Hans v. Dewall, a.a.O., S.4~5; 西岡祝, < 西ドイツ州出版法の反論權規定(資料) >, 앞의 잡지, pp.232~3; 石村善治, < 西ドイツの言論統制現狀 >, < 法律時報 > 제40권 7호, 1968, pp.26~7, 30.

34) Grundsätze für die Behandlung von Gegendarstellungsansprüchen druch Zeitungs — und Zeitschriftenredaktionen, ZV + ZV 23 / 1973. Beilagen., ZV + ZV 23 / 1973. S.984. 廣瀬英彦, < 西ドイツ反論權の特徵 >, ≪ 新聞研究 ≫ 295호, 1976, pp.68~71.

35) Martin Löffler, *Das "Gegendarstellungsrecht" in der Bundesrepublik Deutschland,* S.29; Urs Schwarz, a.a.O., S.90; Kurt Reumann, a.a.O., S.8; 西岡祝, < 西ドイツ反論權研究(1) — フランスに對する反論について >, 앞의 잡지, pp.215~6.

36) Martin Löffler, a.a.O., S.29; 西岡祝, < 西ドイツ反論權研究(1) — フランスに對する反論について >, 앞의 잡지, pp.225~6.

37) Martin Löffler, a.a.O., S.30.

38) Martin Löffler, a.a.O.

39) Martin Löffler, a.a.O., S.31.

40) Martin Löffler, a.a.O., S.31~2.

41) Martin Löffler, a.a.O., S.32~3.

42) Martin Löffler, *Presserecht Band Ⅱ,* S.226~9; 西岡祝, < 西ドイツ反論權研究(1) — フランスに對する反論について >, 앞의 잡지, pp.215~6 참조.

43) Grundsätze für die Behandlung von Gegendarstellungsansprüchen druch Zeitungs —
und Zeitschriftenredaktionen, ZV + ZV 23 / 1973. Beilagen., S.8.

44) Martin Löffler, *Das "Gegendarstellungsrecht" in der Bundesrepublik Deutschland*, S.33;
Grundsätze für die Behandlung von Gegendarstellungsansprüchen druch Zeitungs —
und Zeitschriftenredaktionen, ZV + ZV 23 / 1973. Beilagen., S.13~4.

이상에서 주 출판법이 정한 반론권에 대해 서술했는데 각 주 출판법 간에는 여
전히 요건·내용에 대해 약간의 차이가 존재한다. 이 점에 대해서는 Übersicht über
abweichende Regelung im Gegendarstellungsrecht der Landespressegesetze, ZV + ZV 23 /
1973. S.984 그리고 廣瀨英彦, < 西ドイツ反論權の特徵 >, 앞의 잡지, pp.68~71 참조.

45) 서독의 경우 방송에 관한 권한은 독일 연방 공화국 기본법 제30조와 제70조 1항
에 근거해 주에 귀속된다. 그러므로 대외국 방송인 독일방송과 도이췌벨레는 연
방법에 의해, 그 외의 방송은 주 법과 주간 협정에 의해 규제를 받고 있다. 서독
의 방송 제도에 대해서는 石村善治, < 西ドイツ放送法制度論と放送自由論 >, ≪ 放送
學研究 ≫ 13호, pp.75~103; 石村善治, < 放送機構と自由 >, ≪ 放送學序說 ≫, 1970,
pp.383~423 참조.

46) 각 방송에 대해 반론권의 근거 규정을 들어보면 다음과 같다. 독일방송과 도이
췌벨레에 대해서는 '연방법상의 방송 시설물에 관한 법률'(1960. 11. 29.) 제25조,
제2독일TV에 대해서는 '제2독일TV 방송 협회에 관한 주간 협정'(1961. 6. 6.) 제4
조, 바이에른방송에 대해서는 '바이에른방송법'(1948. 8. 10.) 제17조, 헤센방송에
대해서는 '헤센방송법'(1948. 10. 2.) 제3조 8·9호와 '헤센 출판 자유와 권리에 관
한 법률'(1958. 11. 20.) 제10조, 북독일방송에 대해서는 '함부르크 주 출판법'(1965.
1. 29.) 제11조 6항, '니더작센 주 출판법'(1965. 3. 22.) 제25조 2항, '슐레스비히·홀
슈타인 주 출판법'(1964. 6. 19.) 제25조 1항, 라디오브레멘에 대해서는 '라디오브
레멘 방송 협회 설립과 임무에 관한 법률'(1948. 11. 22.) 제2조 8항과 '브레멘 출
판법' 제25조 2항, 자르란트방송에 대해서는 '자르란트에서의 방송 실시에 관한
법률 806호'(1964. 12. 2.) 제2조, 자유베를린방송에 대해서는 '베를린 주 출판법'
(1965. 6. 15.) 제10조 6항, 남독일방송에 대해서는 '남독일방송 규약'(1950. 11. 21.)
제2조 4항 8호 2절, 남서방송에 대해서는 '남서방송에 관한 주간 협정'(1951. 8.
27.) 제7조, 서독일방송에 대해서는 '서독일방송 규약'(1956. 1. 27.) 제3조 2항.
Günter Herrmann, *Rundfunkgesetze — Fernsehen und Hörfunk*, 1977; Ludwig Delp,
Das gesamte Recht der Presse, des Buchhandels, des Rundfunks und des Fernsehens

IV, 1971.

47) Hans v. Dewall, a.a.O., S.12.

48) 이 점에 대해 독일방송의 규정은 다음과 같이 정하고 있다. "제25조 (4) 청구권
은 통상 재판소에서 주장될 수 있다. 재판소는 가처분 방법으로 제2항에 기초해
서 의무를 진 사람이 반론을 방송하도록 명할 수 있다. 가처분 발령을 위해 청구
권의 위험이 소명될 필요는 없다. 민사 소송법 제926조는 적용되지 않는다."
Günter Herrmann, a.a.O., S.279~80; Ludwig Delp, a.a.O., 439 S.7.

49) Hans v. Dewall, a.a.O., S.12.

50) Hans v. Dewall, a.a.O., S.45~6; Ernst W. Fuhr, ZDF-Staatsvertrag, 1972, S.60~1.

51) Hans v. Dewall, a.a.O., S.12~3.

52) Hans v. Dewall, a.a.O., S.14~5.

53) 영국의 A. 마틴은 '영국의 반론권'이란 제목 아래 앞에서 서술한 슈트라스부르
회의에서 이러한 '수정 의사 표시' 제도를 언급했다. Andrew Martin, The right of
reply in England; Löffler·Golsong·Frank, *Das Gegendarstellungsrecht in Europa —
Möglichkeiten der Harmonisierung*, 1974, pp.34~40.

54) 1952년 명예 훼손법 제4조 Halsbury's statutes of England 19, pp.36~7.

55) 동법 제4조 1항과 6항 참조.

56) Andrew Martin, op. cit., p.35.

57) Andrew Martin, op. cit., pp.35~6.

58) 1952년 명예 훼손법 제7조 Halsbury's statutes of England 19, pp.38~9.

59) 동법 제7조 2항 참조. Andrew Martin, op. cit., p.36~7.

60) < 신문 평의회 >에 대해서는 앞에서 언급한 A. 마틴의 보고 외에 H. Phillip
Levy, The Press Council, 1967; The Twentieth Century Fund Task Force Report for a
National News Council, A Free and Responsive Press, 1973, pp.2330 참조. BBC의 < 불
만 처리 위원회 >에 대해서는 BBC Programmes Complaints Commission, annual
report 1972~3; 村井仁, < 西歐公共放送機關と視聽者 — 英BBCの事例を中心に >, < 文
研月報 > 1977년 5월, pp.1~10 참조.

61) 편집자에 대한 불만 처리 요청을 앞세우는 것은 편집자가 신청인에 대해 사전에
일정 조치를 취할 수 있도록 한 것이고, 여기에서는 종종 반론문 게재 조치가 포
함된다고 지적된다. Andrew Martin, op. cit., p.37.

62) Andrew Martin, op. cit., p.37.

63) Andrew Martin, op. cit., pp.37~8.

64) Andrew Martin, op. cit., p.38; 村井仁, < 西歐公共放送機關と視聽者 — 英BBCの事例を 中心に >, 앞의 잡지, p.4. 여전히 < 신문 평의회 >의 기능을 평가하고 라디오·TV 에도 그러한 평의회 제도를 도입하면 어떤가 하는 논의가 있다. 소위 방송 평의 회 설치론이 그것이다. 그러나 여기에는 매체측으로부터 강한 반대가 있다. 그 이 유로서는 첫째로 라디오·TV는 공기업에 의해 운영되고 있어서 새삼스럽게 공익 을 대표하는 조직은 필요하지 않다는 점, 둘째로 개인의 불만에 대해서도 이미 두 기업체 BBC와 ITA(후의 IBA)에 의해 특별 기구가 만들어져서 공정하고 효과 적으로 기능 하고 있다는 점이 거론된다. Andrew Martin, op. cit., p.38.

65) Andrew Martin, op. cit., pp.38~9. IBA의 < 불만 처리 위원회 >에 대해서는 IBA, The Independent Broadcasting Authorith and the Public; the Handling of complaints 참조.
IBA는 종래의 상업 라디오·TV에 관한 법제를 개정·통합한 1973년의 IBA법에 의 해 설치되었고, BBC와 마찬가지로 공공 기업체이고, 11명의 위원으로 구성되어 있다. 방송 면허와 방송 시설을 소유하고 관리한다. 그러나 실제로 프로그램을 제 작해서 방송에 넘기는 것은 IBA와 계약을 맺은 프로그램 제작 회사이다. 이리하 여 IBA는 각 프로그램 제작 회사의 프로그램 편성·내용과 광고에 대해 규제하고 감독할 의무와 권한을 갖고 있다. 일본 방송 협회 엮음, ≪ 世界のラジオTV ≫, 1974, pp.85~95; UNESCO, World Communication — a 200-country Survey of press, radio, television and film, 1975, pp.458~68 참조.

66) West's Flo. Sta. Ann. §104. 38.

67) 미국의 반론권 규정의 각각의 특징에 대해서는 Richard C. Donelly, "The Right of Reply: An Alternative to an Action for Libel," Virginia Law Rev. pp.886~91; Nev. Comp. Laws Ann. §10506, 1929, West's Flo. Sta. Ann. §104. 38, 1913, Miss. Code Ann. §3157, 1942 참조.

68) Benno C. Schmidt, Jr., Freedom of the Press vs. Public Access, 1976, p.221; Jerome A. Barron, Freedom of the Press for Whom? 1973, p.4.; The Miami Herald Publishing Co. v. Tornillo., Jr., The United States Law Week, June 25. 1974, 5098~105; V. S. Supreme Court Reports, 41 L Ed 2d 730.
뉴스 저널 사건은 1971년 플로리다 주 테이턴 비치 시장 선거에서 뉴스 저널사의 'Kane city Hall Grab'이란 제목의 기사에 의해 인격과 이력을 공격당했다고 하는 케인이 반론 청구를 하고 뉴스 저널사가 그것을 거부함으로써 제기된 것이다. 반

론 게재 거부시 뉴스 저널사 편집자 데이비드슨H. R. Davidson 에게 플로리다 주
법을 적용하게 되었는데 그것에 대해 데이비드슨은 케인의 반론은 진실이 아니
라는 것, 그리고 플로리다 주 법은 위헌의 의심이 있다는 것을 이유로 주 법에
따르는 것을 거부했다. 재판소는 결국 이 주장을 받아들여 플로리다 주 법에 대
해 위헌 판단을 내리고 데이비드슨에 대한 소송을 기각했다. Jerome A. Barron,
op. cit., p.4.

69) 미시시피 주의 반론권 규정은 "미시시피 주에서 발행되거나 또는 판매되고 있는
신문이 공직 후보자의 성실성, 품위, 인격을 비난하는 해설 또는 뉴스 보도를 게
재한 경우, 해당 신문은 반론 수령 후 지체 없이 다음다음 호에 그 반론을 게재
하지 않으면 안 된다. 발송된 반론은 변경될 수 없다. 반론은 가능한 한 원문 기
사와 같은 장소에 같은 활자로 또한 같은 표제로 공표되어야만 한다. 신문이 그
청구를 거부한 경우에는 후보자에 대해 손해 배상 의무를 진다"고 정해 놓고 있
다(Miss Code Ann, §3157). 이 규정은 최소 규정과 유사하다고 말해지며 명예 훼
손을 전제로 하고 있다.
Manasco v. Walley, 63 Southern Reporter, 2d Series, pp.91~6. 이 사건은 공직 후보
자 월리 Walley 가 마나스코 W. E. Manasco 가 경영하는 < 그린 카운티 헤럴드
The Greene County Herald > 기사에 의해 공격을 받았다고 하여 반론 게재를 청구한
것에 대해 동지가 그것을 거부함으로써 제기된 것이다. 월리 B. Walley 는 앞에서
언급한 3175조에 근거해 명예 훼손에 대해 손해 배상을 요구해서 제소했다. 제1심
에서는 원고 월리가 승소했다. 이것에 대해 주 최고 재판소는 3175조가 해설 또
는 뉴스 보도에 한정되어 있다는 점, 그리고 비난의 의미, 성실성, 품위, 인격 각
각의 의미가 엄격하게 해석되어야 한다는 점을 지적하고 명예 훼손에 해당되지
않는다고 하여 월리의 손해 배상 청구를 기각했다.

70) R. C. Donnelly, op. cit., p.893; Zechariak Chafee, Jr., *Possible New Remedies for
Errors in the Press, Harvard and Law Rev.* 1946. Nov, pp.17~26.

71) Donald M. Gillmor, Jerome A. Barron, *Mass Communication Law*, 1974, p.282.

72) Wis. Sta. Ann. §895. 05.

73) U. S. Code Service 47. Communication Act of 1934, as Amended, §315. 균등 시간 조
항과 '공평 원칙'에 대해서는 石坡悅男, < アメリカ放送の'公評の原則' >, ≪ 放送學
研究 ≫ 25, 1973, pp.129~53; 堀部政男, < アクセス論 >, ≪ ジュリスト ≫ 1974. 10.
15, pp.53~6; 堀部政男, ≪ アクセス權 ≫, 1977, pp.144~83 참조.

74) Benno C. Schmidt, Jr., op. cit., **xi~xii**; A Report By The National News Council 1973~5, *The Public Interest*, 1975; The Twentieth Century Fund Task Force Report for a National News Council, A Free and Responsive Press, 1973 참조.

75) The United States Law Week. June 25, 1974, 5099~100; The Miami Herald Publishing Co. v. Tornillo, Jr., 287 Southern Reporter, 2d Series, pp.78~91.

76) The United States Law Week. June 25, 1974, 5098~9.

77) The Miami Herald Publishing Co. v. Tornillo, Jr., 287 Southern Reporter, 2d Series, p.90. 특히 재심리 신청에 대한 법정 의견 참조.

78) 반론권에 대한 합헌·위헌론에 대해서는 堀部政男, ≪ アクセス權 ≫, pp.111~6 참조.

79) 개인 공격·정치 논설에 관한 규칙에 대해서는 堀部政男, < アクセス論 >, 앞의 잡지, p.56; Walter B. Emery, *Broadcasting and Government*, 1971, p.333 참조.

80) RTNDA 사건은 < 라디오 뉴스 제작자 협회 Radio Television News Directors Ass'n > 의 소송에 의해 개인 공격·정치 논설에 관한 규칙의 위헌성이 쟁점으로 된 것이다. U. S. Supreme Court Reports 23 L Ed 2d, pp.371~2.

81) U. S. Supreme Court Reports 23 L Ed 2d, pp.389~90; Red Lion Broadcasting Co. v. FCC, US v. Radio Television News Directors Association에 대해서는 U. S. Supreme Court Reports 23 L Ed 2d, pp.371~95 참조.

82) J. A. 배런은 이 레드 라이온사 사건 판결의 의의에 대해 이 판결에 의해 ① 공평 원칙과 개인 공격 조항이 합헌으로 된 점, ② 이러한 합헌서의 확인이 사람들에게 새로운 힘과 희망을 준 점, ③ 면허에 대한 방송 사업자의 관계를 명확하게 한 점, ④ 미국에서 표현의 자유 문제에 대한 이해에서 이 판결이 새로운 장의 시작을 드러낸 것이라는 점을 지적하고 높이 평가하고 있다. Jerome A. Barron, op. cit., p.148.

83) 레드 라이온사 사건 후의 움직임에 대해서는 堀部政男, ≪ アクセス權 ≫, 1977에 상세하다.

84) 각국의 반론권에 대한 조사 보고를 한 1966년 9월 5일 EBU 의사록 pp.5~7 참조.

85) Gérard Biolley, *Le droit de réponse en matière de presse*, 1963, pp.156~62; Charles Debbasch, *Traité du droit de la radiodiffusion radio et télévision*, 1967, pp.329~36.
예를 들면 엘상 의원이 1959년에 제출한 법안은 1881년 출판법 제13조를 보족하는 형태로 다음과 같다.
"이 규정에 의해 정해진 반론권은 라디오·TV 방송에도 적용된다. 방송국 책임자는 방송에 의해 지명 또는 지시된 모든 사람의 반론을 청구 후 48시간 내에 방송해야만 한다. 선거 기간 중에는 그 기간이 24시간으로 단축된다. 원인으로 된 방송과 같은 시간에 방송되어야만 하는 반론권을 인정받은 방송 시간은 어떠한 경우에도 원인으로 된 방송 시간을 넘을 수 없다. 라디오 또는 TV 방송국의 책임자는 필름에 이들 모든 방송을 기록하고 24시간 이내에 그 기록 필름을 검사국에 기탁해야만 한다. 검사국은 그것들을 30일간 보존할 의무를 진다. 방송을 요구하는 소송은 방송이 이루어진 날로부터 만 30일이 시효이다. 반론 방송 거부(인쇄물에 관한 경우와 마찬가지로 재판소는 방송에 대해 명령할 수 있다)는 앞에서 정한 것과 마찬가지의 제재 원인이 된다. TV 또는 라디오 방송 기록의 고의적 부작위는 6개월 내지 1년 징역과 5천 프랑에서 5만 프랑까지의 벌금형에 처해진다. 전항에서 정한 30일 기한 이전에 필름을 파괴하는 경우도 마찬가지이다. 라디오·TV 방송국 총책임자는 정기 간행물의 책임자와 동일시된다." Gérard Biolley, op. cit., pp.161~2.

86) 1972년 7월 3일 방송법(72-553) 제8조 Recueil Dalloz Sirey 1972. 329.

87) 1974년 8월 7일 방송법(74-696) 제34조 Recueil Dalloz Sirey 1974. 273. 1974년의 이 방송법은 또한 제10조 1항에서 "국영 프로그램 협회 중 하나 FR3 는 영화 필름의 프로그램화와 다양한 신앙, 사상의 유파에 대해 직접 표현할 기회를 부여하는 방송 조직에 우선적인 지위를 부여하는 것으로 한다"고 정해서 악세스 프로그램을 보장하고 있다. 이 규정의 운용 상황에 대해서는 Claude Contamine, "Fr3's access Programme 'Tribune libre' the first year," *EBV Review* vol. ⅩⅩⅦ, March, 1976, pp.6~11 참조.

88) 1975년 5월 13일 법령(75-341) La semaine juridique, 1975, Ⅲ, 42814.

89) 행정부 내 사법 기능을 하는 기관. 행정 재판(소송)의 초심, 주재 과정 담당 — 옮긴이.

90) 1972년 방송법 제8조와 1975년 법령이 정한 반론권의 요건·수속에 대해서는 이들 규정 외에 Philippe Solal, Le 'droit de réponse' en le 'droit de rectification' en France; Löffler·Golsong·Frank, *Das Gegendarstellungsrecht in Europa — Möglichkeiten der Harmonisierung*, 1974, pp.46~7; Andre Toulemon, *Le droit do réponse et la télévision*, Cazette du palais, 1975, Ⅰ, pp.5~6; Raymond Lindon, "Le decret relatif au droit de réponse sur les ondes et la question de la constitutionnalité," La semaine juridique, 1975, Ⅰ. 2715; Georges Ridoux, "The right of reply in French broadcasting,"

EBV Review, July, 1977, pp.47~8; Emmanuel Derieux, *Le droit de réponse a la radio-télévision*, presse actualite, Novembre, 1976, pp.42~4 참조.

91) Andre Toulemon, op. cit., p.6; Raymond Lindon, loc. cit.

92) Raymond Lindon, loc. cit; Pierre Delvolvé, "Le decret relatif au droit de réponse sur les ondes et la question de la constitutionnalité," La semaine juridique, 1975, Ⅰ, 2734.

93) Raymond Lindon, loc. cit.

94) Pierre Delvolvé, loc. cit.

　　뒤르볼베는 1975년 법령이 재판권을 창설하지 않는다는 것, 그리고 < 전국 반론권 위원회 >는 행정 기관이라는 것에 대해서 조직 면으로부터는 위원회의 구성이 사법 기관이라는 오해를 초래한 최대의 원인이면서도 5명의 구성원 중 3명(콘세이유 데타로부터 2명, 시청각 고등 평의회로부터 1명)은 행정부 출신이라는 것, 위원회에 대한 제소 기간의 제한과 위원회의 불편 부당성은 사법 기관에 고유한 것은 아니라는 점, 다른 기관에 대한 협력 요청은 콘세이유 데타 등 기타 행정부의 규제·조사 기관에서도 볼 수 있다는 점, 위원회가 매년 내각 수상에게 활동 보고를 하도록 규정되어 있다는 점, 위원회의 결정에 대해 월권 제소를 규정하고 있는 점을 들고, 또한 기능 면으로부터는 위원회가 라디오·TV의 공공 업무의 실현을 임무로 하고 있다는 점, 법령은 벌금형을 정하고 있지만 누가 벌금을 부과하는가는 명기되지 않고 형사 재판소에 의해 그 집행이 가능한 점을 들어서 논증을 시도하고 있다.

95) Raymond Lindon, "Le decret relatif au droit de réponse sur les ondes et la question de sa constitutionnalité," La semaine juridique, 1975, Ⅰ. 2734.

　　이것은 뒤르볼베의 반론에 대한 랑돈의 재반론으로 뒤르볼베 논문의 뒤에 동시에 첨부되어 있다.

96) 제2TV(A2)는 21건의 불복을 수리하고 그 중 5건에 반론 방송을 인정하고 있다. < 전국 반론권 위원회 >에 제소된 것은 없다. 제3TV(FR3)는 7건의 불복을 수리하고 < 전국 반론권 위원회 >에 의해 1건이 받아들여졌다. Georges Ridoux, op. cit., p.48. n.14.

97) Georges Ridoux, op. cit., p.48.

98) Georges Ridoux, op. cit., p.50.

99) Georges Ridoux, op. cit., p.48. 7. 15; C. E. 16 juin 1976; Germès, *Revue de droit Public*, Janvier-Février 1977, p.244.

100) Georges Ridoux, op. cit., p.50., Emmanuel Derieux, op. cit., p.48.

101) 반론권은 프랑스 혁명까지 거슬러 올라가는 오랜 역사를 가지고 있다. 또한, 그 오랜 역사 가운데에서 매체의 상황도 크게 변해 왔다. 그 결과 프랑스 혁명 당시 의 반론권과 현대의 반론권의 의미도 역시 달라져야 할 것이다. 우리는 그러한 전환을 서독 각 주의 반론권 규정의 수정에서 볼 수 있다.

102) < 산케이신문 > 의견 광고 사건 제1심 판결(1978. 7. 13.), < 판례시보 > 857호, pp.54~60; Raymond Lindon, "Le decret relatif au droit de réponse sur les ondes et la question de sa constitutionnalité," La semaine juridique, 1975, I, 2734 참조.

103) 이러한 점에서 프랑스의 반론권 규정을 어떻게 평가해야 하는가는 문제이지만 특히 그 형벌 규정에 대해서는 플로리다 주 최고 재판소의 판단 방법이 참고될 것이다.

104) < 전국 보도 평의회 >는 불만·반론의 심사·결과를, 예를 들면 A Report by The National News Council 1973~5, In The Public Interest에서 이미 공표하고 있다.

참고 문헌

堀部政男. ≪ アクセス權 ≫. 東大出版會, 1977.

山口俊夫. < 反論權 ─ フランス法を中心としつ >, ≪ 現代損害賠償法講座 ≫ 2. 1972.

西岡祝. < 西ドイツにおける反論權硏究(1, 2, 3) ─ フランスに對する反論について >, ≪ 후쿠오카대 法學論叢 ≫ 제20권 3호, 21권 1호. 1976.

Freitas Nobre. *Le droit de réponse et la nouvelle technique de l'information*. 1973.

Gérard Biolley. *Le droit de réponse en matiére de presse*. 1963.

Hans v. Dewall. *Gegendarstellungsrecht und Right of reply*. 1973.

Jerome A. Barron. *Freedom of the Press for Whom? ─ Right of Access to Mass Media*. 1973.

Löffler·Golsong·Frank. *Das Gegendarstellungsrecht in Europa ─ Möglichkeiten der Harmonisierung*. 1974.

Pierre Delvolvé. "Le decret relatif au droit de réponse sur les ondes et la question de la constitutionnalité," La semaine juridique. 1975, Ⅰ. 2734.

Raymond Lindon. "Le decret relatif au droit de réponse sur les ondes et la question de la constitutionnalité," La semaine juridique. 1975, Ⅰ. 2715.

제4장
방송에 대한 민중의 악세스권:
이탈리아의 경우를 중심으로[*]

隅井孝雄

1. 1975년 방송법에 의한 이탈리아 방송 제도의 개혁

(6일 로마발 로이터) 이탈리아의 3대 노동 단체 CGIL, UIL, CISL은 6일 밤 11월 19일에 전국 총파업을 할 것을 호소했다…… 이보다 전에 금속 노동자 1만 명이 국영 라디오·TV 센터가 노동 운동을 충분히 보도하지 않는다고 항의하면서 데모를 하고 방송 센터의 직원들은 이것을 지지해서 업무를 중단시켰다.

이 기사는 1969년 11월 6일자 기사인데 여기에서 쓰고 있는 것처럼 이탈리아 방송 협회 RAI는 유럽에서도 유명한 친체제 방송국이고 어용 방송으로서 노동자와 시민의 비판을 받고 있었다(로이터의 기사에서 RAI는 국영으로 되어 있지만 정확하게는 NHK와 유사한 공공 기업체이다).

그러한 RAI가 6년 후인 1975년 4월 방송법 개정에 의해 민주적으로 개

---

* 김동민 편역, ≪ 언론 민주화의 논리 ≫(서울: 한울, 1991)에 실린 논문.

조되고 노동 조합의 주장을 그대로 전하는 프로그램까지 갖기에 이른 것은 주목할 만한 전환이다.

(1) 프랑스 방송 협회 패배의 교훈

이탈리아 방송 협회가 노동자 데모의 파도에 휩쓸리기 전해인 1968년 인접 국가 프랑스에서는 프랑스 방송 협회 ORTF를 둘러싸고 커다란 분쟁이 일어나고 있었다. 유럽을 뒤흔든 저 '5월 투쟁' 진행 중의 일이다.

ORTF 또한 '드골 TV'라는 별명을 갖고 있었는데 대표적인 보도 프로그램 < 파노라마 >에서의 학생 데모 르포와 드골 연설을 비판하는 야당의 인터뷰 프로그램이 정보부 장관의 지시로 중지된 것을 발단으로 하여 이것에 항의하여 방송국 직원이 총파업에 들어가게 되었다. 그리고 경찰과 군대에 의해 직원은 배제되고 2개월 후 50명에 이르는 방송 기자들의 해고로 투쟁은 그 막을 내렸다.[1]

ORTF 직원들의 투쟁은 시민의 지지도 얻었다. 노동 조합, 문화인, 예술가, 시민, 시청자가 그 동안 여러 번 TV를 시민의 손에 돌려주라고 ORTF 주변을 둘러싸고 데모를 했다. 나아가 파업 중에 생겨난 < 보도의 객관성을 지키는 상설 위원회 >는 검열과 개입에 대한 항의에 머무르지 않고 ORTF의 민주적 개조를 위한 제안을 내놓았지만 결과는 아무것도 없었다. 그리고 드골을 계승한 지스카르 데스탱은 1975년 1월 방송법 개정으로 한 번에 ORTF를 7개로 나누고 프로그램 제작 부문을 민영으로 옮김으로써 방송을 민중의 손이 아니라 상업 자본의 손에 맡겨 버렸다. 물론 사회당, 공산당 등 야당은 일제히 반대했지만 숫자로 밀어붙여 버렸다.[2]

(2) 이탈리아의 그것은 노동자의 악세스 요구에서 시작되었다

"ORTF의 경우 대단히 격심한 방송 중지 사건에 대한 방송국원들의 항의 투쟁으로부터 시작되고 더구나 과감하고 대규모적인 투쟁이었음에도 불구하고 성과를 거두지 못하고 끝났다"라고 말하면 지나치게 심한 견해인지도 모른다.

그러나 프랑스의 그러한 실패 경험이 이탈리아에서는 완전히 새롭게 살아났다고 생각한다. 더구나 이탈리아의 경우에 문제의 발단이 "우리의 주장과 의견을 TV·라디오에서 방송하자"는 민중측의 악세스 요구에서 시작된 것에 주목할 필요가 있을 것이다.

노동자 데모대에 의해 포위되고 한편에서는 민간 상업 TV 개설의 목소리도 나오는 중에 RAI에 있는 4개의 노동 조합 조직 — CGIL, UIL, CISL의 각 예능 노련 지부와 저널리스트 노조 — 은 < 합동 위원회 >를 설치해서 "RAI가 민중의 목소리를 방영하는 방송국으로 개조되지 않고서는 살아 남을 길이 없다"고 하고 대대적인 방송법 '개정 운동'을 착수하게 되었다.

1969년 11월 6일 금속 노동자 1만 명의 데모에 호응한 방송 센터 직원의 스트라이크가 그 출발선이었다.

(3) 정부의 손에서 의회의 손으로
그런데 어용 방송국 RAI는 어떻게 바뀌었는가?

우선 그 기구가 1975년 이전에는 RAI 운영을 담당하는 최고 기관 경영평의회가 산업 부흥 기구(IRI, 정부 전액 출자의 지주 회사)로부터 13인, 방송에 관련 있는 관공서라는 이유로 수상·외무·내무·대장·재정·우정·국가 지주각 성으로부터 1인씩 총 20명으로 구성되어 있었기 때문에 사실상 국영 방송 내지 관료 방송이었다고 할 수 있다.

그렇지만 방송법 개정에 의해 공무원은 아주 좋은 명령 하달선을 완전히 잃어버렸다. 왜냐하면 RAI를 정부로부터 분리하기 위해 < 의회 감독 위원회 >가 신설되었기 때문이다. 구성원은 의석 수를 완전히 반영한 40명(상하원 각각 20명씩), 이것이 마치 미국의 FCC와 마찬가지로 방송 행정에 대한 모든 것을 통제하는 것이기 때문에 RAI는 결국 '국영'이 아니라 '의회령' 방송국이다.

수년 전 같은 제도를 갖고 있는 핀란드에서 "TV를 개선하기 위해서는 어떠한 방책이 있는가" 하고 질문했을 때 태연히 "선거에서 이겨서 의석을 늘리는 것이다"라는 답이 툭 튀어나와서 당혹했는데 이탈리아의 예를 보면 확실히 명언이라고 생각하지 않을 수 없다.

덧붙여서 말하면 현재의 세력 분포는 기독교 민주당 16명, 공산당 11명, 사회당 4명, 네오파시스트당 3명, 사회 민주당 2명, 자유당 1명, 공화당 1명, 남티롤 인민당 1명, 독립 좌파 1명으로 되어 있다.

⑷ 모든 정당 정파의 공동 운영으로

그러나 실제로 RAI의 운영을 담당하는 것은 < 의회 위원회 >가 아니라 경영 평의회이다. 위원장은 스칼라좌의 총감독이며 극작가인 파우로 그라치 씨이다. 위원에는 대학 교수, 작가, 음악가, 교사 등 각 분야의 전문가들이 모여 있다. NHK의 < 경영 위원회 >에 노인인 회사 사장 등이 명예직으로 앉아 있는 것과는 달리 방송을 '살아 있는 문화'로서 활용하고 있다는 분위기를 읽을 수 있다.

그렇지만 여기에도 정치는 있다. 하여튼 RAI는 철두 철미하게 정치적·사회적으로 공정하지 않으면 안 되는 방송법하에 있다.

공식적으로 따로 사상 경향이 발표되어 있는 것은 없지만 필자가 인터뷰한 RAI 노조 간부의 말을 종합해 보면 경영 평의회 성원은 결국 기독교 민주당계 6명, 사회당계 3명, 공산당계 2명, 무당파 無黨派 2명, 그리고 자유당계·사회 민주당계·공화당계 각 1명이라는 분포인 듯싶고, "그래서는 공산당 비율이 적은 것은 아닌가"라는 필자의 질문에 대한 답은 "무당파 2명은 실은 공산당계다"라는 말이었다.

그 위에 국장급 수뇌부 인사도 각당이 각각 추천해서 균형을 이루어 결정하는 듯싶다. 필자가 로마 현지에서 조사한 바로는 다음과 같은 세력 분포로 되어 있다.

- 기독교 민주당계 — 회장, 제1 TV, 제2 라디오, 나폴리 총국.
- 사회당계 — 제2 TV, 밀라노 총국.
- 공산당계 — 제3 라디오, 상업국, 로마 총국, 피렌체 총국.
- 사회 민주당계 — 제1 라디오.

여기에서 RAI 내부의 정치적 분포를 상세히 설명한 것은 무엇보다도 '저쪽'에서 RAI에 좌익 진영이 침투하고 있다고 공격하기 때문은 아니다.

이탈리아 내의 모든 정당 정파의 공동 운명에 의해 TV를 유지해 가고, 그렇게 함으로써 국민(시청자)의 의향을 최대한 반영하려고 하고 있는 이탈리아식 노력의 실태를 전달하고 싶기 때문이다. 여하튼 일본은 말할 것도 없이 세계 각국에서 TV의 강력한 사회적 영향력이 문제가 되고 있고 TV를 어떻게 제어하는가(물론 정부라든가 여당이 아니라 국민 전체가)는 그 사회의 생사에 관련되는 커다란 문제로 되고 있다.

TV를 정치 세력의 세력 균형에 맡긴다고 하는 형태는 일본식으로 생각하면 "TV에 노골적으로 정치가 개입한다"는 것은 아닌가 하는 의구심이 따른다. 그러나 이탈리아의 RAI가 그로 인해 정쟁의 와중에서 혼란에 빠지는 일이 없고 국민 전체로부터 "TV가 흥미롭게 되었다"고 환영 받고 있는 것이 엄연한 사실이다.

⑸ 정당 참여가 많은 유럽의 방송

그런데 의회제 민주주의가 어느 정도 발달해 있는 것을 반영하고 있는 것인지 유럽 여러 나라에서는 이탈리아와 비슷한 방식에 따라 '모든 정치 세력의 합의' 위에서 방송국을 운영하고 있는 예가 많다.

핀란드의 경우는 < 방송 위원회 > 위원 21명이 국회에서 투표로 결정되기 때문에 현재 분포는 보수·중도 11명, 혁신 10명이라는 균형을 이루고 있고, 그 밖에 오스트리아, 스웨덴, 서독 등의 < 방송 위원회 >, 이사회 등에도 반드시 각 정당 대표가 의석 비례에 따라 참가하고 있다(단 서독에서는 정당 지배에 대한 경계심이 강해서 < 방송 위원회 > 내의 정당 대표는 1/3을 넘지 않도록 제한되어 있다).[3]

결국 방송 제도와 방송 운영에 대한 민중측의 참가를 이 같은 형태로 보장하고 있는 것이고, 그러므로 방송의 공정성도 결코 일본에서 생각하고 있는 것과 같은 '내놓고 둘로 나누는' 타협주의로 생각할 수 없는 커다란 특징이 있다고 할 수 있을 것이다.

방식은 이탈리아와 다르지만 네덜란드에서는 노동당과 산하 조직, 카톨릭계 정당과 노조, 프로테스탄트계 정당과 노조, 급진파 조직들 그리고 일반 방송 단체 등이 지지자 수에 따라 방송 시간을 할당받아서 공존하고 있다.[4] 그 속에서 하나하나의 프로그램은 우에서 좌까지 분명히 사태를 밝히고 있고 시청자는 그것을 비교해서 선택할 수 있다. 확실히 이것과도 저것과도 관련 없는 무색 투명함보다 TV가 더 흥미롭게 되는 것은 아닐까 생각한다.

그렇기는 하지만 이탈리아 방식에 문제가 없는 것은 아니다. 그것은 국회에 의석을 갖지 못한 군소 정치 세력이 방송 참가로부터 배제되는 점이다. 이들 군소 세력은 방송법의 허점을 뚫고 1975년 이후 일제히 해적 TV 방송을 하기 시작했다. 물론 출력도 약하고 방송 시간도 극히 짧지만 RAI가 CM 방송을 총방송 시간의 5%로 제한하고 있는 것에 영향을 받아 제법 CM 주문이 있기 때문에 재정적으로도 수지가 맞는다. 게다가 1976년 6월에 헌법 재판소가 "RAI의 전파 독점권은 전국 방송에 대한 것이고, 지방 방송은 포함되지 않는다"라고 판결을 내린 것이 이러한 경향에 박차를 가했다. 필자가 이탈리아를 방문한 1977년 11월 현재 지방에서 13개의 사설 TV가 전파를 발사하고 있었다.[5] 이탈리아식 지혜에 의한 곤란한 문제 해결 능력에 거의 혀를 내두를 지경이었는데 RAI에 대해서 보면 결국 국민 각층의 참가, 악세스 요구를 프로그램 면에서 어떻게 살리는가 하는 문제가 이후의 중대한 관건이 될 것이다.

2. 보도 프로그램 면에서 본 이탈리아의 악세스권

(1) 두 개의 보도부에 의한 뉴스 경쟁
그런데 "노동 운동에 대해 충분히 보도하지 않는다"는 1969년 금속 노동자 데모대의 비판에 대해 1975년 방송법은, 그리고 RAI 자체는 도대체 어떻게

답했는가? 그것은 독립적인 보도부가 여러 개 경합하는 시스템으로 전환한 것과 각 정당과 3대 노조가 자유롭게 자신의 활동과 견해를 피력하는 방송 제도를 신설한 것이다.

예를 들면 RAI 제1 TV에서 방송되는 오후 1시 30분, 저녁 8시, 밤 11시 30분 3회의 뉴스(20~30분)는 제1 TV 보도진에 의해 취재되고 방송된다. 한 편 시간을 달리하여 제2 TV에서 오후 1시, 저녁 7시 45분, 밤 11시에 방송 되는 뉴스는 제2 TV 보도진의 손으로 이루어진다.

"RAI 민주화 과정에서 가장 효과를 거둔 것은 무엇인가"라는 필자의 질문에 대해서 RAI 관계자가 으레 답한 것은 이러한 보도 부문의 '경합' 시스템이었다는 점에서 보면 유형이 다른 두 TV 뉴스의 존재는 안팎으로 크게 받아들여지고 있는 듯하다.

RAI 노조 관계자의 설명으로는 "두 개의 서로 다른 신문이 나오고 있 다고 생각하고 싶다"는 것이다. 일본과 달리 유럽에서는 지면 구성, 취급 뉴스, 논조가 신문에 따라 전혀 다르고 극단적으로 말하면 < 산케이신문 > 과 < 아카하타신문 > 정도의 차이가 있다. 그러므로 제1 뉴스와 제2 뉴스는 같은 RAI라고는 생각할 수 없을 정도로 다르다. 제1 TV는 NHK 뉴스처럼 정통파이고 즉각적인 보도 중심, 제2 TV는 각각의 뉴스 타이틀로 '13의 귀', '오픈 스튜디오 Open Studio', '오늘밤'이라는 타이틀이 붙어 있는 것에서도 알 수 있는 것처럼 광범한 취재에 기반을 둔 "연출"이 있다. 흥미있는 것으 로 유형이 알맹이를 결정하는지 세간의 평판으로는 전자가 보수적이고 후 자가 진보적인 것이라고 보는 것 같다.

TV만 그런 것은 아니다. RAI는 라디오도 3개의 전파를 발사하고 있는 데 하나하나가 독립적인 보도부를 가지고 있고 독자적으로 뉴스를 편집하 고 있다. 따라서 극단적인 경우 하나의 사건에 대해 5명의 RAI 기자가 모이 는 경우도 있다. "그것은 낭비다"라는 소리가 나오기도 하지만 이제 '뉴스 경쟁'에 신선미가 있어서 시청자에게 받아들여지고 있기 때문인지 아무도 문제삼지 않는다. 오히려 '보도의 공정성'을 위해서 다소간 '손실'을 아끼 지 않는 것은 아닐까?

RAI 내에 있는 5개의 보도부는 연락 조정을 위한 '통일 보도 기구'를 구성하고 있지만 그것은 상부 기관으로서의 명령 권한도 뉴스 편집 권한도 없고 단순한 협의 기관이다.

(2) 3개의 악세스 프로그램

그러나 1975년 방송법의 성과로서 주목하지 않으면 안 되는 것은 노조 프로그램, 정당 프로그램과 일반 시민 대상의 악세스 프로그램의 탄생일 것이다. < 트리뷰나 신디칼 >, < 트리뷰나 폴리티카 >, < 스파티오리베로 >의 세 프로그램이 그것이다.

앞의 두 프로그램은 저녁 8시 30분에 방송되는 경우와 밤 10시에 방송되는 경우가 있는데 정당과 노조를 격주로 다루는 40분짜리 프로그램이다. 주로 RAI의 인터뷰 진행자 챤넬 쟈코베리의 인터뷰에 답하면서 그때그때의 문제에 대해 견해를 전달하는 형태를 취하는데 때로 모든 정당, 모든 노조가 스튜디오 토론을 하는 경우도 있다. 물론 6대 정당, 3대 노조의 출연 횟수, 발언 시간은 평등하다.

영국과 스웨덴 등 정당에게 방송 시간이 제공되고 있는 예는 유럽에서 흔히 볼 수 있지만 전국 노조 조직에게 시간이 제공되는 일은 드물다. 그것만으로도 이전의 RAI에 대한 노동자의 비판이 얼마나 강했는가를 뒷받침하고 있다고도 할 수 있지만 RAI 민주화의 도화선을 데모에 의한 대중 활동이라는 형태로 마련한 후 방송 제도 개선 정책을 정당측에 제기한 것이 3대 노조측이라는 경위도 무시할 수 없다.

좋든 나쁘든 이탈리아 경제를 좌우하는 힘을 갖고 있는 노동 조합이다. 이제까지 TV가 정부 입장에서만 전하려 하지 않고 노조의 의견과 주장을 직접, 그대로 국민에게 알리고 있고 이해를 넓혀 가고 혹은 비판을 가하는 계기로 삼고 싶다는 것이 이탈리아 전체의 사회적 요청이기도 할 것이다.

이에 더하여 일반 시민에게 방송 시간을 제공하려는 것이 "악세스 프로그램 — < 스파티오리베로 >"이다. 스파티오라는 것은 '거리, 공간, 시간, 집, 장소'라는 의미이고 이것에 '자유(리베로)'라는 형용사가 붙은 것이 프로그램 제목이라는 것에서도 그 성격을 상상할 수 있을 것이다. 일반 시민이 자유롭게 스튜디오에 나와서 프로그램을 제작하고 그것을 전파로 내보낸다는 뜻이다.

개인이라고는 할 수 없을 것이지만 사회 봉사 단체, 취미 단체, 종교 단체를 위시해서 어떠한 것이든 사회적 성격을 갖는 단체라면 자유롭게 기획에 참여할 수 있다. 물론 주 1회(밤 11시 30분)이기 때문에 신기한 주제 중 하나를 방송국측이 선발하게 되는데 "제작하는 것은 시청자 자신이고 RAI의 기술진은 어디까지나 보조자로서 프로그램 제작에 참가한다"고 RAI 관계자는 강조하고 있다.

정당 프로그램, 노조 프로그램, 악세스 프로그램 3개는 다른 부나 국으로부터 독립된 '악세스 프로그램국'에서 담당하고 있다. RAI 기구 가운데에서도 '시청자의 악세스권'에 대한 실제적인 보장이 이루어지고 있다는 점에서 가끔 즉흥적인 생각에 따라 취소되는 성격의 프로그램은 아닌 것이다.

일련의 악세스 프로그램은 분명히 RAI의 간판이다. 그리고 만약 이러한 시도가 실패로 끝나고 만다면 RAI 존재 자체가 의문시될 것이다.

그렇지만 이 점에 대해서도 주 3회의 악세스 프로그램은 확실히 세심하게 배려한 것이라는 느낌도 든다. 이탈리아의 TV는 RAI 하나라고 하더라도 실제로는 무수하다고도 할 수 있는 '사설 미니 TV' 전파가 난립하고 있는 가운데에서의 존재인 것이다. 이후 RAI 자신이 시청자에 대해 어떻게 악세스해 가는가, 그리고 난립해 있는 TV는 과연 민중 자신의 매체일 수 있을까? 이탈리아의 TV는 이제 격동의 한가운데에 있는데 우리 생각으로는 구원책은 그러한 격동이 끊일 수 없는 민중의 악세스 요구 흐름을 가속화시키는 점에 있다.[6]

그런데 RAI는 1979년에 전적으로 지역을 대상으로 방송을 하는 제3 프로그램의 TV 채널을 창설했다. RAI는 전국 대상 방송밖에 하지 않는 것이 아킬레스건으로 되어 앞에서 설명한 것처럼 헌법 재판소의 결정에 따른 '사설 미니 TV 방송국'의 공식화를 허용하게 되었다. 이에 대해 RAI에 있는 이탈리아 예능 노조 연합은 "공공 방송인 RAI의 존립 기반을 위태롭게

하는 것이고 사설 상업 TV가 설치는 것은 이탈리아 문화에 악영향을 미친
다"고 대대적인 반대 운동을 전개했다. 필자가 깊이 느낀 것은 그 때 이탈
리아의 노조가 사설 TV의 축출을 꾀하는 것이 아니라 RAI 자신이 각 도시
에 지방 방송 채널을 신설해서 대항해야 한다고 하고 제3 채널의 개설을
의회에 적극적으로 요구했다는 점이다.

약 3년이 지나 이 운동은 열매를 맺었는데 공공 방송의 존립 기반을 지
키려는 움직임이 필연적으로 지역 주민의 TV 방송에 대한 악세스를 보장하
고 확대하는 방향으로 나아가고 있다는 점에서 RAI 제3 채널 개설은 주목
되어야 한다고 생각한다.

3. 방송 제도를 선택한 민중: 스위스와 바이에른(서독)의 경우

⑴ 스위스의 국민 투표

최근 유럽에서는 하나하나의 프로그램의 좋고 나쁨이 아니라 방송의 존재
형태 자체를 둘러싸고 민중측이 극히 민감하게 반응하는 상황이 일상화되
고 있다. 민중이 자신의 주도하에 그리고 유럽 사회의 방송의 장래를 선택
해 간다는 '직접 참가'라고밖에 말할 수 없는 사례가 스위스와 서독에서
실제로 나타나고 있는 것이 일본에서는 그다지 알려져 있지 않다.

스위스의 경우 — 1976년 9월 26일 헌법 개정 국민 투표가 실시되어 정
부 제안이 찬성 43.3%, 반대 56.7%로 거부되었다.

이러한 헌법 개정 요점 중의 하나는 종래의 공공 방송, 스위스 방송 협
회에 더하여 상업 방송의 설치를 가능하게 하는 조항을 신설하는 것이고
또 하나의 요점은 정부의 감독과 통제를 강화하기 위해 프로그램 기본 원
칙을 특별히 헌법 규정에 신설하려는 것이었다.

때마침 스위스 국경 근처 이탈리아 세레조 마을에 있는 스위스 화학 공

장 '호프만 라롯슈' 공해 사건을 계기로 우익측에서 보수파가 "신문과 매체가 좌익에게 점거되어 국익을 침해하는 보도를 하고 민중을 선동하고 있다"고 하는 편향 공격을 치열하게 벌였다. 정부는 이 기회에 상업 방송 도입을 지렛대로 하여 TV를 일거에 지배하에 두려고 계획했던 것이다. 우파의 총수이고 스스로도 국회에 의석을 가지고 있던 저명한 역사학자 우올테르 홋펠은 라디오·TV 협회라는 민간 대중 조직을 만들고 그것을 근거로 하여 매스컴 좌경화에 공격을 가하고 있었기 때문에 우리가 상상하는 스위스의 인상으로부터 유리된 투쟁이 TV를 둘러싸고 야기되고 있었다고 해도 좋을 것이다.

그러나 스위스 사회 민주당과 < 노동 총동맹 >, 그에 더하여 일반 시민도 또한 정부 제안에 일제히 반대했다. 첫째로 TV를 사적 소유에 맡기는 상업 방송 도입에 반대하고 어디까지나 TV는 '공적인 것'으로 지킬 필요가 있다는 것, 둘째로 그럴듯한 프로그램 기준을 특별히 헌법 조문에 끼워 넣는 것은 방송을 통제하기 위한 것에 지나지 않는다는 것, 그리고 셋째로 방송은 상업 자본으로부터도 정부로부터도 독립적인 존재이지 않으면 안 된다는 것 등이 반대 운동의 논거였다고 한다.

결국 국민 투표의 결과는 민중 다수가 후자의 논리를 지지해서 스위스 국민은 자신의 의지에 따라 하나의 방송 체제를 선택했던 것이다.[7]

(2) 바이에른 주민 州民 의 헌법 개정 운동: 서독의 경우

서독 바이에른 주에서는 1973년 7월 1일 주 헌법 개정 주민 투표가 이루어져서 찬성률 87.1%로 개정안이 성립되었다.

이 개정은 민중측의 요구에 기초한 것이고 국민 투표에 부쳐진 것도 민중측의 주도에 의한 것이었다.

문제의 발단은 바이에른 주 여당인 기독교 사회 동맹이 ① 사적, 상업적 방송을 실시하고, ② 아울러 < 방송 위원회 >를 여당의 장악하에 두기 위해 주 방송법 개정을 제안해서 이것을 숫자로 밀어붙인 데서 시작된다.

방송법 개악 저지를 위해 < 방송 자유 시민 위원회 >가 결성되어 있었는데, 이 위원회는 여당 조치에 대항하여 헌법에 새로운 조항을 신설함으로써 방송법 개악을 저지하려는 극히 독특한 운동에 뛰어들었다. < 방송 자유시민 위원회 >에는 기독교 사회 동맹 이외의 모든 정당, 노동 조합, 저널리스트 노조, 작가 동맹 그리고 삿포로 동계 올림픽 500m 스피드 스케이트 우승자인 에르하르트 케러, 작가인 에리히 케스트너를 포함한 많은 시민으로 구성되어 있고 유권자의 10%(73만)를 넘지 않으면 안 되는 헌법 개정 청구 서명에 몰두했다.

"우리 자유 국가 바이에른의 시민은 모두 자유롭게, 위조되지 않은 정보를 얻을 권리가 있다," "라디오·TV는 독립적이고 자유롭지 않으면 안 된다. < 방송 위원회 >는 정당의 영향 아래 놓여서는 안 된다," "경제적 이익 집단에 의해 통제되는 사적 방송이 존재해서는 안 된다"라는 슬로건을 내걸고 2주 만에 100만이 넘는 서명을 받았다.

< 방송 자유 시민 위원회 >가 제안하고 그리고 국민 투표에 의해 최종적으로 결정을 본 헌법 조항 — 요컨대 바이에른 주민이 자신의 의지에 따라 선택한 방송 제도는 다음과 같은 것이었다(물론 방송법 개악 부분은 헌법 위반으로 효력을 상실했다).

주 헌법 111조
• 제1항 — 라디오와 TV는 전적으로 공공 시설로 운영된다. 시설은 주 정부 대표 1명, 평의회(선거에 의하지 않은 제2 의회) 대표 3명, 그리고 주 의회 대표와 중요한 이념적·사회적 집단의 대표로 구성되는 < 방송 위원회 >에 의해 통합된다. 주 정부, 평의회와 주 의회 대표의 비율은 위원회 총수의 1/3을 초과할 수 없다.
• 제2항 — 주 의회는 의원 중에서 각 당파 20명에 1명의 비율로 대표를 보낸다. 이념적·사회적 집단은 그 대표를 자주적으로 선발 임명한다.[8]

4. 미국의 악세스 운동의 도달점

(1) CM에도 미친 반론권 행사

1969년 레드 라이온 방송사 사건에 관한 미 연방 최고 재판소의 판결에 따라 갑자기 주목을 받게 된 방송에 대한 민중의 악세스권[9]은 1974~5년에 들어서면서부터 본래 그것의 옹호자여야 할 < 연방 통신 위원회 FCC >에 의해 제동이 걸리기 시작했다고 할 수 있고 연방 통신법의 공정 원칙도 전지 전능하지는 않게 되고 있다.[10]

그러나 행정 서비스의 적극성이 상실되어 온 것이 설사 사실이라고 하더라도 방송에 대해 본래 민중측이 가져야 할 권리 의식이 점차 확대되고 침투하고 있는 사실을 보지 못해서는 안 될 것이다.

1977년 9월 워싱턴 WTOP 방송국이 "현금을 걸어서 게임에서 흥하는 사람들, 유정 油井, 천연 가스, 주유소, 우라늄 등등의 위를 망아지가 앞서 나가고 마지막으로 석유 기업이 시민이 도박에 건 돈을 전부 빼앗고 빙긋이 웃는다"는 석유 독점 비판 CF를 30회에 걸쳐서 내보낸 것은 좋은 예라고 생각한다. 이 CM은 "석유 채굴, 정제, 주유소까지의 효율적인 일관된 경영으로 소비자에게 이익이 되고 있다"는 텍사코의 TV CM에 대해 석유 독점 기업의 분할을 주장하고 의원 입법까지 내놓고 있는 < 에너지 행동 위원회 >의 반론 CM 신청이 FCC에 의해 인정된 결과이다.[11] 방송의 총체는 공적인 것이라고 하더라도 광고주가 구입한 CM은 광고주의 신성한 영역이었다. 여기에 민중측의 악세스권이 미치기 시작한 것이 상업 방송의 근본에서의 전환의 첫걸음이라고 생각할 수 있다.

(2) 방송국과 주민에 의한 협정 체결

FCC와 재판소에 의해 역으로 공정 원칙과 악세스권의 후퇴 현상이 있을 수 있다는 것을 이러한 5년간의 활동에서 알게 된 미국 시청자들은 이제 '비

법정 투쟁' 즉 방송국과의 직접 교섭에 의한 문제 해결을 각지에서 시작하고 있다. 물론 그렇다고 하더라도 면허 갱신에 대한 이의 신청이 나온 경우 FCC는 주민이 참가하는 공청회를 믿고 그 신청에 대해 심리를 하지 않으면 안 된다는 미국 '연방 통신법'이라는 법적 수단을 충분히 활용하고 그것과 병행하여 진행되고 있는 방송국과의 교섭에서 타결 혹은 화해하면 이의 신청을 취하한다는 전술이고 보면 결국 법정 투쟁의 변형이라고 보아야 할 것이다.

어느 면에서든 고매한 이념을 갖는 서독의 법 체계, 어디까지나 실무적으로 방송 제도를 규정한 이탈리아의 1975년 방송법, 겉모양만은 갖추고 있으나 허점투성이여서 도움이 되지 않는 일본 방송법, 이것들과 미국의 법 체계는 연방 통신법에 의한 민중의 권리, 매체측의 의무 규정이 그대로 민중의 악세스 요구 운동의 지렛대로서 투쟁의 실마리로서 활용될 수 있는 극히 동적인 것이라는 점에서 다르다고 생각한다.[12] 예를 들면 프로그램 편성에 관련된 것으로 다음과 같은 협정도 맺게 되었다. "네트워크 프로그램을 취소하는 경우에는 주민 대표와 그 가부에 대해 협의하고 일방적으로 중지하지 않는다," "편성 방침, 프로그램 내용에 대해 주민 조직과 정기적으로 협의한다"(텍사스 주 KTAL 방송국과 주민 단체의 협정). "< 런싱 어린이 TV 위원회 >를 구성원으로 포함하는 소위원회를 설치한다. 이 소위원회는 어린이 시청자와 함께 WJIM TV에 협력하여 오후와 저녁의 신디케이트 프로그램 선정을 담당한다. 나아가 지방 방송에서 제작한 어린이 프로그램에 대해 전부 WJIM으로부터 상담을 받는다"(미시간 주 < 런싱 어린이 TV 위원회 >와 WJIM의 협정).[13] FCC는 최근 새롭게 늘어난 지방 방송국과 주민 조직의 이러한 종류의 협정을 반드시 환영하지는 않는 것 같다. 그러나 각각의 방송국 입장에서 보면 그 지방 민중의 합의와 협력이 없으면 방송국의 존립조차 위태롭게 될 상황에 처하기 때문에 이러한 종류의 협정이 하나씩 하나씩 늘어나고 있는 것이다. 그리고 실은 방송이라는 매체는 주민과의 이러한 합의에 의해 운영되어야 본래의 성격을 갖게 되고 방송은 본래 주민에게 악세스하는 데 그치지 않고 방송을 주민이 '소유해야' 하는 것이라고 생각한다.

TV가 시작된 지 1/3세기가 흐른 지금 세계 구석구석에서 일제히 TV와 민중의 관계에 대해 다시 평가하기 시작하고 있다. 경이적인 성장을 해 온 TV는 이제 격동과 변화의 출발선상에 서 있다. 일본의 TV도 또한 예외는 아니라고 생각되는데……

(옮긴이: 김동민)

주

1) 1968년 ORTF 사건에 대해서는 다음 문헌에 상세하다. 일본 방송 노련 방송 대책부 엮음, < プランス放送協會勞動者の鬪爭記錄 >, ≪ 방송노협 제6회 전국 방송 연구 집회 자료 ≫, 1968. 2; 沖本四郎, < ヨーロッパの放送制度 ― ORTFのたたかい >, ≪ テルビへの挑戰 ≫, あゆみ出版社, 1972; 沖本四郎, < 參加の時代の開幕 ― ジェ-リコ作戰 >, ≪ テルビへの挑戰 ≫, あゆみ出版社, 1972; 로제 루이스, ≪ ひとつの鬪い ≫, 田畑書店, 1970.

2) ORTF가 7개로 분할된 것에 대해서는 隅井孝雄, < 企業分割とたたかうプランス放送勞動者 >, ≪ 방송 보고서 ≫ 제17호, 민방노련, 1974년 12월이 상세하다.

3) 핀란드, 스웨덴의 방송 제도에 대해서는 隅井孝雄, < 北歐の放送制度 >, < 民放勞連 > 제320호, 1975년 12월 1일; 隅井孝雄, < スウェ-デンの放送評議會 >, < 民放勞連 > 321호, 1975년 12월 8일 참조.

4) 네덜란드의 방송 제도에 대해서는 志賀信夫, < オランダには政黨の局, けっこうづくめの放送制度 >, ≪ テルビの使い方 ≫, 1976에 현상이 개관되어 있다.

5) 이탈리아의 사설 TV에 대해서는 < 私設放送局がイタリア全土に出現 >, < 文硏月報 > 1977년 5월, NHK에 소개되어 있다.

6) 이탈리아의 방송 사정에 대해서는 隅井孝雄, < RAI(イタリア放送協會)の改革 >, < 放送レポ-ト > 제30호, 민방노련, 1978. 1이 상세하다. 또한, < イタリアの放送 >, < 文硏月報 > 1977년 5월, NHK도 참고할 만하다.

7) 스위스 헌법 개정 국민 투표(1977. 9.) 경과에 대해서는 필자가 1977년 10월 모스크바 세계 TV 노조 회의에서 스위스 라디오·TV 노동 조합의 요르티 한스우리히 씨로부터 취재한 노트에 의한 것이다.

8) 바이에른 주 방송법 개정에 관련한 < 방송 자유 시민 위원회 > 활동에 대해서는 水野喬, < ミュンヘンの炎 ― 西ドイツバイエルン州の放送の自由のための鬪爭 >, < 放送レポ-ト > 제10호, 민방노련, 1973년 9월에 상세히 설명되어 있다.

9) 레드 라이온사 사건이란 레드 라이온 방송사 소유인 WGCB 방송국에서 일어난 반론 청구에 관련된 재판이다. 1964년 11월 이 방송국의 프로그램에서 공산주의자라 하여 저서 ≪ 골드워터 극우파 ≫를 증거로 공격 당한 프레드 쿠크가 반론 방송을 청구하고 이것을 인정해서 반론 프로그램을 명령한 FCC를 상대로 하여 이 방송국이 소송을 제기했다. 결국 3년 후 연방 최고 재판소는 WGCB국은 프레

드 쿠크에게 "반론 기회를 제공해야 한다"는 판결을 내렸는데, 그 가운데에서 처음으로 법률적으로 악세스권의 존재를 인정했다. 판결문에는 다음과 같이 쓰여 있다.

"가장 중요한 것은 시청자의 권리이지 방송국의 권리는 아니다. 헌법이 목적으로 하는 바는 진실이 최종적으로 승리를 거두어야 할 자유로운 사상의 시장을 확보하는 것이고, 정부에 의한 것이든 방송국에 의한 것이든 이러한 시장 독점을 진전시킬 수는 없다. 이 때 가장 중요한 것은 사회적·정치적·미적·도덕적 기타 모든 사상과 사실에 충분히 접근할 수 있는 권리이다"(The right of the public to receive suitable access to……).

10) 미국의 악세스권에 대해서는 堀部政男, ≪ アクセス權 ≫, 東京大學出版會, 1977이 상세하다. 또한 현재 시점에서의 악세스권을 둘러싼 FCC 등의 대응은 清水英夫, < 現代社會における言論の自由とマス·コミュニケ—ション>, < 科學と思想 > 제19호, 新日本出版社, 1976. 1에 기술되어 있는데, 이 글에서 清水는 "한때 상당히 전망이 밝아 보였던 악세스권도 최근에는 곤란한 입장에 빠져 있다"고 지적하고 있다.

11) 텍사코 석유에 대한 반론 CM의 경위는 1977년 8월 11일자의 < 電通報 >에 < 브로드캐스팅 Broadcasting >을 인용하여 보도되어 있다.

12) 미국의 '시청자 운동'에 대해서는 다음을 참고할 수 있다. 에브린 케이, ≪ 어린이 TV 이대로 좋은가 子どもテレビはこれでよいのか ≫. 聖文舍, 1976; 早川與志子, < アメリカの反論廣告論爭 >, < 放送レポ—ト > 제8호, 민방노련; 中村皓一, < 放送と市民運動 — アメリカの經驗 >, < 放送レポ—ト > 제12, 13 합병호, 민방노련; < こどもを食いものにしないで — アメリカ·かなだのCM規制 >, < 放送レポ—ト > 제16호, 민방노련; 早川與志子, < テレビに挑むアメリカの母親たち >, < 放送レポ—ト > 제28호, 민방노련; < 子ども教育とテレビ黑書 >, < 勞動旬報 >, 3부 2장 'ヨ—ロッパ·アメリカのテレビ,' 1976.

13) < 런싱 어린이 TV 위원회 >와 WJIM TV의 협정은 에브린 케이, ≪ 어린이 TV 이대로 좋은가 ≫ 끝부분에 전체 문장이 기재되어 있다.

참고 문헌

堀部井男. ≪ アクセス權 ≫. 東京大學出版會, 1977.

堀部井男. ≪ アクセス權とは何か — マス·コミュニケーションと言論の自由 ≫. 岩波書店, 1978.

兆川隆吉·隅井孝雄. ≪ テレビを子どもの味方 ≫. 현대사 출판회, 1979.

中村博·石子順·隅井孝雄. ≪ 子ども教育とテレビ黑書 ≫. 勞動旬報社, 1976.

志賀信夫. ≪ テレビの使い方 ≫. エルム, 1972.

沖本四郎. ≪ テレビにの挑戰 ≫. あゆみ出版社, 1972.

로제 루이스. ≪ ひとつの闘い ≫. 田畑書店, 1970.

에브린 케이. ≪ 어린이 TV 이대로 좋은가 ≫. 聖文舍, 1976.

일본 방송 협회. ≪ 世界のラジオとテレビ 1978 ≫. 일본 방송 출판 협회, 1978.

< 科學と思想 > 제19호. 特輯 マス·コミュニケーションと現代. 新日本出版社, 1976. 1.

< イタリ-の放送 >, < 文硏月報 >. 일본 방송 출판회, 1977. 5.

諫山修. < テレ·リベルテ — プランス視聽者團體 >, < 放送レポート > 제3호. 민방노련, 1972. 6.

早川與志子. < アメリカ'反論廣告'論爭 — 消費者運動と商業廣告 >, < 放送レポート > 제8호. 민방노련, 1973. 4.

間島純. < オ-プン-ドア — BBC 視聽者制製作番組 >, < 放送レポート > 제9호. 민방노련, 1973. 6.

水野喬. < ミュンヘンの炎 — 西ドイツバイエルン州の放送の自由のための闘爭 >, < 放送レポート > 제10호. 민방노련, 1973. 9.

中村晧一. < 放送と市民運動 — アメリカの經驗 >, < 放送レポート > 제12, 13 합병호. 민방노련, 1974. 2.

田原總一郎. < われわれの放送局がアメリカにあった — KPFK, WBI放送局見聞記 >, < 放送レポート > 제14호. 민방노련, 1974. 5.

< こどもを食いものにしないで — アメリカ·かなだのCM規制 >, < 放送レポート > 제16호. 민방노련, 1974. 10.

隅井孝雄. < 企業分割とたたかうプランス放送勞動者 >, < 放送レポート > 제17호. 민방노련, 1974. 12.

早川與志子. < テレビに挑むアメリカの母親たち >, < 放送レポート > 제28호. 민방노련, 1977. 8.

隅井孝雄. ＜ RAI(イタリア放送協會)の改革 ＞, ＜ 放送レポート ＞ 제30호. 민방노련, 1978. 1.
＜ 米テレビ界を直撃しだこども向けCM全面禁止の提案 ＞, ＜ 放送レポート ＞ 제32호. 민방노
　　련, 1978. 5.
隅井孝雄. ＜ 北歐の放送制度 ＞, ＜ 民放勞連 ＞ 320호. 민방노련, 1975. 12.
─────. ＜ スウェーデンの放送評議會 ＞, ＜ 民放勞連 ＞ 321호. 민방노련, 1975. 12.
일방노(日放勞) 방송 대책부. ＜ ブランス放送協會勞動者の鬪爭記錄 ＞, ≪ 방송 노협 제6
　　회 전국 방송 연구 집회 자료 ≫ III. 1968. 2.

제5장
미국의 지역 사회 라디오:
민주적 매체를 위한 노력*

윌리엄 바로우 William Barlow**

지난 20년 동안 '지역 사회'를 지향하는 라디오 방송국이 미국 방송의 새로운 주요 형태로 등장해 왔다. 이 방송은 시민의 참여를 증대하고 프로그램 포맷을 확대시킴으로써 미국 대중 매체에의 참여권을 민주화시키려는 커다란 운동의 선두에 서 있다. 이러한 라디오 방송국의 가장 두드러진 특징으로는 첫째, 방송 송신의 비상업적 지위, 둘째, 프로그램에 지역 사회를 참여시키는 공인된 정책, 셋째, 제도적 절차와 시행의 민주적 운영 등이다.

  지역 방송의 비상업적 지위는 그들을 이윤 동기와 자본주의 시장으로부터 분리시킴으로써 지배적인 상업 방송과 포맷과 구조에 대한 대안을 발전시킬 수 있게 해 주고 있다. 지역 사회의 참여 정책은 시민이 방송의 송신과 지원에 참여할 수 있는 가능성을 제시한다. 이것은 종종 소외 계층의 참여를 보장하기도 한다 — 소수 민족, 여성, 청소년, 노년층 등. 한편 지역 사

* 이 글은 *Media, Culture and Society*(1988년 봄호)에 발표된 "Community radio in the U. S.: the struggle for a democratic medium"을 번역한 것으로 < 방송연구 >(1989년 여름호)에 실림.

** 하워드 대학교 Howard University 교수, 커뮤니케이션학.

회 라디오 방송국의 조직 구조에서 관철되고 있는 민주적 결정 방식은 적극적인 시민의 참여와 건전하고도 다양한 의견을 불러일으키고 있다.

현재 미국에는 '지역 사회' 라디오 방송국이라고 할 수 있는 허가된 방송국이 100여 개가 있다. 이 방송국은 지역 사회의 참여와 민주적 조직 운영 — 이는 확실히 공공 라디오 방송에는 존재하지 않는다 — 때문에 다른 많은 비상업 교육 방송이나 '공공' 방송과 구별된다. 지역 사회 라디오는 일일 평균 수백 명의 청취자만을 상대로 하는 저출력 송신으로부터 수만 명의 청취자를 상대로 하는 최대 출력 5만 와트 watt 의 송신에 이르기까지 다양한 범위에 걸쳐 있다. 저출력 방송국은 소규모 자본과 최소의 방송 요원으로 운영되며 많은 자원 봉사자들의 도움을 받고 있다. 최대 출력 방송국은 연간 10만 불 이상의 예산을 사용하며 적어도 10여 명 이상의 방송 스태프를 고용하고 있고 수백 명의 자원 봉사자를 활용하고 있다.[1]

콜로라도 텔루라이드의 KOTO-FM은 저출력 지역 사회 라디오 방송의 대표적인 성공 사례이다. 텔루라이드는 로키 산맥의 고원 지역에 위치한 인구 2000명의 그림 같은 휴양 도시이다. KOTO는 텔루라이드 주민만을 위해 운영되는 280와트 출력의 소규모 방송이다. 방송을 시작한 지 12년 동안 이 방송국은 커뮤니케이션과 문화의 전문 채널로 발전되었다. 주민들은 음악 — 포크, 고전 음악, 재즈, 블루스, 팝 — 과 지역 사회 내에서의 대화와 피드백을 촉진시키는 약식 '전화 응답' 포맷을 적절히 혼합시킨 '자유형 free form' 프로그램 포맷을 채택해 왔다. 이 방송국의 유급 사원은 1명이며, 그는 국장과 PD를 겸직하고 있다. 방송 설비와 장비를 포함한 대부분의 KOTO의 자산은 기증받은 것이다. 연간 예산은 현재 7만 불 이하이며, 생방송 프로그램은 텔루라이드에 거주하는 150여 자원 봉사자들이 제작하고 운영한다. 뉴스나 공공 정보 프로는 거의 없지만 시사 문제의 해설이나 토론 프로는 무척 많다.[2]

이와는 반대의 축에 있는 것이 WBAI-FM이다. 이 방송국은 퍼시피카 Pacifica 네트워크의 5만 와트 키스테이션 key station 으로서 뉴욕에 위치하고 있다. 연간 80만 불의 예산을 사용하여 15명의 스태프를 고용하고 있다. 방송 운영에 참여하는 자원 봉사자만도 200여 명이 넘으며, 주마다 거의 15만 명 정도의 청취자를 확보하고 있다. WBAI 프로그램은 주로 뉴스 매체에 대한 진보적인 대안을 제공하고, 다양한 계층 — 소수 민족, 여성, 동성 연애자, 사회주의자, 환경 보호론자, 음악가, 오디오 예술가 등 — 에게 봉사하기 위한 뉴스, 공공 문제와 문화물을 강조한다.[3]

이렇게 KOTO와 WBAI의 예는 크기의 차이에 관계없이 다양한 지역 사회 방송 송출과 관련된 다양한 이해 집단이 존재하고 있음을 보여 주는 것으로, 이는 다양한 프로그램의 전략, 양식, 포맷을 형성하는 데 기여하는 결과를 가져다 주고 있다. 지역 사회 라디오의 범주에는 도시와 지방의 진보적인 백인 방송국, 소수 민족 방송국(아메리카 흑인, 스페인계, 아메리카 원주민, 기타), 대학 방송국 그리고 심지어 주 정부 지원 방송국(알래스카의 10개 지역 사회 라디오 방송국들은 주 정부로부터 재정 지원을 받지만, 관리는 지역 시민 집단이 하고 있다)까지 있다. 그러나 이러한 차이에도 불구하고, 미국의 라디오 방송국은 두 가지 점에서 공통점을 지니고 있다. 그것은 첫째 이 방송국들이 비슷한 이데올로기 성향을 공유하고 있으며, 둘째, 매일 비슷한 사회적 제약에 직면해 있다는 점이다. 지역 사회의 참여와 함께 그들의 이데올로기는 진보적인 정치, 대안 문화 *alternative culture* 그리고 참여적인 민주주의를 옹호한다. 또한 그들이 받는 비슷한 사회적 제약에는 정부의 규제, 재정난, 자산의 편성, 라디오 환경을 둘러싼 운영 등이 포함된다. 이데올로기와 사회적 제약 사이의 이러한 변증법적 관계가 미국 지역 사회 라디오의 틀을 형성하고 있다. 그러나 이 문화 생산의 복잡한 과정을 충분히 이해하기 위해서는 우선 미국 방송의 거시적 맥락에서 지역 사회 라디오 역사를 점검해 볼 필요가 있다.

1. 지역 사회를 지향하는 라디오의 기원

미국의 지역 사회 라디오의 뿌리는 2차 대전 직후로 거슬러 올라가며 2개의 다른 기원을 가지고 있다. 첫번째는 라디오 산업의 주변에 존재하던 일군의 방송 집단들이다. 이들은 네트워크와 제휴하지 않고 시간대를 소수 민족 방송인들에게 판매하던 도시 상업 방송국들이었다. 처음에 이들 방송국은 당시 유럽으로부터 이주해 온 이민을 목표로 독일어, 이탈리아어, 폴란드어, 러시아어 등 원어로 방송을 시작했다. 여기서 제작된 프로그램은 이들과 모국과의 관계를 지속시킴으로써 이들에게 어떤 응집력을 갖게 하는 데 기여했다.

그것은 새로운 사회 환경에 적응하는 데도 기여했다. 2차 대전 직전, 한창일 때에는 미국 전역에 100개가 넘는 외국어 방송국이 존재했다(Barnouw, 1968: 157). 그러나 전후 그 수는 감소한다. 대부분이 경영을 중단했으며 나머지는 새로운 소수 민족 청취자를 찾아 나섰다. 그것은 특히 국방 산업에 종사하기 위해 전쟁 중 수적으로 증가한 도시 중심으로 이주한 커다란 아메리카 흑인층을 목표로 삼았다. 전후 아메리카 흑인 라디오의 출현은 미국 방송에서 상업 TV가 비약적인 성장을 한 결과이다. TV의 네트워크화는 많은 상업 방송국들의 광고 수입의 원천을 빼앗았고 이 때문에 프로그램 제작 기회를 상실했다. 새로운 광고업자와 청취자에 대한 쟁탈전은 그 당시 라디오 상거래법안 발의에서처럼, 개발되지 않은 '흑인 시장'을 두고 전국적인 관심을 촉발시켰다.

흑인 시장에 접근하기 위해서 아메리카 흑인들이 고용되었는데, 이는 흑인 청취자를 끌어들이려는 새로운 포맷을 고안하기 위해서였다. 어떤 경우 아메리카 흑인 투자자들은 싼 가격으로 라디오 방송국을 구입할 수 있었다. 이런 흑인 라디오 방송인들이 만들어 낸 새로운 프로그램 포맷은 대중적인 그 시대의 아메리카 흑인의 민요와 영가를 중심으로 구성되었다. 흔히들 말하는 흑인 '디스크자키'는 최근의 재즈, 리듬 앤 블루스, 가스펠 음악을 방송하기 시작했다. — 즉 청취자들에게 '있는 그대로를' 말하기 시작한 것이다. 그들은 종종 매체에 접근하는 데 뛰어남. 유머가 풍부하고 자극적이며 심지어 이국적이기까지 했다. 그들은 지역 정치와 가십에서부터 도시의 거주지에 사는 사람을 위한 풍속과 조리법에 이르기까지 모든 것을 다루며 청취자와 소통하기 위해 재치와 위트를 사용한다. 사실 그들은 그들의 지역에서 정보의 흐름에 있어 새로운 '정보망'이 됨으로써 도시 생활에서 아메리카 흑인의 구전 전통을 재활성화시키는 데 기여하고 있다. 만일 그들의 노력이 성공한다면, 그들의 방송인으로서의 존재는 그들을 지역의 문화적 오피니언 리더로 만들게 한다. 그들은 아메리카 흑인의 구전 전통의 새로운 전자적 電子的 '계승자'가 되었다. 그렇게 해서 그들은 그들이 관계하는 라디오 방송국이 새로운 지역 사회 중심과 관련을 맺는 데 힘이 되었다. 여전히 광고 수입으로 운영하면서 이 아메리카 흑인 라디오 방송은 청취자의 사회적 요구를 충족시키고 그들의 문화적 전통을 유지시키는 역할을 해냈다. 이러한 지향 때문에 그들은 그 이후 비상업 지역 사회 라디오가 증가하는 데 중요한 영향을 미쳤다.

지역 사회 라디오의 두 번째 기원은 냉전 시기의 억압적 정치 환경에 대한 진보적인 대항 운동이었다. 소수의 좌파 그룹이 전국을 휩쓸고 있던 호전적인 반공 히스테리와 싸우기 위한 투쟁에서 라디오를 주요한 무기로 보기 시작했던 것이다. 열렬한 평화주의자요, 상업 방송계로부터 탈출했던 류 힐 Lew Hill 은 주위에 비슷한 성향의 정치적 행동가들과 상업 방송 탈출자들을 모았다. 그들은 1949년 캘리포니아 버클리에 청취자가 후원하는, 비상업·지역 사회 지향의 라디오 방송국을 설립하기 위해 3년 동안 함께 일했다. KPFA가 공언한 목적은 뉴스와 공공 문제, 학문적 강의와 논쟁, 드라마와 문학, 어린이 쇼, 고전 음악, 해외 민속 음악 등의 프로그램을 통해 '평화, 사회 정의, 노동 운동의 활성화, 예술의 지원'을 촉진하는 것이었다 (Stebbins, 1968: 61).

힐과 그의 동료들은 수준 높은 문화 양식과 사회적 행동주의, 지역 사회 참여에 대한 강조를 통합하려는 시도를 추진했다. 처음 5개월간 KPFA 방송에 참가한 600여 명 이상의 주민과 많은 자원 봉사자들이 소수의 유급 스태프들을 도와서 일을 수행했다. 청취 가입은 증가했으나 완만한 비율이었다. 방송국은 1940년대 연방 정부가 비상업 방송 송신에 할당했던 새로운 FM 주파수 대역에서 방송하고 있었다. 그러나 주파수를 잡아 내기 위해서는 FM 수신기가 필요했다. 그 때에는 AM과 FM 라디오가 따로 제작되고 있었던 것이다. 처음 6개월의 방송 이후 KPFA는 재정난으로 방송을 중단해야 했다. 그러나 9개월 후 지방 재정 지원으로 1000명의 새로운 가입자가 확보되자 다시 방송을 재개할 수 있었다. 1950년대 중반까지 KPFA는 샌프란시스코 만 지역에서 5만 명의 청취자들에게 방송을 했으며, 연간 약 5000명의 가입자를 확보했다 — 그들 대부분은 자유주의적이고, 중산층, 중년의 전문 직업인들이었다(Koch, 1972: 12). KPFA는 비영리 재단인 퍼시피카 재단 소유였는데, 이 재단은 방송국 스태프로 구성된 이사회의 통제를 받았다. 류 힐은 < 자원 봉사 협회 >를 통한 지역 사회의 봉사, 지원, 참여를 받았지만 지역 사회의 통제를 받지는 않았다. 왜냐하면 서로 경쟁하는 너무나 많은 분파가 있다고 생각했기 때문이었다. 그러나 아이러니컬하게도 퍼시피카의 스태프 통제는 내부에서 많은 갈등과 싸움을 유발했다. 심지어 힐은 1950년대 중반에는 1년 동안 지도부에서 추방된 적도 있었다. 이런 경험을 겪고 난 이후 퍼시피카 재단에서는 유급 스태프의 역할은 수정되었고, 외부에서도 이사회에 참가할 수 있게 되었다. 그러나 이런 정치적 압력에도 불구하고 KPFA는 1950년대에 수준 높은 혁신적 프로그램을 제작해 냈다. 냉전이 고조되었을 때 한국 전쟁에 반대하는 공산주의자와 평화주의자를 방송에 등장시켰고, 자신들의 경험을 토론하는 마리화나 복용자, 동성 연애 경험에 대한 공인된 동성 연애자들을 최초로 방송에 등장시켰고, 노벨 수상자인 리누스 폴링 Linus Pauling 과 수소 폭탄의 아버지인 에드워 텔러 Edwar Teller 간의 핵 전쟁 위협에 대한 논쟁도 방영되었다. 문학계 인물도 자주 등장했다. 비트 시대의 시인인 앨런 긴즈버그 Allen Ginsberg 와 로렌스 페를링게티 Lawrence Ferlinghetti 는 생방송으로 시를 낭송하였으며, 작가이자 비평가인 케네스 렉로스 Kenneth Rexroth 는 주간 서평 프로그램을 주재했다. 철학자인 앨런 와츠 Alan Watts 는 정기적으로 동서양의 철학의 특징에 대해 이야기했으며, 영화 비평가 팬린 카엘 Panline Kael 도 영화 비평을 했다. KPFA 사무국장 해럴드 윙클러 Harold Winkler 는 "우리 역할은 PAIDEIA의 위대한 전통 — 유머와 위트의 배경을 가진 문화, 문명, 전통, 문학, 예술과 교육의 통합 — 에서 교육자의 역할을 해내는 것이다"라고 말한다. KPFA에서 류 힐과 그의 동료들은 청취자가 지지하는 지역 사회 라디오에 대한 비전을 샌프란시스코 만 지역으로만 한정하지 않았다. 1957년 힐은 퍼시피카 재단이 전국의 대도시에 있는 총 11개의 새로운 방송국을 세우는 데 선두에 서야만 한다는 주장을 지지했다. 이러한 비상업 방송 네트워크는 5000만 이상의 청취자를 확보할 수 있는 것이다. 그는 "이것은 이러한 방송국을 미국 문화 발전의 주요한 요인으로 기대하는 우리가 가설을 그렇게 과장하는 게 아니다"(Mckinney, 1966: 14)라고 말했다. 이러한 비상업 네트워크에 대한 청사진은 1959년 퍼시피카 재단이 KPFK를 로스앤젤레스에 설립했을 때 실현되기 시작했다. 운동의 범위는 1961년 뉴욕 시의 WBAI가 풋내기 퍼시피카 네트워크에 기증되었을 때 확산되기 시작했다.

2. 1960년대와 1970년대의 지역 사회 라디오

1960년대는 새로운 세대의 지역 사회 방송인과 그들의 지지자들이 나타나는 것을 포함해서 지역 사회 라디오의 새로운 시대를 알리는 시기였다. 2차 세계 대전 후 자유주의적 평화주의자 세대였던 류 힐과 그의 세대는 이제 보다 젊은 인권 운동가와 학생 운동가들에게 자리를 물려주었다. 퍼시피카가 보다 인종적이고 보다 젊은 취향이 되면서 그것은 프로그램 제작과 인적 구성, 그리고 청취자층의 변화에 그대로 반영되었다. WBAI는 인적 구성과 프로그램 변화의 선두에 서 있었다. 그것은 퍼시피카의 전통적인 수준 높은 문화 포맷을 상아탑으로부터 끌어내서 사회로 돌려주는 것이다. 이러한 '자유형' 프로그램 제작 방법은 생방송 인터뷰, 정치 해설, 극적인 스케치, 시, 풍자, 공공 문제, 그리고 청취자의 전화 응답의 합작품이다. 그것은 레코드 음악 사이사이에 창조적인 사회자, 창조적인 유명 초청 인사, 그리고 청중 간의 제한 없는 교환이었다. 음악 선택은 더 이상 고전 음악에만 국한되지 않았다. 프로그램 주제를 강렬하게 하기 위해 계산된 현대 음악, 재즈, 록 같은 음악이 선택되었다. 이런 생방송 프로그램 이외에도 퍼시피카 방송국은 오디오 다큐멘터리의 발전에 선구적이었다.

WBAI의 라디오 쇼 사회자의 새로운 유형은 1960년대 라디오 프로그램 제작의 커다란 흐름의 일부였으며, 상업 방송 내에서조차 일시적인 교두보를 마련하고 있었다. 1960년대 말 '진보적인' 포맷과 함께 상업 FM 라디오 방송국은 보스턴, 뉴욕, 워싱턴 DC 그리고 샌프란시스코와 같은 주요한 도시 시장에서 선구자가 되었다. 그들은 주제를 탐구하고, 말을 잘하며, 젊은 취향의 '대항 문화'의 이미지를 창출하는 음악을 선택해서 프로그램을 제작하는 데 재능이 있는 DJ를 고용했다. 개인의 취향과 주체적인 확신은 음악과 해설이 혼합된 이 프로그램의 특징을 결정지었다. 게다가 진보적인 FM 방송국은 대학생 또래의 청취자의 주목을 끌기 위해 고안된 지역 사회 뉴스와 공공 문제 프로그램을 제작했다. 진보적인 디스크자키와 뉴스 보도 자들은 젊은 대항 문화의 미디어 대변자가 되었다. 예상할 수 있듯이 새로운 라디오 혁신 세대는 그들의 프로그램 모델을 1950년대 라디오를 들으면서 자랐던 순수 아메리카 흑인 디스크자키 — 혹은 백인 모방자들 — 로 잡았다. 그러나 진보적인 FM 방송국들은 지역 사회 봉사를 지향하고 있으면서도 운영에 지역 사회의 참가를 추구하지는 않았다. 게다가 그들 대부분은 1970년대 중반에는 보다 더 상업적인 형태로 바뀌었다.

진보적인 FM 포맷의 절정은 1960년대 말과 1970년대 초 베트남 전쟁 반대가 절정이던 때와 일치했다. 상업 방송대에서 진보적인 FM 방송국은 반전 운동을 지지하는 입장인데 이는 아메리카 흑인 방송이 인종 차별주의에 대항하는 운동을 지지하는 것과 같은 맥락이다. 그러나 이 시기 '지하 신문'과 함께 베트남 전쟁에 대한 미디어의 저항을 이끌었던 것은 비상업적 지역 사회 방송이었다. 1960년대 초반 퍼시피카 방송인들은 다큐멘터리, 인터뷰, 투쟁의 최전선에서의 생중계 방법들을 통해 인권 운동을 방송했다. 시위대의 함성과 마틴 루터 킹 Martin Luther King, 패니 루 해머 Fannie Lou Hammer, 엘라 베이커 Ella Baker, 제임스 파머 James Farmer, 스토클리 카미클 Stokely Carmichael 그리고 맬콤 엑스 Malcolm X 와 같은 아메리카 흑인 인권 운동 지도자들이 퍼시피카 청취자들에게 친숙해졌다. 1960년대 중반 퍼시피카 방송국들의 관심은 베트남 전쟁과 미국의 참전에 항의하는 운동으로 확대되었다. 인권 운동 문제와 함께 이 둘은 퍼시피카를 논쟁에 빠져들게 하는 문제였다.

베트남 전쟁에 대한 뉴스의 주요 성향은 존슨 행정부와 국방성의 갈등에 초점이 맞추어 있었다. 이와 대조적으로 퍼시피카 네트워크는 전쟁 지역에서 미군에 대항하는 쪽의 견해와 함께 국내에서 존슨 대통령의 반대자의 견해에도 똑같은 시간을 할애했다. 이것을 수행하기 위해 퍼시피카는 국내의 반전 운동가에게 초점을 맞추었고, 1965년 초에는 다른 편이 경험하는 전쟁의 기록을 제작하기 위해 크리스 코크 Chris Koch 기자를 북베트남에 특파했다. 그는 아마도 북베트남의 입장에서 투쟁에 호의적인 보도를 한 최초의 미국 기자일 것이다. 그의 보도가 퍼시피카 방송국에서 나가자 존슨 행정부와 그의 매체 동맹자들은 퍼시피카가 "적을 이롭게 하고 교사하고 있다"고 비난했다. 이러한 방법은 후에 주요 보도 매체들이 전쟁에 대한 정부의 공식적인 견해에 의문을 제기할 때마다 사용되었다. 1972년 퍼시피카는 마이 라이 My Lai 마을에서 베트남 양민들에게 잔학한 행동을 했던 미군에 대한 시모어 허쉬 Seymour Hersh 의 기사를 최초로 보도하는 또 다른 선례를 남겼다. 이 폭로는 결국 그 대학살의 책임자에 대한 군사 재판을 열게 만들었다. 이 때까지 퍼시피카 뉴스 부서는 국내외의 전쟁 보도를 더욱 잘 종합하기 위해 워싱턴에서 운영되고 있었다(Pacifica Foundation, 1984). 베트남 전쟁의 뉴스 보도를 수행하는 데 있어서 퍼시피카는 반전 운동 활동가에게 유리한 방송을 해 나갔다. 1963년 초 언론인 스톤I. F. Stone 과 버트런드 러셀Bertrand Russell 은 퍼시피카 방송을 통해 미국의 베트남 참전에 반대하는 발언을 했다. 1965년에 3개의 퍼시피카 방송국에서는 그들의 주파수가 허용하는 지역 내의 대학 캠퍼스의 평화주의자들과 함께 많은 반전 토론회를 조직해 이를 최초로 방송했다. 1960년대 말 퍼시피카 네트워크는 정기적으로 반전 행진과 데모를 현장에서 방송했다. 반전 운동의 지도자들은 그들의 견해를 표명하고 항의를 조직할 포럼을 제공받았다. 결국 이러한 식의 접근은 미국의 참전에 항의하는 미국인의 여론을 환기시키는 데 결정적인 역할을 했다. 그것은 또한 퍼시피카가 자원들을 한데 모아 처음 계획했던 대로 네트워크를 확장할 결정을 하게 하는 데 영향을 미쳤다. 1968년 퍼시피카 재단은 휴스턴과 워싱턴에 비상업 라디오 방송 허가를 신청했다. 휴스턴 방송국 KPFT 는 2년 후 방송을 시작했다. 첫 해에 KPFT는 극우 단체의 폭탄 세례를 받아 2번이나 방송을 중단하기도 했다. 그러나 이러한 폭력 행위는 결코 성공적일 수 없었다. 두 번 모두 휴스턴 지역의 수많은 청취자들의 지원으로 방송국을 수리해서 방송을 계속할 수 있었던 것이다(Pacifica Foundation, 1984).

1960년대와 1970년대 인권 운동과 반전 운동으로 퍼시피카 방송국은 지배적인 미국 대중 매체에 대한 민주적인 대안을 마련하기 위한 다양하고도 종종 혼란스럽기도 한 운동의 선두에 서 있었다. 이 과정에서 방송국과 퍼시피카 조직은 많은 고통을 감내해야 했다. 정치적 투쟁과 격변은 계속해서 이 새로운 네트워크를 괴롭혔다. 1960년대 초에 2곳의 방송국에서 스태프와 자원 봉사자들의 스트라이크가 있었고 1970년대에도 발생했다. 경영진과 스태프와의 갈등이 더욱 표면화되면서 노동자들이 주도하는 노조 활동이 활성화되기도 했다. 퍼시피카 방송국의 경영자들은 빈번하게 — 분파 싸움, 재정 위기 등으로 — 교체되었다. WBAI와 KPFA 사무국장은 FBI에 뉴스 취재원을 밝히지 않겠다고 해서, 그리고 녹음 증거를 제출하기를 거부한다고 해서 2번이나 구속되기도 했다. 퍼시피카 방송 허가도 계속해서 FCC의 견제를 받았는데, 이는 외설적인 내용의 방송과 퍼시피카 조직 내에 공산주의자로 혐의를 받고 있는 스태프의 영향에 대한 FCC의 불만 때문이었다. 논쟁적인 < TV 코미디에서 말할 수 없는 7개의 상스러운 말 >이라는 조지 칼린 George Carlin 의 방송을 포함한 하나의 케이스가 대법원에 이송되었을 때, 퍼시피카의 변호사들은 만일 칼린 프로가 방송 금지된다면 그것은 네트워크의 말할 자유, 즉 수정 헌법 제1조가 박탈되는 것이라고 주장했다. 대법원은 결국 퍼시피카에 대해 제재를 가하였지만, 그럼에도 불구하고 네트워크는 방송 허가를 내주지 않으려는 모든 시도와 싸워 나갈 수 있었으며, 경영을 확장하기까지 했다. 5번째 퍼시피카 방송국인 WPFW-FM은 9년에 걸친 주파수 할당 투쟁 끝에 1977년 워싱턴에서 방송을 시작했다. 이 방송국은 수도에 거주하는 대다수 흑인에게 봉사하는 퍼시피카의 최초의 소수 민족 대상 방송이 된다.

소수 민족의 참여와 프로그램에 대한 관심은 KPFA에서 분명히 드러나는 것으로, 1975년에는 '제3 세계부'가 설치되기도 했다. 이 시기의 다른 주요한 발전은 1972년에 < 퍼시피카 라디오 자료 보관소 >를 설치한 것과 1970년대 초 워싱턴에 < 퍼시피카 전국 뉴스국 >을 신설한 것이다. 퍼시피카 방송국은 래리 조셉슨 Larry Josephson, 스티브 포스트 Steve Post, 보브 패스 Bob Fass — 이들은 모두 뉴욕 지역에 커다란 청취자층을 확보하는 데 공헌했다 — 등이 WBAI에서 선구적으로 시도했던 '자유형' 포맷을 다양하게 발전시키는 작업을 계속해 갔다. 이것은 KPFA에서도 그대로 나타나는 것으로 롤랑 영 Roland Young, 래리 벤스키 Larry Bensky, 배리 스콧 Bari Scott 등이 대중적인 BAY 지역 라디오 프로그램 제작자로 등장했다. WBAI는 또한 스튜디오 제작의 생방송 드라마와 생음악 방송을 부활시켰다. 대안 뉴스와 공공 문제는 퍼시피카 방송국의 프로그램 구성에서 주요한 요소였다.

1972년 네트워크는 상원 워터 게이트 청문회를 생중계했다. 국내외 뉴스는 퍼시피카 방송국에서도 정기적으로 방송되었다. 그것은 미국의 국내외 정책에 비판적인 경향의 대안적인 뉴스와 정보를 제공하였다(Pacifica Foundation, 1984).

1960년대 말과 1970년대 초의 정치적, 문화적 동요는 미국 전역에 지역 사회 지향의 비상업적 라디오 방송이 급증하게 되는 계기를 마련했다. 그 실험의 주요한 영역은 교육 방송에 있었다. 대학에서 지원하는 라디오 방송 국들은 이 기간 동안 학계에서 비상업 방송의 잠재력에 대해 새롭게 관심 이 일기 시작하면서 일종의 부흥기를 맞이했다. 그 결과 두 종류의 라디오 방송국들이 나타났다. 그 하나는 방송국을 소유하고 운영하고 있는 대학에 서 커리큘럼과 대학의 임무와 연결된 직업 훈련 방송이다. 그 목적은 청취 자들에게 교육적, 문화적 가치가 있는 질적인 프로그램을 제공하는 것이며 방송에서 직업 교육을 시키는 것이다. 보통 이 방송국의 스태프는 교원과 유급 방송 전문인으로 혼합 구성되어 있다. 이 방송국들은 연방 정부가 1967년 공공 방송법안의 일부로 국립 공공 라디오 National Public Radio 를 설립한 이후 '공공 라디오' 방송으로 알려지게 된다. NPR은 교육 방송국에 대해 장기적으로 뉴스와 공공 문제 프로그램 훈련, 그리고 설비와 시설에 필요한 자금을 제공했다. 대신 교육 방송국은 대부분의 경우 프로그램 내용 과 지역 사회의 접근에 매우 신중한 자세를 취함으로써 수준 높은 문화적 포맷을 갖는 전문적이고 엘리트적인 운영을 해 나갔다.

이와는 대조적으로 수적으로는 적지만 대학 캠퍼스에서 학생들이 시작 한 라디오 방송국은 퍼시피카 방송국이 개척한 지역 사회 라디오 모델이나 그 모델의 변형을 선호했다. 대부분 이러한 방송국들은 학생들과 자원 봉사 자들을 스태프로 하며 따라서 젊은이 취향적이었다. 그들은 NPR과 협정을 맺은 대부분의 방송국이 내보내는 고전 음악 대신 대항 문화적인 대중 음악 을 내보냈다. 나쁘게 말하면 이 방송국들은 엘리트적이고 제멋대로이며, 단 지 광고만을 뺀 최근의 대중적 상업 FM 포맷을 모방한 것으로 볼 수 있으 나, 좋게 보면 학생 방송국들은 진보적인 실험이 된다. 뉴스와 공공 문제는 반전 운동, 인권 운동, 지역 사회 활동을 지지하는 입장에 서 있다. 그들은 지역 사회의 참여를 포용하는 조직적 구조와 아래로부터의 민주적인 관리 방식을 옹호했다. 그러므로 학생들이 운영하는 많은 방송국들은 대학 당국과 끊임없이 갈등 관계에 놓이게 되었다. 극단적인 경우 대학 당국은 논쟁적인 프로그램 방송을 허용하지 않고 학생 경영진을 해고하거나 운영을 중단시키기도 했다. 그러나 대부분의 학생 운영 방송국은 대학 당국과 입장의 차이점을 협의해 갔고 방송을 계속했다. 게다가 이 방송국에 관련된 많은 학생들은 졸업해서도 지역 사회 라디오에서 계속 일을 해 나갔다.

지역 사회 지향을 표방한 성공적인 대학 방송국의 하나는 오하이오 안티호크 대학에 허가된 WYSO-FM이다. WYSO는 서부 오하이오의 마이애미 지방에 봉사하는 2만 와트 출력의 방송국이다. 그것은 10명의 유급 스태프와 100여 명이 넘는 지역 사회 자원 봉사자들로 방송 제작이 이루어진다. 지역 사회에서 선출된 2개의 이사회가 방송국의 재정(지원 이사회)과 프로그램(권고 이사회) 제작을 관장한다. 프로그램 포맷은 문화적인 제안과 공공 문제에 대한 제안이 혼합되어 있다. 매일 마이애미 지역의 백인 농민층을 대상으로 방송되는 3시간짜리 아침 프로그램인 < 수탉이 울 때 When The Rooster Crows >라는 프로그램이 있다. 이 프로는 그 지방의 날씨와 농업에 관한 소식과 함께 전통적인 컨트리 음악 같은 것으로 편성되어 있다. 이 방송국은 또한 재즈, 블루스, 민속 음악, 고전 음악을 혼합해서 편성한다. 공공 문제에 대한 제안에는 시사 문제, 주말의 예술, 여성 프로그램, 지역 주말 뉴스 시간, 그리고 특집 다큐멘터리물 등이 포함된다. 게다가 WYSO는 최근 정기적으로 < 모든 것을 고려하여 All Things Considered >란 NPR의 전국 뉴스 프로그램을 방송하기 시작했다(WYSO Radio Guide, 1984~6).

대학 소유의 방송국을 지역 사회 지향의 운영으로 변화시키려 했던 보다 더 성공적인 예로는 워싱턴의 조지타운 대학에 허가권이 있던 WGTV-FM을 들 수 있다. 1970년대 초 반전 운동의 절정기에 이 학생 소유의 방송국은 평화주의자들과 다양한 대항 문화 운동의 지지자들에게 문호를 개방했다. 예수회 재단인 조지타운 대학 당국은 반전 선동까지는 참았으나, < 소피의 응접실 Sophie's Parlot >이라는 여성 프로그램이 카톨릭의 가르침에 반대되는 산아 제한, 낙태, 동성 연애에 대한 문제를 방송하기 시작하자 제한을 가하게 되었다. 학생들과 그 지역의 지지자들이 < 소피의 응접실 > 방송 불가를 거부하자 대학 당국은 방송국을 폐쇄시켜 버렸다. 후에 그것은 컬럼비아 지역 대학으로 방송 허가와 주파수 할당이 이전되었다.[4]

미국에서 청취자들이 후원하는 지역 사회 라디오 방송의 숫자는 반전 운동과 대항 문화 운동 기간에 극적으로 증가되었다. 1962년 초 퍼시피카에서 자원 봉사자로 일했던 로렌조 밀람Lorenzo Milam이 시애틀에 KRAB-FM이라는 비상업 지역 사회 방송을 시작했다. 지역 사회 라디오의 '개척자'로 알려진 밀람은 주위에 많은 행동가들을 모았다. 이후 10년 동안 그들은 전국에 'KRAB 성운'이라 불렸던 12개의 방송국을 발족시켰다. 이 방송국은 점증하는 지역 사회 라디오 운동의 탈중심적이고 무정부주의적인 세력을 형성했다. 비록 강력한 리더가 종종 방송국의 사무국장으로 등장하긴 했어도 그들은 협동적으로 조직되었다. 반관료적인 감정이 'KRAB 성운' 방송국의 지도자들 사이에 광범위하게 퍼져 있었다. 그들은 방송국 내에 민주적인 과정이 자리 잡을 수 있도록 노력했다. 그들의 포맷 전략은 철석 같은 반상업주의로부터 발전되었다. 다양함과 즉흥성이 규격화를 대신했으며, 세계의 비교 음악이 'TOP 40' 형식을 대신했다. 지역 사회의 참여는 'KRAB 성운'의 주요한 방침으로 자리 잡았다. 의견과 참여의 폭이 넓으면 넓을수록 더 좋은 것이다.

시애틀의 KRAB-FM은 밀람식의 지역 사회 방송국의 원형으로, 그의 이단자적인 라디오 철학을 프로그램 제작과 실천으로 옮긴 전형적인 방송국이다. 초창기에 밀람은 "우리는 라디오를, 반대할 수 있는 오래 된 민주주의적 개념 — 논쟁하고 다른 의견을 제시하고 들을 수 있는 권리 — 의 수단으로 간주한다"고 말했다. 그 목적을 위해 공공 문제에 대한 제안은 토론회, 전화 응답 쇼 그리고 오래 된 논쟁을 통해 지역 사회의 참여를 강조했다. 예를 들어 시애틀의 미 해군 모병관이 KRAB 방송에 모병 광고 방송을 방송하도록 요구했을 때 방송국은 해군 모병관과 평화주의 조직인 < 미국 우호 봉사 위원회 American Friends Service Committee > 소속의 양심적인 반대자들 사이에 '전쟁, 군사 훈련 그리고 자유'라는 문제에 대한 공개 토론회를 조직하는 것으로 대응했다. 해군은 초청을 거절했으며 방송국은 그에 대한 반격으로 모병 광고 방송을 거절해 버렸다. KRAB의 음악 방송 포맷은 시애틀의 여타 방송국이 다루지 않는 '공백 메우기'에 근거를 두고 있다.

즉 베토벤 이전과 스트라빈스키 이후의 현대 음악, 재즈, 민족 음악 등 음악사적인 공백기의 음악을 내보낸다는 것이다. 밀람이 말한대로 "우리는 상업 방송에서는 버려졌지만 우리에게 기쁨을 주는 것들을 실행한다"는 것이다(Milam, 1986: 3, 10, 61~2).

일반적으로 'KRAB 성운' 방송국의 대부분은 백인 대항 문화 운동에 근거하고 있었는데 이것이 대개 대안 미디어 운동으로 발전했다. 그러나 불행하게도 많은 다양한 계층의 사람들이 KRAB식으로 지역 사회 라디오 방송을 통합시키려는 시도는 성공적이지 못했다. 1960년대 말 로렌조 밀람이 후원했던 제레미 랜스맨 Jeremy Lansman 은 미주리의 흑인 빈민촌에 KDNA 방송국을 설립했다. 그것은 고귀한 실험이긴 했지만 그러나 곧 막 출범한 방송국과 젊은 백인 스태프들은 어려움에 직면하게 되었다. 방송 장비와 다른 귀중품들은 수시로 이웃의 마약 중독자들에게 털렸고, 여성 스태프들은 출퇴근할 때 성적 폭행을 당하기도 했다. 지방 신문은 KDNA 스태프들을 공산주의 동조자라고 공격했고, 방송국은 수시로 마약 단속을 한다는 명목 하에 경찰의 급습을 받았다. 1970년대 초가 되자 랜스맨과 그의 이상주의적 동지들은 방송을 포기하고 그것을 개인 투자자에게 넘겨 버렸다. 한편 텍사스의 달라스에 있던 KCHU-FM은 외부의 압력과 사보타지보다는 내부의 불일치로 문을 닫은 케이스가 되었다. 그것은 1975년, 2년에 걸친 백인 설립자, 스페인계 그리고 아메리카 흑인 간의 인종 분규로 문을 닫았던 것이다. KDNA와 KCHU는 내외의 갈등으로 방송을 중단한 최초의 라디오 방송국이었다(Milam, 1986: 81~8).

인종 분규는 샌프란시스코의 KPOO-FM 초창기에도 주요한 요인이었다. 그러나 이 경우에는 다행스럽게도 결과가 건설적으로 전환될 수 있었다. '빈민의 라디오'로 알려진 KPOO는 1872년 'KRAB 성운' 활동가가 설립한 방송국이다. 그것은 샌프란시스코의 빈민과 소수 민족에 봉사하기 위해 설립되었지만 처음부터 백인 지역 사회 라디오 노동자가 관리하고 있었다. 이 상황은 마침내 백인 스태프와 흑인이 대부분인 소수 민족 자원 봉사자 사이의 갈등을 가져왔으며, 급기야는 아메리카 흑인 자원 봉사자와 청취자들이 일으킨

항의가 방송국의 조직과 프로그램 제작에 중요한 변화를 일으켰던 1970년대 중반에 곪아 터졌다. KPOO의 운영 이사회는 아메리카 흑인이 방송 관리권을 장악하는 것으로 재구성되고 대부분의 백인 스태프는 교체되었다. 1980년대에 KPOO는 샌프란시스코의 스페인계, 아시아계, 필리핀계, 그리고 아메리카 원주민을 포함함으로써 참여의 기반을 확대했다. 그 결과 이 방송은 최초의 다민족 지역 사회 라디오 방송국이 되었다(Barlow, 1986: 61).

3. 전국 지역 사회 방송인 연합

미국의 지역 사회 라디오의 성장은 베트남 전쟁이 끝나고 대항 문화가 쇠퇴하기 시작했던 1970년대에도 계속되었다. 퍼시피카와 'KRAB 성운' 방송국 이외에도 다른 식의 지역 사회 라디오 방송이 등장하기 시작했다. 여기에서 스페인계 주민과 아메리카 원주민 거주 지역에 있는 2중 언어 방송국이 포함된다. 도시와 지방의 흑인 거주 지역에 있는 아메리카흑인방송국, 빈민촌의 다민족방송국, 대학 사회에 위치하는 진보적인 백인방송국 등. 1975년에는 25개의 지역 사회 라디오 방송국들이 모여 전국 지역 사회 방송인 연합(NFCB: National Federation of Community Broadcasters)을 창설했다. 이 기구는 전국의 지역 사회 라디오의 성장과 발전을 촉진시키기 위해 설립되었다. 그 임무에는 가맹사간에 정보 교환과 프로그램 제작을 촉진시키며, 미국의 지역 사회 라디오에 대한 자료 수집과 연구를 수행하며, 매년 개최하는 NFCB 회의를 계획하는 것, 지역 사회 라디오를 위해 연방 정부와 의회 로비 활동을 수행, 새로운 지역 사회 라디오 방송국의 성장과 발전을 지지하는 것 등이 포함된다. 최초의 NFCB 회장은 세인트루이스에서 KBDY-FM(KDNA의 후신)의 사무국장으로 활동하는 등 지역 사회 라디오 운동의 베테랑인 톰 토머스 Tom Thomas 였다. 그는 재임 10년 동안 새로운 조직을 솜씨 있게 이끌었다. NFCB의 공식적인 신조는 초기 팜플렛에 나타난 다음과 같은 자체 평가에서 찾아볼 수 있다.

"1970년대 중반 이후 지역 사회 라디오는 전국적으로 급속한 성장을 보았다. 이 운동은 방송에 무한한 새로운 목소리를 불러일으켰을 뿐만 아니라 이 나라의 공공 라디오의 성격을 변화시킨 창조적인 프로그램 제작, 지역 사회 참여 그리고 청취자가 후원하는 하나의 선례를 만들어 냈다. 이 방송국들은 다양함에도 불구하고 지방주의와 지역 사회의 필요를 강조하는 라디오에 대한 철학적, 정치적, 미학적 접근이라는 공통된 특성으로 통일되어 있다. 음악, 문화, 정보 프로그램의 다양성과 실험, 전통적으로 대중 매체로부터 배제되었던 계층의 참여, 운영과 프로그램 제작의 모든 면에 공공의 참여를 위한 접근 가능한 방송국 지배와 기회를 통한 지역 사회의 참여 등."

NFCB는 의회와 연방 정부에 대한 직접적인 로비를 용이하게 하기 위해 워싱턴에 본부를 두었다. 이 점이 특히 중요한 것은 이 때문에 NFCB 회원사의 수가 늘었다는 사실이다. 가맹 방송국 수는 1980년에 56개로 늘었고 1984년에 100개를 기록하면서 안정화 추세를 보였다. 톰 토머스가 사무국장을 사퇴했을 때 이 조직은 주요한 목표를 달성했다. KFCB 최초의 10년 동안 가맹 회원 수는 3배 이상 증가했으며, 의회와 FCC, CPB 같은 기구로부터 공신력도 확보했다. 새 조직이 행정부 계통에서 인지도를 얻고 행정 절차를 표준화하고 그 작업과 정치를 국가 자본으로 자리 잡게 하면서 그것은 다소간 공공 라디오 영역으로 제도화될 수 있었다. 여기에서 그 미래는 정부 출자의 공공 라디오 — 특히 전국 공공 라디오 NPR — 의 운명과 관련되었다.

지역 사회 라디오처럼 공공 라디오는 1970년대에 급속히 증가하였다. NPR 예산은 1973년의 320만 불에서 1979년에는 1250만 불로 증가하였다. NPR은 더 많은 스태프를 고용하고 프로그램 공급을 확대하며 NPR이 가맹사에 제공했던 기술적 봉사 — 가장 두드러진 것으로는 위성 연결과 위성 방송 능력을 갖춘 점 — 의 수준을 높일 수 있게 되었다. 1980년까지 CPB의 추가 예산은 'CPB 자격이 있는' 공공 라디오 방송국에만 할당되었다. 한 방송국이 CPB 기금을 얻기 위해서는 연중 내내 하루에 적어도 18시간 이상 방송해야 하고 3000와트 이상의 출력을 가질 자격이 요구되었다. 또한 연간 적어도 8만 불의 예산을 확보해야 하고 5명 이상의 전업적인 스태프를 고용해야 했다. 이러한 기준은 크고 설비가 되어 있는 지역 사회 라디오를 제외한 나머지를 배제하려는 경향이 강했다(Fornatale and Mills, 1983: 175~7).

4. 레이건 재임시의 공공 방송과 지역 사회 라디오

1980년대 레이건 대통령의 재임은 보수주의의 시대를 열었다 — '자유주의적'인 신문과 대중 매체에 대해 대항 전략이 교묘하게 가해졌다. 그들은 주요 인쇄 방송 매체를 지배하는 '편중된' 일방적인 관점에 대해 책임을 물었다. 공공 방송은 연방 정부에 의존하기 때문에 보수주의의 압력에 특히 취약했다 — CPB, PBS와 NPR은 실상 특정한 방송의 책임을 지고 있는 정부 관료 기구와 같았던 것이다. 이것들은 모두 카터 재임시에는 번창하였던 것이었으나 레이건 행정부가 들어서면서는 역전된 것이다. 공공 방송에 대한 레이건 행정부의 대응에는 두 가지 측면이 있었다. 첫번째는 공공 방송국에 할당된 연방 기금의 삭감, 둘째는 정부 내외의 보수주의자들이 공공 라디오와 텔레비전 프로그램 제작을 조사하도록 부추기고 — 심지어는 자유주의 매체 헤게모니에 대해 주의할 것을 요구하는 것이다.

1980년대 연방 재정 적자로 야기된 대대적인 예산 삭감은 NPR과 지역 사회 라디오 운동에 큰 영향을 미쳤다. NPR의 연간 운영 예산은 상대적으로 삭감되어 그전의 10년간의 수익을 뒤집어 놓았으며 1980년대 중반에 가서는 적자에 놓이게 되어 스태프를 줄이고 프로그램 확장 계획도 취소하지 않을 수 없었다. 마찬가지로 지역 사회 라디오 방송국도 재정 적자로 타격을 받았다. 삭제된 최초의 것 중의 하나는 민간 고용 훈련 CETA 기금 프로그램으로, 이제는 새로운 공공 라디오 스태프 — 특히, 여성과 소수 민족 — 가 현장 교육을 받으면서도 임금을 받을 수 없게 되었다. 예산 절감 과정의 초기 단계에서 나타난 이러한 프로그램의 손실로 모든 새로운 지역 사회 라디오 스태프들은 일자리에서 추방될 위기에 직면했다. 특히, 소수 민족 방송국 — 아메리카 흑인, 스페인, 아메리카 원주민 — 은 CETA 기금의 삭감으로 커다란 타격을 받았다. 북캐롤라이나 워렌 군郡의 시골 흑인 지역 방송국인 WVSP-FM은 1982년과 1985년 사이에 유급 스태프 16명 중 10명을 잃었다. 이 인원 손실을 상쇄하기 위해 — 그리고 연방 재정 지원의 더 이상의 삭감을 상쇄하기 위해 — WVSP는 할 수 없이 방송 기제를 인근 내쉬 군의 도시 근거지로 이전하기로 결정했다. 캘리포니아 살라니스의 스페인 지역 사회 라디오인 KUBO-FM은 예산 삭감으로 치명적인 타격을 받은 예이다. 1983년에 이 방송은 현대적인 방송 설비를 갖추고 유급 스태프 6명, 연간 20만 불의 예산으로 운영되었다. 그러나 1986년 2년 동안 적자를 내고 CPB 자격사의 위치를 상실한 이후 KUBO는 방송을 중단하고 채무를 충당하기 위해 설비를 매각해야 했다. 연방 재정 지원과 주 정부 재정 지원의 삭감이 방송국을 양도하지 않을 수 없게 한 주요한 원인이었던 것이다. 현재 방송 허가권을 획득하고 보다 현실적인 재정적 기초 위에 KUBO를 부활시키려는 이사회의 재조직 노력이 진행중에 있다(Barlow, 1986: 62~2, Herman, 1986: 11, 15, 17).

WVSP와 KUBO는 모두 가난한 시골 지역 사회에서 민주적인 방송 운영을 해야 하는 것과 재정적으로 취약한 문제 사이의 모순과 씨름해 온 대표적인 사례이다. 청취자의 지원이라는 것도 과거나 현재나 가난한 농민과 농장 노동자, 또는 일반적으로 빈민에 의존해야 하는 어려운 재정 문제 해결 방법이었으며, 정부 재정 지원도 기껏해야 변덕스러운 것일 뿐이었다. WVSP는 좀더 중산층에 속한 흑인 전문직종 종사자층을 가입자로 삼기 위해 시설을 옮기기로 결정했다. KUBO는 적자에서 벗어나지 못하고 재정 문제를 해결할 수 없어 방송을 중단했□ □우스 다코타의 파인 릿쥐 구역의 아메리카 원주민 지역 사회 라디오 방송국인 KILI-FM도 1980년대 중반 심각한 연방 정부 재정 지원 삭감 문제에 봉착했다. 살아 남기 위해 KILI는 방송을 계속할 수 있게 해 달라는 전국적인 우편 모금 캠페인을 벌였다. 많은 진보적인 정치 지도자들이 이 우편 캠페인을 지지하였다. 어쨌든 이 3가지의 어느 경우에나 정부의 재정 지원은 방송국의 초기 운영에 결정적이었고, 그것이 취소되자 위기를 초래했던 것이다.[5]

이런 긴축 경제 이외에도 레이건 행정부는 보수 세력들이 대중 매체를 정치적으로 조사하게끔 유도했다. 이는 신문과 몇몇 네트워크들을 조심스럽고 심지어 방어적이 되게 했으며 공공 방송 계열사도 비슷한 입장에 처하게 했다. 뉴스 보도뿐만 아니라 공공 문제 기록물들은 보수적인 비평가로부터 비난의 초점이 되었다. 워싱턴에서는 PBS와 그 지방사인 WETA-TV가 BBC와 합작으로 < 아프리카인 *The Africans* >이란 제목의 다큐멘터리 시리즈를 제작했다고 해서 비난 받을 정도였다. — 이것은 1986년 공공 TV에서 상영되었다. 이 시리즈는 이 분야의 전문가인 케냐 출신 아프리카학자 알리 마즈루이 Ali Mazrui 박사가 집필하고 대담을 주재했다. < 아프리카인 >은 국립 < 인문 기금 이사회 NEH > 의장인 린 케니 Lynne Cheney 박사로부터 '반서구적인 비판' 작품이라는 공격을 받았다. 레이건이 임명한 보수주의자인 케니 박사는 PBS가 마즈루이 교수의 '편향된' 견해가 시리즈를 지배하도록 허용한 것을 비난하고 재정 지원 단체 명단에서 NEH의 이름을 뺄 것을 요구했다. NEH는 초기에 그 계획에 자금을 제공했던 것이다. 지역 사회 라디오 방송계에서는 이런 일들이 비일비재했다. 워싱턴의 퍼시피카 계열의 소수 민족 방송인 WPFW-FM은 이 방송의 스페인계 프로그램 제작이 니카라과와의 '공산주의적' 산디니스타와 엘살바도르의 마르크스적 FMLN 게릴라 투쟁을 지지했다는 제소에 대답하도록 FCC에 소환되었다. 이 비난은 워싱턴에 있는 우익 미디어 감시 집단인 AIM(Accuracy in Media)에 의해 FCC에 축적된 공식적인 항의문으로 제기되었다. WPFW의 변호사는 FCC 공청회에서 그 비난을 반박할 수 있었다. 그러나 예비 조치로 방송국은 해설을 하고 초청 인사들이 논쟁적인 견해를 표명하는 과정을 엄격하게 적용했다(Washington

Post, 1986. 11. 15).[6]

    레이건 행정부의 정치·경제적 공세에 직면해서 지역 사회 라디오와 공공 라디오는 1970년대의 수익을 보존하기 위한 노력으로 등급을 고정시켰다. NFCB의 새로운 사무국장 캐럴 샤타 Carol Schata 는 공공 라디오의 구조 내에서 작업하는 것을 옹호한 사람이었다. 그녀는 알래스카 지역 사회 라디오의 베테랑으로 그 곳에서는 주 정부가 수십 개의 지역 사회 경향 방송국들을 설립하고 유지하는 데 주요한 역할을 하고 있었다. NFCB와 NPR이 레이건의 공격을 피하기 위한 노력으로 단합되자 그들은 공공 라디오 영역의 경계에 대한 명문화되지 않은 '신사 협정'에 합의했다. NPR은 제휴 대상으로 CPB 자격이 있는 더 크고 더 강력한 비상업 방송국을 목표로 삼았다. 여기에서 교육 방송, 직업 훈련 방송, 그리고 지역 사회 방송이 포함되었다. NFCB는 좀 작은 100~3000와트 출력의 방송국을 지원하기 위해 재원을 모았다. 어쨌든 퍼시피카 네트워크를 제외한 지역 사회 라디오 방송국들은 NPR 주위로 모여들었다. 이는 자금 지원, 서비스, 그리고 프로그램 혜택을 받기 위한 것이었다. 재정 지원 삭감에도 불구하고 NPR은 여전히 비상업 라디오 방송 운영에 사용되는 주요 공공 자금원이었던 것이다. 그러므로 NPR과 NFCB 간의 책임의 분리는 논리적이고 경제적으로도 필요한 것처럼 보였다. 게다가 이제는 상호 이해의 이슈에 대해서는 서로 협력하는 전통도 세울 수 있었다. 1980년대 초기에 그들은 FCC가 보다 고출력이며 재정 상태가 좋은 방송국에 유리하도록, 많은 10와트 이하 출력의 비상업 FM 방송국 운영을 제한하도록 하는 데 힘을 모았다. 그들은 비상업 FM 주파수대가 점점 부족해지고 전국의 라디오 청취자들에게 100% 도달할 수 있게 하려는 욕구 때문에 그렇게 했던 것이다. 그러나 아이러니컬하게도 이 새로운 FCC 정책으로 직접적인 영향을 받은 방송국들은 대부분 학생들이 운영하는 진보적인 저출력 대학 방송국들이었다(Fornatale and Mills, 1983: 80~1).

    이 시기에 공공 라디오 영역에 들어가서 영향을 미치려는 지역 사회 라디오 운동의 노력은 참여적 민주주의와 사회 정의에 대한 끊임없는 참여로 균형을 이루고 있다. NFCB 가맹사에 종사하는 소수 민족, 여성 스태프 비율은 NPR 가맹사보다 높다. 이외에도 지역 사회 라디오 활동가들은 전 세계에서 벌어지고 있는 지역 사회 라디오 운동과 깊은 유대 관계를 맺고 있다. 1986년 가을 캐나다의 밴쿠버에서 열린 제2회 세계 지역 사회 방송인 회의 AMARC 2 에서 미국 대표단은 주최측 캐나다만큼이나 대규모로 구성되었고 대부분이 회의 과정에 적극적으로 참여했다. 라틴 아메리카의 민중 라디오, 유럽의 자유라디오, 아프리카의 교육라디오, 엘살바도르와 남아프리카의 게릴라라디오와 함께 의견과 경험을 교환하면서 미국 대표단은 처음으로 이 중요한 매스 커뮤니케이션과 지역 사회 라디오의 국제적인 운동에 동참했다. 이러한 접촉과 교환이 전 세계 지역 사회 라디오 운동에 국제적인 연대와 프로그램 제작으로 귀결될지 어떨지는 좀더 두고 봐야 할 일이다. 그러나 니카라과에서 열릴 예정인 제3회 AMARC 회의가 이미 < 국제 운영 위원회 >에서 계획중에 있다.

5. 맺음말

"라디오는 배급 체제로부터 커뮤니케이션 체제로 전환되어야만 한다. 라디오는, 전달할 수 있을 뿐만 아니라 수신할 수 있고, 청취자들을 듣게 할 뿐만 아니라 말하게 하고 청취자를 고립시키는 게 아니라 연결시킬 수 있다면, 그것은 거대한 채널 체제를 갖춘 가장 훌륭한 이상적인 공공 커뮤니케이션이 될 수 있다"(Brecht, 1983: 169).

지역 사회 라디오 운동은 미국의 진보적인 세력들을 연결시키는 민주적인 매체로 지향하려는 투쟁과 전략적으로 관련되어 있다. 그것은 시민 집단과 사회 변화를 지향하는 활동가들에게 주위 사람들과 사상과 활동을 교환하는 수단을 제공하면서 그들에게 절대로 필요한 방송 채널을 개방하는 것이다. 이러한 접근 방법은 청취자들이 비판적인 입장에서 그들의 사회 환경에 대해 알게 하고 아래로부터 그것을 변혁하게끔 하는 것이다. 동시에 그것은 참여자들을 커뮤니케이션 체제로 끌어들임으로써 정당한 근거로 각각의 투쟁에 조화를 가져오게 한다. 그 순수한 결과는 진보적인 집단과 활동가들이 같이 관리하고, 실질적으로 지역 사회에 근거지를 두고 있으면서, 민주적으로 운영되는 대중 매체의 참여적 형태이다.

지역 사회 라디오가 미국의 상업 방송에 반대하여 발전되었기 때문에 그것은 급진적으로 상이한 프로그램 제작 관행과 운영 전략을 발전시켰다. 상업 방송은 이윤 동기로 운영되며 가장 많은 돈을 버는 좋은 수단일 뿐인데 비해 지역 사회 방송은 그들의 사회적 참여 동기로 운영된다. 그것은 대중 교육, 사회 정의, 사회 경제적 발전을 도구로 사용되는 라디오 프로그램의 문화적 생산과 재생산을 통해 지역 사회를 강화하기 위한 것이다. 상업 방송은 소비자에게 상품을 팔기 위해 방송하며, 역으로 광고업자에게 청취자를 팔기 위해 방송한다. 이들 프로그램 형식과 포맷은 이윤을 극대화하고 문화적 헤게모니를 유지하게끔 만들어진다. 이와 달리 지역 사회 라디오는 지역 사회의 대화를 증진하고 진보적인 사회 발전 운동을 지지하는 오디오적 증거로 제시하기 위해 방송된다. 이들은 미국의 비상업 라디오의 민주화를 추구한다.

현재 지역 사회 라디오 운동이 당면하고 있는 주요한 문제는 사회적 제약과 민주적인 욕구를 어떻게 조화시키는가 하는 것이다. 사회적 제약은 경제적이고 정치적인 차원 모두를 포함한다. 지역 사회 라디오를 운영하는 경제적 기초에는 재정적 자립이 전제되어 있다. 이 방송에는 3가지 주요한 재정적 근거가 있다. 즉 청취자의 보조, 정부 보조, 후원인 보조가 그것이다. 청취자 보조는 청취자들에게 정기 청취하게 하고 재정 증대를 후원하도록 함으로써 청취자로부터 직접 재정을 얻는 것이다. 대부분의 미국 지역 사회 방송은 이런 방식으로 운영 수입을 확보한다.

정부 보조는 훈련 기금과 발전 기금 같은 형태로 들어온다. 그러나 이런 기금을 신청하는 방송국은 정부 절차와 자격 규정에 얽매이게 된다. 이런 기금은 종종 지역 사회 라디오의 시설 설비와 방송 능력, 프로그램 제작,

방송 인력의 기술적 능력을 향상시키는 데 도움을 주기도 한다. 그러나 이는 또한 정부 자금에 대한 종속 현상을 낳아, 방송을 정부가 후원하는 공공 라디오 영역 내로 제도화시키는 결과를 초래했다. 이런 면에서 정부 재정은 운영과 제작의 영역에까지 정부의 영향력을 미치게 한 원인이 되는 셈이다.

세 번째의 재정 전략은 후원자의 보조로서, 지방의 소규모 또는 대규모 기업 모두에게 해당된다. 그들은 방송 후원자로서 방송에 나가는 대신 종종 특정한 프로그램이나 계획에 대해 방송국에 자금, 설비, 시설 등을 기부한다. 기부금은 물론 세금을 면제받는다. 그러나 후원이란 보통 지역 사회 라디오 방송이 지지하는 문제의 편에 서게 함으로써, 광고의 자비로운 형태로도 교활한 형태로도 보일 수 있다. 대부분의 지역 사회 방송은 각 방송국 사정에 따라 이러한 재정 전략을 둘 정도 결합하든가 심지어는 세 가지 방법 모두에 의존한다. 퍼시피카 네트워크처럼 몇몇 방송국은 후원 제도를 금지하는 경우도 있긴 하다. 그러나 그 어떠한 재정 문제 해결 노력에도 불구하고 경제적 압박은 지역 사회 라디오 운영에 계속 남아 있는 문제이다. 그리고 그것은 방송국의 성장과 쇠퇴의 기준이 되는 것이다.

지역 사회 라디오의 정치적 중요성도 방송 운영에 영향을 주는 외적·내적 요소가 되고 있다. 외적으로, 라디오는 지역 사회의 지도자와 이익 집단을 방송국의 뉴스나 공공 문제 프로그램 제작에 참여하게 함으로써 정치적인 교환이나 연대를 증진시킨다. 이 지역 사회 활동가들과 조직은 정치적으로나 문화적으로 방송 청취자의 한 단면을 대표하고 다양한 이익을 반영한다. 예술은 지역 사회 라디오에서 정치와 동등한 위치를 가지며 어떤 방송에서도 프로그램 제작에 통합되어 있다. 그러나 이상적인 경우에라도 예술적인 요구와 정치적인 요구의 조정이 쉬운 일은 아니다. 지배적인 정치 환경이 진보 운동과 배치될 때는 다분히 문제를 일으킬 소지를 갖게 되는 것이다. 전국적인 정치 상황은 지역의 관심사와 함께 고려해야 할 또 다른 외적 조건이다. 정치 상황이 사회 변화와 문화 운동에 적대적일 때 지역 사회 라디오 방송국과 FCC 간의 법적 싸움은 치열해진다. 게다가 정부는 재원에 대해서는 소극적인 반면, 정부 대행 조직은 감시 활동을 늘려 가고 있다.

이러한 모든 외적인 정치적 조건은 지역 사회 라디오가 재정적 안정, 조직의 안정, 정치적 합법성을 확보하기 위해서는 극복해야 할 특정한 억압이 되고 있다. 지역 사회 라디오는 내적인 정치적 조건도 방송인들이 자신의 잠재력을 극대화시킬 수 있는 능력을 제한하는 다양한 억압을 낳는다. 대부분의 지역 사회 라디오 방송은 소수의 유급 스태프와 많은 자원 봉사자들로 운영된다. 이 두 집단간의 역학 관계는 방송국의 효율적인 운영에 결정적이다. 노동의 분화와 방송 시간을 포함한 제한된 자원의 할당에 관한 결정은 방송국이 자신을 지배적인 상업 매체에 대한 가능한 대안으로 유지할 수 있게 하는 정도를 결정짓는다. 이런 점에서 민주적인 결정 과정은 자원 봉사자의 참여 수준뿐만 아니라 지역 사회의 참여 수준을 촉진시킨다.

그러나 방송 조직의 탈중앙화된 힘의 배분이 단점으로 나타날 수도 있다. 때때로 그것은 참여적인 민주주의와 동의보다는 파벌주의와 눈에 보이지 않는 경쟁을 조장하기도 한다. 이는 조직의 저하와 심지어 정치적 혼돈을 야기하며 지역 사회 라디오의 안정과 능률을 저해한다. 이러한 사태 변화에 대응해서 대부분의 조직은 조금 권위적인 결정 과정 모델을 채택하려는 경향이 있다. 힘은 소수의 손에 집중되어 이상적으로 아래로부터 올라오는 대신 위에서 아래로 내려간다. 그러나 지역 사회 라디오의 구조를 둘러싸고 있는 이러한 정치적·경제적 억압에도 불구하고 그것은 미국의 다른 어떤 형태의 대중 매체보다도 더욱 민주적인 잠재력을 갖고 있다. 그것은 부분적으로는 공인된 임무로서의 지역적 특성 때문에 그렇다. 지역 사회 라디오가 진보적인 정치 운동과 문화 운동 사이에 위치함으로써 그것은 대안적 커뮤니케이션 네트워크가 될 뿐만 아니라 사회 변화를 주도하는 광범한 스펙트럼의 조정자가 되고 있다. 고용, 주택, 입법, 건강, 복지, 환경 보호와 같은 이슈를 다루는 프로그램에 여성, 노동자, 소수 민족, 학생 등을 참여시킴으로써 대중을 조직하려는 노력과 참여자들간에 연대를 형성해 나가는 노력을 촉진시키고 있다. 공연 예술과 시각 예술을 발전시키는 지역 문화 활동가들에게도 마찬가지이다. 게다가 지역 사회 라디오는 시민 참여의 동심원에 기초해서 대중을 조직하기 위한 민주적인 모델로서 이상적인 것으로 간주된다. 스태프, 자원 봉사자, 방송 출연자, 정기 청취자 그리고 청취자들 모두가 방송국의 활동과 구조에 연결되어 있다. 각 범주는 참여의 정도에 따라 규정된다. 그들은 집단적으로 아래로부터의 사회 변화와 문화 운동을 완수하려는 하나의 대중 조직을 구성하고 있다. 그들은 집단적으로 새로운 저항 문화를 건설하는 데 있어서 안토니오 그람시 Antonio Gramsci 가 말한 고전적인 해석을 실행하려는 노력을 하고 있는 것이다.

> "새로운 문화를 창조한다는 것은 개인적인 차원에서 최초로 발견한다는 것만을 의미하는 것이 아니다. 그것은 또한 이미 존재하고 있는 사실을 비판적으로 대중화시키고 그리하여 그것을 사회화시키는 것을 의미하며, 따라서 그것에 생동하는 활동 근거를 마련해 주고 그것을 지적이고 사회적인 관계의 동등한 요소로 만드는 것이다. 곧 많은 사람들이 동등한 방법으로, 현존하는 진실이란 고립된 철학적 천재가 어떤 진리를 발견해서 소수의 지식인 집단에게만 유산으로 남기는 것보다 훨씬 중요하고 근본적인 사실이라는 것을 평가하게 하는 것이다"(Gramsci, 1983: 749).

(옮긴이: 김대호, 영국 버밍엄 대학 유학중, 언론학 전공)

주

1) 지역 사회 방송국 방송인에 대해서는 NFCB 연구부장인 패트 윗킨스 Pat Watkins 와의 인터뷰에서(1987. 1).

2) KOTO에 관한 정보 출처는 KOTO 공공 문제 책임자인 애슐리 몽테큐 Ashley Monteque 와의 인터뷰(1987. 1).

3) WBAI에 관한 정보 출처는 WBAI 사무국장인 존 사이먼 John Simon 과의 인터뷰 (1987. 1).

4) 워싱턴의 < 소피의 응접실 > 라디오 집단 회원인 나탈리 루스 Natalie Reuss 와의 인터뷰(1986. 7).

5) KILI-FM 방송국장 도널드 뱅크스 Donald Banks 와의 인터뷰(1987. 1).

6) WPFW-FM 방송국장 마리타 리베라 Marita Rivera 와의 인터뷰(1987. 1).

참고 문헌

Barlow, W. "Sounding Out Racism: Afro-Americans in Radio," *Split Image: Afro-Americans in Mass Media.* unpublished, 1986.

Barnouw, E. *The Golden Web: A History of Broadcasting in the United States.* vol. 2. 1933~53. New York: Oxford University Press, 1968.

Brecht, B. "Radio as a Means of Communication," *Communication and Class Struggle* 2. *Liberalism. Socialism.* New York: International General / IMMRC, 1983

Fornatale, P. and Mills, J. *Radio in the Television Age.* Woodstock. New York: The Overlook Press, 1983.

Gramsci, A. "National-Popular Literature, the Popular Novel and Observations on Folklore," *Communication and Class Struggle.* 2. 1983.

Gray, H. "Social Constraints and the Production of Alternative Media: the Case of Community Radio," *American Sociology Convention conference paper,* unpublished, 1986.

Koch, C. "The Pacifica Papers," *KPFA Portfolio.* Berkeley. Cal.: The Pacifica Foundation, 1972.

Krieger, S. *Hip Capitalism.* Beverly Hills: Sage, 1979.

McKinney, E. (ed.) *The Exacting Ear: The Story of Listener Sponsored Radio.* New York: Pantheon, 1966.

Milam, L. W. *The Radio Papers from KRAB to KCHU. Essays on the Art and Practice of Radio Transmission.* San Diego, Cal.: MHO & MHO Works, 1986.

National Federation of Community Broadcasters. "We Make Community Radio. Community Radio in the United States," Washington DC. NFCB pamphlet, 1982.

Pacifica Foundation. *Pacifica Radio 1984: 35th Anniversary Year.* Los Angeles, Cal., 1984.

Stebbins, G. "Listener Sponsored Radio: The Pacifica Stations," Ohio State University, PhD. dissertation, 1968.

WYSO Radio Guide. Antioch College. Yellow Springs, Ohio, 1984~6.

제3부

거대한 권력 기구화되어 있는 매스 미디어의 횡포에 대해 국민들은 어떻게 대처해야 하는가? 그것에 대한 법적 대응 방안들을 소개하고 있다. 그리고 편집권에 대한 잘못된 인식을 바로잡음으로써 국민의 권리를 되찾고자 하는 시민 운동 차원의 노력이 정리되어 있다.

제6장
언론으로부터의 자유와 법적 대응

박형상[*]

1. 누구를 위한 언론 자유인가

언론의 자유야 언제 어디서나 더 없이 소중한 것임에 틀림없지만 이제는 '언론으로부터의 자유'라는 개념마저 새롭게 제기되는 형편이다. 전통적인 언론의 자유 개념이 상정하는 전형적인 가해자는 국가 권력, 전제 왕권 등 이었고, 언론의 자유의 실질적인 의미는 '국가 권력, 전제 왕권이 행하는 공적 검열로부터의 자유'였다(정치 권력으로부터의 독자성의 문제였다). "신문 없는 정부보다 정부 없는 신문을 택하겠다"거나 "펜이 칼보다 강하다"는 경구는 그 시대의 공적 검열, 정치적 외압을 짐작케 한다. 절대 권력, 전제 왕권에 대하여 시민의 자유가, 또는 제국주의 권력에 대하여 식민지민의 자유가 이분법적으로 대치하던 시대 상황 속에서 정치적 언론의 자유를 획득하기 위한 가장 효율적인 방법은 고결한 품성, 지조를 지니고 지적 능력이 탁

---

[*] 변호사.

월한 지사적 선각자들이 언론인 집단을 이루어 피치자 대중들의 억눌린 입장을 대변해 주는 것이었다.

위와 같은 시대 상황하에서는 국가 권력, 전제 왕권이라는 거대한 적에 대항하기 위해 최전방 전사격인 언론인과 후방의 시민들은 연합 전선을 구축하고 동반자적 관계를 유지하였으며 언론인과 시민들 사이에 갈등, 대립의 여지는 거의 없었다. 그러나 제1, 2차 세계 대전 이후 민주주의, 자본주의의 발전이 가속화된 현대에 이르러서는 그간의 정치적 역학 구조가 밑바닥부터 흔들리게 되어 정치적 언론의 자유 자체의 성격이 변하게 되었다.

일부 특정 국가를 제외하고는 드러내 놓고 무지막지하게 언론의 자유를 탄압하는 경우란 보기 힘들고, 대부분의 국가 권력 자체는 점차적으로 민주화되다 보니 국가 권력과 언론 기관이 정면 대립하는 경우는 드물게 되었다. 한편 언론인 집단이 예속되어 있는 언론 기관 자체는 심화된 자본주의 구조 속에서 거대 독점 자본에 지배되기 시작, 본격적인 영리 기업의 형태를 취하게 되었다. 언론 기업의 입장에서는 수지타산에 맞는 일만 된다면 오히려 국가 권력 쪽을 거들어 주고 조작된 정부 홍보 자료를 의도적으로 흘리는 식으로 정권 나팔수가 되거나 또는 언론 상품 판매 전략상 잘 팔리는 기사거리만 된다면 시민의 명예가 훼손되든 말든, 그 사생활이 침해되든 말든 개의치 않게 되었다. 오히려 언론 기업 자신의 구미에만 맞추면서 언론 기업 자신이, 국가 권력의 공적 검열에 앞서 일종의 사적 검열, 자기 검열을 감행할 정도가 된 것이다.

결국 '국가 권력, 일반 시민(언론인)'이라는 전통적인 2자적 대립 구조는 이제 '국가 권력, 언론 기업, 일반 시민'이라는 3자적 대립 구조로 분화된 것이다. 그리하여 일반 시민의 입장에서는 이제 국가 권력과 언론 기업이라는 두 개의 적을 상대하게 된 셈인데 국가 권력 자체의 비민주적 후진성과 언론 기업 자체의 폐쇄적 후진성이 혼재된 한국적 사회 구조하에서는 그 두 적의 야합으로 인한 폐해가 더 한층 심각하다 할 것이다. 특히 방자한 언론 기업을 상대로 그 명예와 사생활을 침해받은 시민들이 항의라도 하면 언론 기업은 전통적인 언론의 자유를 방패 삼아 그 신성 불가침성을 주장한다.

국가 권력 역시 이러한 언론 기업과 일반 시민들 간의 갈등에 대하여 소극적인 방관자적 자세만을 취한다.

위와 같은 오늘날의 현실은 전통적인 언론의 자유에 관한 본질적 의문을 갖게 한다.

도대체 누구를 위한 언론 자유인가?[1]

이른바 언론의 자유란 미명하에 일반 시민의 명예나 사생활은 한량 없이 침해되어도 좋다는 말인가?

일반 시민의 언론의 자유에 대한 진정한 가해자는 누구인가?

이 글은 가해자로서 언론 기업의 횡포에 대한, 즉 언론으로부터 자유를 지키기 위한 실정법 차원의 대응책 및 한국적 상황에서의 법적 쟁점을 개괄해 보려는 것이다.

2. 법적 대응

1) 형사적 대응

언론에 의하여 어떤 법익이 침해되는 경우 형법을 비롯한 형사적 처벌 법규에 호소하여 형사상 제재를 가할 수 있음은 물론이나 형사 책임의 특성상 일정한 한계가 있다. 형사 책임은, 원칙적으로 구체적 가해 행위를 저지른 행위 당사자를 상대로 하여 고의 행위만을 추궁하게 된다.

그런데 문제 된 가해 행위(언론에 의하여 침해된 행위를 통상 '언론 침해'라고 약하여 사용하고 있다)[2]의 대부분은 그 행위 당사자가 '자연인으로서 언론인 개인'인지 '법인으로서 언론 기관 자체'인지가 불분명할 때가 많고 또고의 행위가 아닌 과실 행위(즉 부주의로 인한 잘못)로 비롯된 경우가 많을 것이므로 형사법이 요구하는 책임 요건, 즉 구체적 자연인 개인의 고의 행위 요건을 충족시키지 못하게 된다.

또한 한국적 상황에서는 피해자가 가해자를 직접 형사 소추 할 수 없고 오로지 국가 기관인 검사만이 형사 소추권을 독점, 그 재량을 행사(기소 독점주의, 기소 편의주의)하므로 검사가 가해자인 언론 기관, 언론인과 밀착한 나머지 피해자의 고소, 고발을 묵살할 경우 형사상 처벌은 원천적으로 불가능해진다. 종종 지적되는 언론계 촌지 수수 관행이 배임 수증죄 등 형사 사건으로 문제 되지 않는 까닭이 여기에 있다. 또 언론 침해에 대하여 막상 형사 처벌을 시킨다 하더라도 피해자의 보복 욕구를 채워 주는 사후적 심리 보상 효과에 불과하고 원상 회복되는 것도 아니므로 형사상 구제 수단은 여러모로 적절치 못할 때가 많다.

우리 실정법에 따른 형사상 구제 조항을 살펴보자.

첫째, 사회적 법익 침해 차원에서는 형법 제243조 '음화 등 반포죄'에 의하여 문제삼게 된다(마광수 교수 사건,[3] 스포츠 신문의 연재 만화 외설 논란이 그 예이다).

둘째, 개인적 법익 침해 차원에서는 형법 제307조 '명예 훼손죄' 제308조 '사자의 명예 훼손죄' 제313조 '신용 훼손죄' 제314조 '업무 방해죄' 제319조 '주거 침입죄' 제347조 '사기죄' 및 제350조 '공갈죄'(이른바 사이비 기자에 대한 전형적 적용 법조이다. 검찰 공보 등 검찰 내부 자료를 보더라도 '사이비 공갈 기자'라 칭하고 있다) 제357조 '배임 수증죄' 등에 의하여 처벌할 수 있다. '뇌물죄'가 본래 공무원 등 일정한 신분을 가진 자에게만 성립되는 신분법인 데 반하여 '배임 수증죄'는 사인 私人 뇌물죄에 해당된다. 최근 사례로는 방송국 연예 담당 PD가 특정 가수의 노래만을 편파적으로 선곡하는 대가로 금품을 제공받아 처벌 받은 경우가 있다(1991. 1. 15. 대법원 90도 2257, 1991. 6. 11. 대법원 91도 688).

한편 위 제308조 사자의 명예 훼손죄는 피해자가 직접 고소하여야만 논의할 수 있는 '친고죄'이고, 위 제307조 명예 훼손죄, 제309조 출판물에 의한 명예 훼손죄는 피해자의 고소가 없더라도 검사가 수사에 착수할 수는 있지만 피해자가 처벌을 원치 아니하면 논할 수 없는 '반의사 불벌죄'로 되어 있다.

셋째, 특별법상 대응 방법으로는 변호사법 제78조 벌칙 조항을 통하여 '사건 해결을 빙자한 언론인의 금품 수수 행위'를 제재할 수 있을 것이다.

2) 민사적 대응

형사상 구제 방법은 앞서 본 대로 법리상 일정한 한계가 있고 국가로부터의 언론의 자유마저도 위축시켜 버리는 부작용의 여지가 크다. 이내창 씨 의문사 사건 보도와 관련하여 피해자라는 안기부원이 < 한겨레신문 > 기자를 상대로 고소한 '출판물에 의한 명예 훼손죄 형사 사건'[4]에서도 이러한 문제점을 가늠해 볼 수 있다.

현행 실정법 체계하에서 바람직한 구제 방법은 민사적 구제 방법 쪽이라 하겠다.

(1) 형사 책임과 민사 책임

형사 책임과 민사 책임을 다시 구별해 보면, 형사 책임이 '고의 행위를 전제로 한 처벌 책임'임에 반하여, 민사 책임은 '고의, 과실을 전제로 한 불법 행위 손해 배상 책임'으로 귀결된다. 때문에 다음에 인용하는 어떤 주장은 정확치 못한 것이다.

"법률적 측면에서 보아도 허보의 경우에는 고의가 있고, 오보의 경우에는 대부분 과실이 있다 하겠다." "그러나 명예 훼손죄는 불법 행위라는 '고의 또는 과실에 의한 것'이기 때문에 양자간에 차이가 없으며, 불법 행위법에 있어서는 허보냐 오보냐 하는 것은 그만큼 중요한 의미를 지니지 않는다. 오보의 경우에는 진실하다고 믿을 만한 '상당한 이유'가 있고 대체적으로 어디까지 주의 의무를 했는가 하는 면책 문제의 여지가 생길 뿐이라 하겠다. 이렇게 보면 허보와 오보는 법적으로는 그다지 구별할 실익이 없다"라는 한 언론학자의 주장[5]은 형사 책임과 민사 책임의 본질을 간과한 것이다.

다시 살펴보건대 명예 훼손죄라는 형사 책임은 과실 아닌 고의 행위만을 추궁하므로 애초부터 과실임이 명확하면 처벌되지 아니할 것이다(실제 소송에서는 고의인지 과실인지가 주요 쟁점이 될 것이다). 대부분의 경우는 명예 훼손죄라는 형사 책임과 불법 행위 손해 배상 책임이 중첩되어 성립될 터이나 그 면책 사유는 서로 차이가 있다.

형사 책임의 경우는 형법 제307조 1항(사실을 적시한 명예 훼손죄)에 한하여서만 형법 제310조(위법성 조각 사유)가 규정하는 '공공의 이익에 관한 진실한 사실 증명' 요건을 충족시키면 면책된다. 기타 형법 재307조 2항(허위 사실을 적시한 명예 훼손죄), 형법 제309조(출판물 등에 의한 명예 훼손죄) 경우는 위 제310조 면책 조항의 적용 대상이 아니다.

한편 민사 책임의 경우는 제750조 불법 행위 조항이 '고의 또는 과실로 인한 위법 행위'라는 일반 조항으로 되어 있으므로 문제 된 행위에 위법성이 있는지 없는지 그 가치 판단을 하여 위법성이 없는 정당 행위로 인정되면 면책된다. 또 어떤 행위가 고의인지 과실인지가 결국에는 위법성 평가에 있어 면책 허용 범위 및 정도를 좌우할 수밖에 없으므로 허보와 오보의 구별 실익은 오히려 큰 것이다(통상 허보라고 문제 되는 경우가 오보라고 문제 되는 경우보다 면책의 여지가 없거나 그 면책 범위가 좁아질 것이다). 또 민사 책임은 결국 손해 배상금 액수로 귀결되므로 고의인지 과실인지(즉 허보인지, 오보인지)에 따라 그 손해 배상 범위가 크게 영향 받게 되는 것이다.

(2) 민사적, 사전적 구제 방법

민사적 대응 방법은 '침해 방지를 위한 사전적 대응'과 '침해 이후 사후적 대응'으로 구별할 수 있다. 침해될 우려가 있는 경우에 그 침해의 배제, 예방을 청구할 수 있는 사전 대응으로는 우리 실정법상 가처분 제도(영미법상 '유지 명령 *injunction*' 제도와 비슷하다)가 있다. 가처분 허용을 통한, 법원의 사전적 제재는 사실상 '사전 검열'과 일맥 상통하여 표현 행위의 사전 억제에 해당되고 언론의 자유 자체를 위축시켜 버릴 여지가 크므로 일반적으로 허용하기는 어렵다 할 것이다.[6]

종래 위와 같은 침해 배제, 침해 예방을 구하는 부작위 청구권에 관한 논의가 거의 없었고 실무상으로도 드물었으나 언론 매체를 이용한 비방 광고 분쟁에서 일반적 인격권을 근거로 허용된 최근의 한 사례도 있다. 파스퇴르 유업을 상대로 한 광고 분쟁 사건에서 그 경쟁 회사가 허위 비방 광고 행위 금지.및 손해 배상 청구라는 본안 소송을 제기하기에 앞서 광고 게재 및 방송 금지 가처분 신청을 하였는바 "피신청인은 신청인을 비방하는 광고를 게재하거나……방송하여서는 안 된다. 위 중지 명령을 위반하면 위반 광고 1건에 대하여 금 7000만 원을 지급하라"는 가처분 결정이 허용된 바 있다 (서울 민사 지방 법원 90카 102669호 허위 비방 광고 행위 금지 가처분 사건).

그러나 광고 아닌 본래적 신문 기사나 예술적 표현물에 대한 가처분 허용 문제는 아주 엄격히 제한되어야 할 것이다.

또한 명예 훼손적 내용이 담긴 언론 매체물 유포를 저지하기 위한 '부작위 청구권'이나 원고·지형 회수를 통한 '방해 배제 청구'가 법리적으로는 가능하다 할지라도 실제적인 강제 집행은 큰 어려움이 예상된다.[7]

(3) 민사적, 사후적 구제 방법

가장 일반적인 방법으로서 민법 제750조 이하 일련의 불법 행위 조항을 통한 손해 배상 청구 방법이 있다.

언론 침해에 대한 손해 배상 청구는 넓은 의미에 있어서 일반적 인격권이 침해된 경우에 해당될 것이나 통상 '성명권, 초상권이 침해된 경우', '명예(신용)가 훼손된 경우', '사생활이 침해된 경우'로 분류되는 듯하다(인격권 개념의 광의와 협의의 범위가 학자들마다 차이가 있기도 하며, 실제의 소송에서도 그 청구 원인이 명예 훼손인지 사생활 침해인지 불분명한 때가 많다).

이 때의 손해 배상액은 재산적 손해 배상액이 아니라(명예나 사생활 등의 침해를 이유로 재산적 손해 배상이 인정된 예는 거의 없다고 한다) 인격권 침해에 의한 정신적 손해 배상액인 위자료로 평가되는 것인데 종전의 법원의 실무 관행에 비추어 볼 때, 그 위자료 인용액은 옹색하다 할 정도로 경미한 것이 현실이다.[8]

그러나 피해자들의 권리 의식 각성과 더불어 제소 건수가 점차 늘어나는 추세이며 아직까지는 그 인용 금액이 미미하더라도 위자료 청구 소송 자체가 가해 언론인들을 일종의 명예 법정에 세우는 역할을 대신할 것으로 보여지므로 앞으로는 자신의 명예를 소중히 하는 기자들이 제소당하지 않기 위하여 좀더 신중히 행동하리라 여겨진다. 우리와 달리 미국 민사 법정의 위자료 인정액이 다대한 까닭은 배심원에 의한 배상액 결정 등 미국의 위자료 산정 방식이 대륙법계인 우리와 크게 다른 데다가 미국의 경우는 명예 훼손이나 사생활 침해에 대한 형사적 제재가 이제는 사실상 허락되지 아니하여[9] 민사적 손해 배상액이 곧 형사적 처벌에 갈음하는 징벌적 역할을 하고 있기 때문이다.

(4) 명예 훼손과 사생활 침해

흔히 혼용되고 있는 명예 훼손과 사생활 침해(프라이버시 침해) 개념을 통설적 견해에 따라 구별해 보자.

　　명예 훼손은 피해자의 사회적 평가에 대한 침해이나 사생활 침해는 제3자에 의한 외부적 평가 이전에 피해자 개인의 내면적, 감정상 고통의 문제이다. 명예 훼손의 경우는 보도 내용이 진실하다면 위법성이 조각될 수 있어 민사, 형사 책임이 발생되지 않거나 감경될 여지가 있지만 사생활 침해의 경우는 오히려 그 노출 내용이 진실할 때 더 심각한 문제가 될 수 있는 것이다. 법인은 그 명예가 훼손될 수 있을지언정 그 사생활이 침해될 수는 없다. 사자는 사자 명예 훼손과 그에 따른 위자료 책임이 논의될 수 있지만 사생활 침해는 쉽게 인정될 수 없겠다.

　　위와 같은 양자의 구별 실익은 어디에 있는가?

　　실제적인 소송 실무에 있어서 명예 훼손과 사생활 침해가 중첩되기 십상이고 뚜렷이 구별되고 있지 아니하지만(넓은 의미에 있어서 인격권의 침해이다) 우선 그 면책 항변에 있어서 크게 차이가 난다. 사생활 침해에 있어서는 진실 보도라는 이유만으로 면책, 책임 감경減輕 될 여지가 없다. 명예 훼손의 경우는 진실 보도라는 이유만으로 당연 면책되는 것은 아니나 적어도 그 위법성 자체는 일응 약화시킬 수 있다.

다음 그 효과 면에서 볼 때 '손상된 명예'라도 결국 외부적 평가 차원의 정정 보도 기사에 의하여 어느 정도 회복이 가능하지만 '한 번 노출된 사생활'은 회복이 거의 불가능하다는 점에서 사생활 침해의 경우는 사생활 폭로 기사에 대한 사전적 유포 중지 요청의 타당성이 상대적으로 절실하다. 명예 훼손의 경우보다도 사생활 침해의 경우 표현의 자유와의 기본권 충돌 문제가 더 심각한 것이다.

⑸ 민사적으로 특수한 구제 수단

민법 제764조가 규정하는 '명예 회복에 적당한 처분'은 결국 원상 회복 방법을 말하는데 사죄장 교부, 사죄 광고, 취소 광고, 게재 금지 처분, 피해자 승소 판결을 신문에 광고하는 방법 등이 있다.

사죄 광고 명령의 경우 종전 우리 대법원 판례가 이를 인정했으나 최근 헌법 재판소는 사죄 광고를 강요한다면 양심의 자유를 해치는 것이라 하여 그 위헌 결정[10]을 내렸다. 반면, 일본 최고 재판소 태도는 아직 합헌론 쪽이다.

⑹ 민사상 사용자 책임, 공동 불법 행위 책임(민법 제756조, 제760조)

불법 행위 손해 배상 책임 주체로서 사용자 지위의 해당 언론사와 피용자 지위의 취재 기자를 공동 피고로 삼는 것이 소송 전략상 효율적이다.

민사 배상 능력만을 고려한다면 사용자인 언론사 법인 자체만을 우선시킬 수 있으나 소송 실무적인 입증 편의성, 취재 기자 개인에 대한 명예 박탈 효과 등을 생각할 때 공동 불법 행위 책임을 묻는 게 더 낫다.

기타 책임 귀속 가해자로서는 구체적 침해 형태에 따라 '편집 책임자, 교정자, 뉴스 제공 통신사, 취재원 등'까지 추가될 수도 있다. 위와 같은 언론 침해 책임 추궁을 위하여서는 취재 활동 단계(관측 과정) — 논조 구성 단계(방향 형성 과정) — 기사 완료 단계(행위 수행 과정) 등 단계별 행동 과정 분석[11]이 병행되어야 할 것이다. 기타 피해자가 곧바로 손해 배상 청구로 들어가는 경우 언론 중재 절차는 그 소송 전치 요건이 아니다. 언론 중재 제도는 단지 정정 보도 청구를 위한 전심 절차일 뿐이다.

3) 언론 특별법상 법적 대응

(1) 정정 보도 청구권

'정기 간행물 등록 등에 관한 법률' 제16조 이하나 '방송법' 제41조에 의하면 피해자는 해당 언론사를 상대로 정정 보도 청구를 할 수 있도록 되어 있다. 여기서 주의해야 할 점은 용어상의 문제인데, 비록 "정정 보도 청구"라 되어 있을지언정 그 제도의 실질은 '반박권, 반론권'을 보장해 준다는 것이다.[12]

해당 언론사의 허위 오보만을 전제로 하여 그 책임을 추궁하는 제도가 결코 아니며 언론사의 고의 과실 및 보도 내용의 진위를 따지기 이전에(설령 그 보도가 진실일 개연성이 높더라도) 보도된 피해자 당사자에게도 절차적으로 대등하게 반론, 반박의 기회를 보장해 주는 제도이다. 그런데 법원에 대한 정정 보도 명령 신청 청구 절차는 중재 신청 전치주의를 취하고 있어 해당 기사 공표일로부터 1개월 이내에 < 언론 중재 위원회 >의 중재 신청을 거친 다음 법원에 제소하도록 되어 있다.

(2) 언론 중재 제도의 효율성에 대하여

앞서 정정 보도 청구라는 용어의 잘못을 지적한 바 있는데 '중재'라는 용어 역시 정확한 표현이 아니다. 본래 중재 제도라는 것은 중재인의 중재 재판에 승복하는 것이 원칙인데, 언론 중재 제도의 경우는 단순한 조정 절차에 불과하여 중재 위원회에 어떤 중재 권한도 주어지지 않는다. 합의가 성립될 때만 재판상 화해와 동일한 효력을 가질 뿐, 합의가 성립되지 않으면 전혀 쓸모 없는 절차에 불과하다(2회 불출석이면 합의 간주).

그간의 < 언론 중재 위원회 > 실적에 비추어 볼 때 언론 중재 제도는 오히려 법원에 대한 피해자의 직접 제소를 가로막는 옥상옥의 장애물 역할을 한 감이 없지 않다. 또 1개월 이내 중재 신청 기간을 넘으면 법원에 정정 보도 청구를 할 수 없는 점 역시 여간 불합리한 것이 아니다.

한편, < 언론 중재 위원회 > 권한 강화론이 자주 제기되며 재판 기관에 상응한 준 準 사법 기관으로서의 전반적 권한을 부여하자는 주장이 있으나 이는 국민의 또 다른 권리인 '정식 재판 받을 권리'에 비추어 볼 때 신중히 결정해야 할 문제이다. 때문에 < 언론 중재 위원회 >의 홍보 광고 중 "여기 또 하나의 법정이 있다"는 문구 중의 '법정'이라는 부분은 적어도 법률적 관점에서는 올바른 표현이 아니다.

(3) 추후 보도 청구권

위 정간법 제20조, 방송법 제42조에는 추후 보도 청구권이 신설되어 있다. "정기 간행물에 의하여 범죄 혐의가 있다거나 형사상의 조치를 받았다고 보도된 자는 그에 대한 형사 절차가 유죄 판결 이외의 형태로 종결된 때에는 그 날로부터 1개월 이내에 서면으로 발행인이나 편집인에게 이 사실에 관한 추후 보도의 게재를 청구할 수 있다"고 되어 있는데, 언론 침해에 대한 피해 구제 제도에 있어 진일보한 조항이다. 특히 한국 언론의 도마 위에서 벌어지는 언론 재판 법정이 무죄 없는 법정이라는 점에서 더욱 값진 제도이다.[13]

(4) 언론 중재 제도의 개선점[14]

우선 거론될 수 있는 문제점으로서는 '언론 침해 기사로 피해를 입은 자' 즉, 언론 중재 신청을 할 수 있는 중재 신청인 당사적 적격의 범위를 확대하는 문제가 있다.

또 중재 신청 기간 및 제소 기간이 너무 짧아 피해자 보호 면보다는 언론사 입장에 유리하게 되어 있다는 점이다. 기타 구체적 하부 절차 규정도 정비되어야 할 것이다.

3. 기타 언론으로부터 자유를 위한 법적 쟁점

1) 무기명 기사 관행과 취재원 비닉권 秘匿權

한국 언론 관행의 큰 특징 중 하나가 기명 칼럼이나 미담, 선행 기사 등 피처 기사 외에 언론 침해 문제의 소지가 엿보이는 사건 보도 기사의 경우 그 작성자를 대부분 무기명으로 처리한다는 점이다.[15]

무기명 기사제는 지금껏 누리고 있는 우리 언론 기업의 특권적 지위에 편승한 채 기사 작성자 추적을 곤란케 하여 최소한 법적, 윤리적 책임 파악을 어렵게 한다. 피해자로서는 신문사 사회부에 전화 항의 하는 정도가 고작이다.

한편, 폐지된 '언론 기본법' 제8조는 "언론인은 그 공포 사항의 필자, 제보자 또는 그 자료의 보유자의 신원이나 공포 내용의 기초가 된 사실에 관하여 진술을 거부할 수 있다"고 하여 취재원에 관한 진술 거부권을 특권으로 보장하였다. 우리 나라에서 무기명 기사가 횡행하게 된 연유를 추측해 보면 '그간의 강압적 독재 체제하에서 언론 자유를 지키는 수단으로 기사 작성자를 숨겨 권력으로부터 보호할 수 있다는 점'도 있었겠지만 다른 한 편으로는 언론 자유라는 낭만적 신화에 도취된 나머지 미국의 일부 주에서 제한적으로 채택한 취재원 비닉권에 관한 순진한 오해에 기인한 것 같다. 뉴스 정보원의 보호를 위해 정보원을 밝히지 않는다면 그 취재 기자도 밝히지 않는 게 보다 원칙적인 방법이 아니겠느냐는 발상인 듯하다. 나아가 이런 발상은 한국의 법 체계와 전혀 다른 미국의 법적 관행에 대한 무지에서 비롯된 것으로 볼 수 있다.[16]

미국 민사 법정에서는 취재 기자가 취재원 비닉권을 이유로 증언을 거부하다가 결국 법정 모욕죄로 처벌 받은 사례가 있다. 그 당사자는 언론 자유의 충실한 희생양이자 순교자로서 뉴스의 각광을 받곤 한다. 그러나 한국에서는 취재원 비닉권 논쟁의 상황 조건이 되는 미국식 법정 모욕죄 자체가 없을뿐더러[17] 법 체계상 진술 거부권 및 증언 거부권이 원칙적으로 주어지고 있으므로 취재원 비닉권을 특권으로 따로 논의할 여지가 없다. 또한 취재원 비닉권이 세계적으로 일반화된 입법 예도 전혀 아니다. 어떻게든 특권이 될 수 없는 것이며, 무기명 기사 관행과도 아무런 논의의 연관이 없다. 다만 한국 법 체계하에서는 서경원 의원 사건에 연루된 윤재걸 기자의 사례[18]처럼 국가 보안법상의 불고지죄 조항에서나 취재원 비닉권이 문제 될 수도 있으나 이는 개별적 특권의 차원이 아닌 국가로부터의 언론 자유라는 본질적인 차원에서 해결되어야 할 문제이다.

무기명 기사의 관행은 보도와 논평이 혼재된 무책임한 가십 기사를 조장하고 미확인 기사, 표절 기사, 창작 기사, 관급 기사, 담합 기사 등을 횡행케 하는 만악의 주된 근원이라 여겨진다. 이런 풍토에서는 이른바 '대大 기자'가 등장할 여지가 전혀 없다. 기자 자신의 이름에 책임을 지고 기사로만 승부 짓는 기명 기사제를 확립하여 언론 윤리 및 법적 책임의 논리적 기반을 마련하는 일이 우리의 시급한 과제라 할 것이다.

2) 알 권리와 취재의 자유, 사생활 보호 사이의 충돌 문제

서울 동부 지원에서 출입 기자들을 상대로 구속 영장 열람 금지 조치[19]를 취하였다가 언론 매체의 반격을 받고 철회한 바 있다. 영장에 기재된 범죄 사실의 무분별한 공개 및 보도는 무죄 추정의 원칙에도 반하고 형사 피의자의 사생활 및 인권을 현저히 침해할 수 있으며, 언론의 취재 자유가 무소 불능의 초헌법적 원칙은 아니라는 것이 법원측의 주된 논리였다. 반면 언론계 쪽에서는 영장 취재 금지 조치는 언론의 자유 및 국민의 알 권리라는 더 큰 법익을 해친다는 반론으로 맞섰다.[20]

헌법 기본권 상충 이론에 관한 상론은 피하거니와 '언론 자유라는 기본권'과 '사생활의 비밀 및 자유라는 기본권'이 상호 충돌될 때 이는 동 순위 기본권 충돌 사례에 해당된다. 따라서 구체적 상황하에서 이익 형량 기준 및 규범 조화적 해석에 의하여 신중히 해결되어야 할 것이다. 언론계 일각에서 주장하는 것처럼 언론의 자유가 여타 기본권에 언제나 앞서는 인간의 존엄성 조항과 같은 상위 기본권은 절대 아닌 것이다.

또 언론계가 전가의 보도처럼 주장하는 '알 권리'라고 하는 것 자체는 현재 생성중인 기본권으로서 그 중요성은 절박하더라도 실체적 기준 및 내용이 아직은 명백히 제시되지 않은 상태이다. 또 '알 권리'가 논의된 직접적인 발단은 정부가 무엇을 어떻게 하고 있는지를 국민들이 정확히 알아야만 국민 주권자로서 여론 형성을 의미 있게 할 수 있다는 참정권적 시각에 있다. 즉 정부의 비밀주의 관행에 대한 자료 공개 요구의 차원에서 알 권리가 논의된 것이다.

가령 평화의 댐 성금이나, 정주영 씨가 청와대에 주었다는 불우 이웃돕기 성금이 구체적으로 어떻게 쓰였는지 국민의 입장에서 한 번쯤 알아야겠다는 차원에서 논의될 수 있다.

다만 국민 개개인의 개별적 차원에서는 알 권리가 구체적으로 활용되기 어렵다는 한계 때문에 언론 기관의 차원에서의 취재의 자유와 결합, 언론 기관의 알 권리로 부각되고 있는 것이다. 그러나 언론 기관의 알 권리라 하더라도 이것이 법적인 권리로 주장되어지기 위해서는 정보 공개 청구권 수준에서 입법적 근거를 갖추어야 할 것인바, 폐지된 언론 기본법 제6조, '언론 기관의 국가나 지방 자치 단체에 대한 정보 청구권' 조항 예에서 그 법적 성격을 짐작할 수 있다.

앞의 영장 열람 금지 조치 논쟁은 '취재의 자유 및 알 권리'와 '사생활 보호'라는 동 순위 기본권 사이의 충돌 문제에 불과하다. '알 권리' 자체가 무소 불능의 상위 기본권은 아닌 것이다. 더욱이 개인의 사생활을 또 다른 개인에게 무자비하게 '까발리는' 보도 차원의 '알 권리'는 어불성설이다. 그러한 '까발리는 알 권리'가 언론 기관에 위임된 바도 없다. '까발리는 알 권리' 우선의 원칙은 없다.

표현의 자유의 한계에 관련된 우리 대법원 민사 판례(대법원 1988. 10. 11. 985 다카 29 사건) 하나를 살펴보자.

"우리가 민주 정치를 유지함에 있어서 필수 불가결한 언론, 출판 등 표현의 자유는 가끔 개인의 명예나 사생활의 자유와 비밀 등 인격권의 영역을 침해할 경우가 있는데, 표현의 자유 못지않게 이러한 사적 법익도 보호되어야 할 것이므로 '인격권으로서 개인의 명예의 보호'와 '표현의 자유의 보장'이라는 두 법익이 충돌하였을 때 그 조정을 어떻게 할 것인지는 구체적 경우에 사회적인 여러 가지 이익을 비교하여 표현의 자유로 얻어지는 이익, 가치와 인격권의 보호에 의하여 달성되는 가치를 형량하여 그 규제의 폭과 방법을 정해야 할 것이다."

3) 사이비 기자론에 대하여

6공 말기의 손주환 장관이나 문민 정부의 오인환 장관은 이른바 사이비 기자의 문제점을 거론하면서 언론학계에서나 언론계 자체에서 그 문제점을 본격적으로 검토해야 할 것으로 강조하였다. 그러나 언론계 주변부에 영세 언론 사업자의 형태로 기생하는 이른바 사이비 기자는 현행 형법상 공갈죄 등으로만 법적 규제가 충분하다. 오히려 사이비 기자 단속이라는 규제 논리의 위험성 속에서 순기능적 언론의 자유마저 위축될 수 있다.[21]

사이비 기자의 폐해라고 해 보아야 이는 상호 약점 있는 부류 사이의 거래 부산물에 불과할 뿐이며 일반 시민들의 건전한 일상과는 전혀 무관하다. 이러한 사정은 광고 갈취 등 사이비 기자 폐해 유형으로 등장하는 침해 사례가 언론계에서 논의되거나 언론 중재 사례에서 문제 되는 언론 침해 유형과 아무런 연관성이 없는 점에서도 확인된다.

문제는 대부분의 언론 소비자들이 이른바 사이비 기자로부터 고통 받기보다는 기자의 영역과 양식에서 기교적으로 이탈한 채 "사이비 기사"(명예를 훼손하고 사생활을 침해하거나 억압적 국가 권력에 빌붙어 바람을 잡는)를 써대는 고급 사이비 기자로 인한 고통이 더 크다는 점이다. 언론으로부터 자유의 측면에서 볼 때 종래의 사이비 기자론은 사이비 기사론으로 대체되어야 옳다. 이른바 사이비 기자론은 언론학계 아닌 법무 당국으로 가져가야 할 문제이다. 대신 그는 사이비 기사에 대하여 고민하여야 한다.

한편 언론계 촌지 수수 등의 부조리 관행 규제를 위한 보완책으로 언론 수뢰죄 및 증뢰죄 신설론이 아주 조심스럽게 제기된 바 있다.[22] 그 취지에는 기본적으로 찬동하지만 언론으로부터 시민의 자유를 지키기 위한 방편으로 언론인을 형사적 처벌 방식으로 규제하는 경우 국가로부터의 언론의 자유라는 한치도 양보할 수 없는 자유마저도 위축시켜 버리는 부작용이 염려되므로 언론인 형사 처벌론은 신중히 연구, 검토되어져야 한다.

현행 형법 조항만 잘 활용하여도 언론인이 언론인 신분 아닌 일반인 신분에서 저지르는 사회 잡법 차원의 비리를 단호히 척결할 수 있음은 물론이다.

4) 실정법 체계에 대한 언론계의 무지

언론 침해의 대부분은 사건 보도로 인한 것인바 그 침해 원인의 상당 부분은 취재 기자의 무지로 인한 것이다. '민사 사건의 피고', '형사 사건의 피의자, 피고인'이라는 기초 용어마저도 제대로 이해하지 못한 채 일방 당사자의 민사 소장이나 형사 고소장, 경찰 수사 기록만을 그대로 베끼거나 현장 확인 없는 표절, 담합 기사로 시종 일관하고 있다. 아직도 인터뷰와 사진까지 조작하는 사례가 있다.

일본과는 달리 경찰 수사권이 검찰로부터 독립되지 아니한 우리 나라에도 경찰청 출입 위주의 취재 방식, 경찰 의견을 단정적으로 보도하는 취재 방식이 과연 옳은 것인가?

실질적인 인신 보호 영장 제도가 채택되지 아니한 우리 나라에서 경찰의 영장 신청, 검찰의 영장 청구 단계부터 사법 처리를 기정 사실로 하여 앞질러 보도하는 것이 과연 옳은 것인가?

'안기부원 졸속 공판' 보도 소동[23]은 형사 소송 절차에 관한 취재 기자의 전적인 무지로 비롯된 것인바, 검사의 공소 사실에 대하여 피고인이 자백하고 변호인이 증거 동의하는 경우라면 그 재판 자체가 3~4분 만에 신속히 종결되는 것은 너무나도 당연한 것이고 이런 경우는 실제로 아주 흔하다. 판사의 판결의 형평성에 대하여 차후 논평할 수 있을지언정 공소 사실을 부인하고 무죄 주장을 하게 되는 통상의 시국 사건에 견주어 그 재판이 졸속 종결되었다고 결코 단순 비교할 수 없는 것이다.

성 범죄 사건, 도박 사건, 자살 사건, 재해 사건, 청소년 사건, 고부 관계의 갈등 등 특별한 인적 관계 사건, 소비자 분쟁 사건 등의 사건 보도에서 그 언론 침해 분쟁은 반대편 당사자나 이해 당사자의 반론권을 보장해 주지 않은 채 일방적인 주장만을 상업적 의도로 왜곡시키는 데서 야기된다.[24]

법률가 아닌 비전문가로서 심층적, 체계적 법률 지식을 지닐 수 없음은 물론이겠으나 언론 침해 유형을 분석함에 있어 어떤 법률가가 사용한 "선의, 악의라는 법률 용어"에 대하여 '도덕적 선, 도덕적 악'의 개념으로 받아들인 실제의 세미나 사례마저도 있고 보면 우리 언론 현실에 있어 법치주의 구현의 길이 그렇게 쉽지만은 않다는 느낌이 든다.[25] 선의, 악의라는 초보적 법률 용어[26]에 대하여 취재 기자나 언론학자 정도라면 상식적 수준에서 능히 이해하고 있어야 할 것인바 선의, 악의라는 용어는 윤리적, 도덕적 개념으로서 선악이 아니라 '어떤 사실이나 사정에 대하여 알지 못하는 경우'와 '알고 있는 경우'를 구별하는 용어에 불과한 것이다.[27] 거래 안전을 위하여 등장된 개념으로서 어떤 사정에 대하여 '선의의 (알지 못하는) 상대방이나 제3자'는 '악의의 (알고 있는) 당사자'에 비하여 상대적으로 보호되어야 한다는 것이다.

때문에 '언론 침해가 악의인 경우'라는 것은 '언론 기관이 알면서, 일부러 침해하는 경우'를 뜻하며(법적으로는 주로 고의적 행위가 될 것이다) '언론 침해가 선의인 경우'라는 것은 '언론 기관이 부주의, 과실로 침해하는 것'을 나타내는 것이다.

요컨대, < 뉴욕 타임스 > 대 설리번 사건에서 등장한 입증 책임 요건으로서 '현실적 악의 *actual malice*'와 '우리 법률상의 악의'라는 법률 용어가 내용적으로 서로 구별된다는 점을 유념해야겠다(우리 법률 용어 감각으로서는 위 malice를 해의 害意 라 함이 낫겠다). 우리 언론학계가 법 규범과 법 현실 사이의 상관 관계를 무시하거나 영미법계의 미국 판례를 거두 절미한 채 무

비판적으로 한국 법 체계에 원용·수용하는 태도는 재검토되어야 한다.[28] 우리 학계에 약방의 감초처럼 등장하는 '< 뉴욕 타임스 > 대 설리번 사건'에 대하여도 "물론 이러한 판결에는 '독특한 미국 정치 문화'가 반영되어 있는 것이므로 함부로 이러한 태도를 도입한 것은 아니라고 생각한다"는 의견도 있다.[29]

5) 언론 비판의 수용자는 누구인가

언론의 자유이든 언론으로부터 자유이든 결국에는 주변 환경 여건과 사회 수준의 문제로 귀착된다. 1980년대 초 모두가 미쳐 버린 시대의 윤 노파 사건, 여대생 박 양 사건을 구태여 거론하지 않더라도,[30] 인터뷰와 보도 사진 등이 버젓이 조작되는가 하면 아직도 현장 확인도 되지 않은 기사들이 판을 치는 현실이다. 1980년대 내내 사건 보도의 문제점이 줄곧 지적되고 있으나 아직도 그 여건이 크게 호전된 것 같지는 않다. 화성 연쇄 살인 사건 9번째 용의자 보도 사례는 우리를 전율케 한다. 미성년자인 용의자에 대하여 눈만 가린 사진(본인임을 추지하는 데 아무런 지장이 없는)을 제시하며[31] 진범으로 확정, 대서 특필하였으나 결국에는 무혐의로 처분되고 만 사례이다.

형법 및 형사 소송법 절차에 전혀 무지한 기자들의 굴절된 특종 의식 속에서 미국풍 발상법에 따른 언론의 자유만을 앞세운 결과다. 정정 보도 청구 제도만 하여도 이는 언론 자유의 한계를 자인하면서 사회적 공공 이익을 앞세운 독일, 불란서 등 대륙법계의 산물이다. 그런데도 대륙법계와 영미법계의 차이를 몰각하고 미국의 사소유권 절대 원칙 및 낭만주의 언론관만 금지 옥엽시하는 언론계 일부의 시각 때문에 크게 저항 받고 있는 현실이다. 이러한 모순에 대처하여 요즘 들어 언론 수용자 운동이 활발해지고는 있으나 아직은 총체적, 원론적 비판 수준에 머문 나머지 언론인들은 알아서 자성하고 각성하라는 촉구 정도이다.

언론 비판론의 구체적 수용자는 도대체 누구인가? (< 조선일보 >가 비판 받는다고 할 때 도대체 < 조선일보 >의 누가 반성하여야 한다는 말인가? < KBS뉴

스 >가 편파 왜곡을 일삼는다고 할 때 도대체 KBS의 누가 반성하여야 한다는 말인가?)

언론으로부터의 자유는 언론인으로부터의 자유다. 개별 언론인의 구체적 행위 책임을 특정하여 명예 법정에 세우지 아니하고는 어떤 상황도 본질적으로 변할 수 없다. 언론 수용자 운동도 좋지만 결국에는 민사 소송이 활성화되어야 한다.

주

1) 제롬 A. 배런, ≪ 누구를 위한 언론 자유인가 ≫, 김병국 옮김, 서울: 고시계, 1987 참조.

2) 양삼승, < 중재 사례로 본 언론 침해 실태 >, < 언론중재 > 1991년 가을, p.25 이하 참조.

3) 소설 ≪ 즐거운 사라 ≫의 음란성 혐의로 1992년 10월 29일 구속되었다.

4) < 한겨레신문 > 1989년 12월 6일 보도 참조.

5) 팽원순, ≪ 매스 코뮤니케이션 법제 이론 ≫, 서울: 법문사, 1988, p.160.

6) 김오수, < 언론에 의한 피해 보상 형태 >, < 언론중재 > 1983년 봄, p.41 이하 참조.

7) 이은영, ≪ 채권 각론 ≫, 서울: 박영사, 1989, p.741 참조.

8) 이상경, < 언론 보도에 의한 명예 훼손 소송의 위자료 산정에 관한 연구 >, < 언론중재 > 1992년 봄호에 의하면 위자료 금 2000만 원 정도가 그 때까지의 최고 인용액이다.

9) < 게리슨 사건과 형사상 명예 훼손 >, < 언론중재 > 1992년 가을 참조.

10) 1989. 7. 10 선고. 헌법 재판소 결정 89 헌마 160호 사건에서 "민법 제764조의 '명예 회복에 적당한 처분'에 사죄 광고를 포함시키는 것은 헌법에 위반된다" 하였다.

11) 김학수, < 언론 윤리와 한국 언론 변동 활동 >, ≪ 언론학 논선 ≫ 8, 서울: 서강대 언론 문화 연구소, p.922 이하 참조.

12) 대법원 판례에서도 그 용어의 잘못을 이미 지적하고서 반박 보도 청구권이라는 용어를 제시한 바 있다. 1986. 1. 18. 대법원 85 다카 1973.

13) 서울 동부 지원 증인 살인 사건의 경우, 이른바 보량파 두목이라는 곡 모씨가 범죄 단체 조직 구성이라는 점에 관하여는 무죄 선고(1990. 12. 7 선고. 서울 지방 법원 동부 지원 90 고합 283 사건 등)를 받은 사실을 아는 사람이 몇이나 될까? 보량파는 결국 언론에서만 존재하였다.

14) 박용상, < 정정 보도 청구권 및 언론 중재 제도의 입법론적 개선 방안 >, < 법조 > 1992년 9월, 서울: 법조 협회, p.3 이하 참조.

15) 최근 들어 < 조선일보 >가 기명 기사, 서명 기사제를 도입하였는바, 실제로는 현장 확인 취재가 뒷받침되지 않는 형식적 서명에 불과하다는 비난도 있으나 기자의 질, 기사의 질을 더욱 높여 책임 윤리를 확보할 수 있는 매우 고무적인 조치로 평가된다.

16) 이 점에 대하여 통박하고 있는 글로서, 최대권, < 언론과 법 >, ≪ 법학 ≫ 제28
   권, 서울: 서울대 법학 연구소, p.102 이하 참조.

17) 우리 형법 제138조 법정 모욕죄와 전혀 다른 내용이다.

18) < 동아일보 >, < 한국일보 > 1989년 7월 3일 보도 참조.

19) < 한겨레신문 > 1992년 5월 29일 보도 참조.

20) < 동아일보 > 1992년 5월 29일 사설 '영장 열람 금지는 치졸한 발상' 참조.

21) 위 손주환 씨의 경우도 그가 기자이던 시점에서는 사이비 추방 정화 운동의 위
   험성을 정확히 지적하고 있다. 손주환, ≪ 자유 언론의 현장 ≫, 서울: 나남, 1988,
   p.126 이하.

22) 최대권의 앞의 논문, p.96 참조.

23) 주요 일간지 1992년 5월 9일 보도 참조.

24) 박형상, < 사건 보도의 문제점 >, < 민주언론운동 > 1993년 1~2월, 서울: 민주
   언론 운동 협의회.

25) < 언론 중재 위원회 > 1991년 제2차 세미나 토론 참조.

26) 곽윤직, ≪ 민법 총칙 ≫, 서울: 경문사, 1981, p.75 참조.

27) 대륙법계 법률 용어를 일본을 통하여 계수하였다.

28) 최대권의 앞 논문, p.92 주 11) 참조.

29) 양창수, < 정보화 사회와 프라이버시의 보호 >, < 인권과 정의 > 1991년 3월, 서
   울: 대한 변호사회, p.76 참조..

30) 강수웅, < 사건 보도와 인권 >, < 신문연구 > 1982년 겨울, 서울: 한국 언론 연
   구원, p.116.

31) < 경향신문 > 1990년 12월 20일, < 조선일보 > 1992년 12월 22일 보도 사진 참조

제7장
편집권과 언론에 대한 국민의 권리

김동민

1. 편집권과 국민의 권리

1) 머리말

신문사와 방송사는 기회 있을 때마다 독자와 시청자를 위해 봉사하고 있음을 강조한다. 신문사는 보다 많은 정보를 신속하게 전달하기 위해 증면을 했다고 하면서 구독료를 인상한다. 그러나 증면의 목적은 '독자의 정보 수요 충족'에 있는 것이 아니라 광고 유치에 의한 광고 수입의 증대에 있다.[1] 지방에 분공장을 세워 전국 동시 인쇄를 실시하고, 심지어는 전 세계 동시 인쇄(< 한국일보 >)를 실시한다는 것들도 모두 독자를 위한 것으로 선전된다. < 동아일보 >와 < 조선일보 >는 G코드를 무분별하게 도입하여 물의를 빚기도 하였다. 이것도 물론 보다 많은 정보를 보다 신속하게 전달한다는 명분하에 독자를 위해 봉사하는 것으로 선전되었다. 그러나 그 늘어난 지면의 대부분은 광고와 흥미 위주의 연예·오락 기사로 채워져 있다. 전국 동시

인쇄는 지방 자치 시대에 지방 신문의 위상을 위축시키는 패권주의의 발상이며, G코드는 우리 현실에서 그다지 절실하게 필요한 것이 아닐 뿐 아니라 전자 산업의 발전에 해악을 끼쳤다는 평가를 받았다. < 동아일보 >가 조간으로 전환하면서는 신문사들간의 경쟁이 더욱 치열해져 32면으로까지 증면이 되었다. 독자들은 시시콜콜한 기사 몇 줄 더 보고, 신문사의 일방적인 사업 확장의 대가로 인상된 구독료와 광고 비용을 모두 부담해야 한다.

혹자는 증면으로 독자란이 늘어나서 미디어 악세스권이 확대되고 반론권을 보장받게 되었다고 말하는지 모른다. 그리고 독자란이 신문의 질을 통제하는 기능을 한다고도 한다.[2] 그러나 독자 투고는 투고자의 자기 만족 이상의 성과를 기대하기 힘들다. 신문사에서 베풀어 주는 한정된 지면 내에서 불만을 표출하는 기회를 가질 뿐이다. 그것이 여론 형성에 영향을 미치리라고 믿는 사람은 없다. 신문의 편파적이고 불공정한 논조도 전혀 바뀌지 않았다. 독자 페이지 지면 중 광고가 차지하는 부분을 뺀 나머지가 독자들 차지이고 그 밖의 지면들에서는 독자들의 참여나 반론권이 봉쇄되어 있다. 독자는 그 협소한 지면 할애에 감사해야 하는 수동적 소비자에 불과한 것인가?

전파 자원의 주인인 시청자의 위상은 어떠한가? KBS는 수신료 징수에 대한 홍보 방송에서 수신료는 난시청 해소와 좋은 프로그램 제작에 쓰인다는 점을 강조한다. 시청자를 위해 즐겁고 유익한 프로그램을 만들겠다는 다짐은 MBC나 SBS도 마찬가지이다. 그러나 나타나는 결과는 다짐과는 정반대이다. 연예·오락 프로그램은 저질·퇴폐 경쟁으로 줄달음질 치고 있으며, 보도 프로그램은 불균형·편파로 일관하고 있다. 이 같은 프로그램의 제작 비용은 대부분 광고료로 충당되며 그 비용은 최종적으로 시청자가 부담하게 된다. 그럼에도 불구하고 시청자들은 방송에의 참여와 반론권을 행사하지 못하고 있다. 정해진 메뉴와 일방적인 메시지를 수용하기만 할 뿐 표현의 기회를 갖지 못하고 있다. 요즈음에는 낮 방송 실시의 필요성에 대한 주장이 간간이 제기되고 있으나 이것도 시청자측에서 제기되는 것은 아니다. 광고 수입을 올리기 위한 방송사의 필요라는 점에서는 신문의 경우와 다를 것이 없다. 시청자 참여 프로그램이란 것들은 한결같이 구색 맞추기 아니면

생색 내기에 불과한 것들이다. 안방에서나 공개 홀에서나, 혹은 플로어에서
시청자들은 언제나 구경꾼에 불과하다. 그나마 소위 시청자 참여 프로그램
이란 것들은 모두 오락 프로그램이고, 정작 중요한 토론 프로그램에서는 시
청자의 참여가 철저하게 봉쇄되어 있다. 토론자의 선정도 방송사의 구미에
맞는 인사들로 이루어지고, 주제도 가급적 덜 시사적이고 흥미 위주의 것으
로 선택된다.

현실적으로 독자와 시청자의 존재는 미미하기 짝이 없다. 수적으로는
국민 대다수를 차지하면서도 몇몇 거대 언론사에 지배 당하고 있다. 현실은
어쩔 수 없는 것인가? 독자와 시청자는 단순한 소비자, 피동적 수용자가 아
니라 신문사와 방송사에 적극 참여하고 발언할 권리가 있다. 그것은 민주
사회의 주인된 국민의 권리이자 의무이기도 하다.

2) 악세스권

악세스권 *right of access to the mass media* 이란 일반 시민이 매스 미디어에
접근해서 그것을 이용할 수 있는 권리를 뜻하며, 그것을 구체적으로 법에
의해 보장하자는 것이다. 악세스권은 미디어의 거대 기업화를 그 배경으로
하고 있다. 근대의 언론은 시민 혁명과 그에 뒤이은 자본주의 사회의 발전
과 더불어 성장하였다. 혁명의 시기와 자본주의의 초기에는 신문의 발행이
비교적 쉬웠다. 이 때는 신문을 통해 개인이나 집단의 주장을 전달하고자
할 때 소규모의 투자로도 충분히 뜻을 이룰 수 있었다. 그래서 소위 '사상
의 자유로운 시장'이 존재했다고도 말할 수 있는 때였다. 그러나 과학 기술
의 발전과 경쟁의 심화로 신문사의 규모가 커지고 집중과 독점이 진행되었
다. 이제는 웬만한 재력가가 아니고서는 신문사나 방송사를 설립하는 것이
불가능한 지경에 이르렀다.

혁명의 시기에 언론 자유의 개념은 자연권론에 입각한 의사 표현의 자
유, 그리고 국가 권력의 통제로부터의 자유를 의미했다. 시민 혁명은 봉건
체제의 붕괴와 새로운 체제로의 이행이 진행되던 시기에 필연적인 과정이

었다. 봉건 체제 말기에 자본주의적 생산이 돌이킬 수 없을 정도로 정착되어 갈 때 신흥 부르주아지들은 공장 노동자를 필요로 하였고, 잠재적 노동 인력의 대부분은 토지에 묶여 있었다. 농노들을 도시로 이주시켜 공장 노동자화하는 일이 무엇보다도 중요하였다. 자유주의 사상가들을 비롯한 진보적 지식인들이 거주·이전의 자유, 직업 선택의 자유는 인간의 기본적 권리라고 설파함으로써 노동력의 창출에 이바지하였다. 당시 이러한 사상이 대단히 불온한 사상이었던 것은 물론이다. 절대 권력은 이 불온한 사상이 인쇄되어 유포되는 것을 극심하게 탄압하였고, 혁명 세력은 이에 굴하지 않고 투쟁하였다. 자유주의 사상가들은 다시 언론·표현의 자유는 인간의 기본적 권리임을 주장하였다.

당시의 절대 권력은 체제를 위협하는 존재로서의 언론 활동에 제약을 가하였고, 신흥 부르주아지와 자유주의 지식인, 그리고 시민 계급이 일체가 되어 절대 권력에 대항하였던 것이다. 이 때 언론은 혁명을 위한 선전·선동 매체였다. 혁명 세력은 언론 매체를 이용하여 새로운 사상을 유포시키는 한편, 절대 권력을 비난함으로써 혁명적 분위기를 고조시켰던 것이다. 堀部政男은 이러한 구조를 언론 자유의 2극 구조라고 했다.[3] 이 때는 언론과 국민이 일체가 되어 권력에 대항한 것으로 파악하였다. 이는 자연스럽고도 필연적인 결과였다고 할 수 있다. 그러던 것이 자본주의가 경쟁에서 독점, 그리고 제국주의의 단계로 발전함에 따라 언론도 독점 자본의 소유로 귀결되어 갔다. 적어도 혁명 직후의 정론지 政論紙 시대까지만 해도 다양한 의견을 가진 집단들이 자기 매체를 가지고 자기 목소리를 낼 수 있었지만, 언론이 독점 자본의 소유로 귀결되면서 특정 계급의 전유물로 되고 말았다. 그래서 堀部政男은 언론이 대기업화됨으로써 언론과 국민이 분화되어 3극 구조로 바뀌었다고 말한다.[4] 즉 권력 대 對 언론과 국민의 2극 구조가 권력 대 언론 대 국민이라는 3극 구조로 바뀌었다는 것이다. 그러나 이보다는 2극 구조의 질적 변동이 있었다고 평가하는 것이 정확하다. 권력과 언론과 국민이 각각 대립하는 3극 구조가 아니라 국민과 함께 했던 언론이 권력과 일체가 된 2극 구조(권력과 언론 대 국민)로 질적 변동을 했다는 것이다. 적어도 자본주의 초기까지는 언론이 국민의 편에서 국가를 감시하는 모습을 보였으나 언론의 독점화가 진행되면서 언론은 국민으로부터 멀어져 갔다고 할 수 있다. 국민의 언론·표현의 자유를 실현시켜 주던 언론이 권력의 편에 섬으로써 국민은 그 자유를 누리지 못하는 존재가 되어 버렸다.

우리 나라의 경우 5·16 군사 정권 이후 '시설 기준'을 법률로 명시해 놓음으로써 전국적 종합 일간지를 발행한다는 것이 대단히 어렵게 되어 있다. 특히 일반 신문과 특수 신문을 구분하여 국민의 의사 표현을 극도로 제한하고 있는 실정이다. 현재의 '정기 간행물 등록에 관한 법률'에 의하면 비교적 시설 기준의 적용이 덜 엄격한 특수 일간 신문과 특수 주간 신문은 정치 기사를 실을 수 없게 되어 있다. 대규모의 자본을 투여할 수 있는 사람만이 정치적 의사 표현의 자유를 누리고 있는 셈이다.

방송사의 설립은 더욱더 어렵게 되어 있다. 방송의 경우에는 전파 자원의 제한으로 재력이 있다고 하더라도 전국적 네트워크의 설립이 용이하지가 않다. 한정된 국가 자원인 전파를 사용한다는 점에서 방송은 공공적 성격을 더욱 뚜렷하게 가지고 있음에도 불구하고, 그래서 방송은 국민의 표현의 자유를 보다 적극적으로 실현시켜 줄 의무가 있음에도 불구하고 이데올로기적, 영리적 도구로만 기능하고 있다. CATV의 도입도 지역 주민의 의사 표현을 위한 것이 아니라 재벌의 투자 대상으로 인식되고 있는 형편이다.

이같이 자본주의의 진전과 함께 변모된 언론 현실에서 악세스권을 처음으로 제기한 제롬 배런 J. A. Barron 은 "확실히 수정 제1조는 주요 미디어를 운영하는 발행인과 저널리스트들을 보호한다. 수정 제1조는 그러한 미디어로부터 배제된 사람들에게 무슨 효과적인 보호나 기회를 제공하는가?"[5]라고 하면서 매스 미디어로부터 소외된 국민들이 매스 미디어에 접근해서 그것을 이용할 수 있는 법률적 권리를 주장했던 것이다. 즉 "의회는……언론 speech 이나 출판 press 의 자유를 제한하는……법률을 제정해서는 안 된다"라는 미국 수정 헌법 제1조의 정신에 비추어 볼 때 현대 사회에서 국민의 자유로운 언론·출판의 자유는 보장받고 있지 못하다는 것이다. 실질적으로 언론·출판의 자유는 매스 미디어를 소유하고 있거나 거기에 종사하는 언론인들에게 한정되어 있으므로 그 밖의 사람들에게 매스 미디어에 접근하여 이용할 수 있도록 법적으로 보장해 주어야 헌법의 정신에 부합하게 된다는 논리이다.

우리 나라도 사정은 마찬가지이다. 우리 헌법 제21조 1항에는 "모든 국민은 언론·출판의 자유와 집회·결사의 자유를 가진다"라고 되어 있다. 그리고 2항에는 "언론·출판에 대한 허가나 검열과 집회·결사에 대한 허가는 인정되지 아니한다"라고 되어 있어 누구나에게 언론·출판의 자유가 보장되어 있다. 그러나 바로 다음의 3항에는 "통신·방송의 시설 기준과 신문의 기능을 보장하기 위하여 필요한 사항을 법률로 정한다"라고 되어 있어 실제로는 이 조항이 허가제나 다름없는 구실을 하고 있다. 위에서 언급한 '정기 간행물 등록에 관한 법률'이 바로 그런 의도를 갖고 있는 것이다. 이로 인하여 다른 의견을 가진 사람들, 특히 비판적인 의견을 가진 사람들이 그들의 주장을 펼 수 있는 매체를 가진다는 것은 지극히 어렵게 되어 있다. 이들의 의견이란 것이 여러 가지가 있을 수 있겠지만 가장 중요한 것은 정치·사회적인 이슈들에 관한 의견일 가능성이 많을 것이다. 특수지에 대해 정치 기사를 다루지 못하게 한 것은 이러한 의미에서 언론 자유에 대한 중대한 침해인 것이다. 그래서 언론 자유를 보장하는 헌법의 정신에 충실하기 위해서는, 그것이 개인 소유의 기업이라 할지라도, 독자와 시청자들에게 신문·방송에 접근하여 이용할 수 있는 권리를 법적으로 보장해 주어야 한다는 것이다.

매스 미디어로부터 소외된 대부분의 국민들은 일방적으로 타방의 의견을 전달받기만 할 뿐 설사 다른 의견과 생각을 갖고 있다 해도 속수 무책인 것이 현실이다. 민주주의 사회라면 다양한 의견이 용해되고 주인인 국민은 주요한 국가적, 공공적 정책 결정 과정에의 참여가 보장되어야 한다. 그러한 참여는 매스 미디어를 통해서만 가장 효과적으로 이루어질 것이다. 국민들이 매스 미디어를 이용하지 못한다면 정책 결정 과정에서 소외되는 것이다. 매스 미디어를 소유·통제하는 사람들이 그들의 일방적인 의견만을 전달하고 그들과 동일한 생각을 가진 사람들에게만 지면과 시간을 할애한다면 그 밖의 사람들은 언론의 자유를 누리지 못하는 것이 된다. 이러한 점에서 오늘날에는 이미 오래 전부터 소위 '사상의 자유 시장'이란 것은 존재하지 않게 되었다고 하는 것이다. 동아일보사의 사장이 김중배 편집국장을 좌천시킨 이유로 열거된 사실들이 비판적 지식인들에게 지면을 할애해 주었다는 것이데, 이것은 소수 의견이 매스 미디어에 반영되는 것이 얼마나 철저하게 봉쇄되어 있는가를 단적으로 보여 주는 것이다. KBS의 < 생방송 — 전화를 받습니다 >와 MBC의 < 시사토론 >이 한동안은 다른 의견을 가진 사람들을 출연시켰으나, 그 후에는 모두 같은 성향의 사람들만 등장시켜 온 것도 하나의 예이다. 민주적 의사 결정 구조가 전혀 마련되어 있지 않은 것이다. 악세스권이 보장되면 이러한 토론 프로그램에는 다양한 계층과 집단의 대표들의 참여가 이루어질 것이다. 말하자면 악세스권은 민주적 의사 결정 과정에의 참여를 보장하는 법률적 장치를 주장하는 것이기도 하다는 점이다. 그리고 이것의 법리적 근거도 헌법에서 찾을 수 있는데, 배런은 "수정 제1조가 의사 결정 과정에서 커뮤니케이션 매체를 소유하고 있는 사람 이외의 다른 사람들에게도 보호를 인정하고 있다는 사상에 주목할 필요가 있다"고 주장하는 것이다.[6]

정리하면 악세스권이란, 매스 미디어가 일반 국민들은 감히 범접할 수 없는 거대한 기업 조직으로 변모해 버린 결과 대다수의 국민들은 헌법이 보장하고 있는 언론·표현의 자유를 누리지 못하고 있으므로, 국민들이 그러한 매스 미디어에 접근하여 이용할 수 있는 권리를 법적으로 명문화하자는 것이다. 이 밖에도 악세스권을 주장할 수 있는 근거는 전파 자원의 유한성과 시청료, 광고료에서도 찾을 수 있다.

악세스권의 종류로는 반론권 反論權, 의견 광고, 투서 投書, 방송의 공중 악세스 프로그램, 매스 미디어에 대한 비판·항의·요구 등이 있는 것으로 이야기된다.[7] 반론권은 신문이나 방송의 내용에 불만이나 반대되는 의견을 가진 사람에게 지면이나 시간을 할애하자는 것으로, 현재의 '정기 간행물 등록에 관한 법률'과 '방송법'의 정정 보도 청구권에 의해 부분적으로나마 보장되고 있다. 방송법 제17조에 근거한 < 시청자 불만 위원회 >도 악세스권으로서의 반론권을 실현하는 것이라고 할 수 있다. 그러나 정정 보도 청구권은 오보나 개인의 명예 훼손에 관한 것에 치중되어 있어서 제한적이며, < 시청자 불만 위원회 >는 < 방송 위원회 >의 위상 찾기의 산물로서 방송에 대한 시청자의 불만을 무마시키는 완충 작용에 머무를 소지를 안고 있다고 할 것이다. 방송에서 가장 적극적인 악세스권의 실현은 '악세스 프로그램'의 확보이다. 여기에서 말하는 악세스 프로그램이란 시청자가 방청객으로 구경할 수 있는 기회를 부여받은 수준의 프로그램이 아니다. 현재 시청자가 방청객으로 참여하는 프로그램들은, 프로그램의 효과를 높이기 위한 방송 제작자의 필요에 의해서이지 시청자를 주인 대접 하기 위한 것이 아니다. 쇼 프로그램을 제외한 모든 프로그램의 방청객들은 대개 제작 의도에 따라 선별되어 동원된다. 사회 문제를 다루는 시사 토론 프로그램에서도 동원된 시청자는 방송사의 구미에 맞게 선정된 토론자들의 토론을 지켜 보다가 요식적인 질문 몇 마디 던지는 이상의 역할을 부여받지 못한다.

다음 < 표 1 >에 나타난 '자원 신청'은 대개 쇼 프로그램에 해당되는 것으로서 동원의 필요가 없는 것들이다. 총 63개의 프로그램 중 KBS의 < 여의도 법정 >, < 생방송 심야 토론 — 전화를 받습니다 >, MBC의 < 시사토론 >, < 여론 광장[8] > 등 극히 일부를 제외한 모든 프로그램이 오락 프로그램들이다. 진정한 악세스 프로그램이란, 토론 프로그램에서 다양한 계층과 집단의 참여가 보장되고 더 나아가서는 시청자가 직접 기획·제작에 참여하는 프로그램을 의미하는 것이다.[9]

이 밖에 신문·방송의 보도나 프로그램 내용에 대한 비평·모니터 활동도 악세스권의 차원에서 논의될 수 있을 것이다. 현재 진행되고 있는 방송 프로그램에 대한 모니터 운동은 불만 사항을 비교적 체계적으로 정리하여 제작자들에게 전달하거나 신문·잡지에 반영되도록 하는 정도이다. 그래서 반영이 되는 것 같으면 다행이고 무시 당해도 어쩔 수 없는 한계에 봉착하고 있다. 참여의 동인은 언론 상품에 대한 소비자 운동의 차원이다. 독자와 시청자들이 단순한 소비자가 아니라 언론사에 대한 악세스권을 주장할 수 있는 존재라는 권리 의식을 갖게 된다면 언론에 대한 비평·감시 활동이 보다 적극성을 띠게 될 것이다.

	동원 프로그램 수	동원 인원(주)	동원 방법(%)
KBS 1	11(9)	900~1000명	자원(18%), 동원(82%)
KBS 2	19(9)	3300~4000명	자원(52.6%), 동원(47.4%)
MBC	20(15)	3600~4000명	자원(15%), 동원(85%)
SBS	13(10)	2000~2500명	자원(23.1%), 동원(76.9%)

• 출처: < 방송과 시청자 > 1992년 7월, p.57. 동원 프로그램 수의 괄호 안은 동원 업체나 기타의 섭외에 의해 동원된 프로그램을 나타낸다. 동원 방법의 (%)는 동원 인원이 아니고 동원 프로그램을 비율로 나타낸 것이다. '자원'은 자원 신청과 선착순, '동원'은 동원 업체 의뢰와 기타 섭외를 의미.

3) 알 권리

알 권리 *right to know* 는 공적 정보의 자유로운 이용과 관련하여 민주주의를 위한 최대 요소 중의 하나로 지적되고 있다.[10] 국민이 정부가 하는 일을 속속들이 알고 있어야 올바른 선택을 할 수 있다는 것이다. 그러기 위해서는 정부의 정보가 제한 없이 공개되어야 하며, 제한되는 경우에는 그 사유가 객관 타당해야 한다. 현대 사회에서는 국민의 알 권리를 언론 기관이 대행하는 것으로 되어 있다. 국민은 알 권리를 갖고 있으며 언론은 국민들에게 정보를 전달해야 할 의무가 있는 것이다.[11]

　　미국에서는 1950년대에 언론인 단체들이 정부의 비밀주의에 대항하기 위해 알 권리 운동을 전개했으며, 그 결과로서 정보 자유법을 제정하게 되었다. 제2차 세계 대전을 치르면서 관행화된 정부의 비밀 지정이 외교·국방과 관련한 기밀 이외에도 정부의 모든 부서에서 관리들의 타성화된 관료주의와 비리 은폐의 수단으로 남발되자 < 신문 발행인 협회 ANPA >, < 신문 편집인 협회 ASNE >, < 전국 전문 언론인 협회 Sigma Delta Chi > 등 언론인 단체들이 정부에 대해 정보의 자유화를 요구했던 것이다. 그 결과 1966년에 연방법으로서 정보 자유법 Freedom of Information Act 이 제정된 것이다.[12] 이 정보 자유법은 언론 기관에만 해당되는 것이 아니라 국민 개개인 모두의 권리로서 인정하고 있다. 누구나(외국인까지도) 정부가 보유하고 있는 정보를 자유롭게 접근하고 손쉽게 이용할 수 있도록 보장해 놓고 있다.

알 권리의 법적 근거에 대해서는 악세스권과 마찬가지로 헌법의 언론 자유 조항에서 찾아진다.[13] 미국 수정 헌법 제1조나 우리 헌법 제21조는 모든 국민의 언론·출판의 자유를 규정하고 있다. 그러나 현대 사회에서 이러한 자유를 누릴 수 있는 사람은 매스 미디어의 소유자와 거기에 고용된 언론인, 지식인에 한정되어 있는 것이 사실이다. 이들은 정보원 *Information source* 에의 접근이 비교적 쉬우므로 그러한 정보를 근거로 자신의 의견을 갖게 되고 그것을 매스 미디어를 통해 표현할 수 있는 것이다. 그 밖에 대다수의 국민들은 정보원에의 접근이 쉽지 않고 매스 미디어가 주는 정보에만 의존하게 되어 자기 의견을 갖지 않게 된다. 자기 의견을 갖지 못하는 사람이 주권을 올바로 행사할 것이라고는 기대할 수 없다. 이 같은 논리에서 헌법의 언론 자유 조항은 국민의 알 권리를 포함하고 있는 것으로 해석해야 한다. 그리고 이것은 국회에서의 입법과 행정부의 협조에 의해 보장됨으로써 정부가 공개적이고 책임 있는 정치를 하도록 만드는 것이다.[14]

알 권리는 언론 기관만의 권리가 아니라 모든 국민의 권리이다. 미국의 언론인 단체들이 알 권리 운동을 벌이면서 그 일환으로 컬럼비아 대학의 신문법 권위자인 해럴드 크로스 Harold L. Cross 에게 정부의 비밀 지정 제도의 실태와 정보 자유에 관한 현행법의 연구를 위임한 바 있다. 크로스는 1953년에 연구 결과로서 ≪ 국민의 알 권리 *The People's Right to Know* ≫ 라는 저서를 내놓았다. 그는 여기서 정부 정보에 접근할 수 있는 권리를 언론인들만의 특권으로 보지 않고 국민 전체의 권리로 주장했던 것이다.[15] 우리의 경우 구 舊 언론 기본법의 '정보 청구권'은 언론사에게만 그러한 권리를 인정했으며 그나마 현행법에서는 삭제되어 버렸다.

우리의 언론 현실은 특별히 알 권리의 법제화가 절실하다고 할 수 있다. 그리고 그것의 실현을 위해 독자와 시청자들 사이에서 알 권리 운동이 일어나야 할 시점이다. 왜냐하면 언론이 국민의 편에 서서 정부가 하는 일을 올바로 전달하지 않고 있기 때문이다. 정부의 비밀주의에 조직적으로 대응해야 할 기자단 記者團 이 오히려 거액의 촌지를 받으며 정부의 비밀주의에 영합하고 있다. 정부의 비밀 지정이 타당한 것인지 따지고 그래서 그것이 공개해도 되는, 또 공개해야 할 내용이라면 보도되도록 해야 할 것이다. 관리들의 실수나 비리, 부정을 은폐하려는 의도로써 비밀로 분류되었다면 그것을 공개해서 시정하도록 해야 할 것이다. 그럼에도 불구하고 기자들은 정부의 비밀주의에 협조를 아끼지 않고 있다. 지난 1993년 3월 9일 청와대는 '이인모 씨 북송' 결정 사실에 대해 언론에 소위 엠바고를 걸었고 < 국민일보 >를 제외한 모든 언론이 이를 충실히 지켰다. 독자적인 판단으로 이 사실을 1면 머리 기사로 보도한 < 국민일보 >는 공보 수석과 정무 수석으로부터 경고와 항의를 받았다. 정부가 협조 사항으로서 엠바고를 요청할 수는 있으나, 그것을 지키고 안 지키고는 언론의 자율적 판단에 맡겨야 한다. 그럼에도 불구하고 엠바고 요청을 어겼다고 해서 경고 서한을 보내고 항의를 하는 행위는 명백히 국민의 알 권리를 침해하는 것이며, 헌법이 보장하는 언론·출판의 자유를 유린하는 행위이다. < 기자 협회 >와 < 언론노련 > 등에서 자정 운동을 한다고 했지만 이미 자정 능력을 상실한 지 오래이다. 새 정부가 들어서고 사정 바람이 불면서 언론계에서도 정화의 움직임이 있지만, 이것은 이미 자정이라고 할 수 있는 단계를 넘어섰다. 언론은 외부의 압력에 의하지 않고서는 정화되지 않는다. 그 외부의 압력이란 정부나 기업이 아닌 국민의 압력이어야 한다. 그래서 결국 알 권리를 침해받고 있는 독자와 시청자들이 직접 나서서 정부 정보의 공개를 위한 입법을 요구하고, 언론계를 정화시킬 필요가 있는 것이다. 이런 의미에서 독자 운동과 시청자 운동은 헌법이 보장하는 국민의 권리라고 할 수 있다. 그리고 독자와 시청자는 그러한 요구를 할 수 있는 법률적 권리를 가진 존재이다.

4) 악세스권과 편집권·편성권과의 충돌

악세스권은 미디어측의 반발을 가져와 편집권과 불가피하게 충돌하게 되기 때문에 미디어의 자유권과 타협할 수 있는 한계에서만 인정될 수 있을 것이라는 문제점이 대두된다.[16] 그러나 미디어측의 편집권 주장을 당연시하고서는 악세스권의 실현이 영원히 불가능할 것이다. 특히 한국의 경우 기자와 방송 제작자들이 편집권과 편성권을 그들에게 부여된 천부적인 권리라도 되는 양 여기는 풍토에서는 악세스권이 설 자리가 없다. 독자와 사청자들의 비판의 소리를 경청하기는커녕 그것을 편집권의 침해 내지는 '창작의 자유'의 침해라고 하여 거부하고 있는 것이다.

21개 개신교 단체로 구성된 < 스포츠 신문 음란 폭력 조장 공동 대책 위원회 >가 스포츠 신문의 선정적 내용을 촉구한 데 대해 < 스포츠조선 >의 편집국장은 1992년 11월 30일자로 회신을 보내 편집권 침해라고 반발하였다. 이 회신은, "공대위가 중지를 요청해 온 마광수 교수의 소설은 31일자로 일단 끝을 냈고, 이 결정은 공대위나 단체들의 압력에 의한 것이 아니라 편집 회의에서 겨울철 지면 쇄신의 하나로 내린 것이며, 공대위의 의견 제시는 이해할 수 있으나 언제까지 중단하라는 등의 강요는 편집권 침해이며 언론 자유에 위해되는 간섭임을 명심해야 한다"고 되어 있다. 회신은 또한 언론 자유가 보장된 나라에서 정부나 권력 기관에 의해 언론의 자유가 침해 받아서는 안 되지만 특정 단체가 어떤 외압을 가한다는 것도 결코 있을 수 없는 일이라고 주장하였다.

공대위의 요청은 소비자의 입장에서 불량 상품의 생산을 저지하려는 합당한 것이었다. 그것을 편집권 침해니 언론 자유의 침해니 운운하는 것은 어불성설이다. 그러한 주장은 '언론 자유'의 신성한 의미에 대한 모욕임에 틀림없다. 독자들이 아무런 항의도 못 하고 의견을 개진할 수 없다면 그것이야말로 언론 자유의 침해이다. 신문사의 편집권이 국민의 언론 자유보다 우위에 있을 수는 없다. 정부나 권력 기관이 편집에 간섭하여 기자들이 저항한다면 국민은 신문사의 편에 설 것이다. 하물며 권력과 밀착되어 있는 신문사에서, 더군다나 외설적인 내용을 비판한다고 하여 언론 자유를 논한다는 것은 후안 무치가 아닐 수 없다. 회신은 또 "보수적 윤리관을 지닌 기독교 단체로서의 입장은 이해할 만하나 시대는 변했으며 누드 사진의 거리 점두 부착, 포르노 영화 상영 등 세계적인 추세 속에 한국의 기독교 단체들만이 전근대적 사고로 압력에 앞장선다는 것은 도저히 이해할 수 없다"고 주장하였다. 잘못된 추세가 번지는 것을 막아야 할 위치에 있는 언론사의 고위 간부가 이런 사고를 한다는 것은 보통 심각한 문제가 아닌 것 같다.

한편 1993년 3월 25일 총선 당일의 방송 프로그램이 투표를 권고하는 계도성 프로그램이 전무한 가운데 오락 일변도로 편성된 점을, 수용자 단체들의 연대 기구인 < 선거 보도 감시 연대 회의 > 대표들이 방송사에 가서 항의했을 때 담당자들은 편성권의 침해라고 대답했다고 한다. 프로그램 편성은 방송사의 고유 권한이라는 것이다. 그런가? 방송이 방송인들만의 것은 아닐 것이다. 방송의 주인인 국민의 의견까지도 무시하고 그들만의 독단적인 의견으로 편성할 권한을 누가 부여했단 말인가? '편집권', '편성권', '보도의 자유', '창작의 자유' 등에 대한 개념 규정과 한계 설정이 필요하다.

편집권은 기자들에게 부여된 천부적인 권리가 아니다. 오히려 언론의 소유주들이 전통적으로 편집권을 행사해 왔다고 할 수 있다. 신문·방송의 제작을 '자본의 구미에 맞는 방향으로 통일하려고 하는 다양한 방책과 욕구의 합법성, 정당성의 논거로서 구체화된 것'이 편집권·편성권이라는 것이다.[17] 그러나 언론 기업이 비대해지고 그에 비해 국민의 언론·표현의 자유는 위축되는 현실에서 기자와 국민이 편집권의 행사에 참여하는 형태로 나타난 것이다. 그리고 언론의 사회적 성격과 사적 소유의 모순을 둘러싸고 기자들의 언론 민주화 운동이 국민과의 결합의 방향으로 나아가고 있으며, 한편으로는 언론 상품의 질을 향상·유지하기 위한 방편으로서 기자들에게 편집의 자율성을 부여하고 있는 것으로 해석되어야 한다. 편집권·편성권은 이러한 구조 속에서 이해되어야지 하늘이 저널리스트들에게 부여한 특권쯤으로 여겨서는 곤란한 것이다. 또 그렇다는 근거나 논리도 없는 것이 사실이다.

언론·표현의 자유를 인간의 기본권이라고 주장한 자연권 사상에서 볼 때도 언론 기관은 그 기본권 실현을 대행함으로써 국민들로부터 신뢰를 얻도록 해야 한다. 언론인들에게 기본권이 이양된 것처럼 행사되어서는 곤란하다. 언론인들이 국민의 언론·표현의 권리를 무시하고 편향되고 왜곡된 의견을 강요하는 독단을 일삼을 때 국민들이 그러한 매체를 거부하는 것은 당연한 귀결이다. 언론 기관의 거대한 힘에 맞서 조직적으로 대처하는 것도 필연적인 현상이다. 독자와 시청자의 항의는 편집의 자율성을 침해하는 것이 결코 아니다. 편집의 자율성은 권력과 자본의 부당한 간섭을 배제하자는 것이지 국민의 반론을 차단하자는 것이 아님을 유념해야 할 것이다. 권력과 자본의 부당한 간섭과 통제에 대항하는 것은 언론 기관의 자구책이기도 하지만, 국민의 권리를 지키자는 의미이기도 하다.

미국 연방 최고 재판소가 1974년 < 마이애미 헤럴드 > 대 토르닐로 Miami Herald Co. v Tornillo 사건에 대한 판결에서 플로리다 주 법의 반론권 조항이 수정 헌법 제1조에 위배된다고 판시한 것은 '언론의 자유'를 '언론 기업의 자유'와 동일시한 것으로 논리적으로도 결함을 보여 주고 있다. 1913년에 제정된 플로리다 주 법의 반론권 조항은 다음과 같다.

"어떠한 신문이라도 그 지면에서 지명 후보자나 선거 후보자의 인격을 공격거나 또는 공직에서의 부정 행위나 실책을 갖고 해당 후보자를 규탄하거나 그렇지 않으면 후보자의 공직상의 경력을 공격하거나, 또는 그러한 목적을 위해 타인에게 무료로 지면을 제공했을 경우에는 해당 신문은 그 후보자의 청구에 따라 후보자가 작성한 반론을 반론의 원인이 된 기사가 실린 곳과 마찬가지로 눈에 띄는 자리에 같은 종류의 활자로 즉시 무료로 공표하지 않으면 안 된다. 다만 그 반론은 원인이 된 기사의 길이를 넘을 수가 없다. 본 조항을 위반한 개인이나 단체는 주 법의 규정에 따라 처벌된다."

언론이 특정인의 견해에 기울지 않아야 된다는 불편 부당의 원칙에 충실한 것으로 보이는 이 조항에 대해 최고 재판소는 다음과 같이 위헌 판결을 내렸다.

"우리가 승인한 법리에 의하면 미국 수정 헌법 제1조는 발행 전의 뉴스와 그 편집 내용에 대한 정부의 간섭에 관한 한, 정부와 인쇄 매체 사이에 사실상 넘기 어려운 장벽을 구축해 놓은 것이라고 할 수 있다. 무엇을 인쇄할 것인가 하는 '저널리스틱'한 판단의 행사를 요하는 사항에 관해서는 신문이든 잡지든 그것은 '합리적' 규제에 따르는 공공물이 아니다. 물론 신문이 항상 정확한 것이 아니며 무책임한 경우도 있다. 또 중요한 공공 문제에 관하여 충분하고 공평한 논평을 제공하지 못할지도 모른다. 그러나 수정 제1조가 언론의 자유에 관해서 상징한 판단은 중요 문제에 관한 논의가 따르는 불완전할 수 있고 또 모든 견해가 완전하게 표명되지 못할 수 있는 위험을 사회 자신이 부담해야 한다는 것이다. [……] 비록 신문이 플로리다 법에 따라 새로운 부담을 지는 것이 아무것도 없고 또 반론을 게재하는 것으로써 어떤 뉴스나 의견의 발표를 미루어야 하는 일이 없더라도 동법은 신문이 게재할 재료의 선택과 기사의 내용, 크기…… 등에 관한 결정에서 편집자의 기능에 개입하는 것이기 때문에 수정 헌법 제1조에 위반되는 것이다."

수정 제1조가 사전 검열에 대한 정부의 간섭을 배제하는 것이라는 전제를 하면서도 정부가 아닌 개인의 정당한 반론 표명까지 배제하면서 언론 기업의 입장만을 과도하게 두둔하고 있는 것을 알 수 있다. 이 판결에 따르면, 부정확하고 무책임한 언론 행위까지도 '언론의 자유' 내지는 '편집권'이라는 미명하에 비판의 성역에 머무를 수 있게 되어 있다. 수정 제1조가 보호하고자 하는 것은 모든 국민의 언론·출판의 자유이지, 언론 기업의 상행위나 저널리스트들의 자의적인 판단이 아니라는 점을 유념할 필요가 있다.

일본에서 편집권의 신화를 무너뜨린 중요한 판결로서 1962년의 '山陽新聞 사건'과 1971년의 '공명 신문 인쇄 거부 사건'의 법원 판결이 주목된다. 山陽 신문 사건은 오카야마 현 三木 지사가 추진하고 있던 '백만 도시 구상'을 신문사 경영측이 지지하고 언론 캠페인을 계속하고 있는 상황에서 신문사 노동 조합이 '진실 보도를 요구하자, 백만 도시 1월 병합에 반대하자'라는 제목의 유인물을 시민들에게 배포한 것이 발단이 되었다. 이에 대해 회사측이 조합 임원 5명을 해고한 후 법정 투쟁이 벌어진 것이다. 이 사건에 대한 법원의 판결은 "신문은 정확하고 객관적인 정보 전달과 그에 대한 평론에 의해 일반 시민에게 사회적 행동 기준을 부여하는 것을 본래의 사명으로 삼는 것이고 여론 형성에서 지도적 입장을 취하는 것도 가능하기 때문에 그 사회적 사명과 사업 내용은 공공성이라는 색채를 강하게 띠기에 이르고 소위 사회의 공기 公器 라고 일컬어지는 바도 이 점에서 그 근거를 발견할 수 있다. 따라서 신문사의 사업과 편집 방침은 일반 시민에 대해 직접, 간접으로 적지 않은 영향을 주는 것이므로 그 기업 내 사정을 폭로, 비판해도 그 행위는 공익에 관한 행위로서 그것이 진실에 합치되는 한 사회적으로 받아들여져야 한다고 해석하는 것이 타당하다"라고 하였다. 적어도 노동 조합이 회사측에 대해서 진실 보도를 요구할 수 있는 법적인 근거를 제공해 준 셈이다. '공명 신문 인쇄 거부 사건'에 대한 판결에서는 "일당 일파에 편향된 신문의 인쇄는 노동자로서 사상적, 종교적으로 허용하기 어렵다"는 노조의 주장을 수용하여 신문이 불편 부당한 입장에서 진실 보도를 하는 것은 신문의 생명이라는 점을 인정하였다.[18] 자본에 의한 편집권의 독점이 무너진 것이다.

한국의 경우 정치 권력이 편집권을 지나치게 제약하고 침해해 왔으며 권력의 비호를 받은 자본 역시 편집의 자율성을 인정하려 들지 않았기 때문에, 그로 인한 피해 의식이 편집국의 독점적이고 배타적인 권리로 인식하게 된 것으로 보인다. 어쨌거나 현대 사회에서는 권력과 자본의 부당한 간섭이 배제된 편집의 자율성이 존중되어야 한다는 점에서, 그러한 간섭에 대항하는 의미에서의 편집권의 주장이라면 수긍할 수 있다. 그러나 독자들의 정당한 주장까지도 배척하는 것을 정당화하는 것은 아니라는 점을 깨달아야 한다. 방송에 있어서는 더욱 그렇다.

한편 프로듀서들 사이에서는 '창작의 자유'라는 것을 비슷한 권리로 내세우는 경향이 있다. 이것도 마찬가지이다. 그것은 권력과 자본의 부당한 간섭으로부터의 자유이지 공공 기관과 시청자로부터의 타당한 지적까지 배척할 수 있는 것은 아니다. 공적 기구인 방송이 개인의 창작품을 공개하는 채널은 아닐 것이다. 혼자 즐기기 위해 제작하는 것이야 어떤 내용인들 간섭할 필요가 없을 테지만 불특정 다수가 시청하는 채널을 통해 방영되는 프로그램에 대해서는 윤리성과 공익성 등을 주문하지 않을 수 없는 것이다. 특히 방송사간의 경쟁이 심해지면 질적 저하가 필연적으로 수반되므로 이 점에 대한 감시와 제재는 반드시 뒤따라야 한다. 이 점에 대해서도 시청자가 방송사에 발언할 권리가 있음은 물론이다.

요컨대 악세스권과 편집권·편성권의 충돌은 어렵지 않게 해소될 수 있는 부분임을 알 수 있다. 기본적으로 이 둘은 충돌할 수도 없는 상호 보완적인 개념이다. 편집권은 국민의 언론·표현의 자유 실현과 자율적인 제작을 위해 조건부로 위임된 것이며, 악세스권은 헌법이 보장하는 권리인 동시에 편집권이 올바로 행사되고 있는지를 감시하고 시정을 요구할 수 있는 권리 개념으로 이해되어야 할 것이다. 만일 편집권이 부당한 통제와 간섭을 받을 때면, 국민들은 편집의 자율성 회복을 위한 행동에 나설 수도 있을 것이다. 편집권·편성권은 권력과 자본의 부당한 간섭을 막자는 것이지 독자와 시청자의 정당한 지적까지 배척하는 것이 아니라는 점이 중요하다. 독자와 시청자는 언론사에 대해 참여하여 발언할 권리가 있으며, 언론사는 그러한 의견을 겸허하게 수용해야 할 것이다.

우리의 언론 현실은 매스 미디어에 대한 독자와 시청자의 권리 실현이 어느 때보다도 절실한 시점인 것 같다. 거대한 기업 조직으로서 또는 국가 기구로서의 언론은 영리 추구와 통치 이데올로기의 전파를 앞세워 국민의 권리를 무시하고 있다. 독자와 시청자는 일방적으로 정보를 전달받기만 하는 존재로 인식되어 왔다. '정기 간행물 등록에 관한 법률'과 '방송법'에 규정되어 있는 정정 보도 청구권은 언론 보도로 인한 명예 훼손 등 사사로운 문제에 국한되고 있다. 정작 중요한 것은 정치·사회적인 이슈에 대해 언론이 보도한 것과 다른 견해를 가지는 경우인데, 여기에 대해서는 어떠한 통로도 마련되어 있지 않다. 그리고 정치·사회적인 이슈에 대해 능동적으로 판단할 수 있는 정보도 제공받지 못하고 있다. 그럼으로써 유권자로서의 주권 행사를 올바로 하지 못하게 되는 결과를 가져온다. 이러한 이유에서 모든 국민이 언론의 자유를 누리기 위해서는 독자와 시청자가 매스 미디어에 접근하여 그것을 이용할 수 있는 권리로서의 악세스권과, 정부 정보게의 자유로운 이용을 보장하는 알 권리를 입법에 의해 보장되도록 해야 하는 것이다. 그러한 권리를 실현하기 위한 독자 운동과 시청자 운동의 활성화도 절실한 시점이다.

2. 국민의 권리로서의 시민 언론 운동

1) 언론에 대한 국민의 권리

모든 국민은 헌법이 보장하는 언론·출판의 자유를 가지고 있다. 그러나 그 자유가 얼마나 실질적으로 보장되고 있느냐는 별개의 문제이다. 현대 사회에서 언론·출판의 자유는 매체 소유를 통해서만 온전히 향유할 수 있다. 매체를 소유하지 못한 대다수 국민은 헌법이 선언적으로 보장하고 있는 기본적인 자유를 누리지 못하고 있다고 할 수 있다. 매체 소유의 면에서도, 매체의 크기에 따라 그 자유의 향유도가 다르게 나타난다. 작은 매체의 소유자는 그 영향력이 미미한 만큼 언론·출판의 자유를 제한적으로 실현시키고 있는 셈이다. 거의 자족적인 수준이라고 해도 과언이 아니다. 결국 거대 언론 매체의 소유자들만이 언론·출판의 자유를 만끽하고 있는 셈이 된다.

매체의 소유가 비교적 쉬웠던 때에는 다양한 의견이 소위 '사상의 자유 시장'에서 교환되면서 국민적 합의가 도출되었다. 당시의 매체들은 시민 사회의 다양한 계층과 집단의 의견을 반영하였다. 그러나 매체 소유의 집중·독점화가 진행되면서 거대 매체는 특정 계층의 의견을 일방적으로 전달하는 양상을 보이기 시작했다. 그리고 작은 매체에 실린 의견은 묵살될 수밖에 없었다. 이것은 국민의 기본권이 침해되는 결과가 초래된 것으로 해석된다. 이러한 구조적 모순을 해소하기 위해서는 언론 매체가 사회의 다양한 의견을 공평하게 전달하고, 국민이 매체를 통해 언론·출판의 자유를 실현시킬 수 있도록 보장되어야 할 것이다. 이러한 맥락에서 제기된 것이 악세스권이란 것이다.

한편 민주 사회의 시민은 공적 정보에 대해 알 권리를 가지고 있다. 의회 민주주의는 대의 정치이며, 정부와 의회의 지도자는 국민의 선택에 의해 결정된다. 국민이 올바른 선택을 하기 위해서는 정부가 가지고 있는 정보를 포함해서 공적인 정보를 자유롭게 이용할 수 있도록 보장되어야 한다. 국민은 그 정보에 의해 판단을 하고 국가와 국민을 위해 봉사할 공복을 선택하게 된다. 그런데 그러한 정보를 취합해서 전달함으로써 국민의 알 권리를 충족시키는 것이 언론 매체이다. 국민은 알 권리를 갖고 있으며 언론은 국민들에게 정보를 전달해야 할 의무가 있는 것이다.

그런데 언론이 그 독점적 지위를 이용하여 국민의 언론·출판의 자유를 왜곡하고 알 권리를 침해할 경우의 대책은 무엇인가? 언론이 사회의 다양한 의견을 전달하기보다는 권력의 대변지가 되고 편파적인 보도를 함으로써 여론을 오도하고, 관리의 부정을 은폐하는 등 국민이 알아야 할 중요한 정보를 의도적으로 누락시키거나 왜곡할 때의 국민적인 대책이 요구되는 것이다. 현재 이에 대한 법적, 제도적 장치는 거의 없는 실정이다. 방송의 경우 일부 법적, 제도적 장치는 유명 무실하여 실질적 힘을 발휘하지 못하고 있다. 결국 실효성 있는 법적, 제도적 장치의 마련을 포함하는 국민 운동 외에는 대안이 없다는 결론에 도달하게 된다.

언론에 대한 국민의 권리는 언론 상품에 대한 소비자의 권리라는 차원에서도 정당화된다. 정보를 담고 있는 언론 상품에 대한 소비자의 일반적인 권익이라는 점에서는 여타 상품에 대한 소비자의 권익과 크게 다를 것이 없다. 언론의 막강한 영향력에 비추어 정보에 하자가 있는 경우 그로 인한 소비자의 피해는 막대하며 그 피해의 배상은 다른 상품에 비하여 중대한 의미가 있다. 정보의 하자는 크게 다음과 같이 정리된다.[19]

· 정보의 하자는 정보의 누락과 착오를 포함한다. 예컨대 소비자가 통상적으로 기대할 수 있는 뉴스가 빠짐으로 인하여 소비자가 정세를 정확하게 보지 못하는 경우.

· 보도된 기사의 내용이 사실과 달라 소비자가 행동을 그르친 경우.

김동환 변호사는 전문적인 지식을 갖춘 중립적인 기관이 정보 상품의 하자로 인한 소비자의 피해를 구제하고 예방하는 기능을 가지는 제도의 마련이 고려되어야 하고, 아울러 피해의 확산 방지를 위한 청구권을 소비자 단체 등 관련 있는 제3자에게 부여하는 방법도 함께 고려되어야 할 것이라고 제안한 바 있다.[20]

언론에 대한 국민의 권리는 헌법이 보장하는 기본권으로서의 언론·출판의 자유를 누릴 권리와 민주 사회의 주인으로서 공적 정보를 자유롭게 획득할 권리, 그리고 언론 상품의 소비자로서의 권리로 요약된다. 이러한 권리가 보장되고 있지 못한 우리의 언론 현실이 시민 언론 운동을 태동시켰다고 할 수 있다.

2) 선거 보도 감시와 시민 언론 운동

선거 보도 감시가 조직적으로, 그리고 시민 운동의 차원에서 이루어진 것은 14대 총선을 앞둔 1993년 2월 20일 결성된 선거 보도 감시 연대 회의(이하 선감연)가 출범하고서부터이다. 1987년의 대선과 1991년의 지자제 선거에서 YMCA가 했던 것은 모니터 보고서 발간 작업으로서 아직 시민 운동으로까지는 발전하지 못했다.

시민 언론 운동은 몇 가지 점에서 모니터 운동과는 다른 면모를 보여 주고 있다. 모니터 운동은 모니터 보고서를 만드는 일 자체가 목적으로 되어 버린 듯한 양상을 보이고 있다. 물론 많은 시간을 들여 어렵게 TV를 시청하고 보고서를 만드는 일을 평가 절하하려는 것이 아니다. YMCA가 보고서를 만드는 목적이 방송 프로그램을 개선하려는 데 있다는 것도 분명히 하고 있다. 그리고 많은 시민(주로 가정 주부)들이 모니터 교육에 참여하고, 뜻 있는 이들이 남아 모니터를 하고 있는 점도 높이 평가할 만하다.

그러나 모니터 보고서의 주제는 대부분 비정치적인 프로그램에 국한되어 있으며, 보고서를 해당 방송사와 신문사, 그리고 근래에는 < 방송 위원회 >에 보내는 일 이상의 움직임은 보여 주지 않고 있다. 모니터 운동이 지금까지는 미약하나마 방송사에 부담이 되어서 방송 프로그램의 개선에 이바지한 측면은 인정해야 할 것이다. 그러나 방송사간의 경쟁이 점차 심화되어 가는 현실에서 모니터 보고서는 방송사로부터 주목을 받지 못할 것이다. 시민 언론 운동이 모니터 운동과 다른 점은 주부와 회사원, 해직 언론인, 학생 등 시민들의 다양한 참여와 언론사에 대한 조직적인 항의, 자체 제작한 신문을 통한 대대적인 홍보 활동 등을 들 수 있다. 모니터는 감시를 위한 기본적인 작업일 따름이다. 포럼이나 심포지엄 같은 행사에서도 모니터에 참여한 시민들이 직접 발표와 토론에 참여한다. 이전까지는 주부들은 모니터나 하고 심포지엄에서의 발제는 교수들의 몫으로 돌아간 것이 사실이다.

또한 모니터 운동의 대상은 방송 매체에 국한되어 왔으나, 시민 언론 운동은 신문과 통신에까지 범위를 확대하였다. 방송의 영향력이 아무리 막대하다 하더라도 신문의 영향력을 무시할 수 없는 것이 엄연한 사실이다. 신문에 대한 감시와 압력을 방기할 수 없다는 것이다. 감히 신문을 모니터 대상으로 삼음으로써 시민 언론 운동이 여론의 지지를 얻는 데 지체되더라도 도덕적인 차원에서 원칙을 고수하자는 것이다. 특히 선거 관련 기사를 포함한 정치 기사의 경우 신문은 방송 못지않게 독자의 판단을 흐리게 하는 수가 많기 때문에 결코 포기할 수 없는 것이 신문을 상대로 한 시민 운동이다.

앞서 언급했듯이 시민 언론 운동은 선거 보도 감시 운동에서부터 본격적으로 태동되었다. 해직 기자 중심에서 시민이 주체가 되는 새로운 언론 운동을 모색하던 < 민주 언론 운동 협의회 >와 'KBS 시청료 거부 운동' 이후 꾸준히 모니터 작업을 진행시켜 온 < 여성 민우회 >, 시민 상대의 언론 강좌와 언론 피해 구제 활동을 막 시작한 KNCC의 < 언론 대책 위원회 >, 그리고 진보적 학술 운동 단체인 < 한국 사회 언론 연구회 > 등이 선감연을 결성함으로써 명실공히 언론을 상대로 한 시민 운동이 시작되었던 것이다. 총선 당시에는 MBC 노동 조합을 비롯한 언론사 노조에서 전폭적인 지지와 후원을 하여 현 단계에서 언론 민주화 운동의 이상적인 틀을 형성한 것으로 평가되었다. 대선 기간 중에는 < 카톨릭 매스컴 위원회 >와 < 불교 언론 대책 위원회 >가 참여하여 보다 광범위한 시민 운동의 토대를 구축하였다. 선거 보도 감시 운동은 신문과 방송을 포함한 거대한 언론의 정치 보도를 대상으로 조직적인 시민 운동을 전개했다는 점에서, 한국 언론사에 중요한 사건으로 기록될 것이다.

3) 시민 언론 운동의 성과와 한계

선감연이 총선과 대선 기간 중에 벌인 선거 보도 감시 운동, 즉 시민 언론 운동은 적지 않은 성과를 남긴 것으로 평가된다. 첫째로, 시민들 사이에서 언론을 비판적으로 보는 안목을 갖게 하면서 언론의 불공정한 보도에 항의하는 적극적인 수용자 계층을 창출했다는 점이다. 선감연의 참여 단체들은 선감연 결성 이전부터 각 단체별로 대중을 상대로 한 언론 강좌, 모니터 교육, 모니터 실습 등을 하면서 시민들의 언론에 대한 비판적 의식을 다져 왔으며, 선거 보도 감시 운동은 실천의 장이 되었던 셈이다. 의식은 실천을 통해 발전된다는 점에서도 선거 보도 감시 운동은 수용자들의 자세에 커다란 변화를 가져다 준 것으로 보인다.

두 번째는 신문을 감시의 대상으로 상정했다는 점이다. 방송은 그 공영적 성격상 항상 시청자들의 비판에 귀를 기울일 수밖에 없고, 그래서 이전까지는 손쉬운 상대로서 방송 매체만을 모니터 대상으로 삼았다. 그리고 모니터 단체는, 방송을 비평해 온 신문과는 밀월 관계를 형성했다. 방송이 사회에 미치는 막대한 영향력을 감안할 때 방송 프로그램을 감시하는 일을 조금도 소홀히 할 수 없으나, 그렇다고 해서 신문의 감시를 포기할 수는 없다. 뉴스에서는 신문의 영향력이 방송에 못지않기 때문에 신문에 대한 감시 운동은 결코 빠뜨릴 수 없는 것이다.

세 번째는 언론 노조 중심의 언론 민주화 운동에 시민 언론 운동이 본격적으로 결합하는 계기를 만들었다는 점이다. 특히 언론 노조 운동이 침체의 늪에서 좀처럼 벗어나지 못하고 있는 현실에서 시민 언론 운동의 발전은, 언론 노조를 비롯한 언론사 내의 양심 세력에게 힘이 될 것이며 언론의 민주화에 크게 기여할 것으로 전망된다. 총선 당시 언론사 노동 조합이 다양한 방식으로 후원을 하고, MBC 파업 때는 'MBC 정상화와 공정 방송 실현을 위한 범국민 대책 회의'를 결성하여 뒷받침한 것도 언론 노조 운동과 시민 언론 운동이 양 축을 이룬 언론 민주화 운동의 바람직한 모습이었다고 할 수 있다. 언론의 민주화가 노조의 힘만으로는 한계가 있고 범국민 운동으로 발전되어야만 소기의 성과를 올릴 수 있다는 것은 일본에서도 이미 경험한 바 있다.

마지막으로 사회 운동의 분야에서 언론의 중요성을 부각시켰다는 점이다. 선감연이 활동하기 전까지는, 거의 모든 사회 운동이나 시민 운동 분야에서 언론의 문제는 중요하게 취급되지 않았다. 제도 언론의 불공정 보도를 못마땅해 하면서도 이에 대한 대처는 거의 없었다는 점이다. 비조직적이고 단발적인 움직임이 고작이었다. 자체의 선전 홍보물을 제작하기도 했지만 그것은 대중적이지 못했다. 그런데 선감연의 활동을 지켜 보던 여러 사회 운동 단체들이 비로소 언론의 문제를 심각하게 받아들이기 시작했다는 것이다. 들리는 바에 의하면, 각종 집회에서 대중들에게 가장 인기를 모았던 홍보물이 선감연이 자체 제작한 신문(< 선거보도감시 >)이었다고 한다. 시민 언론 운동의 대중적 확산의 가능성을 점쳐 주는 대목이기도 한 것으로 보인다.

이러한 성과의 이면에서는 한계와 문제점도 노출되었다. 먼저 단체 연합에서 오는 불가피한 현상으로서 상황의 변화에 적절히 대처하지 못했다는 것이다. 예를 들어 < 조선일보 >와 국민당이 불공정 보도 시비로 격돌했을 때 너무 안이하게 대처했다는 판단이다. 선감연은 당시 < 조선일보 > 불매 운동을 시작했어야 한다고 여겨진다. 그 싸움에서 < 조선일보 >는 국민당 못지않게 타격을 받았다. 무엇보다도 < 조선일보 > 보도의 공정성에 많은 독자들이 의문을 품기 시작했다는 점이다. 선감연이 국민당이나 현대와는 별개로 < 조선일보 > 불매 운동에 들어갔다면, < 조선일보 >가 불공정 보도의 선봉에 설 수 없도록 견제할 수 있었을 것이다. 그만큼 선감연의 결속력을 높이면서 가시적인 성과도 올릴 수 있었을 것이다. 선감연은 그 절호의 기회에 < 조선일보 >에 항의 방문하는 것으로 그치고 말았다.

비슷한 사례로서 < 방송 위원회 >의 '1992 대통령 선거 방송에 관한 방송 위원회 기준' 마련에 적절히 대응하지 못한 점을 들 수 있다. < 방송 위원회 >는 11월 5일 이 '기준'과 '심의 세칙'을 확정하고 곧 이어 이 기준의 준수와 심의를 위해 5인으로 구성된 < 선거 방송 특별 심의 위원회 >를 가동시켰다. < 방송 위원회 >가 지자제 선거와 총선에서 보여 준 행태를 감안할 때, 선감연은 당연히 < 방송 위원회 >가 불공정 보도를 적절히 지적하고 조처하도록 압력을 행사했어야 했다. 그러나 선감연은 < 방송 위원회 >를 안이하게 믿어 버리고 말았다.

다음으로 신문과 방송 보도의 모니터에 지나치게 많은 역량을 투여하다 보니 정작 중요한 운동성의 발휘에 적지 않은 허점을 노출했다는 점이다. 물론 역량이 충분히 비축되었다면 또 다른 문제겠으나 역량의 배치가 적절했느냐 하는 진단은 필요하리라고 여겨진다. 모니터는 언론 감시의 기본적인 근거를 마련하자는 것이지 그 자체가 목적은 아니다. 모니터 작성과 전달만으로는 거대 언론이 조금도 변화하지 않는다. 모니터는 근거 마련과 중요한 불공정 사례의 포착, 그리고 교육적 효과에 그 의의가 있다. 시민 언론 운동이 모니터 운동과 차별성을 갖기 위해서는 보다 광범위한 대중적 압력을 조직화해서 언론사에 부담이 되도록 해야 할 것이다.

전문성의 문제를 지적하는 사람들이 많이 있다. 지난 총선 때에는 기자들 사이에서도 전문성이 떨어진다는 판단을 하면서 모니터 보고서를 홀대하곤 했다고 한다. 그러나 모니터 보고서는 시민 운동의 차원에서 만들어진 것이라는 점을 염두에 두어야 한다. 전문가들이 돈을 벌기 위해서, 혹은 명성을 떨치기 위해서 이루어 놓은 결과가 아니다. 시민들, 즉 독자와 시청자들의 소박한 평가가 투박하게나마 정리되었다고 본다면 보다 더 성의를 가지고 보고서를 탐독할 수 있을 것이다. 전문가라고 하는 사람들은 그 옆에서 방향을 잡아 주고 거들어 주는 것으로 족하다. 두 번의 선거를 치르면서 지금은 시민들이 오히려 전문성의 면에서 앞서가는 양상을 보여 주고 있다. 이론이라는 것도 사실 현실 속에서 구축되는 것이 아닌가. 모니터의 전문성이라는 미세한 부분에 매몰되지 말고 대중적 역량을 비축, 조직화하는 방향으로 나아가는 것이 바람직할 것으로 보인다.

4) 시민 언론 운동의 과제와 진로

성과와 한계는 바로 과제로 연결된다. 적극적 수용자들이 지속적으로 활동할 수 있는 공간을 마련하고, 신문 모니터로 인해 감수해야 하는 불이익을 극복할 수 있는 방안을 강구하고, 언론 노조와의 보다 유기적인 협력 체제를 구축하고, 언론 문제의 중요성을 더욱 적극적으로 알리도록 해야 할 것이다. 언론에 대한 유일하고 강력한 수용자 단체로 발전시키는 일 외에 전문성의 제고도 소홀히 할 수 없는 과제이다.

이제 선감연은 새로운 모습으로 변모해야 할 시점에 도달했다. 일단 중요한 선거가 끝났으므로 선감연의 활동도 일단은 막을 내리게 된다. 그렇다고 시민 언론 운동이 막을 내리는 것은 아니다. 선거 보도 감시 운동은 시민 언론 운동의 계기가 되었을 뿐 그 자체가 아님은 물론이다. 시민 언론 운동은 이제 정치 보도뿐 아니라 방송의 모든 프로그램과 신문 기사를 감시하고 바로잡으며, 나아가서 언론의 근본적인 구조적 모순을 타파하는 일에 나서야 한다. 선감연에 참여했던 단체들은 앞으로 이러한 과제를 위해 대중을 상대로 한 언론 교육(강좌)과 모니터를 통해 지속적으로 역량을 비축하고 이를 시민 운동의 차원으로 승화시켜야 할 것이다. 그러는 동안 각 단체들은 수시로 모여서 서로의 정보를 교환하고 상호 협력하는 관계를 지속해야 할 것이다. 그리고 언론의 중요한 사안이 발생했을 때 공동으로 대처하는 일도 항상 염두에 두어야 한다. 앞으로 지방 상업 방송의 신설과

CATV의 방영, 무궁화호의 발사에 따른 위성 방송의 실시, AFKN의 반환에 따르는 문제, 그리고 방송사간의 경쟁의 심화에 따른 선정·퇴폐적인 프로그램에 대한 대처 등 시민 언론 운동이 수행해야 할 역할은 막중하다. 언론이 민주화되지 않고서는 사회의 민주화는 요원하다. 시민 언론 운동이 언론의 민주화와 나아가서 사회의 민주화에 크게 기여하게 될 것으로 기대한다.

주

1) 이세정, < 신문 산업 과연 수지 맞는 장사인가 >, < 저널리즘 > 1992년 겨울, p.209.

2) 윤석홍, < 독자 페이지의 기능과 개선 방안 >, < 한국 언론학회 언론상 기념 특집호 >, 한국 언론학회, 1992, pp.84~8.

3) 堀部政男, ≪ アクセス權 ≫, 동경 대학 출판회, 1977, p.32.

4) 위의 책, p.34.

5) Jerome A. Barron, *Public Rights and the Private Press*, 1981, p.11.

6) 제롬 A. 배런, ≪ 누구를 위한 언론 자유인가 ≫, 김병국 옮김, 서울: 고시계, 1989, p.348.

7) 팽원순, ≪ 매스 코뮤니케이션 법제 이론 ≫, 서울: 법문사, 1988, pp.136~42.

8) 이들 프로그램의 참여자들도 대개는 동원되어 각본에 의한 발언을 하는 데 그치는 경우가 많다. 다음은 1993년 4월 5일 < 동아일보 > '독자의 편지' 란에 실린 한 독자의 투고 내용이다. "지난달 3월 20일 서울 지방 상설 징병 검사장에 징병 검사를 받으러 갔다. 그 날은 토요일이었는데 MBC 취재팀이 < 여론광장 >이란 프로를 생방송하기 위해 카메라를 들고 왔다. 징병 검사의 갖가지 부정과 특히 고위층 자제에 대한 부정 시비가 논점이라고 했다. 나는 1974년생으로 이번에 대학생이 되었고 징병 검사도 받게 되어 징병 검사와 징병 제도에 관하여 나름대로의 생각을 과감히 말해 보려고 벼르고 있었다. 그러나 몇 분이 지나자 준수해 보이는 10여 명의 대학생이 징병 검사장에 들어오는 것이었다. 예상대로 그 대학생들이 카메라 앞에 나란히 앉았고 그들은 짜여진 각본대로 진행자의 질문에 줄줄 외다시피 답변을 하는 것이었다. 우리는 어이가 없어 지켜 보기만 했다."

9) 이 점에 대해서는 이 책에 실린 隅井孝雄의 < 방송에 대한 민중의 악세스권 >을 참조하시오.

10) 淸水英夫, < 국가와 매체 정책 >, ≪ 언론 민주화의 논리 ≫, 김동민 편역, 서울: 한울, 1991, p.178.

11) Maurice R. Cullen, Jr., *Mass Media & the First Amendment*, 1981, p.41.

12) 팽원순, 위의 책, pp.277~82.

13) 팽원순, 위의 책, p.283.

14) David M. O'Brien, *The Public's Right to Know — The Supreme Court and the*

First Amendment, Praeger Publishers, 1981, pp.166~7.

15) 팽원순, 위의 책, pp.280~1.

16) 팽원순, 위의 책, p.138.

17) 塚本三夫, < 편집권·편성권이란 무엇인가 >, 김동민 편역, 위의 책, p.115.

18) 松尾博文, < 편집권의 역사적 성격 >, 김동민 편역, 위의 책, pp.153~5.

19) 김동환, < 정보 소비자의 권리 >, < 언론중재 > 1988년 가을, 서울: 언론 중재
    위원회, p.15.

20) 위의 논문, p.17.

제4부

법 제정 이래 역대 정권에 의해 편의적
으로 개정되어 온 방송법의 문제와 그
리고 현안이 되고 있는 방송 광고에서
의 모방, 표절, 복제의 문제점들을 지적
하고 그 개선 방향을 제시하고 있다.

제8장
방송법: 그 형성과 운용 논리[*]

유의선[**]

1. 머리말

전통적인 커뮤니케이션 법제 연구는 주로 신문을 중심으로 미국의 수정 헌법 제1조를 필두로 한 언론 표현의 자유와 사회적 책임 간의 상관성에 관한 연구에 중점을 두어 왔다.[1] 다시 말해서 방송보다는 신문이라는 인쇄 매체를 중심으로 보도의 자유와 공정성, 프라이버시, 음란 규제, 자율 규제, 언론 윤리 등 언론의 사회 문화적 영향력과 개인·사회적 법익과의 연계성을 외국의 판례 등에 비추어 조명하고 있는 것이 대부분이었다. 이런 점에서 기존의 커뮤니케이션 법제 연구는 법제 현상에 대한 분석적·설명적 기능을 갖고 있다기보다는 기술적·사례 중심적 연구 성향을 띠고 있다고 하겠다. 이는 대부분의 전통적 법제 연구가 법제의 기본적 방향과 속성을 가름하는 정치 경제학적[2] 접근 방법을 이용하여 사회 제 이해 집단간의 정치적·경제

* 1993년 한국 언론학회 봄철 정기 학술 발표회 발표 논문.
** 이화여자대학교 교수, 신문방송학과.

적 역학 관계를 규명하려고 노력하였다기보다는 판례 분석에 중점을 둔 법적 접근 방법 *legal approach*에 치중하여 법제 속에 내재해 있는 법적 해석 및 경제적 운용에 관한 분석적 검증 작업에 미처 연구의 초점을 두지 못했기 때문이다.

이 글은 점차로 그 사회적 영향력이 증대해 가는 제반 방송 매체를 중심으로 ① 우선적으로 방송법[3]이 어떠한 형태로 구성되어 있는지를 기술하고, ② 방송법이라는 제도적 틀이 개인·사회·국가라는 개념 속에서 어떠한 상관성을 가지고 구성되어 작동하고 있는지를 법적, 경제적, 정책학적 측면에서 설명하고자 한다.

2. 방송법의 구성에 관한 논의: 그 형성과 본질

1) 방송법의 본질

방송법이 어떠한 성분으로 구성되어 있는지를 파악하기 위해서 우선적으로 필요한 것이 방송 산업 본질에 대한 이해일 것이다. 방송 산업은 본질적으로 산업과 사회적 책무라는 두 가지의 야누스적인 특성이 방송 내부에 내재하고 있다. 바로 그 두 가지 특성에 대한 적당한 조절과 화합[4]이 방송법의 기본 특성과 방향을 결정짓는다고 성격 지을 수 있다. 다시 말해서 방송법이 방송이 가지는 방송의 산업적 측면[5]을 지나치게 중시하다 보면 방송법은 자연히 방송 산업의 구조와 경영에 관련된 법규 조항에 상당 부분을 할애하게 되고 방송의 공적 책임보다는 기업으로서 방송 산업이 성장할 수 있도록 하는 효율적인 사업자 구도 및 인허가권 등을 중시하게 된다. 반면, 방송법이 방송의 사회 문화적 영향력을 산업 경제적 측면보다 강조하게 되면 그 법은 방송이 사회적·문화적으로 지녀야 할 품격이라든가 개인적·사회적 법익과의 조화를 강조하게 되어 방송 심의 규정이 엄격해지고 품질 관리의 제도적 보장에 법적 주안점을 두게 된다.

방송법의 본질을 이해하기 위해서 또 하나 주지해야 할 부분은 방송법은 방송 매체의 특성에 따라 그 형태와 규제 정도가 달라진다는 것이다.[6] 방송은 신문과 달리 ① 공적 전파 자원의 희소성,[7] ② 불특정 다수에게 전이되는 방송 메시지의 침투성[8] 등으로 법적 규제의 정도가 다른 매체에 비해 강한 편이다.[9] 그러나 새롭게 등장하는 방송계 뉴 미디어의 경우, 공중파 TV에 적용되었던 규제의 논리가 그대로 법적으로 성문화되기에는 많은 문제점이 있다. 많은 사례에서도 보여지듯이 CATV와 같은 새로운 영상 매체에서는 공적 전파 자원의 희소성 논리도 기술적으로 설득력이 약하고[10] 수용자의 프로그램 선택 의지도 상당 부분 보장되고 있어[11] 불특정 다수에게 일방향으로 전파되는 도달률 *reach*[12]·침투율 *pervasiveness* 이 큰 공중파 TV 방송에 적용되던 법규 조항을 그대로 새로운 매체에 적용하기에는 무리가 따르기 때문이다. 다시 말해서 방송법이 방송 표현의 자유와 사회적 책임 간의 지분 관계를 명문화한 것이라면 그 지분 관계는 매체의 특성에 따라 다음과 같이 달라지게 된다(< 표 1 >).

세 번째로 언급될 수 있는 방송법의 본질로는 방송법 자체의 가변성, 미래 지향적 성격에 있다. 한 나라에서의 방송법은 앞서 언급하였듯이 그 본질상 특정 시대, 특정 공간에서 지배적으로 작용하는 방송 제도 및 운용에 관한 최대 공약수적 가치 규범이라고 정의 내릴 수 있다. 정확히 말해서 방송법은 가치나 규범과 달리 상대적으로 그 적용 범위가 포괄적이지는 않지만 그 속성상 권력 엘리트 그룹 및 가용이 가능한 제 자원(예: 광고 시장 규모와 같은 경제적 자원)과의 연계성이 강한, 방송 구조 및 운용에 관한 강제적 사회 규칙인 것이다. 이런 점에서 방송법은 다른 일반 법규처럼 법규 입안자의 정치적·철학적 성향 등에 따라 그 성격이 달라지게 되고 이해 그룹 간의 역학 관계 변화에 따른 가변성을 항시 내포하게 된다. 방송법은 절대적인 진리의 명문화된 규정도 또한 아니다. 기술 변화 및 사회적 욕구에 따라 방송 법규 내용이 변화하는 것은 그리 이상한 일이 아니다. 방송법이 점

< 표 1 > 방송 매체별 유형에 따른 방송 법규 특성 비교

	방송 유사 매체	통신 모형 방송 매체	인쇄 모형 방송 매체
이론적 근거	희소 전파 자원 강한 침투성	쌍방향 정보 통신망 공공 서비스	자유 경쟁 시장 구도의 용이성
법제 형태			
• 시장 진입 장벽	독과점 시장 구조 허가제	독과점 시장 구조 지정 / 허가제	경쟁 구조 신고제
• 가격 / 이윤 규제	존재	존재	비존재
• 편성 규제	기본적으로 존재	비존재	비존재
• 내용 규제: 방송 심의	존재 (외설·음란물 규제)	비존재 (음란물은 규제)	비존재 (음란물은 규제)

차로 사회 문화적 측면에서 산업 경제적 측면으로 그 비중이 옮아 가고 있
다는 분석과 1980년대부터 방송 산업에 불기 시작한 규제 완화 정책, 1990년
대부터 본격적으로 거론되고 있는 방송 통신 경계 영역 서비스에 대한 방
송 법규 정비 문제 가능성 논의 등은 앞서 상기한 방송의 가변성·미래 지
향적 속성의 한 예라고 할 수 있겠다.

그러면 상기한 특성을 가지고 있는 방송법은 구체적으로 어떤 형식과
구성 논리를 가지고 전개되고 있을까? 다음은 방송법의 형식 구조에 관한
분석이다.

2) 방송법 구성 형성

방송법은 방송이라는 커뮤니케이션 현상에 관한 질서와 운용 원칙을 명시한 성문화된 규칙이라 할 수 있다. 이런 점에서 방송법은 자연히 방송이라는 커뮤니케이션을 구성하는 제 요인(송신자, 방송 프로그램, 방송 전송 및 송출, 수용자)의 개별적 조직 및 운용 문제에 관한 규칙이나 제 요인간의 연계 질서를 법적으로 명시하게 된다. 즉, 방송 커뮤니케이션의 송신자에 관한 것으로는 방송 사업자 구조나 경영 원칙, 방송 사업자를 관리하는 규제 기구의 역할이 주로 언급된다. 방송 프로그램에 관한 법규 조항으로서는 방송 프로그램 서비스 유형이라든가 프로그램 기본 편성 및 내용 심의 조항 등이 명시된다. 방송 프로그램의 유통에 관한 제 원칙(저작권, 독점 계약 금지 문제 등)도 여기에 포함됨은 물론이다. 방송 전송 및 송출에 관한 문제는 주로 전송에 있어서 요구되는 기술적 문제라든가 전송망 이용에 관한 제 약관 등이 명시되는 것이 보통이다(예: 종합 유선 방송법 제18조). 수용자 측면에서의 방송법 관련 조항은 방송이 수용자에게 전달된 후 수용자의 개인적 법익이 침해 당했을 때 이를 제도적으로 보장하는 장치(예: 정정 보도 청구권)로 주로 구성된다.

이를 보다 구체적으로 분석해 보면, 방송법은 그것이 공중파 방송이든, 종합 유선 방송법이든, 위성 통신법[13]이든간에 외형적으로는 대부분 총칙, 규제 기관의 역할 및 독립·행정 규제 기관의 설립 요건·기능(정부 규제 기관, 규제 위원회: 방송 위원회, 종합 유선 방송 위원회 등에 관한 법규 조항), 방송국 소유 및 운영 원칙(방송국의 경영과 방송 법인의 소유·운용에 관한 조항), 방송 프로그램 편성 및 내용에 관한 기본 원칙, 침해에 대한 규제 사항(정정 보도 청구권), 벌칙 및 부칙 등으로 구성되어 있다. 총칙에는 주로 방송법 제정의 대의적 명분[14]이 명시되는 것이 상례이고 해당 법에서 사용되는 용어의 정의[15] 등이 수록된다. 규제 기관은 방송법에서 크게 둘로 나누어 구분된다. 첫째는 공보처, 체신부 등과 같은 직접적 행정 규제 기관이고 둘째는 < 방송 위원회 >, < 방송 심의 위원회 >, < 종합 유선 방송 위원회 > 등의 준

<표 2 > 방송법, 종합 유선 방송법 구성[16]

방송법	종합 유선 방송법
총칙, 방송국의 경영과 방송 법인, 방송 위원회, 텔레비전 방송 수신료의 납부와 징수,[17] 방송국의 준수 사항, 침해에 대한 규제, 벌칙, 부칙	총칙, 종합 유선 방송 사업, 종합 유선 방송의 운영, 종합 유선 방송 위원회, 침해에 대한 규제, 보칙, 벌칙, 부칙

입법, 준사법, 준행정적 성격을 띠고 있는 절충형[18] 규제 위원회이다. 외국과 마찬가지로 국내의 방송법에서도 규제 위원회의 설립이 일반화되는 것은 방송이 가져야 하는 권력·금력으로부터의 자율성 확보라는 당위성 때문인 것으로 해석된다. 이외에도 방송법에는 방송 메시지를 송출하는 방송사 소유 및 운용에 관한 법규 조항이 포함되고 방송 메시지의 구성과 편성에 관한 조항, 방송하는 데 있어서의 기술 조항, 방송 메시지의 부작용으로부터의 구제 조항, 법규 위반시의 벌칙 조항, 법규 실행 일지 등을 명시한 부칙 등이 포함된다(< 표 2 >).

　　방송법의 외형적인 형식 요건을 보다 체계적으로 풀이하여 보면 크게 다시 2가지로 구분될 수 있다. 즉 매체 자체의 소유와 운영, 타매체와의 구조적 관계를 나타내고 있는 구조적 통제 *structural regulation* 와 매체가 전파하는 방송 메시지의 편성과 내용 규제에 관한 내용적 통제 *content regulation* 가 그것이다.

　　구조적 통제에 관한 방송 법규는 규제 기관의 역할 문제라든가 방송 사업자 구도 및 운용 등에 밀접하게 연결되어 있어 방송의 산업 경제적 측면이 많이 부각된다. 반면 내용적 통제는 방송 편성 원칙과 프로그램이 헌법으로 보장된 언론 표현의 자유를 어느 정도 누릴 수 있느냐 하는 내용 규제에 관한 조항으로 구성된다.[19] 구조적 통제 장치로서의 방송 법규는 방송사 규제 기관 측면(정부 관련 행정 기관 및 규제 위원회의 구성과 기능), 방송사 소유와 운용 측면(방송국 소유 조건, 방송 사업 인허가권), 방송 프로그램에 의한 사회적·개인적 법익 보호에 관한 제도적 장치(침해에 대한 규제), 법규 위반에 관한 요건(벌칙) 등 방송 프로그램 편성과 내용 기준에 일반 원칙을 제외한 거의 모든 법규 조항을 포함한다. 내용적 통제 장치는 방송 법규 내에서 주로 방송 메시지에 관한 심의 규정(방송법 제20조, 종합 유선 방송법 제41조)이라든가 편성 원칙(방송법 제3조, 5조, 20조, 31조, 종합 유선 방송법 제23조, 24조, 25조, 26조)에 관련된 조항으로서 방송 메시지 특성에 따라 언론 표현의 자유와 사회적 책임 정도가 결정된다. 내용적 통제의 주된 목적은 방송의 품격과 질을 향상시켜 방송이 사회적·공적 책무를 다할 수 있도록 하는 데 있다. 내용적 통제의 방송 법규 조항은 방송이라는 사회적, 문화적으로 영향력이 큰 메시지가 프라이버시, 명예 훼손, 초상권 등 개인이 누릴 수 있는 개인적 법익 및 국가 기밀, 외설·음란물 규정 등 사회적 법익이 보호될 수 있도록 기능한다. 이를 정리하면 다음과 같다(< 그림 1 >).

< 그림 1 > 방송법에 명시된 구조적·내용적 통제의 특질

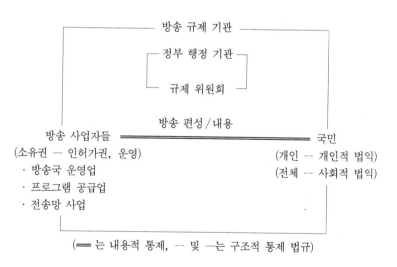

그러면 실질적으로 방송법은 어떠한 논리로 구성되고 운용되어지는 것일까? 다시 말해서 방송법의 대의 명분적 목적이 주로 건전 문화 창달 및 공공 복지 향상에 있다면 그러한 목적을 달성하기 위해 방송법에 내재하고 있는 메커니즘은 무엇인가? 이러한 질문들은 방송법이 문화적 특성과 산업적 특성을 동시에 가지고 있는 문화 산업임을 감안해 답해야 할 것이다.

3. 방송법의 운용 논리

1) 개요

앞서 언급하였듯이 방송법은 그 본질상 부득이하게 사회 문화적·산업 경제적 요인들로 구성되게 된다. 방송은 이데올로기가 담긴 문화이자 산업이기 때문이다.

사회 문화적 측면에서 살펴본 방송법은 기본적으로 방송과 사회적·국가적 법익 및 개인적 법익과의 상관성을 다루게 된다. 이는 언론 자유가 절대적인 것이 아니고 국민이 향유하는 여러 가지 기본권 중의 하나라는 인식에서 시작되는데, 언론의 특수성과 관련하여 침해가 예상되는 반대 법익의 보호를 법적으로 보호하자는 데 그 의의가 있다. 언론으로서 방송이 가지는 표현의 자유와 보호 받아야 할 개인과 사회의 법적 지분이 여기서 결정되어지게 된다. 개인이 언론으로부터 보호받아야 할 개인적 법익은 프라이버시, 명예 훼손, 저작권, 공정 재판 보도권, 악세스권(반론권) 등이 있고, 언론으로부터 지켜져야 할 사회적 법익이란 음란·외설, 공공 안녕 질서, 국가 기밀 등이 거론된다[20](< 그림 2 >).

방송 표현의 자유와 사회적·개인적 법익 간의 조화를 도모하고자 시도된 많은 운용 철학 및 논리가 있다. 현존하고 명백한 위험의 원칙 *clear and*

< 그림 2 > 사회 문화적 측면에서의 방송 법제 운용 논리

방송 표현의 자유와 사회적 책임 간의 지분을 분할하는 제 원칙
(예: 이익 형량의 원칙)

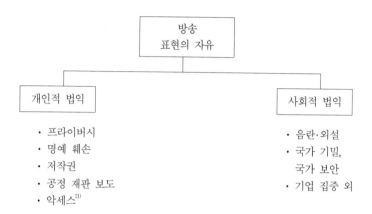

present danger test 등이 그것이다. 그리고 방송과 개인·사회적 법익 간의 지
분을 나누는 그러한 운용 논리들은 시대적·공간적 상황에 따라 변해 왔다.

산업 경제적 측면에서 볼 때 방송법은 기업으로서의 방송 산업이 가지
는 제 요인(예: 소유, 인허가, 운영)을 주로 다루게 된다. 여기서는 크게 시장
과 정부라는 2가지의 운용 메커니즘이 거론된다. 방송 시장이 독점 산업 구
조 등으로 인해 시장 실패를 초래할 때 정부 규제가 뒤따르고, 반면 정부가
전문성, 윤리성 결여 등으로 인해 정부 규제 비용이 용납할 수 없는 사회적
비용으로 확산되어 가고 있다고 인식될 때 시장에 의한 방송 규제가 법 조
항에 명시된다.[22] 이 때 정부는 시장이 제 기능을 다할 수 있도록 공정 경쟁
구도 조성을 위한 보조적 역할만을 하게 된다. 이를 간략히 그림으로 나타
내면 다음과 같다(< 그림 3 >).

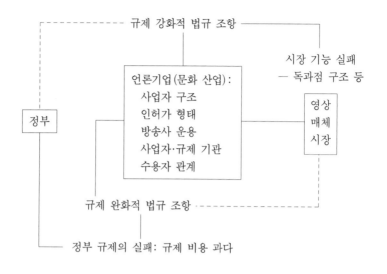

< 그림 3 > 산업 경제적 측면에서의 방송 법제 운용 논리

2) 사회 문화적 측면에서의 방송 법제 운용

(1) 개인적 법익과 방송 법제:

명예 훼손,[23] 프라이버시권, 악세스권, 공정 재판 보도권 등을 중심으로

방송의 사회 문화적 영향력과 더불어 개인적 법익의 대표적 예로서 우선적으로 거론될 수 있는 것이 언론에 의한 명예 훼손[24]이다. 형법에서는 사람을 비방할 목적으로 신문이나 방송 또는 기타 출판물에 의해 타인의 명예를 훼손한 경우 처벌하게 되어 있고(형법 제309조), 공연히 사실을 직시해서 사람의 명예를 훼손한 경우에도 2년 이하의 징역이나 금고로 처벌 받게 하고 있다[25](형법 제307조 제1항). 그러나 방송과 같은 언론으로부터 명예라는 개인적 법익을 보호하기 위해 자유로운 보도 기준을 통제한다면 언론의 자유와 국민의 알 권리가 침해 받을 우려가 생기게 된다. 이런 이유로 형법에서는 사실 공표로 명예가 훼손되는 경우라도 공공의 이익에 반할 때에는 처벌하

지 않는다고 규정하고 있다(형법 310조). 미국의 경우도 신문이나 방송이 타인의 명예를 훼손하였다 할지라도 ① 사실 보도나 공정한 논평이었거나, ② 현실적 악의 *actual malice*[26]가 없었다면 면책되어 언론 표현의 자유를 제한하지 않는 것이 상례이다. 이러한 제 원칙을 감안해 볼 때 명예 훼손은 언론으로부터 개개인의 명예가 부당하게 침해 당하지 않도록 보호하기 위한 것으로서 미국에서는 다음과 같은 운용 원칙을 가지고 법을 집행한다.

· 운용 원칙 1
원고 *plaintiff* 가 방송사를 명예 훼손 행위로 고발하기 위해서는
① 우선적으로 명예 훼손 행위가 실제로 일어났는지 *publish*, 내용물이 어떠한 형태로 공표되었는지를 밝혀야 하고 *identified*,
② 공표된 내용물이 명예 훼손에 해당하는 내용(예: 범죄 기록, 성적 모욕)을 포함하고 있음을 입증하여야 한다.

· 운용 원칙 2
원고는 더불어 명예를 침해한 방송사가 현실적 악의가 있는지를 입증하여야 하는데, 그 입증의 요구 정도는 원고의 사회적 지위에 따라 달라진다. 이를 간략히 표로 나타내면 다음과 같다(< 표 3 >).

< 표 3 > 수용자의 사회적 지위와 현실적 악의, 방송 표현 자유 제한의 연계성

원고의 지위	명예 훼손에 따른 경제적 보상 요구시	명예 훼손에 따른 형사 처벌 요구시
공인 *Public Figure*[27]	현실적 악의 입증 필요	현실적 악의 입증 필요
개인 *Private Person*	현실적 악의 입증 불필요(그러나 방송사의 명백한 부주의[28]로 명예 훼손이 발생하였음을 입증하여야 한다.)	현실적 악의 입증 필요

명예 훼손이 언론 또는 다른 사람으로부터 개인의 명예를 보호하기 위한 것이라면 프라이버시권은 외부의 간섭으로부터 벗어나 혼자 있고 싶어하는 개인적 권리 *right to be left alone* 라 할 수 있다. 이런 점에서 프라이버시권은 살아 있는 자연인만이 향유할 수 있다는 측면에서 자연권인 동시에 정보 공개에 상치되는 '자신에 대한 정보 통제권'이라 할 수 있다. 언론 표현의 자유와 간과될 수 없는 개인적 법익 형태인 프라이버시권의 상관 관계는 보통 이익 형량의 원칙과 같은 운용 기준으로서 조절된다. 구체적으로 말해서 프라이버시권 침해로 방송사 보도의 수정 등을 요구하기 위해서는 ① 공표된 내용이 사생활의 사실 또는 사생활의 사실처럼 받아들여져야 하고, ② 일반인의 감수성을 기준으로 공개시 정신적 침해를 받았음을 입증하여야 하며, ③ 일반인에게 지금까지 공개되지 않은 것으로 피해자에 관한 사적 공개로 인하여 당해 개인이 실제적 불쾌감이나 불안감을 가졌음을 증명하여야 한다. 반면, 방송사의 보도가 진실 보도였거나 악의가 없는 보도일 경우, 또 해당 당사자로부터 사전 동의를 받았다든가 공익을 목적으로 한 공인에 관한 보도일 경우 방송사에 의한 프라이버시권 침해는 인정되지 아니한다. 이처럼 프라이버시권과 방송 표현 자유에 관한 지분 결정 논리는 그 내용이 추상적이고 다소 포괄적이어서 개별 사안에 따라 법원에서 결정되어지는 것이 상례이다.

방송법의 사회 문화적 측면 중 개인적 법익에 관한 조항으로서 악세스권을 간과할 수는 없다. 악세스권은 사상의 자유 시장을 실제로 확보하기 위한 제도적 장치라 할 수 있는데, 배런 Barron 이 *Harvard Law Review*에서 다소 적극적 형태인 새로운 표현의 자유 이론을 주창함으로써 시작되었다. 방송에 있어서의 악세스권 인정 논리는 레드 라이온 대 < 연방 통신 위원회 > Red Lion Broadcasting co. v. FCC(1969)에서 찾아볼 수 있다.[29] 표현하고자 하는 개인의 자유는 방송에서 형평의 논리 등으로 제도화되고 있는데, 최근 위축 효과 *Chilling Effect*[30] 등으로 수용자의 권익에 강조를 두고 있는 언론 표현의 자유에서 시장에 의해 조절되는 방송인의 표현의 자유를 보장하는 경향으로 변화하고 있다.[31] 우리 나라에서는 방송법 제41조에 정정 보

도 청구권을 두어 반론권을 명시, 방송사에 의한 개인적 법익 보호 장치를
두고 있다.

개인적 법익 중에서 방송과 같은 언론에 의해 가장 쉽게 침해 받을 수
있는 권리 중의 하나가 공정 재판권일 것이다. 공정 재판이란 국민의 기본
적인 권리로서 형사 피고인이 적법한 절차 *due process of law* 에 따라 재판
을 받을 수 있는 권리를 말한다. 그러나 문제는 피의자에 대한 방송의 보도
성향이다. 방송이 무조건적으로 국민의 알 권리를 충족시키기 위한 것이라
는 명분에서 객관적이고도 공정한 보도 자세보다는 불필요한 취재 경쟁 등
으로 편향적이고 선동적인 보도 자세를 견지할 때 개인은 공정 재판을 받
을 수가 없는 것이다.[32] 이런 점에서 워런 보고서는 정보를 얻을 공중의 권
리와 공평하고 평등한 재판을 받을 개인의 권리 사이에 정당한 균형을 조
절할 수단이 필요함을 역설하고 있다.[33] 우리 나라의 경우, 공정 재판과 같
은 개인적 법익을 방송으로부터 보호하기 위해 방송 심의에 관한 규정 제22
조에서 방송은 재판이 계속중인 사건을 다룰 때 판결에 영향을 주지 않도
록 유의하여야 하며, 이와 관련된 심층 취재는 공공의 이익에 반하지 않도
록 하여야 한다고 명시하고 있다.

우리 나라에서 방송에 의한 개인적 법익을 보호하기 위해 방송 법제에
명시된 관련 조항은 극히 제한적이다. 침해에 대한 구제 조항으로서 정정
보도 청구권이 명시되고 있는 정도일 뿐이다. 이는 대부분의 개인적 법익이
인간의 기본권에 해당하는 성격을 가지고 있어 헌법이나 형법에 이미 명시
되고 있다는 사실에도 기인하지만 개인적 법익에 해당되는 명예 훼손권, 프
라이버시권 등이 자의적으로 해석될 때 언론 자유를 저해하는 부작용을 초
래할 수 있다는 우려와, 상황에 따라 개인적 법익과 언론 자유의 형량 관계
가 달라져 구체적으로 법규화할 수가 없다는 데에도 그 이유가 있다.

결론적으로 방송 법규와 개인적 법익과의 관계를 규정하는 운용 논리는
특정 사회에서 언론 표현의 자유라는 형량과 개인적 법익이라는 형량 중
어디에 더 중점을 두느냐에 따라 법규의 형태와 운용 메커니즘이 달라진다
하겠다.

⑵ 사회적, 국가적 법익과 방송 법제: 음란물, 국가 기밀을 중심으로

방송은 사회 문화적 영향력이 크다고 한다. 도달률 *reach* 이 크고 신문과 달리 시청각 영상 매체로서 침투력이 강하기 때문이다.[34] 이러한 방송의 속성 때문에 사회는 방송법이라는 제도적 장치를 통해 방송이 사회에 미칠 수 있는 부작용을 최소화하기 위해서 노력하게 된다. 방송이 사회에 미치는 부작용 중 가장 논란이 되고 예민한 이슈가 되는 것들이 바로 선정적 음란물이나 무분별한 보도로 국가 안보가 어지러워지는 경우이다. 앞서 개인적 법익과 방송 표현 자유의 상관성에 관해 언급하였듯이 사회적 법익과 방송 표현을 통한 국민의 알 권리는 그 속성상 상충적 관계에 있다. 국가 질서 유지, 사회 규범 준수 등 사회적 법익만을 강조하다 보면 방송이 가지는 표현의 자유는 심각하게 침해되고 제한 받게 된다. 반면, 방송과 같이 사회 문화적 영향력이 지대한 언론에게 공적 책무를 강조하지 않고 무한한 자유를 허용한다면 사회는 자유라는 이름하에 무질서와 방종을 가져와 혼란을 초래하게 됨은 자명한 일이다. 따라서 언론의 자유와 책임에 관한 지분 결정 문제가 다시 한 번 방송 법제에 있어서 중요한 이슈가 된다.

음란물은 어느 매체를 통해서 전달되든간에 사회에 큰 피해를 주므로 수정 헌법 제1조에 명시된 것처럼 언론 표현의 자유를 보장받지 못한다.[35] 그러나 문제가 되는 것은 무엇이 음란물이냐 하는 정의에 관한 것이다. 음란물을 어떠한 잣대로 판별하고 결정하느냐 하는 기준의 엄격성이 바로 표현 자유의 제약성을 결정짓기 때문이다. 방송에서의 음란물 규정 기준이라든가 처벌 원칙 등이 바로 음란물로부터 사회적 법익을 보호하기 위한 메커니즘으로 기능한다.

방송 프로그램이 음란물로서 판정 받기 위해서는 통상인의 기준, 그 당시 지역 사회의 가치 기준, 전체적으로 고려되었을 때의 중심적인 주제의 기준, 의도성 등이 판별 기준으로 주로 이용된다. 다시 말해서 음란물로 지적하여 방송 금지 등 방송으로부터 사회적 법익을 보호하기 위해서는 ① 정상적인 사고를 지닌 일반 지역 사회 구성원이 방송 내용물을 보고 성적 자극을 느끼거나, ② 의도적[36]이고도 명백한 성적 묘사로 역겨움을 느끼는

등 방송 내용물이 불쾌하고, ③ 전체적[37]으로 볼 때도 작품이 문학적, 정치적, 과학적 가치를 결하고 있으면 음란의 판정을 받게 된다.[38] 그러나 가정 내에서 비영리의 목적으로 음란물을 보는 것은 인간의 기본권인 프라이버시권과 연계되어 제약의 대상이 되지 않는다.

　음란에 대한 정의가 상대적이듯이 음란에 대한 처벌도 상대적이다. 이는 특정 시대, 특정 공간에 위치하는 사회의 가치관에 따라 음란에 대한 판별 기준과 처벌 정도가 다르기 때문이다.[39] 예를 들어 미국에서는 1936년 미 연방 대 레빈 U. S. v. Levine 판례에서 음란물 판별 기준의 요건으로 작품 전체를 보아야 한다는 지적이 나왔다. 우리의 경우는 1973년 염재만의 < 반노 叛奴 >에서 논란의 대상이 되는 부분이 작품 전체에서 차지하는 비중을 보았다. 방송을 통한 음란물 상영은 결코 헌법에서 보장한 표현의 자유를 보장받지 못한다. 그러나 음란에 관한 기준이 포괄적이고 분명치 않으면 특정 이익 집단에 의해 자의적으로 해석되고 운용되기도 한다. 우리의 경우는 음란물에 대한 언론사의 자율 규제나 방송 심의 규정 제15조, 16조, 17조, 52조, 53조 등에 음란 방송으로부터 미풍 양속 등 사회적 법익을 보호하는 법적 장치를 구비하고 있다.

　음란과 더불어 국가 기밀을 보호하기 위한 방송의 제약 역시 사회적 법익에 강조를 둔 방송 법규 형태로 해석할 수 있다. 국가 안보라는 국가적 법익을 위해 방송 표현의 자유를 제약하느냐, 국민의 알 권리를 위해 국가 기밀에 대한 방송 보도의 자유를 허용하느냐 하는 것은 바로 방송 표현의 자유와 사회적 책임 간 역학 관계에 대한 논의이기도 하다. 국가 안보라는 국가적 법익과 언론 표현의 자유를 통한 국민의 알 권리 충족이라는 언론 기본권적 형량의 비중은 지금까지 정도의 차이는 있지만 몇몇 국가를 빼고는 국가적 법익이 중요시 여겨져 왔다. 특히 우리 나라처럼 남북이 갈라져 대치 상태에 있는 나라에 있어서의 국가 안보 개념은 표현의 자유라는 기본권적 권리도 감히 침범할 수 없는 국가적 법익을 의미하고 있었다.[40]

　외국에서는 그 동안 국가 안보와 언론 자유의 상관성을 추량하는 몇 가지 원칙이 시도되어 왔다.[41] 위험한 경향의 원칙 *bad tendency test*,[42] 명백·현존하는 위험의 원칙,[43] 우월적 지위의 이론,[44] 이익 형량의 원칙 *ad hoc bal-ancing theory*,[45] 사전 억제 금지 이론,[46] 절대권론[47] 등이 그것이다.

국가 안보라는 국가적·사회적 법익과 방송 표현의 자유와의 관계를 규정하는 제 운용 논리 역시 시간과 공간에 따라 그 형태와 해석을 달리하는 상대적 개념이다. 국가적 법익과 언론 자유 간의 상관성은 정부·언론의 국가 발전에 관한 인식 관계에서 그 방향이 결정되기 때문이다. 정부가 보호해야 할 국가 기밀 사항의 범주가 타당성을 갖느냐 하는 것도 여기서 논의해야 할 1차적인 문제이기도 하다. 그렇지만 그보다는 언론의 국가 기밀 사항에 관한 보도가 민주주의라는 틀하에서 당연히 이루어져야 하는 사항인지, 아니면 국민 주권 행사의 위탁자로서 정부의 국가적 법익 노력을 중시해야 할 것인지는 기밀 사항의 파급 효과 정도[48]와 언론·정부의 역할에 대한 사회의 인식에서 언론과 국가적 법익 간의 상대적 형량을 결정짓는 운용 철학과 방향이 결정되어지게 된다.

결론적으로, 사회 문화적 측면에서 볼 때 방송 법규 운용 논리는 나라별로 시대별로 극히 가변적이고 상대적인 것임을 알 수 있다. 이는 기본적으로 특정 시대·특정 공간에 따라 국가, 사회, 개인, 언론에 대한 가치관과 상대적 비중이 다르게 작용하고 방송 법제도 그러한 현상을 반영하고 있기 때문이다. 이런 이유로 방송, 개인적 법익, 사회적 법익 간의 이익 형량을 다루는 사회 문화적 측면에서의 방송 법제는 사안별 판례 중심으로 해석되고 운용되어지는 성향을 보이게 되는 것이다. 그러나 이와는 대조적으로, 정도 차이이기는 하지만, 산업 경제적 측면에서의 방송 법제는 나름대로의 경제적 원칙과 운용 논리를 가지고 시행되는 것이 보통이다. 이를 구체적으로 분석하면 다음과 같다.

3) 산업 경제적 측면에서의 방송 법제 운용

(1) 사업자 구조와 방송 법제: 소유 규제 및 인허가권을 중심으로

산업 경제적 측면에서 사업자 구조에 대한 방송 법규를 분석하고 이해하기 위해서는 우선 방송이라는 문화 산업의 경제적 본질을 파악해야 한다. 방송은 공공재적 성격을 띤 문화 산업이다. 따라서 통상적으로 생산과 소비가 동시적으로 유발하고 누적되지 않으며 소비 주체에 있어서 배타적이기도 하고 비배타적이기도 하다. 효용 측면에서는 비경합적인 성격을 띠고 있다. 비배타성이라 함은 아무나 소비할 수 있는 재화의 성격을 뜻하는 것으로서 무료로 TV 프로그램을 보여 주는 공중파 TV가 여기에 속한다. 반면 시청을 하기 위해서 가입료나 설치비 등을 내야 하는 유료 서비스인 CATV나 유료 DBS 채널 등은 배타성이 공중파 TV에 비해서 상대적으로 강하다. 그러나 유료 서비스이건 무료로 제공되는 공중파 TV이건 타인의 소비(시청 행위)가 나의 소비(시청 행위)에 아무런 지장을 초래하지 않는다는 측면에서 모두 비경합적 성격을 띤다(< 그림 4 >).

상기한 방송 재화의 특성은 방송 산업이 갖는 여러 가지의 본질을 이해하게 한다. 우선 비경합성이므로 한계 비용이 매우 적은 산업임을 알 수 있고, 매체에 따라 배타성의 정도가 다르므로 수용자의 매체, 프로그램 선택 행위가 선별적이기도 하고 비선별적이기도 하여 방송 심의 등 운용에 대한

< 그림 4 > 방송 매체별 재화의 특성

강함 ---- 경합성 *non-rivalry* --- 약함

배타성 *non-excludability*	강함 · · · 약함	택시	유료 TV(CATV 외)
		해저 자원	무료 지상 TV

규제 정도가 법적으로 달라져야 함을 인식하게 한다. 이와 더불어 방송 사업은 초기 서비스를 개시하기 전에 막대한 양의 자본과 시설이 투여되어야 하는, 즉 초기 고정 비용이 엄청나게 들어가는 산업이다. 공중파 TV의 경우는 한정된 주파수 자원을 사용하게 되므로 자유 경쟁이 실질적으로 불가능하다. 주파수 특성상 출력과 대역을 조절하지 않으면 혼신과 간섭이 초래되기 때문이다. CATV나 DBS의 경우도 초기 매몰 비용 *sunk cost* 이 엄청나게 들어가게 되어 있어 시장 진입이 쉽지가 않다. 방송 재화가 공공재적 성격이 강해 한계 비용이 거의 0에 가깝고 초기 고정 비용이 많이 들어간다는 특질은 방송 산업이 규모의 경제 논리에서 운용됨을 뜻한다.

이러한 방송 산업의 특질은 방송 사업자 구도가 독점 또는 과점 등의 형태가 되도록 하는 데 설명력을 가지고 있다. 좀더 구체적으로 말해서, 일반 공중파 TV의 경우는 주파수라는 한정된 공익 자원을 사용하고 있어 신고제 등으로 인한 무한적인 방송사 설립이 불가능하기도 하지만[49] 주파수 제한을 비교적 덜 받는 CATV 등의 경우에도 초기 고정 비용이 많이 들어가고 프로그램이란 재화 *product* 가 기본적으로 공공재적 성격을 띠고 있어 규모의 경제에 따른 자연 독점 산업 구조를 이루게 된다.[50] 이런 이유로 공중파 TV의 경우에는 제한된 숫자의 공공, 민영 사업체만 시장 진입이 허용되고, 종합 유선 방송의 경우에는 프랜차이즈라는 지역 독점 운영권을 법적으로 보장하게 된다(종합 유선 방송법 제8조).

방송 법규에서는 앞서 언급한 제 방송 산업의 특질로 인해 법규 내에 시장 진입 장벽 장치를 마련하게 된다(방송법 제6조, 8조, 종합 유선 방송법 제7조, 8조). 시장 진입 장벽은 크게 2가지의 요건으로 구성되는데 첫째는, 양적 제한으로서 시장 내에서 운영될 방송사의 수를 결정해 주는 것이고(종합 유선 방송법 제8조), 둘째는, 질적 제한으로서 시장 진입에 있어서의 자격 요건을 까다롭게 하는 것이다(종합 유선 방송법 제7조, 방송법 제7조, 8조, 9조). 현재 우리 나라 방송법과 종합 유선 방송법을 보면, 공통적으로 외국 자본의 유입을 금지하고 있고 대재벌이나 타언론사의 방송국 소유를 법으로 제한하고 있다. 이는 방송이 우리의 정신이나 가치관을 다루는 문화 산업으로서 외국 자본이 소유하기에는 곤란한 성격이 있고 다양한 여론으로서 방송이 기능하기 위해서는 타언론사에 의한 교차 소유 *cross-ownership* 나 대재벌 소유는 바람직스럽지 않다고 여겨지기 때문이다. 특히 교차 소유는 수평적 시장 통합으로서 언론의 다양성을 가장 심하게 저해할 수 있는 요소로 널리 인식되고 있다.

　방송 사업자의 인허가권은 보통 관련 정부 부서에서 관장한다(종합 유선 방송법 제7조, 13조, 17조). 사업 허가 등 인허가권 관장 여부가 관계 부처의 위상과 영향력을 결정짓는 핵심적 요소이기 때문이다.[51] 그러나 방송 사업자의 인허가권은 점차로 다원화되어 가는 추세에 있다. 방송 사업자가 기존 지상파 TV처럼 프로그램 제작, 송출, 운영 등이 하나로 통일되어 있는 상태에서 점차로 프로그램 공급업, 전송망 사업, 방송국 운영업 등으로 분화되고 있기 때문이다. 각 방송 사업자에 대한 소유권 규제나 양적·질적 시장 진입 장벽에 관한 법적 규제 정도는 매체 시장의 크기나 매체 산업이 가지는 본질적 특성(예: 규모의 경제)에 기인해서 결정되어진다.

(2) 방송 사업 운영과 방송 법제:
　자격, 이윤에 관한 법적 규제 및 서비스 운용 논리를 중심으로

앞서 언급하였듯이 방송 사업자가 기술적·경제적 이유 등으로 독점 또는 과점 시장 구조를 형성하게 되면 공정 경쟁 구도에 따른 시장 기능은 기대할 수가 없게 된다. 따라서 정부는 방송법에 독점 또는 과점에 따른 부작용을 방지하기 위한 제반 장치를 구현하게 된다. 이런 법적 장치의 대표적인 것이 가격(또는 이윤[52]) 규제이다. 왜냐하면, 시장이 독과점 구조를 형성하고 있을 때 수요 탄력성이 낮은 재화일수록 임의 가격 상승이 용이하기 때문이다. 가격, 이윤에 관한 법적 장치는 매체에 따라 그 내용과 적용 범위가 달라진다. 공중파 TV의 경우는 수신료를 받는 공영 방송을 제외하고는 거의 무료로 프로그램을 공급하기 때문에 가격 규제(예: 최고 가격 설정)는 보통 법에 명시되지 않는다. 반면 지역 독점 운영권을 가지고 독점적으로 운영되고 있는 종합 유선 방송의 경우는 다르다. 종합 유선 방송은 특정 지역[53]

하에서 독점적 시장 지배력을 가지고 있다고 인식되고 있다. 따라서 정부는 CATV 이용 요금 등에 대해 독점적 시장 지배력을 가지고 있는 사업주가 임의로 가격을 인상하는 것을 방지하기 위해서 보통 최고 가격제를 설정하든가 독점 운영권에 대한 운영권료를 지불하도록 법적으로 장치하게 된다(종합 유선 방송법 시행령 제6조). 이는 자연 독점 산업 또는 독과점 산업이 완전 경쟁 시장 가격보다 높은 독점 가격을 부과하지 못하도록 하는 법적 장치이다. 그러나 최고 가격 설정시 CATV 업체가 소요한 정확한 투자 비용 산정이 현실적으로 어려워 그 실효성은 아직 불분명하다.

　　방송 사업자 구도에 따른 서비스(방송 프로그램) 이용 가격이나 이윤 규제와 더불어 반드시 법적으로 명시되는 것이 방송사에서 제공하는 서비스(방송 프로그램) 공급 및 내용[54]에 대한 제반 조항이다. 여기에는 방송 프로그램 공급 및 유통에 관한 법적 조항(예: 외국 방송 프로그램 수입, 의무 전송, 외부 발주율 등)이나 방송 프로그램 편성 및 내용에 관한 제반 원칙이 포함된다. 방송 프로그램 제작 및 공급에 관한 법규 조항으로는 우리의 경우 종합 유선 방송법(제25조, 27조), 동법 시행령(제13조, 14조, 15조, 24조, 26조), 방송법(제30조) 등을 들 수 있다. 이외에도 산업 경제적 측면에서 살펴본 방송 운용에 관한 법제로는 지역 채널 운용(종합 유선 방송법 제23조) 등이 언급되어질 수 있다.

　　결론적으로, 산업 경제적 측면에서 볼 때 방송 법제를 운용하는 논리는 정부와 시장의 역할 관계에 대한 사회적 인식에서 시작된다 하겠다. 좀더 구체적으로 말해서 방송이라는 문화 산업이 가지는 제 특질로 인해 기본적으로 시장 내의 경쟁 구도 조성이 불가능하다고 인식되면 정부는 방송법 내에 방송이라는 규모의 경제 산업이 영상 매체 시장에서 생존할 수 있도록 시장의 규모, 경쟁 영상 매체 수 등을 감안해 시장 진입 장벽을 치고 의도적인 독과점 시장 구조를 형성하도록 법적으로 보장한다는 것이다. 그리고 독과점 시장 지배력에서 파생될 수 있는 제반 부작용(가격 상승, 품질 하락)을 방지하기 위해 정부는 최고 가격제 설정이나 이윤 환수 장치(예: 독점 운영권료)를 관련 방송법이나 동법 시행령에 명시하는 것이 보통이다. 더불어 독과점 산업 구조 속에서도 방송이 제공하는 영상 프로그램의 질을 높일 수 있도록 프로그램 편성과 운용에 관한 제 원칙을 모법이나 시행령에서 강조하게 된다. 결국 방송 법제 운용 논리는 매체 산업이 가지는 개별적 특질과 영상 매체 시장 규모, 경쟁 매체 수, 사업성 등을 감안해서 결정하되 그 주요 내용은 방송사업 인허가권 및 사업 운용에 관한 일반 사항이라고 정리할 수 있겠다.

4. 맺는 말

방송법은 앞서 언급한 대로 방송이 가지는 사회 문화적, 산업 경제적 제 요소에 대한 사회의 인식에 따라[55] 그 구성 요건 및 운용 철학이 달라진다. 이러한 방송법의 특질은 방송법이 방송으로 하여금 산업적으로도 성숙하게 발달할 수 있도록 구성되어야 하고 사회 문화적으로 방송이 공적 책무를 다할 수 있도록 기능할 수 있어야 함을 뜻한다.

　방송법은 앞서 언급하였듯이 외형상으로는 총칙, 규제 기관(행정부와 규제 위원회), 방송사, 방송 프로그램 편성 원칙, 침해에 대한 규제, 벌칙 및 부칙 등으로 구성되어 있지만 실제로는 크게 ① 방송이 가지는 사회 문화적 영향력과 개인적 법익, 사회적 법익과의 상관성을 명시한 법 조항과 ② 기업으로서 방송이 가지는 산업 경제적 측면(인허가권, 소유 및 운영)을 다루는 법 조항으로 구성되어 있는 것으로 사료된다. 그리고 이러한 법적 구성 요인은 점차로 산업과 연계성이 높은 새로운 매체가 등장하면서 방송의 사회 문화적 측면보다는 산업 경제적 측면이 중시되는 방향으로 나아가고 있는 형식 변화의 추세를 보이고 있다.

　방송법에서 명시된 사회적 법익·개인적 법익 간의 형량 비교는 나라마다 시대마다 다르다. 이를 규명하기 위해 많은 형량 비교에 관한 운용 논리(예: 이익 형량의 법칙, 명백·현존하는 위험의 논리 등)가 시도되었지만 법이 내재하고 있는 환경의 변화에 따라 그 지배적 운용 논리도 바뀌어 간다. 결국 사회가 언론과 개인, 사회적 법익 간의 관계를 어떻게 인식하느냐에 따라 그 운용 철학과 방향이 변화되어 결정되어진다는 것이다. 이에 비해, 기업으로서의 방송에 관한 규제 논리는 정부와 시장의 기능 논리에 의존해 왔다. 방송이라는 문화 산업의 특질과 시장 구조에 따라 사업 소유권 및 인허가 방향이 결정되고 그에 따른 부수적·제도적 장치가 방송법의 주요 부분을 구성·운용하고 있는 것이다.

주

1) 보다 구체적인 논의를 위해서는 Pember, R. *Mass Media Law*, 1990, pp.36~467을 참조할 것.

2) 여기서 말하는 정치 경제학이란 경제적 과정이 정치적 과정을 결정한다고 보는 마르크스의 사회주의 정치 경제학이 아니고 정치와 경제의 체계적 관계를 고찰함으로써 현실을 보다 정확하게 직시하고자 하는 분석적, 실증적 연구 분야를 의미한다. 최병선, ≪ 정부 규제론 ≫, 서울: 고시계, 1992 참고.

3) 여기서 방송법이라 함은 공중파 TV, CATV, 위성 방송 등 방송 전반에 관한 포괄적 의미의 법규 체제를 일컫는다.

4) 방송법이 산업으로서의 특성을 강조하느냐, 사회 문화적 영향력이 큰 공적 기구로서 사회적 책무를 강조하느냐 하는 것은 방송이 처해 있는 특정 시대·특정 공간에 있어서의 정치적(권력 역학 관계), 사회 문화적 가치관(보수성 대 진보성), 경제적 자원(광고 산업의 규모) 등에 의해 결정되어진다. Anderson, *Public Policy-Making*, 1975, pp.29~54 참고.

5) 문화 산업으로서의 방송은 차후 다시 언급하겠지만 공공 재화적 성격을 띠고 있어 한계 비용이 매우 적게 된다.

6) 언론 표현의 자유를 보장하는 미국의 수정 헌법 제1조도 언론 표현의 자유에 대한 원론적 보호를 주장하고 있을 뿐이다. 실질적으로는 매체에 따라 언론 자유와 책임의 지분 관계가 달라지게 된다. Carter, T (eds.), *The First Amendment and the Fifth Estate*, 1989; Nelson, H & Teeter, D. *Law of Mass Communications*, 1982 참고.

7) National Broadcasting Co. v. United States, 319 U. S. 190(1943.); Red Lion Broadcasting Co. v. FCC(1969) 참고.

8) FCC v. Pacifica Foundation(1978) 참고.

9) 방송 매체에 대한 법적 규제의 심층적 논의를 위해서는 Carter의 앞의 책, pp.40~686을 참조할 것.

10) HBO v. FCC(1977) 참고.

11) HBO v. Wilkinson(1983) 참고.

12) 도달률이란 가장 기본적인 매체 전략의 요소로서 누적적 시청률 증가분에서 매회 중복 계산된 부분을 뺀 순 증가분의 합을 말함. 공중파 TV는 CATV 등 시청자

층이 특화된 새로운 매체와 달리 도달률이 높고 침투력이 높은 것으로 일반적으로 인식되고 있다. 유의선, < 종합 유선 방송 광고의 전망과 전략적 대응 방안 >, ≪ 종합 유선 방송의 프로그램 공급과 광고 ≫, 서울: 종합 유선 방송 위원회, 1993, pp.44 참고.

13) 아직 우리 나라에서 방송 위성법은 존재하고 있지 않다. 다만 체신부에서 위성을 이용한 방송 사업자 등도 명시된 위성 통신법(안)이 관계 부처 사이에서 검토 중인 것으로 알려져 있다.

14) 여기서 대의 명분 *goal* 이라 함은 방송법의 경우, 항시 민주적 여론 형성과 국민 문화의 창달, 공공 복지 등 추상적이고 포괄적인 용어로 명시되기 때문이다. 이와는 반대로 법 제정의 목적 *objective* 은 대의 명분보다 구체적이고 가시적이며 단계적인 형태로 명시하게 된다.

15) 방송 관련 규제 기관이 다원화되어 있을 때 방송 관계법에서 명시하고 있는 용어의 정의는 ① 해당 방송 매체의 성격을 규명하고, ② 그에 따라 규제 기관의 역할이 설정된다는 측면에서 매우 중요하다.

16) 차후 설명하겠지만 방송법과 종합 유선 방송법 구성에 있어서의 차이는 방송법의 경우 총칙에 방송 표현의 자유(제3조: 방송 편성의 자유)와 사회적 책무(제4조: 방송의 공적 책임, 제5조: 방송의 공공성과 공정성)가 명시되어 있는 반면, 종합 유선 방송법의 경우 총칙에 종합 유선 방송이 지녀야 할 공적 책무 대신 사업 소유와 관련된 자격 요건을 표기하고 있어 법안의 주안점이 사회 문화적 측면에서 점차로 산업 경제적 측면으로 이전됨을 알 수 있다.

17) 방송 수신료 납부와 징수 조항은 1991년 방송법 개정시 삭제되었음.

18) 미국의 FCC처럼 의회에서 설립하여 방송 전반에 관한 준입법, 준사법, 준행정적 기능을 가진 규제 위원회를 독립 규제 위원회라고 하고, 행정부 내의 소관 부서로서 그 구조와 운용이 자리 잡고 있으면 행정 위원회, 불란서의 CSA나 우리의 < 방송 위원회 >, < 종합 유선 방송 위원회 >처럼 방송법·종합 유선 방송법이라는 특별법에 의해서 설립된 규제 위원회는 절충형 규제 위원회라고 명명한다. 조신·김홍도, ≪ 전기 통신 규제 기관의 역할과 운용 ≫, 서울: 통신 개발 연구원, 1991, pp.25~199 참고.

19) 구조적 통제 유형의 방송 법규 조항과 내용적 통제 유형의 조항은 서로 독립적으로 운용되는 것이 아니고 상호 밀접하게 연결되어 작용한다.

20) 결국 개인적 법익과 사회적 법익의 구분 문제는 방송 영향력의 범주가 개인적

차원에 그치느냐, 아니면 사회 전체 구성원에 영향을 미치는 것이냐에 따라 달라진다.

21) 악세스권은 사용자 성격 및 제도상 특성에 따라 개인적 법익으로도 사회적 법익으로도 간주할 수 있다.

22) 1992년 미국에서 개정된 케이블법 Cable Act 은 시장 기능의 실패에 따른 정부 규제 강화 조치의 일례로서 방송법을 구성하는 산업적 역학 관계의 변화를 보여 주고 있다. 여기에 대한 보다 구체적 논의를 위해서는 The 1992 Cable Act: Law & Legislative History, Pike & Fischer, Inc., 1992, pp.1~18을 읽어 볼 것.

23) 명예 훼손 관련 법규로는 형법 제307조(사실, 허위 사실 적시로 인한 명예 훼손), 308조(허위 사실로 인한 사자 死者 명예 훼손), 309조(언론 매체를 사용한 명예 훼손), 311조(공공의 이익과 명예 훼손), 민법 751조 등이 있다.

24) 보다 심층적인 논의를 위해서는 김동철 ≪ 자유 언론 법제 연구 ≫, 서울: 나남, 1987, pp.122~42; 한병구 엮음의 ≪ 언론 법제 통론 ≫, 서울: 나남, 1990; 팽원순의 ≪ 언론 법제 신론 ≫ 서울: 나남, 1989 중 명예 훼손에 관한 부분을 읽어 볼 것.

25) 사자 死者 의 경우는 공연히 허위의 사실을 적시해서 명예를 훼손한 경우에 한해 처벌 받게 된다(형법 308조).

26) 현실적 악의의 입증 책임은 그 명예 훼손의 제공자에게 있다. 보다 구체적인 논의를 위해서는 설리번 대 < 뉴욕 타임스 > Sullivan v. *New York Times*(1964)를 참조할 것.

27) 공인의 경우라 할지라도 언론사에 대응할 사회적 영향력 정도에 따라 명예 훼손 적용 운용 기준이 달라진다. 즉, 명예 훼손으로 언론사의 보도 자유를 제한하고자 할 때, 원고의 사회적 영향력 정도에 따라 무조건적으로 현실적 악의 입증을 요구하는 경우가 있고, 아니면 해당 주의 기준에 따라 방송 표현의 재량권과 명예 훼손이 적절하게 조정되는 경우도 있다.

28) 방송사의 명백한 부주의 *gross negligence* 란 방송사가 보도에 앞서 ① 진실을 확인할 충분한 시간이 있었음에도 불구하고 사실 확인 없이 보도하였거나, ② 신뢰할 수 없는 정보 제공자로부터 보도의 진실성 확인 과정 없이 보도하였을 경우, ③ 보도 내용 그 자체가 결코 믿음직스럽지 않음에도 불구하고 보도하였을 경우를 뜻한다. 여기에 대한 구체적 논의는 설리번 대 < 뉴욕 타임스 >(1964)를 참조할 것.

29) 현재 미국에서 악세스권의 강요는 위헌으로 간주되고 있다. 그러나 실질적으로는 수용자의 적극적 미디어 이용을 보장하는 제도로서 악세스권이 많이 활용되어지고 있다.

30) 보다 구체적인 논의를 위해서는 FCC v. League of Women Voters(1984)을 참조할 것.

31) Quincy Cable TV Inc. v. FCC(1985)

32) Irvin v. Dowd(1961).

33) 보다 구체적인 논의를 위해서는 김동철의 앞의 글을 읽어 볼 것.

34) FCC v. Pacifica Foundation(1978).

35) 우리 나라에서는 형법 243조와 244조에서 음란한 문서·도화 등을 제조, 수입, 배포, 판매, 전시하는 자는 1년 이하의 징역 또는 1만원 이하의 벌금에 처하도록 규정하고 있다.

36) Smith v. California(1959).

37) 미 연방 대 레빈 U. S. v. Levine(1936) 판결까지 음란물 판별 기준은 전체적이 아니고 지엽적이었다. 즉, 내용물 중 어느 일부라도 음란물에 해당되면 그 작품은 음란에 해당되어 배포 금지 등 표현의 자유에 제약을 받았었다. 그 구체적인 사례로는, Queen v. Hicklin(1868)을 들 수 있다.

38) Roth v. U. S.(1956) 참고.

39) 이에 대한 보다 구체적 논의를 위해서는 Queen v. Hicklin(1868); U. S. v. Levine(1936); U. S. v. Ulysses(1933); Roth v. U. S.(1956); Smith v. California(1959); Ginsberg v. U. S.(1966); Ginsberg v. New York(1968); Stanley v. Georgia(1969) 등을 참고할 것.

40) 국가 보안법 제7조(① 반국가 단체나 그 구성원 또는 그 지령을 받은 자의 활동을 찬양, 고무, 또는 이에 동조하거나 기타의 방법으로 반국가 단체를 이롭게 할 경우, ② 이와 같은 행위를 목적으로 문서, 도서, 기타의 표현물을 제작, 수입, 복사, 소지, 운반, 배포, 또는 판매 취득하는 경우) 참고.

41) 여기에 대한 보다 심도 깊은 논의를 위해서는 김동철, ≪ 자유 언론 법제 연구 ≫, 서울: 나남, 1987, pp.17~33을 읽어 볼 것.

42) 본질적으로 해악을 가져올 성향이 있는 내용물은 이를 금지할 수 있다는 논리로 표현의 자유를 가장 광범위하게 제약하는 규정이다. Gitlow v. People of State of N. Y., 268 U. S. 652(1925) 참고.

43) 올리버 홈스 Oliver Holmes 판사는 명백·현존하는 위험을 가져올 보도나 진술은

사전에 억제되어야 한다고 주장. 이에 대한 보다 구체적인 논의를 위해서는 Schenck v. U. S., 249 U. S. 47(1919).

44) 수정 헌법 제1조로 보장된 언론의 자유는 경제적 자유보다 앞서는 정신적 자유로서 언론의 자유가 다른 자유보다도 우월하다고 강조. Palko v. Connecticut, 302 U. S. 319(1937) 참고.

45) 언론의 자유라는 기본권에 대한 형량과 사회적·개인적 법익 간의 상대적 형량을 비교하여 더 큰 이익을 주는 쪽으로 우월적 지위를 인정해야 한다는 논리. American Communications Association v. Douds(1950) 참고.

46) 언론에 대한 사전 억제는 위헌이라는 이론. 이에 대한 구체적 논의의 전개를 이해하기 위해서는 Near v. Minnesota, 283 U. S. 697(1931)을 읽어 볼 것.

47) 수정 헌법 제1조에 명시된 그대로 언론 표현의 자유는 절대적인 권리로서 인정되어야 한다는 논리로 위험한 경향의 법칙과 극단 대립을 보이고 있다. 국방부 보고서 사건 *Pentagon Papers* 의 판결을 맡은 블랙 Black 판사 등은 수정 헌법 1조에 명시된 언론 표현의 자유는 검열이나 중지 등 사전 억제 조치로부터 절대적으로 보호받아야 된다고 주장. *New York Times* v. U. S., 403 U. S. 713(1971) 참고.

48) 국가 기밀 사항은 보통 극비 사항, 비밀 사항, 보안 사항 등으로 나누어지고 시간이 경과됨에 따라 공개 허용의 정도가 커지는 것이 보통이다. Norman Dorsen and Stephen Gillers (eds.), *Government secrecy in America: None of Your Business*, N. Y.: The Viking Press, 1974, pp.63~4; Nelson, H. & Teeter, D. *Law of Mass communications*, The Foundation Press, 1982.

49) 저지대 저출력 위주의 방송사는 고지대 고출력보다는 훨씬 많은 수의 방송사 운영이 가능하다.

50) 다시 말해서 규모의 경제 산업이란 한계 비용이 거의 0에 가깝고 초기 고정 비용이 매몰 비용 등의 형태로 막대한 자본이 소요되는 산업이다. 따라서, 일정 지분 이상의 산출물 생산 동안 평균 비용은 지속적으로 감소하게 되고 가입자 증가당 투입 비용도 감소하는 경향이 있어 사업 규모가 클수록 효율적이고 경제적인 운용을 할 수 있다. 김재철, ≪ 진입 규제 합리화를 위한 이론적 고찰 및 적용 ≫, 서울: 한국 경제 연구소, 1991 참고.

51) 관료 집단이 국민의 이익을 위해 정책을 제정하기보다 인허가권 관장 등 부서의 영향력 증대를 위해 노력할 때 그것을 principal-agent problem이라 한다. 보다 구체적인 논의를 위해서는 조신·김홍도, ≪ 전기 통신 규제 기관의 역할과 운용 ≫,

서울: 통신 개발 연구원, 1991을 읽어 볼 것.

52) 우리의 경우, 종합 유선 방송법 시행령 제6조에 의해 종합 유선 방송 사업자는 총 수익의 10% 범위 내에서 공보처 장관이 종합 유선 방송 사업자의 재정 상태, 수신자의 수, 수신료 등을 참작하여 고시하는 비율에 해당하는 지역 사업권료를 내도록 되어 있다.

53) CATV가 프랜차이즈를 갖고 운영된다고 할지라도 지역 내에서 다른 영상 매체 (예: VCR, 공중파 TV, DBS 등)와의 경쟁 관계가 치열하면 독점적 시장 지배력을 갖지 못하게 된다. 이럴 경우, 정부는 독점 시장 구조 폐혜를 방지하기 위한 최고 가격제나 이윤 환수 정책 사용을 자제하게 된다. 여기에 대한 심층적 논의를 위해서는 Berg, S & Tschirhart, J., *Natural monopoly regulation*, Cambridge University Press, 1989를 읽어 볼 것.

54) 방송 프로그램 편성 및 내용에 관한 제 원칙은 방송 법규의 사회 문화적 측면에서 다루었기에 여기서는 생략한다.

55) 특정 시대, 특정 공간에서 방송이 가질 수 있는 표현의 자유와 사회적 책임 간의 지분 관계를 이해하기 위해서는 사회가 수용하고 있는 자유에 대한 일반 선호도 *general preference for freedom* 를 파악하고 있어야 한다. 즉, 사회가 방송과 같은 언론의 자유를 일반 자유의 하부 구조로 보느냐, 아니면 샤우어 Schauer 나 바렌트 Barendt 처럼 언론의 자유를 독립적인 기본권으로 해석하느냐에 따라 언론 자유와 개인적 법익·사회적 법익 간의 연계성이 달라진다. 마찬가지로 특정 시대· 특정 공간에서 향유되고 있는 자유의 종류가 플래스만 Flathman 의 공동체적 자유에 해당되는지, 아니면 베를린 Berlin 의 소극적 자유에 해당되는지 등에 따라 언론 자유와 책임의 지분 관계는 바뀌게 된다. 이를 보다 심층적으로 논의하기 위해서는, 최창섭, ≪ 방송 철학 ≫, 서울: 대홍, 1992; 제롬 A. 배런, ≪ 누구를 위한 언론 자유인가 ≫, 김병국 옮김, 서울: 고시계, 1987; 유종원, < 한국 신문에 나타난 언론 자유의 이념적 성격에 관한 연구 >, 서울: 고려대 박사 학위 논문, 1992 등을 참조할 것.

참고 문헌

김동철. ≪ 자유 언론 법제 연구 ≫. 서울: 나남, 1987.

김이열 外. ≪ 기업 규제의 이론과 실제 ≫. 서울: 중앙 대학교 국가정책연구소, 1989.

김재철. ≪ 진입 규제 합리화를 위한 이론적 고찰 및 적용 ≫. 서울: 한국경제연구소, 1991.

유의선. ≪ 종합 유선 TV 활성화 방안 ≫. 서울: 통신 개발 연구원, 1992.

———. < 종합 유선 방송 광고의 전망과 전략적 대응 방안 >, ≪ 종합 유선 방송의 프로그램 공급과 광고 ≫. 서울: 종합 유선 방송 위원회, 1993.

유종원. < 한국 신문에 나타난 언론 자유의 이념적 성격에 관한 연구 >, 서울: 고려 대 박사 학위 논문. 1992.

제롬 A. 배런. ≪ 누구를 위한 언론 자유인가 ≫. 김병국 옮김. 서울: 고시계, 1987.

조신·김홍도. ≪ 전기 통신 규제 기관의 역할과 운용 ≫. 서울: 통신개발연구원, 1991.

최병선. ≪ 정부 규제론 ≫. 서울: 법문사, 1992.

최창섭. ≪ 방송 철학 ≫. 서울: 대홍, 1992.

팽원순. ≪ 언론 법제 신론 ≫. 서울: 나남, 1989.

한병구 엮음. ≪ 언론 법제 통론 ≫. 서울: 나남, 1990.

Anderson. J. *Public Policy-Making.* Praeger Publishers, 1975.

Berg, S & Tschirhart, J. *Natural Monopoly Regulation.* Cambridge Univ. 1989.

Carter, T & Franklin, M & Wreight, J. *The First Amendment and the Fifth Estate.* The Foundation Press, 1989.

Dorsen, N & Gillers, S (eds.). *Government secrecy in America: None of Your Business.* N. Y.: The Viking Press.

Nelson, H & Teeter, D. *Law of Mass Communications.* 1982.

Pember, R. *Mass Media Law.* WCB Publishers, 1990.

관계 법규

The 1992 Cable Act: Law & Legislative History, Pike & Fischer, Inc. 1992.
방송 심의에 관한 규정(1992)
방송법 시행령(1990)
방송법(1991)
위성 통신법(안)(1993)
종합 유선 방송법(1991)

제9장
한국 광고의 모방, 표절, 복제의 현황과 문제점[*]

조병량[**]

"모방은 창조의 어머니인가 상업적 자살 *commercial suicide* 인가?"

1. 문제의 제기

한국 광고의 질적 수준이나 내용과 관련된 문제점을 이야기할 때 빠지지 않고 등장하는 것 중의 하나가 바로 모방, 표절, 복제의 문제이다. 연간 광고비가 1992년에 이미 2조 8천억 원을 넘어섰고, 이러한 광고비 기준으로 세계 10위권의 광고 수준을 자랑하는 한국의 광고가 각종 국내 광고상은 물론 해외의 유명 광고상에서 모방, 표절 문제로 웃음거리가 되어 왔다는 점에서 우리는 심각한 문제 의식을 가지지 않을 수 없다. 더욱이 한국 광고의 이러한 문제점이 최근에는 세계적인 광고 전문지 < 애드 에이지 Ad. Age >에까지 게

---

* 이 글은 1992년 11월 9일 < 방송 위원회 > 토론회의 발표 내용을 일부 수정한 것임.
** 한양대학교 교수, 광고홍보학과.

재되어 한국 광고의 양심의 문제로 대두되고 있다(Ad. Age 1992. 9. 22). 데이비드 킬뷰엔 David Kilbuen 기자가 서울발 기사로 보도한 '한국 방송인들 모방 광고 저지 노력'이라는 기사를 보면 한국 광고계뿐만 아니라 한국인 전체의 망신이라는 생각을 갖지 않을 수 없게 한다. 특히 기사의 끝 부분을 보면 마치 많은 한국인들이 좋은 아이디어라면 거리낌없이 유사하게 모방할 수 있다고 생각하는 것처럼 쓰고 있어 보는 사람을 당황하게 하고 있기도 하다.

그렇다면 과연 광고에서 모방은 창조의 어머니인가, 아니면 일찍이 윌리엄 번바크가 경고했듯이 상업적 자살인가? 그러나 현재 한국 광고와 관련하여 제기되고 있는 모방, 표절, 복제의 문제는 이와 같은 효율성의 차원보다 훨씬 중요한 윤리의 본질적 문제라는 점에서 그 심각성이 더욱 크다. 고민하고 연구해서 광고의 본질인 독창적이고 새로운 아이디어 *new idea*, 새로운 방법 *new way* 을 찾는 어려움보다 손쉽고 돈이 적게 드는 모방이나 표절을 하려는 유혹은 누구에게나 있을 수 있다. 헤이우드 브라운 Heywood Broun 의 말처럼 '인생 자체가 모방 *life is a copycat*'인 부분도 있기 때문이다. 그러나 광고와 같이 남이 엄청난 예산과 노력과 시간을 들여 완성한 아이디어나 제작물을 모방, 표절하는 것은 그 자체가 윤리적으로나 법적으로 허용될 수 없는 하나의 절도(실제로 표절을 의미하는 paricy는 해적질을 의미) 행위이다. 바로 이와 같은 절도 행위가 한국 광고계에서 빈번하게 일어나고 있어 국내외적인 지적을 받고 있으며, 더욱 놀랄 일은 그러한 절도 작품을 버젓이 각종 광고상에까지 출품하고 있다는 사실이다. 이는 모방이나 표절을 절도로 인식하지 못하는 윤리적 무감각의 차원을 넘어 판단력의 상실이라고까지 말할 수 있다. 더욱이 최근에는 한국 광고 산업의 성장과 함께 이와 같은 작품을 가지고 외국의 유명 광고상 시상식에 한국 광고인들이 수십 명씩 집단적으로 참가하는 웃지 못할 사례까지 있어 그렇지 않은 많은 광고인들까지 단체적인 망신을 당하고 있기도 하다. 이러한 사례는 불과 얼마 전의 외국 모 광고상 시상식에서도 있었고, 국내 광고 대상 심사 과정에서도 발견되어 각종 보도와 우려에도 불구하고 여전하다는 비판을 면할 수 없게 하고 있다. 과연 미국의 유명한 광고인이자 독설가였던 호워드 고시지

Howard Gossage가 말한 것처럼 '광고인들에게 책임을 얘기하는 것은 8살짜리 아이에게 섹스가 초콜릿 아이스크림보다 더 즐겁게 한다는 것을 확신시키려고 노력하는 것과 같은 것'인가?

이 글은 이와 같은 문제 의식에서 출발하여 한국 광고의 모방이나 표절, 복제가 어느 정도이며, 그 법적·윤리적 문제점은 무엇인가, 그리고 개선 방안은 어떤 것이 있을 수 있는가를 살펴보고자 한다. 물론 여전히 고민하고 연구하여 창조적인 아이디어 창출에 몰두하고 있는 대부분의 광고인들이나 그들의 작품은 여기에서 이야기하는 사례와 무관함을 밝혀 둔다.

1) 용어 정의의 기준과 문제점

광고의 모방 문제를 거론하기 위해서는 먼저 일반적으로 혼동하여 사용하고 있는 모방, 표절, 복제 등의 용어에 대한 정의가 요구된다. 용어 정의를 위해 우선 사전의 풀이를 살펴보면 다음과 같다. (새우리말 큰사전)

- 모방 *imitation*: 다른 것을 본뜨거나 본받음, 또는 흉내를 냄. 창조의 반대.
- 모방 본능: 예술, 문화의 발생 또는 발달 요인으로서 모방을 하는 인간의 본능, 유행, 전통, 습관 등을 형성함. 아리스토텔레스는 예술의 발생을 이 본능에 기인한다고 했음(모방설).
- 모방설 *theory of imitation*: 모든 사회 현상의 근원이 모방에 있다고 말하는 사회학설이며, 타르드 Tarde 의 인간 심리학적 견해로 대표됨.
- 모방 예술: 자연의 자태를 그대로 모방해서 예술적 가치를 불어넣은 예술.
- 모방작: 먼저 되어 있는 다른 작품을 모방하여 지은 작품.

- 표절(*paricy, plagiarism*): 시나 글을 짓는 데 있어서 남의 작품 내용의 일부를 몰래 따다 씀. 표절의 영어 표현인 paricy, plagiarism는 해적질, 도적질을 의미.

- 복제 *duplication*: 남의 저작이나 작품따위를 본떠서 그대로 만듦. 복제물, 복제판.

위의 정의를 보면 현재 한국 광고와 관련하여 문제로 제기되고 있는 사례는 이들 세 가지 모두가 포함된 것으로 해석된다. 즉 남의 아이디어나 작품의 일부를 비슷하게 본떠서 만드는 모방 광고, 남의 광고나 작품의 일부를 몰래 그대로 따서 자기 광고에 이용하는 표절 광고, 남의 것을 복제하여 자기 것으로 이용하는 복제 광고 등이 그것이다. 이 중 가장 흔한 경우가 모방과 표절이라고 볼 수 있고, 실제로 복제 광고는 그리 흔한 편이 아니다. 예술 작품의 경우처럼 실제로 어느 정도의 모방이 허용 한도인지에 대해서는 그 판단이 대단히 어려운 사항이므로 쉽게 기준을 정할 수는 없다. 모방의 허용 한도에 대한 문제는 앞으로 많은 연구와 논의가 요망되는 부분이다.

따라서 여기서는 그 동안 누가 보아도 현저하게 모방작 또는 표절작으로 인식되어 온 광고들을 대상으로 논의를 진행하고자 한다.

2. 광고에 나타난 모방, 표절, 복제의 현황

한국 광고가 실제로 어느 정도 남의 것을 모방 또는 표절하고 있는지에 대한 통계적인 자료는 구체적으로 밝혀진 것이 없다. 앞에서 인용한 < 애드에이지 > 기사에서는 약 25%의 한국 광고가 외국 광고를 모방하고 있는 것으로 주장하고 있으나 그것이 신뢰할 수 있는 수치라는 근거는 없다. 그러나 국내 광고상 심사 과정에서 밝혀지는 모방 사례나 국내 광고인들의 입을 통해 전해지는 대강의 사례를 보면 결코 적지 않은 수의 광고가 부분적으로, 또는 전체적으로 외국의 광고나 뮤직 비디오를 직접 모방하고 있는 것으로 짐작할 수 있다. 이들 중에서도 외국의 광고를 모방한 경우는 어느 정도 쉽게 발견되어 모방 광고의 정도를 짐작하게 하지만 뮤직 비디오나 특정 영화의 한두 컷을 그대로 이용하는 경우는 모방 여부가 거의 발견되지 않아 모방 사례가 구체적으로 어느 정도인지 파악이 불가능한 실정이다.

일반적으로 한국 광고에서 발견되고 있는 모방, 표절, 복제의 유형은 다음과 같다.

(1) 모방 광고의 유형
  · 기본 아이디어와 주제 *theme* 의 모방.
  · 줄거리 *story* 의 모방.
  · 표현 소재의 모방.
  · 표현 기법의 모방.
  · 이상의 전체 모방.
(2) 표절·복제 광고의 유형
  · 부분 표절 광고
  ─ 하나의 광고에서 특정 부분만을 표절하는 경우.
  ─ 여러 광고에서 특정 부분들을 표절하여 연결하는 경우.
  · 완전 표절 광고(복제 광고)
  ─ 자기 상품과 관련이 있는 외국 상품의 광고를 상품 부분만 제외하고 표절하는 경우(예: 외국 식품 광고를 국내 식품 포장재 광고가 그대로 표절한 경우 등).
  ─ 자기 상품과 전혀 관련이 없는 외국 상품의 광고를 상품 부분만 제외하고 표절하는 경우(예: 외국 청량 음료 광고를 국내 스포츠 제품 광고가 그대로 표절한 경우 등).
(3) 복제 광고
  남의 광고 전체를 허가 없이 그대로 사용하는 것으로 실제로 이에 해당하는 경우는 쉽게 발견되지 않는다.

이상의 경우를 일반적으로 모방 광고, 또는 표절 광고라고 분류하지만 그렇다고 해서 모든 것이 법적, 윤리적으로 문제가 되는 것은 아니다. 왜냐하면 다국적 상품의 경우 세계화 전략 *globalization strategy* 에 따라 세계 각 지역에서 동일 주제의 광고를 하는 것이 하나의 마케팅 전략이 되고 있고, 그 경우 허용되는 것이 일반적 추세이기 때문이다(예: 코카콜라 광고 전략 등). 다만 세계화 전략에 따른 동일 주제의 광고라고 해도 국가에 따라서는 자국의 사회 경제 문화적인 요인들을 고려하여 원본을 그대로 복제하여 사용하는 것만은 금하는 경우가 있으며, 한국도 이 범주에 속한다고 하겠다.[1] (이와 관련하여 1993년 6월 18일 제241차 < 광고 심의 위원회 > 회의는 '호주 관광청'의 광고 홍보 방송 광고가 비록 외국에서 제작되어 방송되는 광고의 국내 방송 — 일종의 복제 — 이기는 하지만 국내 관련법인 '음반 및 비디오에 관한 법률'에 의거한 문화 공보부 장관 추천과 < 공연 윤리 위원회 > 심의를 필하는 등 적법한 절차를 거쳐 수입된 것이므로 방송을 허가하기로 결정한 바 있다. 따라서 이전까지는 외국 다국적 기업의 세계화 전략에 의한 광고라고 하더라도 한국에서 재제작하지 않은 외국 광고 자체는 한국에서 방송할 수 없었으나 앞으로는 적법한 통관 절차와 수입 추천을 받아 방송이 가능하게 되었다.)

3. 법적 규정으로 본 모방, 표절, 복제 문제

그러면 이와 같은 모방, 표절이 가능한 이유는 어디에 있는가? 법적 미비점 때문인가, 아니면 윤리적 무감각 때문인가? 이를 알기 위해서는 먼저 법적 규정을 살펴볼 필요가 있다.

1) 법적 규정의 현황과 적용 사례

⑴ 광고 관련법에서의 모방, 표절, 복제 문제

한국의 광고 관련법에 나타난 모방과 표절에 관한 규정 중 대표적인 것으로는 방송법(제정 1987년 11월 28일 법률 제3978호, 개정 1991년 12월 14일 법률 제4441호)에 근거하여 제정된 '방송 심의에 관한 규정'[2](제정 1988년 10월 18일 방송 위원회 규칙 제3호, 전면 개정 1992년 3월 27일 방송 위원회 규칙 제70호) 제87조 모방, 표절에 관한 조항을 들 수 있다. 1992년 7월 1일부터 시행되고 있는 새로운 규정에 처음으로 포함된 이 조항은 "광고 방송은 다른 광고를 모방하거나 표절하여서는 아니 되며, 국내외 제작물을 복제하여 사용하여서도 아니 된다"고 명문화하여 모방, 표절, 복제 광고의 방송을 엄격하게 규제하도록 하고 있다. 그러나 아직 이 규정에 의해 규제된 사례는 없다(이 원고가 발표된 토론회 이후 1993년부터는 이 규정에 의거하여 모방 표절 광고의 방송 금지 결정이 내려지고 있다).

한편, 외국의 경우는 영국의 'IBA 광고 방송 기준 및 실무에 관한 규정'[3](27조: 저작권 침해나 '가짜가 진짜 행세하는 것'과 같은 법적인 문제를 야기하지 않는다 하더라도 오판할 수 있게 하는 모방은 금지된다)과 대만의 '라디오 광고 제작 규범 廣播廣告製作規範'[4](11조: 광고 내용이 타인 창작의 음악, 가곡, 발명, 저작 등을 인용할 때 저작권법, 특허법 및 관련 법령의 규정을 준수해야 한다) 등에서 관련 조항이 발견되나 미국의 'ABC 광고 방송 기준' 등에는 관련 조항이 없어 국가마다 차이를 보이고 있다. 그러나 미국의 경우 광고의 모방, 표절, 복제 문제가 저작권법 등에 의해 엄격하게 규제되고 있어 구태여 방송 관련법에 규정되어 있지 않더라도 충분한 규제 장치가 되어 있는 셈이다.

(2) 기타 법규에서의 모방, 표절, 복제 문제

한국을 비롯하여 세계 각국이 모방, 표절, 복제 문제를 집중적으로 규정해 놓은 법규로는 저작권법 Copyright Law 이 대표적인 법적 장치이다. 먼저 한국의 '저작권법'을 살펴보고 미국의 저작권법과 그 적용 사례를 개괄해 보고자 한다.

가. 한국의 저작권법과 광고

한국에서의 저작권은 '저작권법'[5](1986년 12월 31일 법률 제3916호 전정 全改, 개정 1989. 12. 30 법 4183호, 1990. 12. 27 법 4268호, 1991. 3. 8 법 4352호)이 1986년 30년 만에 전면 개정(1987. 7. 1 시행)된 데 이어 같은 해 10월 1일부터 세계 저작권 조약 UCC 이 발효됨으로써 비로소 저작권법의 낙후성을 벗어나게 되었다. 그런데 이 저작권법과 광고의 관계를 규명하는 것은 광고의 제작 과정이나 제작물의 형태 등에 따라 다르기 때문에 쉬운 일이 아니며 해석도 달라질 수 있다. 현행 저작권법에서 저작물이라 함은 '문학, 학술, 또는 예술의 범위에 속하는 창작물'을 가리키며, 따라서 광고가 저작물인가의 여부를 밝히려면 그것이 앞의 규정에 들어맞는 창작물이냐 아니냐를 먼저 따져야 하는데 이 판단이 결코 단순한 논증이 아니라는 것이다.[6] 한승헌 변호사가 정리한 광고와 저작권의 관계를 관련 내용만 요약하면 다음과 같다.

> "만일 광고가 저작물이라면 그 대부분은 예술적 저작물의 범주에 속한다고 보아야 하고 그 중에서도 응용 미술 작품(법 제4조 제1항 제4호)에 포함된다고 말할 수 있다. 구 저작권법에서는 실용성을 1차적 목적으로 삼는 응용 미술은 미술 저작물의 범주에서 제외되었기 때문에(구법 제2조) 선전 목적으로 만들어지는 광고물을 저작물로 보는 데는 소극론이 지배적이었다. 다만 하나의 광고물을 구성하는 개개의 요소가 저작물의 요건을 갖추고 있을 경우에는 별도로 저작권의 보호 대상이 된다고 보았다. 이러한 분리 보호론은 현행법하에서도 타당하다. [……] 또한 광고물 자체가 소재의 선택과 배열에 창작성을 발휘한 편집물이라면 그것은 구성 요소인 소재와는 별개의 독자적인 저작물로서 보호된다(법 제6조 1항). (이 경우) 그 구성물인 소재가 법의 보호 대상인 저작물이냐 아니냐는 묻지 않는다."[7]

> "또 TV나 영화용 CF는 '연속적인 영상(음의 수반 여부는 가리지 아니한다)이 수록된 창작물로서……영상 저작물로서 보호된다'(법 제2조 1호). 라디오 시엠 CM은 '음이 유형물에 고정된 것이므로 음반에 관한 규정을 적용한다'(법 제2조 6호)."[8]

이와 같은 법률적 견해에 따르면 광고도 대개의 경우 저작권법의 보호 대상이 될 수 있다. 즉 광고도 저작권법에 예시된(제4조 저작물의 예시 등) 어문 저작물, 음악 저작물, 미술 저작물, 사진 저작물, 영상 저작물 및 편집 저작물(제6조 편집물로서 그 소재의 선택 또는 배열이 창작성이 있는 것은 독자적인 저작물로서 보호된다) 등의 범주에 속할 수 있다는 해석이 가능하다. 그에 따라 저작권자의 허락 없는 모방이나 표절, 복제는 당연히 위법 사례가 된다(여기에서 광고와 같이 집단적 창작에 해당하는 경우, 또 광고주와 대행사, 제작사 간의 저작권자의 개념 등은 상세한 고찰이 필요하나 생략한다). 특히 외국인 저작권의 보호를 중핵으로 하는 새 저작권 질서의 출현과 일반적인 저작권 의식의 강화라는 상황 변화는 그 동안 별다른 의식 없이 남의 저작물을 광고에 이용해 온 우리 광고계에 일대 의식 전환을 요구하고 있다고 하겠다. 한승헌 변호사가 적절히 지적했듯이 "광고란 남의 저작물을 이용하면서 또한 그 자체로서 저작물로 보호 받아야 된다"는 양면성을 지니고 있으며, 그렇기 때문에 "남의 권리를 침해할 염려와 남으로부터 권리 침해를 당할 염려를 동시에 안고 있다."[9] 아직은 구체적인 제소 사건이나 판례가 없지만 앞으로 광고에서의 저작권 침해 문제는 상당한 쟁점과 소송 사건으로 나타날 가능성이 크기 때문이다.[10] 그리고 만약 광고가 타인의 저작권을 침해했을 경우 감수해야 될 법칙(저작권법 제98조, 3년 이하의 징역 또는 300만 원 이하의 벌금, 양벌 규정)이나 그로 인해 야기될 윤리적·경제적 손실, 광고 전반에 대한 신뢰도 저하, 광고 회사의 부정적 평판 등 엄청난 피해를 보게 될 것이 너무나 자명하기 때문이다.

나. 일본의 저작권법과 광고

일본의 경우 광고와 저작권의 문제는 이미 1980년도에 출판된 ≪ 광고의 표현과 법규 ≫(電通, 1980)에서 집중적으로 다루어지고 있어 우리보다 상당히 앞서서 이 논의가 이루어지고 있음을 알게 한다. (상세한 내용은 豊田彰, ≪ 廣告の表現と法規 ≫, 東京: 電通, 1980을 참조할 것)

다. 미국의 저작권법과 광고

미국은 이미 1790년에 저작권법이 첫 의회에서 통과된 나라로 가장 최근에는 1976년에 개정안이 통과되었다(1978. 1. 1 시행). 따라서 광고와 저작권의 문제도 가장 잘 정의되어 있고 사법적 판례도 세계에서 가장 많은 나라라고 볼 수 있다. 지면 관계상 여기서는 미국에서 그 동안 있었던 광고와 저작권 간의 판례 몇 가지와 주요 개념 일부를 소개하여 앞으로 우리 나라에서 있을 수 있는 문제들에 참고 자료로 삼고자 한다.

먼저 저작권법의 보호 영역과 관련해서는 미디엄(구체적인 사물로 예를 들면 종이, 비디오테이프, 필름, 컴퓨터 디스크, 레코드, 녹음 테이프 등이다)의 구체적 정의가 내려져 있고[판례 - Hagendorf v. Brown, 699 F. 2d 478(9th Cir. 1983)], 저술 *Writing* 의 정의[판례 - Goldstein v. California, 412 U. S. 546(1973)], 독창성 *Or-*

iginality 의 정의[판례 - Roth Greeting Cards v. United Card Co., 429 F. 2d 1106(9th Cir. 1970)] 등이 비교적 구체적으로 내려져 있다.[11]

특히 이 저작권법은 거의 모든 표현 형태를 보호 대상으로 하고 있어 광고도 거기에 포함시키고 있다. 미국에서 저작권법에 포함시키고 있는 주요 내용은 다음과 같다.

첫째, 사진, TV 광고, 비디오 등의 영상 저작물, 둘째, 일러스트레이션, 렌더링, 만화, 프린트, 차트, 모델, 드로잉 등 미술 저작물, 셋째, 음향 녹음, 라디오 광고, 음악 등의 음악 또는 편집 저작물, 넷째, 인쇄 광고, 빌보드(옥외 광고), 브로셔, 전시 *display* 등의 각종 창작물, 다섯째, 문학 작품과 같은 어문 저작물 등이다.

반면에 다음과 같은 것들은 저작권법에 포함시키지 않고 있다. 즉, 아무리 독창적인 아이디어라고 하더라도 구체적 형태가 없는 작품(예: 마음 속으로 창작한 노래 등 가시적인 형태가 없어 타인이 지각할 수 없는 것), 제목·이름·짧은 문구나 슬로건·심볼·디자인 요소(이것들은 저작권법이 아닌 상표법에 의해 보호되고 있다), 아이디어·절차·방법·과정·개념·원칙·발견물·장치·기계 등(이들은 특허법에 포함), 달력·자(척도) 등 원작자가 없고 공유된 자산 정보인 경우 등은 저작권법의 보호 대상이 아닌 것으로 되어 있다.

한편, 이와 같은 저작권법과 광고의 문제로서 살펴볼 수 있는 것으로 아이디어의 문제를 찾아볼 수 있다. 미국에서도 원칙적으로 아이디어 자체는 저작권법이 보호하지 않으나 '아이디어의 표현 *expression of idea*'은 보호 대상으로 하고 있기 때문이다. 또 제품 자체는 다른 법에 포함되어 저작권법에서 보호하지 않지만 제품의 사진이나 브로셔 등 제품의 표현물은 저작권법의 보호 대상이 된다. 이것이 바로 '아이디어의 표현 개념 *expression of idea concept*'이다[판례 - Dr. Pepper Co., v. Sambo's Restaurants, Inc., 517 F. Supp. 1202(1981)].

그러나 이와 같은 규정에도 불구하고 복제가 허용되는 경우가 있는데, 그것은 '정당한 사용 원칙 *The Fair Use Doctrine*'에 의해서이다. 즉, 그 사용 목적이 비평, 뉴스 보도, 강의, 연구 등일 경우 일반적으로 허용되고 있다. 이것은 저작자의 권리와, 아이디어나 정보의 자유로운 유통을 원하는 공중의 권리 간의 균형을 기준으로 판단하게 되는 문제 영역이다. 그러나 상업적 이용을 위한 복제는 저작권법의 침해가 되며, 광고 역시 이 경우에 해당되어 '정당한 사용 원칙 FUD'의 적용을 받지 못한다.

따라서 광고와 같이 타인의 저작권을 '침해할' 우려와 타인으로부터 저작권을 '침해받을' 우려를 함께 가지고 있는 경우는 보다 더 많은 주의가 요망된다. 이 중 저작권을 침해받지 않기 위해서는 '저작권의 고지 *Notice of Copyright*'가 필요하며, 그 방법은 ⓒ(시각 작품) 표시나 ⓟ(오디오 작품) 표시를 함으로써 저작물임을 표시하는 것이다. 광고의 경우 사진은 뒷면에, TV 광고나 비디오는 시작이나 끝 부분 2~3초간에, 잡지나 신문 광고는 광고물 코너에, 라디오 광고는 테이프 릴이나 포장에 표시할 것을 권장하고 있다. 이 밖에 광고와 같은 집단 저작물 또는 종업원에 의한 저작물의 저작자에 관해서는 The Works-For-Hire Rule이 적용되고 있으나 프리랜서의 작품 등 경우에 따라 판단해야 하는 사례가 많다.

2) 윤리 강령에서의 모방, 표절, 복제 광고 조항

한편 광고 관련 산업의 각 업종, 단체 등에서 제정한 광고 윤리 강령 중에서는 극히 일부에서만 광고의 모방, 표절 문제를 언급하고 있어 이 문제에 대한 관련 분야의 관심의 정도를 어느 정도 엿볼 수 있게 한다. 국내 광고 관련 단체의 윤리 강령 중 모방 광고 조항은 다음과 같다.

> < ICC 광고 활동 국제 협의회 > '광고 활동 국제 기준 강령'(제1부 8 광고 활동의 모방): "어느 나라의 광고주가 사용중이거나 또는 타국에서 행해지는 광고, 홍보 활동을 방해할 우려가 있는 제품의 일러스트, 레이아웃, 카피, 슬로건, 포장 및 라벨을 모방해서는 아니 된다"[12]
> < 한국 광고주 협회 > '광고주 윤리 강령'(제3호): "광고주는 허위, 표절, 비방 등의 표현을 통하여 소비자나 경쟁사에게 피해를 주지 말아야 하고, 오직 창의력을 바탕으로 한 광고 표현을 위해 최선을 다한다"[13]

< 한국 신문 윤리 위원회 >, < 한국 신문 협회 > '신문 광고 윤리 실천 요강'(강령3의 5): 강령3에 따라 다음과 같은 사항은 게재를 유보, 또는 금지한다. 5."표절, 모방 또는 기타 방법으로 타인의 권리를 침해한 것"[14]

한국 방송 광고 공사 '방송 광고 윤리 강령'(제6항): "광고 방송은 독창적이어야 하며, 다른 광고 방송을 모방, 표절하여서는 아니 된다"[15]

이상과 같이 광고의 모방이나 표절, 복제 등은 각종 법규와 광고 산업 자체의 윤리 강령 등에서 명문으로 금지하고 있어, 그것이 불법 또는 비윤리적 행위라는 점을 분명하게 하고 있다. 그럼에도 불구하고 여전히 모방, 표절, 복제 광고가 근절되지 않고 있음은 법규의 문제나 윤리 강령의 미비가 아니라 광고 현업의 의지 또는 인식 문제에 원인이 있다고 해석할 수밖에 없다.

4. 맺음말

끝으로 한국에서 특히 모방 광고가 여전히 많은 이유와 그 개선점 등을 살펴보고자 한다.

첫째로 꼽을 수 있는 문제의 요인으로는 한국 광고계가 급속한 성장 전략에 지나치게 몰두한 결과 그 산업을 이끌어 갈 철학과 윤리 의식을 갖추지 못했다는 점을 지적할 수 있다. 광고의 역사와 광고 산업의 역사가 오랜 국가의 경우 광고라는 직업 의식과 독특한 광고 철학을 지닌 광고인들이 자신의 광고 회사를 설립하여 발전시켜 온 것이 대표적인 유형이었으나 우리 나라는 이와 같은 광고인에 의해서가 아니라 재벌 그룹에 의해 광고 회사가 설립, 발전되어 옴으로써 그 경영자의 많은 수가 광고인 아닌 고용 경영자들로 채워져 왔다. 그 결과 광고 자체의 발전이나 철학의 학립, 윤리적 기준의 설정보다는 재임 중의 실적 위주 경영에 치중할 수밖에 없는 광고 환경을 조성했고, 그것은 수단의 정당성보다는 성장 목적의 달성이 우선되는 풍토를 만들게 되었다.

둘째로는 한국 광고 산업 구조의 후진성이다. 광고주 회사와 광고 대행사 간의 지나친 종속적 구조, 즉 광고주와 대행사의 관계가 동반자적 대등한 위치가 되지 못하고 일방적 종속 관계에 머무름으로써 광고 철학보다는 광고주 영입과 유지에 급급할 수밖에 없는 산업 구조를 유지해 왔다. 최근에 와서 조금씩 그 관계가 변화되고 있고, 그에 따라 광고주가 "이러이러한 광고를 만들어 달라"는 식의 관행이 차츰 없어지고 있으나 아직도 산업 구조상의 후진성이 적지 않게 남아 있다는 점을 부인할 수 없다.

셋째는 한국 광고 회사들이 생각하고 있는 광고 및 광고 회사의 성격과 위상의 문제이다. 원론을 이야기하지 않더라도 광고는 기업의 '판매 도구'인 동시에 소비자의 '구매 도구'라는 양면성을 가지고 있으며, 따라서 광고는 이 양측에 대한 '이중 책임'을 지고 있다. 광고주 기업이 없으면 광고가 존재할 수 없는 것과 똑같이 소비자가 없어도 광고는 존재할 수 없다. 그래서 광고는 기업과 소비자 사이에서 이들을 연결하는 커뮤니케이션 수단이다. 그럼에도 불구하고 일부 광고 현업에서는 광고를 광고주 기업의 단순한 마케팅 도구로만 인식, 사회적 책임이나 윤리성, 소비자에 대한 책임보다는 마케팅 효율성만을 중시하는 경향이 없지 않다. 이는 각 광고 회사의 사보 내용이나, 광고 회사들이 광고의 거시적·미시적 측면을 모두 다루는 광고학이나 커뮤니케이션 전공학자보다 마케팅 전공자를 중심으로 연구진을 구성하고 있는 최근의 사례가 잘 입증해 주고 있다. 마케팅 자체는 기본적으로 광고주 회사의 영역이며, 광고 회사는 마케팅 커뮤니케이션 회사라는 인식의 정립이 이루어지지 않는 한 이와 같은 왜곡된 광고 문화의 개선은 이루어지기 어렵다.

넷째로는 독창성과 새로운 아이디어, 새로운 방법을 생명으로 하는 광고 제작(크리에이티브) 부문이 광고주나 광고 대행사 내의 기획 부문 등에 비해 덜 중시되고 있는 점이다. 광고의 전 과정, 전 분야가 전략적이어야 하는 것과 마찬가지로 역시 전 과정, 전 분야가 크리에이티브해야 하는 것은 너무나 분명함에도 불구하고 현재 우리의 광고 현업에서는 그 균형에 다소 문제가 있지 않나 하는 우려가 나오고 있다. 이는 결과적으로 마케팅 목표 달성을 위해서는 크리에이티브의 모방도 할 수 있다는 잘못된 의식을 갖게 할 수 있다는 점에서 중요한 문제 요인이라고 하겠다.

다섯째는 연구 투자의 부족이다. 광고 전략 수립이나 제작에 있어 충분한 연구와 조사, 분석에 기초한 기획이 크리에이티브를 도약 *creative leap* 시키는 기본 도약대가 된다는 점은 의문의 여지가 없다. 이를 위해서는 과학화와 연구 투자가 필수적 전제이다. 충분한 조사와 정밀한 분석, 한국적 광고 이론에 대한 연구 투자 등이 전제되지 않을 때는 어쩔 수 없이 외국 필름을 뒤적여서 아이디어를 찾거나, 아니면 제작 프로덕션에 주로 의존하는 방식을 취하게 된다. 즉 광고 대행사의 연구 투자 부족은 어쩔 수 없이 모방 광고를 만들도록 할 개연성을 그만큼 높이는 것이 된다는 점이다. 소위 첨단 산업, 지식 산업이라는 광고 분야가 광고라는 독특한 커뮤니케이션 영역 전반에 얼마만큼의 연구 투자를 하고 있는지 진지하게 돌이켜볼 필요가 있다.

마지막으로는 광고계의 법제 윤리 전문가 부족이다. 앞에서도 일부 지적되었지만 우리 나라 광고계가 광고의 본질과 관련된 철학이나 책임에 대하여 다소 낮은 인식을 가지고 있다는 것은 그 많은 광고 회사 사보가 다루는 내용이나 회사 내의 법제 윤리 교육의 부재, 법제 윤리 전문가의 부족 등 여러 부분에서 발견된다. 따라서 중요성의 우선 순위에서 이 부분이 크게 뒤떨어져 있었다는 점을 지적하지 않을 수 없다.

앞에서 지적한 요인들과 관련하여 한국 광고의 문제점으로, 또 한국 광고계에 커다란 위협으로 대두되고 있는 모방, 표절, 복제 문제를 해결하기 위한 개선안을 나름대로 정리하면 대략 다음과 같다.

우선 첫째는 사회 제도 *social institution* 로서의 광고의 본질적 위상 정립과 광고 철학의 확립이다. 광고는 물건만 팔아 주면 되는 단순한 마케팅 도구라는 차원을 훨씬 넘어 한 나라의 사회, 문화, 의식 등에 결정적인 영향을 미치는 중요한 사회 제도이다. 그리고 그것은 본질적으로 마케팅이 아니라 마케팅을 '위한' 커뮤니케이션이다. 이 두 가지 영역 사이에는 커다란 차이가 있으며, 그것이 광고학 또는 광고 산업을 마케팅의 종속 분야가 아닌 독립된 학문과 산업 분야로 인정 받도록 한 요인이다. 마케팅의 관점에서 보면 광고가 작은 구성 요소 중 하나가 되지만, 광고의 관점에서 보면 오히려 마케팅이 광고를 구성하는 하나의 요소가 된다.[16] 즉 광고는 마케팅 이론뿐만 아니라 심리학, 커뮤니케이션학, 예술 이론, 영화학, 사진학, 조사 방법론, 문학, 법제 윤리 등 다양한 학문들의 학제적 통합이 균형 있게 이루어져야 하는 독자적인 분야인 것이다. 그럼에도 불구하고 광고를 마케팅의 관점에서만, 또 마케팅의 도구로만 인식하게 되는 경우 그 철학이나 책임 의식이 불분명할 수밖에 없을 것이다. 따라서 광고라는 사회적 제도에 대한 분명한 위상 정립과 광고 철학의 정립 없이 모방, 표절, 복제 광고의 근절을 논한다는 것은 출발부터 논리적 모순을 안게 된다.

다음은 광고 산업의 과학화와 구조 개선이다. 광고 산업의 주역은 광고 대행사이며, 광고 대행사 중심의 광고 기획, 광고 제작이 이루어질 때 광고의 정상적인 문화가 확립된다. 따라서 광고주와 광고 대행사 간의 동반자적 위상 정립과 대행사 중심의 광고 산업 구조 확립이 빨리 정착되는 것이 모방, 표절 광고를 줄이는 길이다. 또 대행사와 제작 프로덕션 간의 관계도 보다 명확해질 필요가 있다. 전체적인 전략 수립과 방향 설정은 철저하게 대행사가 담당하고, 제작사는 그에 따른 표현에 치중할 때 제작사에서 손쉽게 이루어지는 모방이나 표절의 관행이 사라질 것이기 때문이다. 이는 체제가 확립된 대형 광고 대행사보다 그렇지 못한 대행사 작품에서 모방 광고가 많이 나오는 것으로도 입증이 되는 사례라고 하겠다.

또 심의 규정의 준수와 심의의 철저화도 중요한 개선 방안이 될 수 있다. 앞에서도 살펴보았듯이 이미 우리 나라의 광고 심의 규정이나 저작권법 등 관련 법규에는 모방, 표절 광고의 금지가 명문으로 규정되어 있다. 실제로 모방 광고의 발견이나 적발이 어렵다는 현실적 문제는 있지만 앞으로 모방, 표절, 복제 광고에 대한 심의 규정의 보다 철저한 적용과 심의가 이루어져야 할 것이다. 그렇지 않을 경우 외국으로부터 지적 소유권과 저작권의 상습적 침해국이라는 의혹을 받고 있는 우리 나라가 앞으로 예상되는 강력한 도전에 대응하기 어려울 것이기 때문이다(특히 다국적 기업 광고들의 복제 광고 문제와 관련해서는 정의나 규정 해석상 많은 논란이 예상된다).

이외에도 저작권에 대한 인식 제고 및 의식 개혁, 광고계의 저작권 전문가 양성, 사회 제도적 차원의 광고 연구 투자 확충, 광고 업계의 윤리 위원회 설치 등 다양한 노력이 수반되어야 할 것으로 전망된다.

지금까지 한국 광고의 커다란 문제점이자 숙제인 광고의 모방과 표절, 복제 문제를 중심으로 문제의 원인과 개선안을 고찰해 보았다. 물론 독창적인 아이디어가 진공 속에서 나올 수는 없다. 제임스 웹 영 James Webb Young이 일찍이 말했듯이 아이디어는 '낡은 요소들의 새로운 결합 *new combination of old elements*'에 지나지 않을 수도 있다. 그러나 그럼에도 불구하고 광고는 끊임없이 새로운 아이디어와 새로운 방법을 찾지 않으면 안 되고, 그것이 광고의 가치이자 생명이기도 하다. 쉽고 안일한 모방이나 표절이 명백한 저작권 침해라는 인식의 전환, 그리고 그것이 결과적으로 불법 행위인 동시에 윤리적 타락이라는 인식의 확산이 시급한 시점이라는 사실을 지적하며 이 논의를 기점으로 한국 광고의 모방, 표절, 복제에 관한 본격적인 연구가 이루어질 것을 기대한다.

"광고에 있어서 모방은 창조의 어머니가 아니라 상업적 자살"이기 때문이다.

주

1) 방송 위원회, < 방송 심의에 관한 규정 >, 제87조 참조.

2) 방송 위원회, < 심의 관련 규정 모음 >, 1992, p.18.

3) 방송 위원회, < 미국 ABC 및 영국 IBA 광고 방송 기준 >, ≪ 방송 조사 자료 ≫ 6, p.116.

4) 방송 위원회, < 대만의 방송법 및 방송 관련 규정 >, ≪ 방송 조사 자료 ≫ 3, p.63.

5) 법률 신문사, ≪ 대한민국 대법전 ≫, 서울: 법률 신문사, 1992, pp.2643~9.

6) 한승헌, ≪ 정보화 시대의 저작권 ≫, 서울: 나남, 1992, p.225.

7) 한승헌, 앞의 책, p.225.

8) 한승헌, 앞의 책, p.226.

9) 한승헌, 앞의 책, pp.233~4.

10) 광고와 저작권에 관해서는 다음 자료를 참고할 것.
    한승헌, ≪ 정보화 시대의 저작권 ≫, 서울: 나남, 1992, pp.221~35; 한승헌, < 저작권법과 광고 >, < 광고정보 > 1987년 4월, 서울: 한국 방송 광고 공사, pp.10~64; 한승헌, < 광고의 저작권 어떻게 되나 >, < 월간 해외광고 > 1987년 7월, 서울: 한국 광고 개발 연구소, pp.55~81.

11) Dean Keith Fueroghne, "But the People in Legal Said," *A Guide to Current Legal Issues in Advertising*, Illinois: Dow Jones-Irwin, 1989, pp.114~37 참조.

12) 한국 광고 단체 연합회, ≪ 광고인 수첩 ≫, 1992, p.312.

13) 한국 광고 단체 연합회, 앞의 책, p.316.

14) 한국 광고 단체 연합회, 앞의 책, p.317.

15) 한국 광고 단체 연합회, 앞의 책, p.318.

16) 실제로 광고학 교육이나 광고 산업이 가장 활발한 미국의 경우 1960년대에서 1990년대 사이의 대학의 광고 관련 과목 개설 현황을 보면 이 점이 명백해진다. "지난 25년간 광고 교육의 주요 변화는 광고 프로그램이 경영학에서 커뮤니케이션(저널리즘 또는 매스 커뮤니케이션)으로 전환한 것이다. 1963~4년 조사에서는 경영 대학 27개 프로그램, 커뮤니케이션 대학 36개 프로그램, 통합 프로그램 14개로 조사되었으나, 1987~8년 조사에서는 경영 대학 9개(67% 감소), 커뮤니케이션 대학 83개(131% 증가), 통합 프로그램 3개(79% 감소)로 나타나 광고학의 위상이나

방향이 어떻게 나아가고 있는지를 보여 주고 있다. 이와 같은 경향은 학위 취득자의 경우도 마찬가지로 나타나고 있다"(자세한 내용은 Bill I. Ross and John Schweitzer, "Most advertising programs find home in mass communication," *Journalism Educator,* Vol. 45. No. 1, Spring, 1990, pp.3~8 참조 바람).

부록

전파 관리법

제정 1961. 12. 30 법률 제924호
중간 생략
개정 1989. 12. 30 법률 제4193호

제2장 무선국의 허가

제4조(무선국의 개설) 1. 무선국을 개설하고자 하는 자는 대통령령이 정하는 바에 의하여 체신부 장관의 허가를 받아야 한다. 다만, 발사하는 전파가 미약하거나 수신 전용의 무선국으로서 대통령령이 정하는 무선국은 체신부 장관에게 신고하거나 신고하지 아니하고 개설할 수 있다.

2. 무선국이 행하는 업무 및 무선국의 분류는 대통령령으로 정한다.

제5조(결격 사유) 1. 다음 각호의 1에 해당하는 자에게는 무선국의 개설을 허용하지 아니한다. 다만, 제4조 제1항 단서의 규정에 의하여 개설하는 것으로서 체신부 장관이 정하는 것은 그러하지 아니하다. (1) 대한 민국의 국적을 가지지 아니한 자 (2) 외국 정부 또는 그 대표자 (3) 외국의 법인 또는 단체 (4) 법인 또는 단체로서 제1호 내지 제3호에 해당하는 자가 그의 대표자인 때, 또는 그들이 임원의 3분의 1 이상이거나 의결권의 3분의 1 이상을 점하는 때. 다만, 특별법에 의하여 설립된 법인이나 국제 기관, 외국 또는 외국인과의 합작 투자에 의한 사업체인 경우에는 그 임원과 의결권은 2분의 1 이상으로 한다. (5) 이 법에 규정한 죄를 범하여 금고 이상의 형을 받고 그 집행이 종료되거나 집행을 받지 아니하기로 확정된 날로부터 2년을 경과하지 아니한 자 (6) 무선국의 가허가 또는 허가를 취소당한 날로부터 1년을 경과하지 아니한 자 (7) 형법 중 내란의 죄·외환의 죄, 군 형법 중 이적의 죄 및 국가 보안법 위반의 죄를 범하여 형의 선고를 받은 자

2. 제1항 제1호 내지 제4호의 규정은 다음 각호의 경우에는 이를 적용하지 아니한다. (1) 실험국(과학 또는 기술 발전을 위한 실험에 전용하는 무선국을 말한다. 이하 같다) (2) 선박 안전법 제14조의 규정에 의한 선박의 무선국 (3) 항공법 제103조 단서 및 제105조의 2의 규정에 의한 허가를 받아 국내 항공에 전용하는 항공기의 무선국 (4) 전기 통신 기본법 제2조의 규정에 의한 공중 전기 통신 역무를 제공받기

위한 무선국 (5) 다음 각목의 1에 해당하는 무선국으로서 대한 민국의 정부·대표자 또는 국민에게 자국 안에서 무선국의 개설을 허용하는 국가의 정부·대표자 또는 국민에게 그 국가가 허용하는 무선국과 동일한 종류의 무선국 ㉮ 대한 민국 안에서 당해 국가의 외교 및 영사 업무를 행하는 대사관 등의 공관에서 특정 지점간의 통신을 위하여 공관 안에 개설하는 무선국 ㉯ 아마추어국 ㉰ 육상 이동 업무를 행하는 무선국으로서 대통령령으로 정하는 것 (6) 국내에서 열리는 국제적인 행사를 위하여 필요한 경우 그 기간 중 체신부 장관이 허용하는 무선국

3. 제1항 제5호 및 제6호의 규정은 다른 법령의 규정에 의하여 의무적으로 무선국을 개설하는 자와 국가 기관 또는 지방 자치 단체에 대하여는 이를 적용하지 아니한다.

제6조(허가의 신청과 심사) 1. 무선국의 허가를 얻고자 하는 자는 대통령령이 정하는 바에 의하여 신청서를 체신부 장관에게 제출하여야 한다.

2. 제1항의 신청은 공동 명의로 하여서는 아니 된다.

3. 체신부 장관은 제1항의 신청서를 수리한 때에는 다음 각호에 의하여 허가의 적부를 심사하여야 한다. (1) 공사 설계가 제3장의 정하는 기술 수준에 적합할 것 (2) 주파수의 할당이 가능한 것 (3) 당해 업무를 유지할 만한 재정적 기초가 있을 것 (4) 대통령령의 정하는 무선국 개설 기준에 합치할 것

4. 체신부 장관은 제3항의 규정에 의한 심사를 함에 있어서 필요하다고 인정할 때에는 신청인에게 자료의 제출을 요구하거나 의견을 들을 수 있다.

제7조(가허가) 1. 체신부 장관은 제6조 제3항의 규정에 의하여 심사한 결과 그 신청이 동항 각호에 부합된다고 인정하는 때에는 다음 각호의 사항을 지정하여 무선국의 가허가를 할 수 있다. (1) 무선국의 준공 기한 (2) 전파의 형식 및 幅과 주파수 (3) 호출 부호(표지 부호를 포함한다. 이하 같다) 또는 호출 명칭 (4) 空中線電力 (5) 운용 허용 시간 (6) 무선 종사자의 자격과 정원

2. 체신부 장관은 가허가를 얻은 자로부터 제1항 제1호의 기한 연장의 신청이 있는 경우에 그 사유가 합당하다고 인정하는 때에는 1회에 한하여 그 기한을 연장할 수 있다. 이 경우 연장 기간은 1년을 초과할 수 없다.

제7조의 2(시험 전파의 발사) 제7조의 규정에 의하여 무선국의 가허가를 받은 자가 제11조의 규정에 의한 무선국 허가 전에 시험 전파를 발사하고자 할 때에는 대통령령이 정하는 바에 의하여 체신부 장관의 허가를 받아야 한다.

제8조(공사 설계 등의 변경) 1. 제7조의 가허가를 얻은 자가 공사 설계를 변경하

고자 하는 때에는 체신부 장관의 허가를 얻어야 한다. 다만, 대통령령이 정하는 경미한 사항에 관하여는 예외로 한다.

2. 제1항 단서의 사항에 관하여 공사 설계를 변경한 경우에는 지체 없이 그 사실을 체신부 장관에게 신고하여야 한다.

3. 제1항의 변경은 주파수, 전파의 형식 또는 공중선 전력에 대한 변경을 초래하는 것이어서는 아니 된다.

4. 제7조의 가허가를 얻은 자는 체신부 장관의 허가를 얻어 통신의 상대방, 통신 사항, 무선 설비의 설치 장소, 방송 사항 또는 방송 구역을 변경할 수 있다.

제9조(준공 검사) 제7조의 가허가를 얻은 자는 무선 설비가 준공된 경우에는 체신부 장관에게 신고하여 그 설비와 무선 종사자의 자격 및 정원에 대하여 검사를 받아야 한다.

제10조(가허가의 취소) 체신부 장관은 제7조 제1항의 규정에 의하여 무선국의 가허가를 받은 자가 다음 각호의 1에 해당하는 경우에는 무선국의 가허가를 취소한다. (1) 제7조 제1항 제1호의 기한(동조 제2항의 규정에 의하여 기한을 연장한 때에는 그 기한)이 경과한 후 30일이 경과할 때까지 준공을 하지 아니한 경우 (2) 정당한 사유 없이 제9조의 규정에 의한 준공 검사에 불응한 경우

제11조(무선국의 허가) 체신부 장관은 제9조의 규정에 의한 준공 검사를 한 결과 그 무선 설비가 이 법과 체신부령이 정하는 무선 설비의 기술 기준에 적합하고 무선 종사자의 자격과 정원이 제31조 및 제37조의 규정에 위반하지 아니하는 때에는 지체 없이 그 무선국을 허가하여야 한다.

제12조(허가의 유효 기간) 1. 허가의 유효 기간은 5년을 경과하지 아니하는 범위 내에서 대통령령으로 정한다. 다만, 재허가를 할 수 있다.

2. 선박 안전법 및 어선법의 규정에 의하여 무선 설비를 하는 선박의 무선국(이하 "의무 선박국"이라 한다)과 항공법의 규정에 의하여 무선 설비를 하는 항공기의 무선국(이하 "의무 항공기국"이라 한다)의 허가의 유효 기간은 제1항의 규정에 불구하고 무기한으로 한다.

제13조(허가장) 1. 체신부 장관은 무선국을 허가한 때에는 허가장을 교부한다.

2. 허가장에는 다음의 사항을 기재한다. (1) 허가년월일 및 허가 번호 (2) 시설자의 성명 및 명칭 (3) 무선국의 종별 및 명칭 (4) 무선국의 목적 (5) 통신의 상대방 및 통신 사항 (6) 무선 시설의 설치 장소 (7) 허가의 유효 기간 (8) 호출 부호 또는 호출 명칭 (9) 전파의 형식 및 폭과 주파수 (10) 발진 및 변조 방식 (11) 공중선 전력

⑿ 공중선의 형식 및 구성 ⒀ 운용 허용 시간 ⒁ 무선 종사자의 자격 및 정원

3. 방송을 목적으로 하는 무선국의 허가장에는 제2항의 규정에 불구하고 다음의 사항을 기재한다. ⑴ 제2항 제1호 내지 제4호 및 제6호 내지 제14호에 揭記하는 사항 ⑵ 방송 사항 ⑶ 방송 구역

제14조(간이한 허가 절차) 대통령령으로 정하는 어선에 시설하는 무선국과 간이 무선 업무를 행하는 무선국의 허가 및 제12조 제1항 단서의 규정에 의한 재허가는 제6조 내지 제11조의 규정에 불구하고 대통령령이 정하는 절차에 의할 수 있다.

제15조(운용 개시일의 신고) 시설자는 무선국의 허가를 받은 때에는 지체 없이 그 운용 개시일을 체신부 장관에게 신고하여야 한다. 다만, 체신부 장관이 정하는 무선국은 그러하지 아니하다.

제16조(변경 등의 허가) 1. 시설자는 시설 목적, 통신의 상대방, 통신 사항과 무선 설비의 설치 장소를 변경하거나 무선 설비의 변경 공사를 하고자 하는 때에는 체신부 장관의 허가를 얻어야 한다. 방송을 목적으로 하는 무선국의 시설자가 방송 사항 또는 방송 구역을 변경하고자 하는 때에도 또한 같다.

2. 제8조 제1항 단서, 제2항 및 제3항의 규정은 제1항의 규정에 의한 무선 설비의 변경 공사를 하는 경우에 이를 준용한다.

3. 제7조 제2항 및 제7조의 2의 규정은 제1항의 규정에 의한 허가를 얻은 자에 이를 준용한다.

제17조(변경 검사) 제16조 제1항의 규정에 의하여 무선 설비의 설치 장소의 변경 또는 무선 설비의 변경 공사의 허가를 얻은 시설자는 체신부 장관의 검사를 받고 그 변경 또는 공사의 결과가 허가 내용과 합치된다고 인정 받은 후가 아니면 무선 설비를 운용하지 못한다.

제18조(주파수 등의 변경) 1. 체신부 장관은 시설자 또는 제7조의 규정에 의한 가허가를 받은 자가 호출 부호와 호출 명칭, 전파의 형식 및 폭, 주파수, 공중선 전력 또는 운용 허용 시간의 지정의 변경을 신청한 경우에는 혼신 제거 기타 특히 필요하다고 인정된 때에 한하여 지정을 변경할 수 있다. 이 경우 전파의 형식 및 폭, 주파수, 공중선 전력의 지정의 변경에 있어서는 체신부 장관의 검사를 받은 후가 아니면 운용하지 못한다.

2. 방송을 목적으로 하는 무선국의 시설자가 운용 허용 시간을 초과하여 대통령령이 정하는 사항을 방송하고 할 때에는 제1항의 규정에 불구하고 체신부 장관에게 미리 신고하고 이를 방송할 수 있다.

제19조(허가의 승계) 1. 시설자에 대하여 상속이 있은 때에는 상속인이 그 시설자의 지위를 승계한다.

2. 시설자인 법인이 합병한 때에는 합병 후 존속하는 법인 또는 합병에 의하여 설립된 법인이나 분할한 때에는 분할에 의하여 설립된 법인은 체신부 장관의 허가를 얻어 시설자의 설립을 승계한다. 다만, 선박의 무선국(이하 선박국이라 한다)과 항공기의 무선국(이하 항공기국이라 한다)의 시설자의 경우는 예외로 한다.

3. 제5조의 규정은 제1항의 승계 및 제2항의 허가에 이를 준용한다.

4. 무선국이 있는 선박에 있어서 선박 소유권의 이전, 용선 계약의 체결, 변경 또는 해제나 해지에 의하여 선박을 운행하는 자에 변경이 있는 때에는 변경 후 선박을 운행하는 자는 시설자의 지위를 승계한다.

5. 제4항의 규정은 무선국이 있는 항공기 및 공중 전기 통신 사업법 제25조의 규정에 의하여 전화 가입권의 양도를 받은 무선국이 있는 육상 이동체에 이를 준용한다.

6. 제1항·제4항 및 제5항의 규정에 의하여 시설자의 지위를 승계한 자는 지체없이 그 사실을 증명하는 서류를 첨부하여 체신부 장관에게 신고하여야 한다.

7. 상속이나 합병 또는 분할에 의하여 시설자의 지위를 승계한 자가 2인 이상인 경우에는 그 중의 1인을 대표자로 선정하여야 한다.

8. 제1항 내지 제7항의 규정은 제7조의 가허가를 얻은 자에 이를 준용한다.

제20조(무선국의 폐지와 운용 휴지) 1. 시설자가 무선국을 폐지하고자 하는 때 또는 무선국의 운용을 1월 이상 휴지하고자 하는 때에는 체신부 장관에게 신고하여야 한다.

2. 시설자가 무선국을 폐지한 때에는 허가는 그 효력을 상실한다.

제21조(허가장의 반환) 무선국 허가의 효력이 상실된 때에는 그 시설자는 허가의 효력이 상실된 날로부터 30일 내에 허가장을 반환하여야 한다.

제22조(무선국의 고시) 체신부 장관은 무선국을 허가한 때에는 체신부령의 정하는 바에 의하여 고시하여야 한다.

제23조(허가의 고시) 1. 체신부 장관은 외국에서 취득한 선박 또는 항공기의 무선국에 대하여는 제6조 내지 제13조의 규정에 불구하고 대통령령의 정하는 바에 의하여 허가를 할 수 있다.

2. 제1항의 허가는 그 선박 또는 항공기가 국내의 목적지에 도착한 때에는 이 법의 규정하는 바에 의하여 다시 허가를 얻어야 한다.

제65조(전파의 발사의 정지) 1. 체신부 장관은 무선국에서 발사하는 전파의 질이 제24조의 규정에 의한 체신부령의 정하는 것에 적합하지 아니하다고 인정하는 때에는 당해 무선국에 대하여 임시로 전파 발사의 정지를 명할 수 있다.

2. 체신부 장관은 제1항의 명령을 받은 무선국으로부터 발사하는 전파의 질이 제24조의 규정에 의한 체신부령의 정하는 것에 적합하게 되었다고 신고가 있는 때에는 그 무선국에 대하여 시험 전파를 발사하게 하여야 한다.

제66조(비상 사태에 있어서의 무선 통신) 1. 체신부 장관은 지진, 태풍, 홍수, 해일, 설해, 화재 기타의 비상 사태가 발생하거나 발생할 우려가 있는 경우에는 인명 구조, 재해 구호, 교통 통신의 확보 또는 질서 유지를 위하여 필요한 통신을 무선국에 행하게 할 수 있다.

2. 체신부 장관은 제1항의 규정에 의하여 무선국에 통신을 행하게 한 때에는 정부는 그 통신에 요한 실비를 보상한다.

제67조(무선국의 허가 취소 등) 1. 시설자가 제5조 제1항 제1호 내지 제4호 및 제7호의 규정에 의한 결격 사유에 해당하게 된 때에는 그 무선국 개설 허가는 그 효력을 상실한다.

2. 체신부 장관은 시설자가 다음 각호의 1에 해당하는 때에는 체신부령이 정하는 바에 따라 6월 이내의 기간을 정하는 무선국의 운용 정지, 무선국의 운용 허용 시간과 주파수 또는 공중선 전력의 제한을 명할 수 있다. (1) 제19조 제6항의 규정에 의한 신고를 하지 아니한 때 (2) 제46조의 규정에 의한 통신 방법을 위반한 때 (3) 제61조 또는 제62조(제72조 제3항에서 준용하는 경우를 포함한다)의 규정에 의한 검사를 거부하거나 방해한 때 (4) 기타 이 법 또는 이 법에 의한 명령이나 처분에 위반한 때

3. 체신부 장관은 다음 각호의 1에 해당하는 경우에는 무선국의 허가를 취소하거나 설비의 변경, 운용의 제한 또는 정지를 명할 수 있다. (1) 비상 사태가 발생한 때 (2) 혼신 방지상 필요한 때

4. 체신부 장관은 시설자가 다음 각호의 1에 해당하는 경우에는 그 허가를 취소할 수 있다. (1) 정당한 사유 없이 계속하여 6월 이상 무선국의 운용을 휴지한 때 (2) 부정한 방법으로 무선국의 허가 또는 제16조의 규정에 의한 허가를 얻거나 제18조의 규정에 의한 지정의 변경을 행하게 한 때 (3) 제2항 또는 제3항에 의한 명령 또는 제한을 위반한 때 (4) 시설자가 제5조 제1항 제5호에 해당하게 된 때 (5) 기타 이 법 또는 이 법에 의한 명령이나 처분에 위반한 때

5. 체신부 장관은 제1항의 경우에는 그 효력 상실의 뜻을, 제2항 내지 제4항의 규정에 의한 처분을 한 때에는 그 사유를 시설자에게 문서로 통지하여야 한다.

6. 체신부 장관은 제2항 내지 제4항의 규정에 의한 처분을 하고자 할 때에는 대통령령이 정하는 바에 의하여 당해 시설자 또는 그 대리인에게 의견 진술의 기회를 주어야 한다. 다만, 당해 시설자 또는 그 대리인이 정당한 사유 없이 이에 응하지 아니하거나 주소 불명 등으로 의견 진술의 기회를 줄 수 없는 경우에는 그러하지 아니하다.

제74조의 4(방송 수신의 보호) 1. 통상적으로 수신이 가능한 방송의 수신을 장애하는 건축물을 소유하고 있는 자는 당해 장애를 제거할 수 있는 조치를 하여야 한다.

2. 제1항의 규정에 의한 통상적으로 수신이 가능한 방송 수신의 기준은 체신부령으로 정한다.

프랑스 방송법 *

(1989. 1. 17 개정법)

개관

현재 시행중인 프랑스 방송법은 1988년의 국회 해산과 이에 따른 총선에서의 사회당의 승리로 개정된 종합 보완법 *lois synthèses* 이다. 1989년 1월 17일 공표된 본법은 개정 당시 30개 조항을 개정하여, 1986년 우파 보수 연합이 만든 개정법을 손질한 것이다.

따라서 그 형태는 1986년 법의 기본 골격에 30개 조항을 손질한 110개 조항과 '황색 조문'이라 하여, 1982년 제정 방송법(사회당 입법) 및 1986년 법(우파 입법) 중 효력을 발생하는 11개 조항을 본문 말미에 첨부한 '좌우 합작 짜집기식 법률'이다. 따라서 실제 조항은 총 121개 조로 구성되어 있다.

그 구성은 우선, 방송의 자유(제1조), 방송의 정의(제2조), 방송 종사자의 비밀 공개 동의권(제3조)을 규정한 뒤, 제1부에서는 < 방송 위원회 >(제4조에서 제20조), 구성 및 임기(제4조), 기능과 권한(제5조), 예산 제청권(제7조), 국제 협력에 관한 사항(제9조), 방송사 주파수 배정권 및 사업 승인권(제10조), 표현 다원주의 보장 권한(제13조), 광고 방송 편성에 관한 통제권(제14조), 청소년·아동 보호권(제15조), 선거 방송 운용권(제16조), 방송사 공정 경쟁에 관한 대사법부 및 행정부 권고안 제출권(제17조), 대통령·국회·행정부에 연차 보고서 제출 의무 규정(제18조), 방송사 조사권(19조), 위원장의 국가 위임 권한(제20조)을 명시한다.

이에 대한 세부 사항으로, 제2부에서는 < 방송 위원회 >의 기능과 임무(제21조에서 제32조), CATV(제33조, 제34조), 방송사 허가에 관한 사항(제35조에서 제42조), 신규 방송사 신청 자격 여건(제43조) 등을 규정하였고, 제3부에서는 < 방송 위원회 >와 公社에 관한 사항을(제44조에서 제57조까지), 제4부에서는 TF1 민영화에 관한 사항(제58조에서 제69조까지), 제5부에서는 영상 매체 산업 진흥에 관한 사항(제70조에서 제73조까지), 제6부 처벌 규정(제74조에서 제79조까지), 제7부 기타 규정(제80조에

---

* 출처: < 프랑스 방송법 >(방송 위원회, 1992)

서 제95조까지), 그리고 제8부 경과 조치(제100조에서 제110조까지)로 되어 있다.

< 방송 위원회 >에 관한 사항 중, 1986년 법과 크게 달라진 부분은 구성 인원 (13명에서 9명으로), 임기(9년에서 6년), 자격(선출직 등 정치적 영향을 직접받는 위원이나 공무원, 방송 유관 기업 지분 소지자의 배제 및 방송 전문가의 참여 등) 대행정부에 대한 위상 강화(수상의 재심 요구시, 그 내용을 관보에 게재토록 함), 예산 제청권과 회계 특례 혜택의 수혜, 신규 방송사 설립에 관한 권한 강화 등 방송의 3대 원칙, 즉 전파 매체의 공공성 재천명, 그 운영에서의 행정부 권한 축소 및 전파 매체의 완전한 지방 자치의 구현을 구체화시키고 있다.

프랑스 방송법

1982년 7월 29일 제정(법률 제82-652호)
1986년 9월 30일 개정(법률 제86-1067호)
1986년 11월 27일 일부 수정(법률 제86-1210호)
1987년 7월 30일 일부 수정(법률 제87-588호)
1988년 3월 11일 일부 수정(법률 제88-227호)
1989년 1월 17일 개정 보완(법률 제89-25호)

제1조 1. 방송은 자유롭다.

2. 이러한 방송의 자유는 인간의 존엄성과 타인의 자유와 재산, 자유로운 사상이나 의견을 보장하는 '표현 다원주의'를 존중하는 한편, 공공 질서 유지, 국가 안보 및 공공 이익을 보장한다는 전제하에서만 향유된다. 또한 커뮤니케이션의 수단으로서 기술적 한계 극복과 국가 영상 진흥 사업을 발전시킨다는 필요에 의해서만 '방송의 자유'가 보장된다.

3. 중립 기관인 방송 위원회는 방송법(이하 본법)이 정한 '방송의 자유'의 운용을 보장한다.

4. 방송 위원회는 방송의 '평등성'을 보장한다. 즉, 라디오 및 텔레비전 등의 공공 분야에서의 독립성과 불편 부당성을 보장하며, 방송의 자유 경쟁을 도와 주고, 프로그램의 질과 다양성, 그리고 프랑스의 영상 매체의 제작과 창작의 발전을 유도하며, 나아가 프랑스 언어와 문화의 보호 및 창달을 수호하도록 감독한다. 또한 방송 위원회는 프로그램의 질을 향상시키기 위한 제반 조치를 제안할 수 있다.

제2조 1. '텔레커뮤니케이션'이란 전선, 광섬유, 전기 또는 기타 모든 종류의 전자기 장치에 의한 모든 형태의 형상, 신호, 저작물, 그림, 음성, 정보 등의 전송, 송신 및 수신을 의미한다.

2. '방송'이란 사신 私信 의 성격을 갖지 않는 '텔레커뮤니케이션', 형상, 신호, 저작물, 그림, 음성 및 메시지를 통한 일련의 절차에 의한 모든 종류의 공적 조치를 의미한다.

제3조 텔레커뮤니케이션 분야의 종사자와 텔레커뮤니케이션으로 제공된 프로그

램의 편성 종사자들의 직무상 비밀은 그들의 동의 없이는 공개되지 아니한다.

제1부 방송 위원회

제4조 1. 방송 위원회는 대통령에 의해 임명된 9명의 위원으로 구성된다. 이 중 3인은 대통령이 제청하고, 3인은 하원 의장이, 3인은 상원 의장이 재청한다.[1]

2. 만 65세 이상인 자는 방송 위원회 위원으로 임명될 수 없다.

3. 방송 위원회 위원장은 9인의 방송 위원 중 대통령이 임명한다. 위원장 직무를 수행하지 못하는 경우에는 위원 중 연장자가 승계한다.

4. 위원의 임기는 6년이되, 위원은 임기 중 해임되지 아니하며, 연임될 수도 없다. 위원으로 재임 중에는 65세 규정은 저촉되지 아니한다.

5. 방송 위원회 위원은 매 2년마다 1/3씩(3명) 경질된다.[2]

6. 잔여 임기가 6개월 이상 남은 위원으로서 부득이한 사유로 위원의 직무를 수행하지 못할 경우, 본조 규정에 의거 잔여 임기를 위한 후임 위원을 임명할 수 있다. 2년 이내의 잔여 임기를 수행하는 후임 위원의 경우, 연임될 수 있다.

7. 방송 위원회의 정족수는 6인이며, 표결은 정족수의 과반수 찬성으로 이루어진다. 가부 동수일 경우 결정권은 위원장이 갖는다.

8. 방송 위원회는 방송 위원회의 내규 제정권을 갖는다.

제5조 1. 선거에 의한 모든 선출직에 재임중이거나, 공직 수행중이거나 또는 이와 유사한 모든 이익 단체에서의 활동중인 자는 방송 위원회 위원으로서는 부적격하다.

2. 저작권법(1957년 3월 11일 법률 제57-298호)에 의거, 방송 위원회 위원은 직간접으로 저작물에 대하여 어떠한 직책도 가질 수 없으며, 고료 등 저작료도 받을 수 없다. 다만 위원으로 임명되기 전에 계약 체결된 경우는 예외로 한다. 또한, 방송 위원회 위원은 방송, 영화, 출판, 언론, 광고 또는 텔레커뮤니케이션 분야의 기업의 주식을 소유할 수 없다. 만약 위원이 위의 기업 등의 주식을 소유하고 있는 경우, 3개월간의 유예 기간을 주어 법이 정한 대로 처분하여야 한다.

3. 본조 2항을 이행하지 않는 경우, 형법 제175조에 의해 처벌된다.

4. 방송 위원회 위원으로서 부적격한 활동을 하거나, 부적합한 직책을 수락하거

나, 선출직에 출마 당선된 자나, 본조 2항에 규정된 방송 위원회 위원의 의무 규정을 위반할 경우 위원 2/3 이상의 찬성으로 방송 위원회는 해당 위원을 탄핵, 위원직을 박탈한다.

5. 위원은 임기 중 또는 임기 만료 후 1년 이내에는, 위원으로서 직무 수행을 위하여 권리를 행사하였거나 행사중인 사항에 관한 내용에 대하여 일체 공개적인 발언을 하지 않아야 한다.

6. 임기 만료 후, 방송 위원회 위원은 형법 제175조항의 규정을 준수해야 한다. 또한 임기 만료 후 1년 동안은 형법 제175조 및 본법 동 조항의 의무 규정을 준수해야 한다.

7. 방송 위원회 위원장과 위원들은 각각 별정직 국가 고급 공무원 상위 1등직, 2등직의 급여를 받는다. 위원장과 위원들은 임기 만료 후에도 최대 1년 동안은 재임 기간의 급여를 받는다. 다만 퇴임 후 당사자가 노동 행위를 재개하여 급료를 받거나, 정년 퇴직자로서 연금을 수혜하는 경우, 또는 법조인이나 공무원의 신분으로 활동을 할 경우는 해당 급여를 중지한다. 또한 본조 2항의 의무 규정을 위반한 퇴임 방송 위원회 위원은 방송 위원회에 출석 증언한 후, 방송 위원 2/3 이상의 찬성으로, 방송 위원회는 해당 급여 지급을 중지한다.

제6조 1. 본법 제22조, 제27조 및 제34조에 명기된 '방송 위원회의 통제적 결정 사항'은 수상에게 통보하여야 하며, 수상은 통보 접수 후 15일 이내에 방송 위원회에 대하여 재심을 요구할 수 있다.

2. 내용이 여하든 '방송 위원회의 통제적 결정 사항'과 수상의 '재심 요구의 결과'는 공화국 관보에 게재한다.

제7조 1. 방송 위원회는 위원장의 권한으로 업무를 수행한다.

2. 방송 위원회 직원은 본법 제44조, 제45조, 제49조, 제51조, 제52조가 규정한 공공 기관이나 기업(방송사, 또는 유관 단체)의 이사회 이사가 될 수 없으며, 방송사 면허를 획득할 수도 없고, 유관 기관이나 단체의 직책을 가질 수도 없으며, 해당 주식을 소유할 수도 없다.

3. 차기년도 예산 심의시, 방송 위원회는 예산 제청권을 갖는다. 방송 위원회의 예산은 국가 일반 회계에 해당한다. 그러나 국가 회계 기관 통제에 관한 1922년 8월 10일자 법률은 방송 위원회 예산 통제에 해당하지 아니한다.

4. 방송 위원회 위원장은 예산 집행의 권한을 갖는다. 위원장은 예산 집행서를 감사원에 제출하여야 한다.

제8조 방송 위원회 위원과 직원은 형법 제75조에 의거 직무상 취득한 비밀의 엄수, 본법 제18조 및 형법 제378조가 규정한 법정 기관(국가 공기업)의 연차 보고서 작성에 관하여 비밀 유지의 의무를 지닌다.

제9조 1. 방송에 관한 국제 협약 체결에서 방송 위원회는 프랑스를 대표하는 것으로 인정된다.

2. 방송 위원회는 방송 공익 기관(국가 공기업)간의 협력에 관한 조정권을 가지며, 신규 방송사 면허의 허가권 및 취소권을 갖는다. 특히 방송 위원회는 정부 차원이건 민간 차원이건 국가간의 요청에 의한, 특히 EC역 내 국가간 면허 허가권 및 취소권을 갖는다.

제10조 1. 방송 위원회의 허가 사항은 다음과 같다.

(1) 국가 공기업이 아닌 사기업의 텔레커뮤니케이션 사업 참여 승인 및 그 이용에 있어

— 우정법 郵政法 L33조 및 L89조에 의거, 신청인의 사적 사용에 관한 사항

— 본법 제25조 및 제31조 규정에 의한 전파 발사

— 본법 제34조 규정에 의한 선로, 망 등의 확충에 관한 사항

2. 우정법 郵政法 L33조 및 L34조에 의거, 텔레커뮤니케이션 사업에 참여하고자 하는 신규 사기업이나 또는 기 허가 받은 사기업으로서 그 선로, 망 등 시설물의 확충을 위해 제3의 사기업을 참여시키고자 할 경우 소정의 허가 신청서를 방송 위원회에 제출하여야 한다.

3. 방송 위원회는 경과 조치로 1990년 3월 31일까지 입법 예고된 '텔레커뮤니케이션법'이 제정되기 전까지는, 1986년 9월 30일자 법률에 의한 '구 방송 위원회 CNCL'의 텔레커뮤니케이션 사업에 관한 권한을 갖는다.

제11조 방송 위원회는 국사원 國事院령에 의거 텔레커뮤니케이션 사업자의 시설 확충에 있어 지역 시설 확충에 의한 수혜자간의 평등성을 보장하도록 감독한다.

제12조 텔레커뮤니케이션 사업자는 '텔레커뮤니케이션 사업에 관한 기자재나 기술에 관한 기준'에 관한 모든 계획의 수립에 있어 방송 위원회의 자문을 의무적으로 받아야 한다. 방송 위원회는 위와 같은 기준에 관한 권고안을 제시할 수 있다.

제13조 1.방송 위원회는 전국망 방송사의 프로그램에서 사상과 의견의 표현 다원주의를 보장하여야 하며, 특히 정치와 관련된 방송은 더욱 그러하다.

2. 본법 제44조, 49조에 의한 공영 방송사가 이와 같은 규정을 위반할 경우, 방송 위원회는 해당 공영 방송사의 이사회에 대하여 '주의' 결정을 내릴 수 있다. 또

한, 방송 위원회는 방송 위원회가 결정한 방송 위원 중 1인을 해당사의 이사회에 출석토록 하여, 방송 위원회의 주의 결정을 환기시키며, 해당 이사회는 방송 위원에게 조치 사항을 보고하여야 한다.

3. 방송사가 자사의 시행 요강 규정 또는 본법 제27조에 의한 국사원령의 조치를 이행하지 않을 경우, 방송 위원회는 해당사 사장에 대하여 일정 유예 기간 동안 적의 조치 하도록 '명령'을 내릴 수 있다.

제14조 1. 방송 위원회는 전국망 방송사와 본법에 의해 허가된 방송사의 광고 방송에 관하여 그 대상, 내용, 편성 방법 등에 관하여 적절한 통제를 취할 수 있다.

2. 정치적 성격을 띤 광고 방송은 선거 유세 기간 외에만 방송될 수 있다. 그러나 이 같은 선거 유세 기간 외의 정치 광고 방송은 정치 자금 배분에 관한 1988년 3월 11일자 법률이 공포된 날로부터 4년 동안은 금지한다.

3. 2항의 규정을 위반할 경우, 선거법 L90조 1항의 처벌을 받는다.

제15조 방송 위원회는 청소년과 아동을 보호하도록 방송사의 편성을 감독한다.

제16조 1. 방송 위원회는 전국망 방송사가 제작, 편성하는 선거 유세 방송물에 관하여, 이를 방송하는 전국망 방송사와 동 방송법 제51조 규정에 의한 '선거 유세 방송물' 방송사에 대한 제작, 편성 방송 기준을 결정한다. 선거 유세 방송물의 제작, 편성, 방송 경비는 해당사의 시행 요강서에 포함된다.[4]

2. 선거 유세 기간 중에는 방송 위원회는 방송사에 대하여 본법으로 규정된 내용을 이행토록 촉구한다.

제17조 1. 방송 위원회는 방송 활동의 공정 경쟁 육성을 위하여 대정부 권고안을 채택한다.

2. 방송 위원회는 방송의 공정 경쟁과 언론의 집중 방지를 위하여, 행정부나 사법부에 대하여 방송사에 대한 사법적, 행정적 제한 조치를 요구할 수 있다.

제18조 1. 방송 위원회는 매년 방송 위원회의 활동 내역, 본법의 운영 및 본법 제44조 및 제49조가 규정하는 방송사 및 국가 공기업의 의무 이행 여부를 종합하여 연차 보고서를 발간하여야 한다.

2. 방송 위원회는 이 연차 보고서를 정기 국회 제2차 회기 개시 때에 대통령과 행정부, 그리고 국회에 각각 제출하여야 한다. 연차 보고서 내용에는 방송과 텔레커뮤니케이션 분야의 기술, 경제, 사회 및 문화의 진화와 발전에 부응할 수 있는 필요한 입법 내용 및 행정 조치 사항들을 명시한다. 또한 연차 보고서에는 방송 관련 공기업간의 텔레비전 수신료 수입 및 광고료 등 공익 자금 배분에 관한 의견을 제시

한다.

3. 모든 방송 위원회 위원들은 상원과 하원 해당 상임 위원회에 출석할 수 있다.

4. 행정부, 하원 의장, 상원 의장 및 상하원 해당 분과 위원회는 방송 위원회의 제반 권한 수행에 있어, 방송 위원회의 의견 청취 및 조사를 위해 방송 위원회를 소환할 수 있다.

제19조 1. 본법이 권한을 부여한 방송 위원회는 그 임무 수행을 위하여 다음과 같은 방송 조사권을 갖는다. (1) 본법 제2부 규정에 의거, 방송사 면허를 획득한 법인이나 개인 또는 행정 관서로부터[5] 방송사 면허에 부과된 의무를 충실히 이행하였는지의 여부를 가늠할 목적으로 필요한 모든 정보를 제공받을 수 있다. 이러한 경우, 헌법 제4조에 규정한 '정치 단체 및 정당 활동의 자유 보장'의 제한 조치가 아닌 경우에만 해당된다. (2) 이 경우, 해당 법인이나 개인에 대한 조사권을 갖는다.

2. 본 조항의 규정에 의해 조사 위원회가 획득한 정보는 본법이 규정한 방송 위원회의 임무 수행을 목적으로만 활용하며, 이의 누설은 금지된다.

제20조 본법에 의하여 권한을 부여받은 방송 위원회는 그 임무 수행을 위하여, 동 위원회 위원장이 국가의 이름으로 사법권을 행사한다.

제2부 텔레커뮤니케이션 운영

제1장 지상파 운영

제1절 주파수 배정에 관한 규정

제21조 수상은 방송 위원회의 견해를 참작하여, 해당 행정 주무 부서와 방송 위원회에 위임되는 주파수 배역대 및 주파수 등을 결정한다.

제22조 1. 허가받은 자의 프랑스 영토 내에서 주파수 사용은 국가 공공 분야인 전파 사용의 사유화의 형태로 구성된다. 이 경우, 방송 위원회는 프랑스가 체결한 국가간 조약 및 협약을 준수하며, 방송 위원회에 위임된 주파수 배역대 및 주파수 사용에 관한 허가권을 갖는다.

2. 방송 위원회는 주파수 배역대 및 주파수 사용에 관한 통제권을 가지며, 양호한 수신을 보장하기 위한 적절한 조치를 취할 수 있다.

제2절 예외 규정

제23조 방송 위원회의 공공 이익을 위한 주파수 배역대나 주파수 사용에 관한 권리 행사가 아닌 주파수 배정에 관한 절차는 국사원령으로 정한다.

제24조 본법 제51조 규정에 의한 송출사 TDF 의 요구에 따라, 방송 위원회의 권한인 주파수 사용 가능 '배정 상한 대역'은 사설 방송사의 개발을 위해 제한될 수 있다. 이 때 제한되는 사항은 국사원령에 의한다.

제3절 운영 규정

제25조 1. 지상파 사용시 방송 위원회가 규정한 기술적 제한 사항을 이행하여야 한다. 특히 다음 사항을 준수하여야 한다. (1) 전파 발사에 사용되는 송신 신호 및 장비에 관한 사항(제원) (2) 송신 장소 (3) 최고 출력 (4) 기술적으로 다른 송수신 체계를 사용하는 텔레커뮤니케이션에 대한 간섭파 방지

2. 방송 위원회는 특정 지역의 방송국(무선국)에 대하여는, 해당 지역 지상파 방송사의 희귀도에 따라 별도의 의무를 부과할 수 있다. 특히 방송 위원회는 동일 장소에 여러 지상파 방송사가 있을 경우 통합 명령을 부과할 수 있다.

3. 방송 위원회는 지상파 면허 취득사의 효율적인 주파수 사용을 위하여 허가증에 명시된 최대한의 유예 기간을 줄 수 있다.

제26조 1. 본법 제44조에 의한 전국망 방송사의 방송 및 송출을 위한 주파수 배정에 관한 사항은 1982년 제정된 방송법(1982년 7월 29일자 법률 제82-652호)에 의해 탄생한 공영 방송사의 사용 주파수는 본법 공포와 함께 사용 허가를 득한 것으로 한다.

2. 방송 위원회는 전국망 방송사에게 허가된 주파수 배정에 따른 양호한 수신 상태를 유지하기 위하여, 본조 1항에 명시된 주파수대 일부를 다시 해당 방송사에 돌려준다는 조건으로 사용 허가 취소를 명할 수 있다. 이 때 해당 방송사는 기술적으로 방송을 중단하지 않도록 조정한다.

3. 방송 위원회는 해당 방송사가 자사의 시행 요강서 규정의 의무를 더 이상 수행하기 어렵다고 판단할 때에는 주파수 사용 허가를 취소할 수 있다.

4. 방송 위원회는 본법 제51조가 규정한 공익을 위해 임무를 수행하도록 되어 있는 전국망 방송사 중 공영 방송사에 대하여는 '추가 주파수 배정'에 대한 우선권을 줄 수 있다.

제27조 1. '공익'을 위하여 지상파, 또는 위성파를 사용하는 공영 방송사 혹은

허가 받은 방송사들에 대한 '방송사 일반 의무 조항'을 국사원령으로 정할 수 있다. 다음은 국사원령이 정하는 의무 조항의 내용이다. (1) 광고 방송 방송 조건 (2) 특히 저녁 황금 시간대의 '순수 프랑스 제작 영화나 EC역 내 제작물'의 방송 조건 (3) 프랑스 영화 산업의 진흥을 위한 방송사의 기여금 납부 조건, 방송사의 프랑스 제작 영상물의 방송권 취득에 관한 하한가 책정 및 프랑스 영상물 '외부 제작자의 독립성 보장'을 위한 방송사에 대한 조정권

2. 위에 관한 사항은 방송 위원회의 권고안을 참작하여, 국사원령으로 정한다. 이 때 방송 위원회의 권고안은 각각 공화국 관보와 국사원령에 게재한다.

제28조 1. 기 허가를 득한 전국망 방송사와 달리, 지상파 혹은 위성파를 사용하고자 하는 신규 방송사들의 주파수 사용 면허의 발급은 국가를 대신한 방송 위원회와 신규 면허를 신청한 방송사 간의 사용 허가 조건의 이행 협약 체결로 이루어진다. 텔레비전의 면허 기간은 10년, 라디오는 5년으로 한다.

2. 사용 허가 조건에는 본법이 규정한 제 조항의 이행과 특히 본법 제27조에 명시된 표현 다원주의와 정직성의 준수를 이행하여야 하며, 특히 가시청 지역의 확대, 광고 시장에서의 점유율, 경쟁사와의 공정 거래 등이 포함된다.

3. '사용 허가 조건'에는 다음 사항이 포함된다. (1) 방송 시간 및 프로그램의 일반적인 성격 (2) 순수 프랑스 제작 영상물의 방송 시간 수, 외부 제작물 방송 취득권의 전체 시장 점유율, 편성 운행표 (3) 편성시 주 2회 이상 '순수 프랑스 및 EC 역 내 제작물'의 저녁 황금 시간대 배정 여부 (4) 순수 프랑스 제작 영상물 방송권 취득에 관한 시장 점유율과 그 금액 (5) 교양 및 문화 프로그램과 예술성 있는 제작물의 방송 조건 (6) 방송권자로서 '외부 제작자의 독립성'을 보장하기 위한 조치 (7) 문화 및 교육 사업, 소비자 보호를 위한 기여도 (8) 본토 및 프랑스령 해외 영토에 대한 방송물의 제작 기여도 및 본토와 프랑스령 해외 영토의 건전한 통합을 위한 요건의 숙지도 (9) 해외 방송에 대한 기여도 (10) 최대 광고 시간 수, 협찬 시간 수와 광고 및 협찬에 의한 프로그램 제작 방법 (11) 제정법에 규정된 영화, 영상 제작 산업 등 유관 산업에 대한 재정 지원 방안

4. 본조 1항에 명시된 '사용 허가 조건'의 이행 협약에서는 해당 방송사의 협약 위반시, 방송 위원회에 대한 법률적 특권과 '강제 처벌권'을 부여한다. 이 경우, 처벌 양형은 본법 제42-1조 1, 2, 3조항의 처벌 양형 한도를 초과할 수 없다. 방송 위원회가 가한 처벌 양형은 면허 소지자에게 공지되며, 해당 방송사는 2개월 이내에 국사원의 재심을 요청할 수 있다.

제29조 1. 본법 제26조 규정에 의거, 지상파 라디오 방송사의 신규 주파수 허가는 본법 제29조에 의한 방송 위원회의 허가 사항이다.

2. 방송 위원회는 지리적 특성과 방송의 성격을 지정한 후, 신규 라디오 방송사 신청을 공모한다. 공모에 필요한 사항은 방송 위원회가 정한다.

3. 신청자 접수는 프랑스 동부 지역(독일 국경 지역인 Bas-Rhin, Haut-Rhin, Moselle 등 구 독일 영토)에 관한 '지역 개발법'에 따라 이루어지며, 법인체, 재단 또는 1901년 7월 1일자 법률에 의해 신고된 사회 단체 혹은 비영리 기관이 이에 해당된다.

4. 신청서에는 설립 목적, 라디오 방송의 일반적 성격, 전파 발사의 기술적 특성, 예상 손익 계산서, 설립 자금의 출처 및 그 액수, 이사회 명부, 경영진 명부, 운영 주체의 법인의 성격, 자본금의 구성 내역 등을 포함하여야 한다. 또한, 본법 제28조에 명시된 사용 허가 조건의 이행 협약서를 동봉하여야 한다.

5. 본조 2항에 명시된 기간 내에, 방송 위원회는 신청자 명단을 공표하여야 한다.

6. 신청자가 등록된 후 방송 위원회는 해당 지역에 배분될 주파수 대역과 개국될 방송국의 설립 장소, 최대 출력수를 공고하여야 한다.

7. 본조 5항에 의거 신청자 명부에 등록된 신청자는 사용하고자 하는 주파수 대역을 방송 위원회에 통지하여야 한다.

8. 방송 위원회는 공익을 위한 설립 계획서를 검토 후 라디오국 면허증을 교부하되, 지역의 사회 문화적 특성을 고려한 표현 다원주의와, 방송국 운영자의 다양성, 지역에서의 전파 독과점의 남용을 금지하는 것에 우선권을 준다.

9. 또한 방송 위원회의 고려 사항은 다음과 같다. (1) 방송 관계 분야에서의 경력 (2) 해당 지역에서의 인쇄 매체와 전파 매체 사이의 광고 시장 예상 점유율 및 재정 규모 (3) 신청사의 광고 공사 또는 광고 대행사에서의 지분 참여율

제29-1조 1. 방송 위원회 내에서 구성되는 신청자 심사 위원회는 본법 제29조에 의한 신청서의 명기 사항과 이행 여부에 관한 심사를 실시한다.

2. 신청자 심사 위원회는 국사원 부원장이 임명하는 1인과 방송 위원회가 임명하는 6명 이상의 전문가(주파수 운영, 텔레커뮤니케이션, 전파 발사 등에 관한)로 구성된다.

3. 신청자 심사 위원회의 수와 그들의 관할 지역, 심사 위원의 수와 그 임무에 대하여는 방송 위원회의 제청에 따라 국사원령으로 정한다.

제30조 1. 본법 제26조, 제65조에 의거, 방송 위원회는 신규 지상파 텔레비전 방

송사에 대한 주파수 사용 허가권을 갖는다.

2. 방송 위원회는 지리적 특성과 방송의 성격을 지정한 후, 신규 텔레비전 방송사 신청을 공모한다. 공모에 필요한 사항은 방송 위원회가 정한다.

3. 신청자 접수는 법인체의 형태로만 가능하다. 신청서에는 설립 목적, 텔레비전 방송의 일반적 성격, 전파 발사의 기술적 특성, 예상 손익 계산서, 설립 자금의 출처 및 그 액수, 이사회 명부, 경영진 명부, 운용 주체의 법인의 성격, 자본금의 구성 내역 등을 포함하여야 한다. 또한 본법 제28조에 명시된 사용 허가 조건의 이행 협약서를 동봉하여야 한다.

4. 본조 2항 규정에 따라, 신청자 심사 위원회에서 신청자의 설립 계획에 관한 진술을 청취한 후, 방송 위원회는 공익을 위한 설립 계획서를 검토하고 텔레비전전국 면허증을 교부하되, 본법 제29조 8항(지역의 사회 문화적 특성을 고려한 표현 다원주의와, 방송국 운영자의 다양성, 지역에서의 전파 독과점의 남용을 금지)에 규정한 우선 순위를 고려한다.

5. 또한 방송 위원회는 본법 제29조 9항 (1), (2), (3) 규정을 고려해야 한다.

1989년 1월 17일 개정법(법률 제89-25호)
제16조 1. 지상파 전국망 텔레비전 방송사가 가시청 지역의 확대를 목적으로 전파 사용 허가를 받았을 때, 허가시 공모 신청을 받지 않은 경우이거나 또는 동 가시청 지역의 확대만을 목적으로 공모에 응하여, 면허를 득한 경우, '구 방송 위원회 CNCL'의 결정은 유효하다.

2. 동 '구 방송 위원회 CNCL'의 유효 결정은 손해 배상 청구권 행사의 대상이 되지 아니하며, 법원의 제소 사항이 되지 아니한다.

제31조 1. 본법 제26조에 의거, 방송 위원회는 신규 위성파 라디오 및 텔레비전 방송사에 대한 주파수 사용 허가권을 갖는다. 이 때 그 절차는 국사원령에 따른다.

2. 방송 위원회는 본법 제29조 8항에 명시한 우선권 규정(지역의 사회 문화적 특성을 고려한 표현 다원주의와, 방송국 운영자의 다양성, 지역에서의 전파 독과점의 남용을 금지) 및 제29조 9항 (1), (2), (3) 규정을 고려해야 한다.

3. 본법 제27조가 규정한 의무(EC역 내 제작물 방송) 사항은 본 조항에 적용되지 아니한다. 이 경우는 EC역 내 제작물이 '순수 프랑스어'로 방송되거나, 또는 '프랑스어'로 자막 처리할 경우에만 해당된다.

4. 위성파를 사용하는 라디오 및 텔레비전 방송사의 경우, 방송물의 대부분은 EC역 내 제작물이어야 한다. 이 경우, EC역 내 제작물 방송권 취득 조건은 계약 체결이 5년을 경과하지 아니한 국가간 협약에 따라야 한다.

제32조 1. 본법 제2부 1장 3절의 규정에 따라, 방송 위원회에 의해 허가된 사항은 그 의무 사항을 첨부하여 공화국 관보에 게재하여야 한다.

2. 방송 위원회는 면허 불가 판정을 받은 신청자에게 그 내용을 통보하여야 한다.

제2장 유선 방송(라디오 및 텔레비전)

제33조 방송 위원회의 의견을 참작하여 국사원령으로 유선 방송에 관한 사항을 제정할 수 있다. 국사원령으로 정하는 사항은 다음과 같다. (1) 유선 방송 면허 기간에 관한 내용 (2) 유선 방송 편성에 관한 내용 (3) 유선 방송 제작에 관한 일반 규칙 (4) 유선 방송 광고에 관한 내용 (5) 유선 방송의 영화 및 영상물의 방송 방침에 관한 내용

제34조 1. 지방 자치 단체 또는 이들이 연합하여 해당 지역의 '유선 방송망 사업자'를 설립하거나 혹은 허가할 수 있다.

2. 이 때 유선망은 방송 위원회가 제정한 기술 규정에 적합하여야 하며, 방송 위원회의 기술 감독을 받아야 한다.

3. 이렇게 설립된 유선 방송망 사업자의 활동은 지방 자치 단체 또는 이들의 연합체의 추천에 따라 방송 위원회가 허가한다.

4. 유선 방송 면허 교부는 법령이 정한 기간 내에 이루어진다.

5. 유선 방송 면허 교부 대상은 법인체에 한한다. 유선 방송 면허 내용에는 공급하고자 하는 방송의 수와 특성 및 방송 관리에 관한 의무 사항이 명기되어야 한다. 이 같은 의무 조항에 포함되는 사항은 다음과 같다. (1) 해당 지역에서 수신되는 지상파 방송물의 재방송에 관한 사항 (2) 해당 지역에 제공하는 최소 유선 방송 프로그램 공급에 관한 사항 (3) 해당 지방 자치 단체 혹은 그 연합체에 제공되는 보도물의 할당에 관한 사항 (4) 해당 지방 자치 단체 혹은 그 연합체가 징수하는 유선 방송 수신료에 관한 사항

제3장 신규 방송사 면허 허가에 관한 사항

제35조 1966년 7월 24일자 회사 설립법(법률 제66-537호) 제355-1조에 의거, 신규 방송사 면허 신청자 또는 면허 취득 사항인 방송 유관 사업을 소유하고 있거나, 통제하고 있는 법인 혹은 개인은, 어떠한 방법으로도 명의를 임(차)대할 수 없다.

제36조 방송사 혹은 면허 취득 사항인 방송 유관 사업체의 자본금은 주식으로 표시하되, 이 때 주식은 기명주 記名株 이다.

제37조 방송사 혹은 면허 취득 사항인 방송 유관 사업체는 일반 공개되어야 한다. 일반 공개되어야 할 사항은 다음과 같다. (1) 사업 주체가 법인이 아닐 경우, 자연인 自然人 으로서의 소유주와 공동 소유주의 성명 (2) 사업 주체가 법인일 경우, 법인의 명칭, 주사무소, 법인의 대표자 및 주경영인 3인의 성명 (3) 사업 주체가 법인이건 자연인이건 해당 사업체 발행인의[6] 성명과 편성 책임자의 성명 (4) 사업 주체가 발행하는 발간물의 목록과 해당 사업체가 방송 분야 이외의 사업에 관여하는 사항에 관한 목록

제38조 방송사 혹은 면허 취득 허가 대상인 방송 유관 사업체에서 전체 주식의 29% 이상을 소유하고 있거나, 또는 주주 총회에서 해당 지분의 의결권을 갖는 주주는 법인이건 자연인이건 그 권리를 부여받은 날로부터 1개월 이내에 방송 위원회에 그 명단을 제출하여야 한다.

제39조 I 1. 지상파 전국망 텔레비전 방송사 및 면허 취득 허가 대상인 방송 유관 사업체에서는 법인이건 자연인이건 동일 주주의 이름으로는 25% 이상의 지분이나 주주 총회에서의 25% 이상의 의결권을 직간접적으로 가질 수 없다.

2. 지상파 전국 텔레비전 방송사 및 동 면허 취득 허가 대상인 방송 유관 사업체에서 15% 이상의 지분이나 주주 총회에서의 동 의결권을 갖는 주주는 법인이건 자연인이건 또 다른 지상파 전국망 텔레비전 방송사 및 동 면허 취득 허가 대상인 방송 유관 사업체에서의 지분 15% 이상이나 주주 총회 동 의결권을 직접 혹은 간접으로 가질 수 없다.

3. 지상파 전국 텔레비전 방송사 및 동 면허 취득 허가 대상인 방송 유관 사업체에서 5% 이상의 지분이나 주주 총회에서 동 의결권을 갖는 주주는 법인이건 자연인이건 또 다른 지상파 전국 텔레비전 방송사 및 동 면허 취득 허가 대상인 방송 유관 사업체에서의 지분 5% 이상이나 주주 총회 동 의결권을 직접 혹은 간접으로 가질 수 없다.

Ⅱ 1. 위성파 텔레비전 방송사 및 동 면허 취득 허가 대상인 방송 유관 사업체의 주주는 법인이건 자연인이건, 직접 혹은 간접으로 50% 이상의 지분이나 주주 총회에서의 동 의결권을 가질 수 없다.

2. 위성파 텔레비전 방송사 및 동 면허 취득 허가 대상인 방송 유관 사업체에서 직간접으로 1/3 이상의 지분이나 주주 총회에서의 동 의결권을 갖는 주주는 법인이건 자연인이건 또 다른 위성파 텔레비전 방송사 및 동 면허 취득 허가 대상인 방송 유관 사업체에서의 지분 1/3 이상이나 주주 총회 동 의결권을 직접 혹은 간접으로 가질 수 없다.

3. 위성파 텔레비전 방송사 및 동 면허 취득 허가 대상인 방송 유관 사업체에서 직간접으로 5% 이상의 지분이나 주주 총회에서의 동 의결권을 갖는 주주는 법인이건 자연인이건 또 다른 위성파 텔레비전 방송사 및 동 면허 취득 허가 대상인 방송 유관 사업체에서의 지분 5% 이상이나 주주 총회에서의 동 의결권을 직접 혹은 간접으로 가질 수 없다.

Ⅲ 인구 20만 명에서 600만 명 사이의 지역을 관장하는 지상파 텔레비전 방송사의 주주는 법인이건 자연인이건, 직간접으로 50% 이상의 지분이나 주주 총회에서의 동 의결권을 직접 혹은 간접으로 가질 수 없다.

Ⅳ 본법 제39조의 규정은 본법 공포 후의 추후 '보완 입법'을 전제로 한다.

제40조 1. 프랑스가 조인한 국가간 협약에 따라 외국인은 면허 취득 대상인 불어로 방송되는 라디오 또는 지상파 텔레비전 방송사의 주식 지분 20% 이상이나 또는 주주 총회에서의 동 의결권을 가질 수 없다.

2. '외국인'이라 함은 외국 국적을 소지한 자연인, 직간접으로 그 지분의 1/2 이상이 프랑스 국적을 갖지 아니한 자연인이나 법인의 소유로 된 회사, 또는 소속 단체의 장이 외국 국적을 가진 사회 단체를 말한다.

제41조 1. 지상파 전국망 라디오 방송사 면허를 1개 또는 그 이상을 갖고 있는 자는 가청 인구 1,500만 이하일 경우에만, 새로운 지상파 전국망 라디오 방송사 면허를 1개 또는 그 이상을 갖도록 한다.

2. 그 누구에게도 지상파 전국망 텔레비전 방송사 면허를 2개 교부하지 못하며, 지상파 전국망 텔레비전 방송사 면허와 지상파 지역망 텔레비전 방송사 면허를 동시에 소유할 수도 없다.

3. 동일인에게 2개 이상의 위성파 텔레비전 방송사 면허를 발급하지 못한다.

4. 지상파 지역망 텔레비전 방송사 면허의 기 소지자는, 동일 지역에서 가시청

인구 600만 명 이상인 경우, 새로 교부되는 지상파 지역망 텔레비전 방송사 면허 외에는 가질 수 없다.

5. 지상파 지역망 텔레비전 방송사 면허의 기 소지자는 동일 지역 내에서 지역의 전체 혹은 일부를 대상으로 한 동종의 면허를 추가 발급받지 못한다.

6. 유선 방송 면허(라디오 또는 텔레비전)를 1개 또는 그 이상을 소지하고 있는 자는, 동일 지역의 가시청 인구 800만 이상일 경우, 동종 면허를 추가로 발급받을 수 없다.

제41-1조 1. 전국 규모의 복수주의의 형평을 위하여, 지상파 방송(라디오 및 텔레비전) 및 유선 방송(라디오 및 텔레비전) 면허는 다음 4개 항 중 2개 항 이상에 저촉되는 자에게는 발급하지 아니한다. (1) 가시청 인구 400만을 갖고 있는 지상파 텔레비전 방송사 면허를 1개 혹은 1개 이상 소지자 (2) 가청 인구 3,000만에 달하는 라디오 방송사 면허 소지자 (3) 가시청 인구 600만 명을 갖고 있는 유선 방송사(라디오 및 텔레비전) 면허를 1개 혹은 1개 이상 소지자 (4) 특수지가 아닌 정치 문제를 다루는 일간지로서, 동종 업종에서의 전국 규모 20% 이상의 시장 점유율[7]을 갖는 신문을 1개 혹은 1개 이상을 편집 또는 통제하는 자. 이 때 시장 점유율이라 함은 방송사 면허 신청일을 기준으로 과거 12개월간의 실적에 의한다.

2. 비록 본조 1항의 규정을 충족하지 못하는 경우라도, 방송 위원회가 정한 유예 기간 내에 이행하는 경우에는 면허를 발급받을 수 있다. 이 경우 그 유예 기간은 6개월을 초과할 수 없다.

제41-2조 1. 지역 단위 규모의 복수주의의 형평을 위하여, 허가 해당 지역 내의 지역망 지상파 방송(라디오 및 텔레비전) 및 지역망 유선 방송(라디오 및 텔레비전) 면허는 다음 4개 항 중 2개 항 이상에 저촉되는 자에게는 발급하지 아니한다. (1) 해당 지역에서의 전국망 혹은 지역망 지상파 텔레비전 방송사 면허를 1개 혹은 1개 이상을 소지한 자 (2) 해당 지역에서의 전국망 혹은 지역망 라디오 방송사 면허를 1개 혹은 1개 이상을 소지한 자로서, 해당 지역 총 가청 인구의 10%를 상회하는 라디오 방송사 면허 소지자 (3) 해당 지역에서의 유선 방송사(라디오 및 텔레비전) 면허를 1개 혹은 1개 이상을 소지한 자 (4) 그 성격이 전국지이건 지역지이건, 해당 지역에 배포되는 특수지가 아닌 정치 문제를 다루는 일반 일간지를 1개 혹은 1개 이상을 편집 또는 통제하는 자.

2. 비록 본조 1항의 규정을 충족하지 못하는 경우라도, 본법 제41-1조 2항이 규정한 바에 의해 면허를 발급받을 수 있다(그 내용은 방송 위원회가 정한 유예 기간

내에 이행하는 경우에 한하며 유예 기간은 6개월을 초과할 수 없다).

제41-3조 본법 제39조, 41조, 41-1조, 41-2조의 적용.

(1) 1902년 제정 방송법(1982년 7월 29일자 법률 제82-652호)에 의거 방송사 면허를 양도받았거나 허가된 방송사는 본법에 의해 방송사 면허를 득한 것으로 본다. (2) '회사 설립법'(1966년 7월 24일자 법률 제66-537호 제353-1조 규정)에 의해 방송사 면허를 소지한 법인 또는 자연인은 본법에 의해 방송사 면허를 득한 것으로 한다. 지상파 라디오국 또는 위성파 방송사(라디오 및 텔레비전)로서 해외 또는 외국의 주파수를 사용한 방송사가 프랑스 영토 내에 프랑스어로 정상 수신되는 경우, 본법에 의해 허가를 득한 것으로 본다. (3) 1986년 8월 1일자 '개정 언론법'(법률 제86-897호) 제11조 규정에 의거, 1개 이상의 간행물 업체를 통제하는 기업은 법인이건 자연인이건 동 간행물의 인쇄인으로 간주한다. (4) 지상파 전국망 라디오 방송사란 가청 인구 3,000만 명 이상으로 동종 방송을 하는 경우로 한다. (5) 지상파 전국망 텔레비전 방송사란 가시청 인구 600만 명 이상으로 동종 방송을 하는 경우로 한다. (6) 지상파를 사용하는 방송사(라디오 및 텔레비전) 혹은 지상파와 위성파를 동시에 사용하거나, 지상파를 주로 사용하되 위성파를 보조적으로 사용하는 방송사(라디오 및 텔레비전)는 지상파 방송사로 간주한다. (7) 방송에서의 가시청 인구란 해당 지역의 인구 수를 의미하는 것으로 한다.

제41-4조 1. 가격과 공정 경쟁의 자유에 관한 행정 명령(1986년 12월 1일자 행정 명령 제86-1234호)'에 근거 설립된 공정 경쟁 위원회는 동 행정 명령 제5부를 제외한 제 규정에 의해 방송 관련 분야의 공정 경쟁의 자유 원칙을 감독한다.

2. 공정 경쟁 위원회가 위의 사항을 감독할 경우, 방송 위원회의 의견을 고려하여야 한다.

3. 방송 위원회는 공정 경쟁 위원회가 방송에 관한 동 감독권 행사에 있어 직권의 남용 및 위해에 대하여 법원에 제소할 수 있다.

제42조 1. 방송 위원회는 본법 제1조 및 부속 법령 등이 규정한 제 의무 사항을 이행토록 방송사 면허 소지자에게 강제력을 행사한다.

2. 방송 위원회가 동 강제력을 행사할 경우, 그 내용은 일반 공개되어야 한다.

3. 동 강제력이 행사된 방송사의 직능 단체, 노동 조합 및 방송사 대표자 등은 본법 제42조 1항이 규정한 강제력 행사에 대한 방송 위원회의 집행 후속 절차를 요구할 수 있다.

제42-1조 방송사 면허 소지자가 위의 의무 규정을 이행하지 아니하거나, 이로 인해 방송 위원회의 강제력 집행에 따르지 아니할 경우 다음과 같이 처벌한다. (1) 방송사 면허 중지 또는 1개월 이상의 프로그램 일부 방송 중지 (2) 1년간의 면허 기간의 단축 (3) 방송사의 면허 위반 사유가 형사 처벌의 대상이 되지 아니할 경우, 방송사 면허의 완전 취소 또는 일부 프로그램의 방송 중지에 상당하는 벌금 부과 (4) 방송사 면허 취소

제42-2조 1. 벌금의 액수는 방송사 면허 규정의 위반 정도에 따라 차등 부과한다. 부과되는 벌금은 세금을 포함하지 아니한 총 매출액의 3%까지 부과할 수 있으며, 재위반시 5%까지 상향 부과한다. 이 때 총 매출액은 벌금 부과일 기준 과거 12개월간의 실적을 토대로 산정한다.

2. 징수된 벌금은 국가 소유의 채권으로서 국세 및 국유 재산으로 귀속된다.

제42-3조 방송 위원회는 동 위원회의 강제 처벌권을 사전에 발동하지 아니하고서도 방송사 면허를 취소할 수 있다. 이에 해당되는 경우는 방송사 경영과 관련하여 방송사 면허 취득시 명기되었던 사항에 내용을 변경한 경우로서, 특히, 총자본금 구성 또는 집행 기구나 재정에 관련된 사항의 변경이 이루어질 경우이다.

제42-4조 방송 위원회는 방송사 면허 취득사가 의무 규정을 위반할 경우, 방송 위원회가 결정한 내용과 방송 조건 등이 포함된 공식 발표문(코뮤니케)의 방송을 명할 수 있다. 이러한 방송 위원회의 결정을 거부할 경우, 해당 방송사는 벌금형에 처한다.

제42-5조 결정된 방송 위원회의 내용에 대하여, 해당 방송사의 조사, 재심 청구 또는 벌금 처분에 대한 어떠한 법률적 요구 행위가 이루어지지 않을 경우, 동 방송 위원회의 강제 처벌권 행사 후 3년간 방송 위원회는 본건에 의해 제소 당하지 아니한다.

제42-6조 방송 위원회의 결정 사항은 존중된다. 동 결정 사항은 해당 방송사 면허 소지자에게 공지되며, 동 사항은 공화국 관보에 게재한다.

제42-7조 1. 본법 제42-1조 2항, 3항, 4항과 동 제42-3조 규정에 의한 처벌은 본법 제42-7조에 의한다.

2. 국사원 부원장은 해당 방송사 처벌과 관련, 처벌 구성 요건과 판결문 작성을 전담하는 행정 사법관단을 임명한다. 동 행정 사법관단의 결재자는 구두 보고를 할 수 있으며, 동 사법 관단의 판결에는 참여하되 투표권 없는 발언권만 행사한다.

3. 방송 위원회는 해당 방송사에 대하여, 규정 위반 사항과 판결 결과를 통보하여, 해당 방송사인지 검토 후 1개월 이내에 서면으로 해당사의 진술을 개진토록 한

다. 긴급을 요할 시, 방송 위원회는 해당 방송사의 서면 보고 기간을 정하지 아니하거나, 보고 기간을 7일 이내로 정할 수 있다.

4. 해당 방송사는 방송 위원회에 출석, 진술하여야 하며, 동 사항에 관한 위임권을 행사할 수 있다. 방송 위원회는 필요시 증인을 출석시켜 진술을 들을 수 있다.

제42-8조 본법 제42-1조, 제42-3조, 제42-4조에 의거 처벌 사항을 통보받은 해당 방송사는 2개월 이내에 방송 위원회의 결정에 관한 이의 신청을 국사원에 요구할 수 있다.

제42-9조 사전 통보 없이 발동된 방송 위원회의 강제 처벌권 행사에 따라 방송사 면허가 취소된 경우, 해당 방송사의 이의 신청은 이루어지지 아니한다. 단, 해당 방송사에 대한 면허 취소가 공공 질서나 국가 안위 또는 공공의 안녕에 반할 경우는 예외로 한다. 이 경우 국사원은 3개월 이내에 이의 신청에 대한 판결을 하여야 한다.

제42-10조 본법의 제 의무 규정이 이행되지 않는 경우 또는 방송 위원회의 임무 수행에 필요할 경우, 방송 위원회 위원장은 해당 방송사에 대한 처벌이나 집행을 즉시 요구할 수 있다. 방송 위원회 위원장의 즉각 처벌이나 집행 요구는 국사원 내의 권한을 위임받은 집행 담당관(집달리)에 의하여 집행된다. 국사원의 집행 담당관은 해당 방송사 소유 가압류 재산의 보호 및 연체료 부과에 관한 권리를 행사한다. 방송 위원회 위원장의 권한 행사로 이루어지는 모든 법률 행위에 대하여 이해 당사자들은 동 소송에 참여할 수 있다.

제42-11조 방송 위원회는 본법을 위반하는 행위 발생시, 해당자를 공화국 검찰관에게 고발할 수 있다.

제4장 사전 신고 대상자와 신고 절차

제43조 하기 사항은 사전 신고 대상이다. (1) 본법 제1부 1장, 2장과 본법 제3부, 제4부에 명시되지 아니한 방송사 (2) 본법 제34조의 예외 규정으로서, 사유지나 기업체 또는 공공 기관에서 시행중인 유선 방송에 관한 사항

2. 사전 신고서는 공화국 검찰관과 방송 위원회에 각각 제출하여야 한다.

3. 본법 제43조에 명시된 방송을 운영중인 자로 광고 방송을 시행하는 경우 사전 신고하여야 한다.

4. 프로그램 공급자는 시청자에게 다음 사항을 공지하여야 한다. (1) 본법 제37

조에 규정된 사항 (2) 수신료를 징수할 경우 금액 조견표

5. 상기 방송사가 영화 등 영상물을 방송할 경우 방송 조건은 국사원령으로 정한다.

제3부 공기업 방송(유관)사

제44조 1. 다음 公社들은 각각 라디오 방송사 혹은 텔레비전 방송사의 임무를 갖는다. (1) 가청 범위가 본토 전국망인 라디오 방송사 RF[9] (2) 가시청 범위가 본토 전국망인 텔레비전 방송사 A2 (3) 가시청 범위가 본토 전국망인 텔레비전 방송사로, 12개의 지역국을 운영, 해당 지역 방송을 담당한다 FR3 (4) 가시청 범위가 프랑스령 해외 영토 전국망인 라디오 텔레비전 방송사 RFO (5) 가청 범위가 전 세계인 국제 라디오 방송사 RFI 는 외국 거주 프랑스인은 물론 외국에 프랑스 및 프랑스 문화와 예술을 홍보한다. 주재원은 국가 예산으로 충당한다.

2. 본법 제48조에 명기된 시행 요강서 규정에 따라, 전국망 방송사(라디오 및 텔레비전)는 자체 제작할 수 있으며, 영상물 및 자료 등도 제작할 수 있다. 또한 동 전국망 방송사는 외부 제작사와 공동 제작을 할 수 있다.

3. 전국망 방송사는 본법 제49조 2항의 규정에 의해, 자사 소유의 제작물이나 영상 자료를 직접 판매, 혹은 위탁 판매할 수 있다.

4. 동조 1항에 규정된 公社들은 자체 오케스트라나 합창단을 운영할 수 있다.

5. 동조 4항에 의한 公社는 타사의 프로그램을 무상으로 방송할 수 있으며 프랑스의 국제적 위상을 보장하여야 한다.

제45조 1. 국제적 성격을 고려, 특히 EC 지역인을 위한 위성과 사용 전국망 텔레비전 방송사를 설립한다.[10]

2. 동 公社는 법령이 정하는 바에 따라, 프랑스 법인 혹은 외국의 법인과 합작하여 설립할 수 있다.

제46조 동법 제44조, 제45조에 명시된 公社들은 주식회사 설립에 관한 법률의 적용을 받는다. 그러나 설립 회사의 구조나 자본금 구성이 본법과 상치될 경우는 예외로 한다.

제47조 1. 본법 제44조에 의한 주식회사의 자본금 전액은 국가가 소유한다. 또한

이들의 법인격은 법령에 의한다.

2. 동 公社들의 이사회는 임기 3년의 12명의 이사로 각각 구성되며, 이사회 구성은 다음과 같다. (1) 상하원이 지명한 상하원 의원 각 1인씩 2인, (2) 법령이 정한 행정부 대표자 4인, (3) 방송 위원회가 지명한 방송 전문가 4인, (4) 해당 公社의 직원 대표로 선출된 2인

3. 본법 제44조 1, 2, 3, 4 각항에 의한 이사회 의장은 방송 위원회가 지명한 4인의 이사 중 1인을 임명하고, 동 5항에 의한 이사회 의장은 행정부 대표 4인의 이사 중 1인으로 하되, 방송 위원회가 임명한다.

4. 본법 제4조의 예외 규정으로서, 각 公社의 이사회 의장은 방송 위원회 위원의 과반수 찬성으로 임명된다.

5. 동 4항의 의결 방식과 동일하게, 방송 위원회는 동 公社의 이사회 의장을 해임할 수 있다.

6. 동 公社 이사회에서 표결시, 가부 동수일 경우는 이사회 의장이 결정권을 갖는다.

제48조 1. 법령에 의한 전국망 방송사의 시행 요강서에는 전국망 방송사의 의무를 명기하되, 특히 公社로서의 교육, 문화, 사회적 임무를 규정한다.

2. 행정부는 동 公社에 대한 행정부의 공고안을 채택하기 위하여, 公社 시행 요강서의 의무 규정에 관한 방송 위원회의 의견을 들을 수 있다. 이 때 행정부의 대방송 위원회 권고안은 공화국 관보와 법령 발간시 게재하여야 한다.

3. 전국망 방송사에서 방송되는 광고 방송의 편성 방법은 동 방송사의 시행 요강서에 규정하여야 한다. 동 시행 요강서에는 동일 광고주가 차지할 수 있는 최대 광고 점유율을 명기하여야 한다.

4. 동 방송사들은 해당사의 시행 요강서가 정하는 바에 따라, 그들의 교육, 문화, 사회적 임무 수행에 부합되는 방송에 한하여 협찬권을 행사할 수 있다.

제49조 1. 법령에 의한 시행 요강 규정에 의거, 방송 연구원 INA 은 전국망 방송사의 영상물의 보관 및 개발 업무를 관장한다. 방송 연구원의 법인격은 사법상 私法 上 산업 및 영리 행위 가능한 특수 공공 법인으로 한다.

2. 방송 연구원은 전국망 방송사가 방송하는 영상물의 실제 소유주이다. 다만, 동 방송사가 최초 방송한 후 3년이 경과하지 아니한 픽션물은 예외로 한다. 동 3년간의 유예 기간은 1982년 재정된 방송법(1982년 7월 29일자 법률 제82-652호)에 의하여, 방송 연구원에 보관된 영상물에도 동일하게 적용된다.

3. 전국망 방송사들은 방송 연구원이 소유하고 있는 영상물의 사용에 관한 우선권을 갖는다.

4. 동 유예 기간은 본법 제58조 규정에 따라 민영화되는 전국망 방송사 TF1 에게도, 본법 제58조 2항의 (1)에 명시한 대로 양도일로부터 방송 연구원에 귀속되는 방송물에도 적용된다.

5. 방송 연구원은 영상물의 보관 및 개발을 위하여 공사법상 公私法上 의 법인과의 계약 체결권을 갖는다.

6. 방송 연구원은 동 연구원 시행 요강서가 정하는 바에 따라서 다음 사항을 관장한다. (1) 방송 종사자의 직무 보수 교육을 직접 담당하거나 위탁할 수 있고, 동 분야의 초급 연수 및 고등 교육을 담당할 수 있다. (2) 영상물의 제작, 창작 등에 관한 조사 연구 및 작품 및 자료의 제작을 할 수 있다.

제50조 방송 연구원의 이사회는 임기 3년의 12명의 이사로 각각 구성되며, 이사회 구성은 다음과 같다. (1) 상하원이 지명한 상하원 의원 각 1인씩 2인, (2) 법령이 정한 행정부 대표자 4인, (3) 방송 위원회가 지명한 방송 전문가 4인, (4) 방송 연구원의 직원 대표로 선출된 2인

2. 방송 연구원 이사회의 의장은 행정부 대표 4인의 이사 중 1인으로 하고, 임기 3년의 사무총장은 각각 각료 회의에 의한 법령에 따라 임명한다.

3. 동 연구원의 이사회에서 표결시, 가부 동수일 경우는 이사회 의장이 결정권을 갖는다.

1989년 1월 17일 개정법(법률 제89-25호) 제21조, 제22조

제21조 방송 관련 公社와 국가 사이에는 연간 또는 중·장기간의 방송 관계 종합 계획 사업안을 체결할 수 있다. 이 때 동 사업안은 방송 위원회에 보고되어야 한다.

제22조 행정부는 공영 방송의 '위상 정립에 관한 제안 및 평가 보고서'를 상하원 사무처에 각각 제출하여야 한다. 동 평가 보고서는 1989~90년도 정기 국회 1차 회기에 심의 자료가 된다.[1]

제51조 1. 법인의 성격은 법령으로 정하고, 그 자본금의 대부분은 공공 법인이 소유하게 되는 송출사 TDF 는 동 방송법 제44조에 명시한 '전국망 방송사'의 프로그램을 텔레커뮤니케이션의 모든 절차를 통하여, 프랑스 및 외국으로 방송, 송출 임무를 갖는다.

2. 동 송출사는 방송사에게 송출 서비스를 제공한다.

3. 동 송출사는 라디오 및 텔레비전의 장비 및 기술과 관련한 표준 규격을 결정하는 조사 임무를 수행하거나, 이에 협조하여야 한다.

4. 동 송출사는 본법과 상치되는 부분을 제외하고는 주식회사법에 따른다. 동 송출사의 의무 사항은 국사원령에 의한 시행 요강서에 따른다. 이 때 동 시행 요강서에는 대방송 위원회에 대한 공조 의무를 포함하여 방송의 국가 수호 임무를 갖는다.

제52조 1. SFP라 불리는 전국망 제작사는 주식회사법에 따른다. 동 제작사 주식의 대부분은 공공 법인의 소유로 한다.

2. 본법이 시행되면 동 제작사는 주주 총회를 소집하여 새로운 이사회를 구성하여야 하며, 이 때 최소 6인의 이사를 선출하여야 한다. 현 이사회는 새로운 이사회가 구성될 때까지만 그 기능을 갖는다.

3. 동 제작사는 영상물 및 동 자료의 제작 및 위탁 임무를 가지며, 특히 전국망 방송에 대해 보조금을 지원하여야 한다.

제53조 1. 매년 국회는 차기 회계년도 예산 심의시, 방송 예산 특별 보고권을 갖는 상하원 방송 상임 위원의 예산 심의서에 따라 수신료라 불리는 세금의 징수를 허가한다. 여기서 수신료라 함은 텔레비전 수상기의 등록세이다. 징수된 수신료 배분의 수혜 대상은 전국망 방송사, 방송 연구원 INA, 그리고 동 방송법 제51조에 의해 공공 이익을 위해 재정 보조를 받게 규정된 송출사 TDF 가 이에 해당한다. 국회는 또한 광고 수입으로 얻는 금액을 승인하며, 동 광고 수입은 1987년부터 향후 2년간은 광고 수입의 상한선까지 승인한다.

2. 국회에 요청된 수신료 및 광고 수익 등 공익 자금 배분에 관한 사항은 공기업들의 예산 계획서와 실적 및 고유 자산, 신규 사업 규모 및 공익을 위한 의무 규정 이행에 따라 승인한다.

3. 예산 심의서 제출시 전년도 예산 집행서, 당해년도 예산 집행서, 차기년도 예산 집행서와 정부가 제출하는 동 공기업의 '경영 상태 평가서'를 첨부하여야 한다. 이 때 이에 해당하는 공기업은 전국망 방송사와 방송 연구원 및 동법 제51조에 의한 공익 자금 수행 기관인 송출사이다.

제54조 1. 정부는 정부가 필요하다고 인정될 때에는 전국망 방송사와 본법 제51조에 의한 송출사에 대하여, 정부의 담화문이나 발표문을 방송하도록 할 수 있다.

2. 이 때의 방송 내용은 행정부의 발표 사항으로 간주한다.

3. 동 행정부의 방송 내용에 대하여는 '반론권 *Droit de réplique*'을 행사할 수

있으며, 이 반론권과 관련된 사항은 방송 위원회가 정한다.

제55조 1. 국회 생중계는 전국망 방송사에 의해 이루어지며, 그 절차는 상하원 사무처의 절차를 따른다.

2. 상하원의 교섭 단체로 대표되는 정당 또는 노동 조합 및 전국 규모의 직능 단체에게는 방송 사용권이 주어진다. 방송 사용권에 대한 절차는 방송 위원회가 결정한다.

제56조 본법 제44조 1항의 (2)에 규정된 전국망 방송사 A2 는 매주 일요일 오전, 프랑스 내의 주요 종교에 대한 종교 방송을 실시한다.[12] 종교 방송은 해당 종교의 대표자들의 책임하에 이루어지며, 그 내용은 종교 의식에 대한 논평의 형태로 생중계된다. 이 때의 경비는 해당사의 시행 요강서가 정하고 있는 상한액을 초과하지 못한다.

제57조 Ⅰ — 본법 제3부에 명시된 公社 소속 직원이나 기자들의 권리는 그들의 사상이나 신념 또는 가입 노동 조합이나 정치적 성향에 침해받지 아니한다.

— 동 직원이나 기자들의 보수, 임명, 승진, 인사 이동에 관한 사항은 전문직 종사자로서의 능력과 공익에의 봉사 이외의 다른 어떠한 조건으로도 지장을 받지 아니한다.

Ⅱ — 동 전국망 방송사와 본법 제51조에 의한 송출사의 노동 쟁의에 의한 파업시, 방송은 다음 조건에 따라 보장되어야 한다.

— 파업 개시 5일 전까지는 파업 통보서가 해당사의 장에게 전달되어야 한다. 동 파업 통보서에는 파업 장소, 파업 개시일시, 파업 기간(유기한 또는 무기한) 등이 명시되어야 한다.

— 협상 결렬에 따른 2차 파업 돌입시, 1차 파업 종료 후 5일간의 냉각기를 갖은 후에 '2차 파업 통보서'가 전달되어야 한다.

— 파업 기간 중의 최소 의무 방송은 방송사와 동법 제51조에 의한 송출사에 의하여 보장되어야 한다.

— 이에 대한 사항은 국사원령에 의하여 결정한다. 동 국사원령에는 특히 최소 의무 방송에 필요한 내용과 제작 인원 및 해당사의 장이 요구하는 사항을 결정한다.

Ⅲ — 본법 제57조 Ⅱ의 규정에도 불구하고, 해당사의 장은 최소 의무 방송에 참여하는 인원 및 부서에 관한 결정을 내릴 수 있다.

제4부 TF1 민영화

제58조 1. 본법 제4부에 근거, 전국망 방송사인 TF1의 주식은 민간 이양된다.

2. 자본금의 50%는 구 방송 위원회 CNCL 가, 본법 제62조에서 제64조까지의 규정에 의해 지정된 민간 사업자에게 양도한다. 동 민간 사업자라 함은 2개 이상의 법인 혹은 자연인이되, 이들간의 관계는 상호 협력 관계이어야지, 분리된 상호 단독 관계가 아니어야 하며 다음 동법이 정한 대로 공동 협력의 의무를 갖는다.[13] 동 민간 사업자가 법인일 경우, '주식회사법'(1966년 7월 24일자 법률 제66-537호) 제355-1조에 의거, 이들 법인간의 어느 법인도 상대 법인을 통제할 수 없으며 공동 협력의 의무를 갖는다. 본법 제60조에 의거, 동 주식분의 10%는 소속사 직원분으로 할당하며, 잔여 40%는 본법 제61조에 따라 일반 공모주로 충당한다.

제59조 1. 제작 편성사인 TF1의 양도가는 평가 시세보다 낮게 양도되지 아니한다.

2. 동사의 자산 평가는 '민영화 추진법'(1986년 8월 6일자 법률 제86-912호) 제3조에 의해 '민영화 추진 위원회'가 담당하며, 그 방법과 절차는 '민영화 추진에 관한 법률'(1986년 7월 2일자 법률 제86-793)에 따르며, 이 때 정부는 본법 제59조가 명시한 방법에 따라 적절한 경제적, 사회적 조치를 취한다.

3. '민영화 추진 위원회'는 재무 장관과 공보 장관이 공동 관장한다. 동 추진 위원회는 TF1의 양도가를 확정하여야 한다.

4. 양도가는 동사의 전체 혹은 부분적인 자산을 평가는 통상적인 절차에 따른다. 이 때 본법 제62조항에 명시된 동 처분사의 시행 요강서에 의해 입찰 공고되며, 공고 대상에는 실질 자산, 명목 자산, 예상 이익, 계열 자회사의 가격 및 증권 거래소에서 평가 받을 수 있는 모든 종류의 자산 등이 포함되어야 하며 이 사항은 일반 공개된다.

5. 입찰가, 양도가 및 교환 등가는 본 제2항 '민영화 추진 위원회'의 결정에 따라 관계 장관이 법령으로 정하여야 한다.

6. 5항의 가격은 '민영화 추진 위원회'의 평가액보다 작아서는 아니 되며, 본법 제60조 9항을 제외한 전항 및 본법 제61조에 근거, 국가가 평가한 가격을 고려하여야 한다.

7. '민영화 추진 위원회'는 동 매각 절차에 관한 의견을 제시하여야 한다.

제60조 1. 제58조 3항에 의거, 소속사 직원에게는 10%의 주식이 우선적으로 할

당된다. 소속사 직원이라 함은 현재 근무하는 해당사의 직원 또는 동사의 자회사의 직원이나 과거 5년 이상 해당사 및 그 자회사에서 근무한 자를 의미하며, 이 때 자회사 직원의 경우, 해당사가 자회사 주식의 대부분을 갖고 있는 경우를 말한다.

2. 직원분 10%의 주식은 누진적으로만 매각된다. 1인당 할당되는 주식 총액은 사회 보장국에서 지불하는 연간 사회 보장세의 조견표 최대 상한치의 3배를 초과할 수 없다.

3. 동 직원분 주식의 양도가는 본법 제59조에 명시된 대로, 일반인에게 공모하는 최초 기명액 또는 해당 직원이 양도받는 당일의 증권 거래소 최초 상정가의 80% 가격으로 매각한다. 이 때 동 2항에 의거, 2년간의 양도 유예 기간을 두어 누진적으로 매각한다. 해당 직원이 매입한 동 주식은 매입 누진 잔금을 완납하지 아니하고는 매각 처분할 수 없으며, 어떠한 경우라도 매입한 주식은 2년간 보유해야 한다.

4. 국가 또는 국가 기관이 매입하는 주식은 기명액의 50% 이상을 완납한 것으로 한다. 이 때 동 주식의 매입 가격은 증권 거래소에 상장되어 국가 또는 국가 기관이 매입한 날을 기준으로 과거 20일간 거래가의 평균액을 기준으로 한다.

5. 본 제60조에 명기된 주식의 매매 행위에 관하여는 세법 제92-B조와 제160조의 주식 매매에 따른 이윤이나 부가 가치 발생 조항에 저촉되지 아니한다.

6. 동 절차에 따라 주식이 매각될 경우, 부가 가치의 산정은 구입가에 따른다. 만약, 동 주식이 국유화 조치에 관한 법률(1982년 2월 11일 법률 제82-155호) 또는 1981년 개정 제정법(1981년 12월 31일자 법률 제81-1179호) 제19조와 1982년 개정 제정법(1982년 12월 30일자 법률 제82-1152호) 제14조에 의하여 국가에 환수된 주식일 경우, '국가 배상권'이 있는 주식으로서 부가 가치를 산출한다.

7. 동 주식을 매입한 소속사 직원에게는 누진 잔금의 연체를 허용한다. 이 경우 연체 기간은 3년을 초과할 수 없다. 동 소속사 직원은 주식을 매입한 날로부터 주식 회사법이 정한 주주로서의 법적 권리를 행사한다.

8. 게다가, 동 소속사 직원에게는 국가가 매입한 동 주식에서 1구좌분을 무상으로 지급한다. 이 때 무상으로 지급되는 1구좌분의 가격은 해당 소속사 직원의 월 최대 사회 보장세의 상한액을 초과하지 못하며, 동 국가 증여 주식은 매각 가능일 기준 1년 이상을 보유하여야 한다.[14]

9. 동법 제60조 3항, 7항, 8항에 의한 차등 구매가 혜택, 연체 기간의 유예 혜택, 무상 지급 혜택은 사유 발생시 누전적이다. 이 경우의 누진 혜택은 소득세 및 사회 보장세의 산정 대상이 되지 아니한다.

10. 동 TF1에 대한 국가 소유 주식은 본법 제58조 3항에 명기된 자들에게(소속사 직원분) 직접 매각된다. 만약 관계 장관이 정환 기일 내에 매수자의 주식 총액이 총 자본금의 10%를 넘지 않는 경우, 잔여분은 문화 장관의 제청에 따라 재무 장관이 동 제58조항에 명기된 자들에게는 2년 이내에 동일 조건으로 재차 매각하되, 매각가는 응찰가의 상한가로 한다.

11. 동 10항 규정에도 불구, 2년간의 매각 기간 내에도 처분되지 않는 주식은 증권 거래소에서 매각 처분한다.

제61조 1. 본법 제58조 3항에 명기된 일반 공모주(40%)는 동법 제59조의 규정에 의한 매각 금액에 따라 모집된다. 일반 공모에 관한 사항은 주무 장관들의 법령에 따른다. 이 때 법령에는 '소주주 우선 원칙'을 규정하여 매수자 1인이 다수 주식을 보유하지 못하게 제한한다.

2. 외국 법인 또는 외국 국적의 자연인이나 외국의 통제를 받는 법인 또는 자연인은 매각 총 자본금 5% 이상의 주식을 소유할 수 없다.

3. 국가 또는 국가 기관이 매입하는 주식은 기명액의 50% 이상을 완납한 것으로 한다. 이 때 동 주식의 매입 가격은 증권 거래소에 상장되어 국가 또는 국가 기관이 매입한 날을 기준으로 과거 20일간 거래가의 평균액을 기준으로 한다.

4. 본법 동 제61조에 의한 주식 매각시 (1) 매수자가 기업인 경우, 동 기업의 결산서에 기재되는 주식의 매매 행위에 따른 부가 가치는 해당년도의 과세 대상이 되지 아니하며, 등가 교환에 의한 매입 주식은 매도가와 동가인 것으로 결산 처리한다. (2) 기타 특수한 경우, 동 주식의 매매 행위에 관하여는 세법 제92-B조와 제160조의 주식 매매에 따른 이윤이나 부가 가치 발생 조항에 저촉되지 아니한다.

5. 매입한 주식을 매각할 경우 (1) 매각자가 기업인 경우, 매각일을 기준으로 부가 가치가 발생한 것으로 한다. 이 때 부가 가치의 산출은 해당 기업의 계정 과목에 기장된 가격을 기준으로 한다. 만약 동 주식이 국유화 조치에 관한 법률(1982년 2월 11일 법률 제82-155호) 또는 1981년 개정 제정법(1981년 12월 31일자 법률 제81-1179호) 제19조와 1982년 개정 제정법(1982년 12월 30일자 법률 제82-1152호) 제14조에 의하여 국가에 환수될 주식일 경우 동 부가 가치는 세법 제248-A조가 정한 부가 가치로 한다. (2) 기타 특수한 경우, 부가 가치의 산정은 본법 제60조에 따라 주식 매수 당시의 가격을 기준으로 한다.

6. 주식 5구좌 유상 구매시 국가가 1구좌를 무상으로 지급한다. 이 때 유무상으로 지급되는 6구좌분의 교환 가치는 2만 5천 프랑을 초과하지 못하며, 동 유무상 주

식은 최소 18개월 이상'을 보유하여야 한다.

7. 동 주식의 매입시, 누진 잔금의 연체가 허용될 수 있으며, 이 경우 본법 제60조항에 따른다.

8. 동조 전 조항에 의한 연체 기간의 유예 혜택, 무상 지급 혜택은 사유 발생시 누진적이다.

9. 이 경우의 누진 혜택은 소득세 및 사회 보장세의 산정 대상이 되지 아니한다.

제62조 1. 본법 제58조 2항에 의한 TF1의 민영화 조건은 다음과 같다. (1) 본법 공표일 기준 TF1이 관장하던 전 지역에 대한 방송 의무를 이행하되, 난시청 지역의 해소 계획안을 마련하여야 하고, (2) 1982년 제정 방송법(1982년 7월 29일자 법률 제82-652호)에 의거, 방송사 면허를 양도받았거나, 허가된 기존의 전국망 방송사로서의 운영 방식은 보존하되, 기존의 TF1사는 본법 제44조 4항에 의거 민영화된 TF1으로 대체하는 것이며, (3) 민영화 이후 2년간 민영인 TF1은 제작 공사 SFP에 대하여 방송물의 발주 의뢰 의무를 지키되, 1986년도 기준 발주 금액의 1/2에 상당하는 제작물을 구매한다.

2. 또한, 민영화되는 TF1의 시행 요강서를 국사원령에 의해 확정하여 민영화의 허가 조건으로 한다. 동 시행 요강서에는 하기 사항의 최소 의무를 지정한다. (1) 편성의 일반 원칙, 특히 보도 및 프로그램에서의 정직성과 표현 다원주의의 보장 (2) 방송물 제작에 관한 원칙과 자사 제작물의 점유율에 관한 사항 (3) 광고 방송 원칙 및 1개사 최대 광고 허용 시간 (4) 영화 및 영상물 방송에 관한 원칙

제63조 본법 제58조 2항에 의거, 민영화 방송사의 50% 지분에 참여하는 지배 주주 공모에 관한 사항은, 국사원령이 정하는 기간과 절차에 따라, '구 방송 위원회 CNCL'[15]가 발표한다.

2. 동 공모에 참여하고자 하는 자들은(2인 이상), 그들 상호간의 참여 지분을 명기하여야 한다.

3. 동 공모에 참여하고자 하는 외국인 또는 외국의 통제를 받는 자는 직접 혹은 간접으로 총 지분에 대한 소유가 서열 5위 미만일 경우에만 가능하다.

4. 동 공모에 참여하고자 하는 자는 그들의 기술적, 재정적 능력과 재원 조달 방법을 증명하여야 한다.

5. 동 공모에 접수된 서류를 종합하여, 구 방송 위원회 CNCL는 공모자 명단을 공표하여야 하며, 동 사항은 공화국 관보에 게재한다.

제64조 1. 국사원령이 정한 기간 내에 신청을 한 자는 '방송 계획서'를 '구 방

송 위원회 CNCL'에 제출하여야 한다. 동 계획서에는 본법 제62조가 규정한 시행 요강서의 의무 조항 외에 하기 의무 사항을 추가하여야 한다. (1) 교육 및 문화적인 프로그램의 방송 조건 (2) 프랑스에서 최초 방영되는 순수 프랑스어로 제작된 작품의 방송 조건 (3) 문화 및 교육적인 활동 기여도 (4) 프랑스 문화를 외국에 소개하는 기관이나 단체들에 대한 지원 사항 (5) 유관 사업 진흥에 관한 금융법에 근거, 영화 사업 및 영상 제작 산업에 대한 재정 지원 조건 (6) 종합 뉴스, 기획 보도물 및 다큐멘터리에 할당된 시간량 및 그 주기성에 관한 사항

2. 위의 절차를 따라 구성되고 공개 발표된 동 계획서를 검토하여, 하기 사항이 특히 심사 고려 대상이 된다. (1) 방송 관계 분야에서의 경력 (2) 형평을 고려한 운영자의 다양성 (3) 사상, 의견의 표현 다원주의 보장 (4) 동종 분야에서의 공정 경쟁을 방해하거나, 독점적 지위를 남용하는 경우의 방지책 (5) 인쇄 매체와 전파 매체 사이의 광고 시장에서의 적정 배분에 관한 사항

3. '구 방송 위원회 CNCL'는 동법 제58조항의 규정에 따라, 최종 매수자를 지정하며, 동 '구 방송 위원회 CNCL'의 결정 사항은 효력을 갖는다.

제65조 1. 본법 제58조항의 규정에 의해 양도된 날로부터, '구 방송 위원회 CNCL'는 민영화된 TF1에게, 전국망 텔레비전 방송사로서의 주파수 사용권을 갖는 10년간의 면허를 교부한다.

2. 교부된 면허에는 다음 사항이 명기된다. (1) 전기 제62조가 규정한 이행 조건 및 의무 사항 (2) 신청시 제출한 '방송 계획서'에 명기된 추가 의무 사항

3. 민영화된 방송사는 방송에 관련된 사항들에 관하여 본법의 적용을 받는다.

제66조 민영화 조치 후, 동사의 이사회는 직원의 대표자로 구성되며, 이 때 이사의 수는 최소 6명이어야 한다. '국가 예산 지원의 수혜를 받는 공기업, 노동 조합, 사회 단체나 모든 종류의 기업에 대한 국가 통제권에 관한 법령'(1935년 10월 30일자)의 절차와, '동 개정 법령이 1949년 시행 국가 일반 회계 지출 허가 및 융자에 관한 법률'(1949년 7월 25일자 법률 제49-985호)[16]의 규정은 동 조치에 의해 국가의 귀책 사유가 되지 아니하며, 이 기간 중 국가는 민영화된 TF1의 주식 일부를 소유한다.

제67조 본법 제58조에서 제66조까지의 적용에 따른 소송은 '행정 청원'에 준한다.[17]

제68조 1. TF1에 주식이 양도된 날부터, 양도일 기준 시행중이던 모든 노동 계약서는 노동법 제L122-12조가 규정한 대로, 새로운 사용자와 노동자의 관계는 현행 대로 유지되는 것으로 한다.

2. TF1에 주식이 양도된 날부터, 3개월 이내에 동조 1항에 명시된 사용자와 기존

의 노동 조합들은 양자 중 일측의 요구에 따라, 노사 단체 협약 체결을 마쳐야 한다.

3. 본법이 공표되는 날 시행중이던 동 노사 단체 협약은 새로운 노사 단체 협약이 체결될 때까지는 계속 효력을 발생하되, 사용자-노동자 동수로 구성되는 노사 동수 위원회나 직원 보직 훈련 위원회는 예외로 한다. 또는 일정 기간 내에 새로운 노사 단체 협약이 계속 효력 발생되는 경우라면, 이는 노사 양측에 의해 신 노사 단체 협약으로 체결된 것으로 본다.

4. 만약, 동조 2항의 규정에 의한 3개월 이내에 새로운 노사 단체 협약이 체결되지 아니하고, 동 기간이 경과한 후에도 구 노사 단체 협약이 계속 효력 발생되는 경우라면, 이는 노사 양측에 의해 신 노사 단체 협약으로 체결된 것으로 본다. 이 때 노동자는 단체 협약 기간이 만료된 후라도 종전의 혜택을 받는다.

5. 본법이 공표되는 날 계속 시행중이던 동 노동자들의 정년 및 노후 연금 수혜를 위한 사회 보장국의 가입 혜택은 계속된다. 동 정년 및 노후 연금 수혜를 위한 사회 보장세의 계속 납부가 동일 조건으로 계속되기 위하여 공무원의 신분을 갖지 아니하는 자로, 국가 기관 및 공공 기관에 근무하는 자 등을 위한 사회 보장에 관한 특별 법령(1970년 12월 23일자 법령 제70-1277호)의 조항에 적용 대상이 된다. 동 사유 발생시 신 노사 단체 협약에는 동 특별 법령에 혜택을 받는다.

제69조 1. 본법의 제58조 2항에 의한 TF1에 주식 양도 선행 조건으로, 1982년 제정 방송법(1982년 7월 29일자 법률 제82-652호) 제3부 조항에 의거 TF1에 근무중인 자로서, 1986년 12월 31일 기준 만 55세 이상인 자가 원하는 경우, 정년 퇴직 예정자로 신분을 바꿀 수 있다.

2. 이 경우, 잔여 법정 정년 퇴직 연한을 충족하여 100% 연금 수혜자가 될 때까지, 근무 중 급여 기준의 변동 추이에 따라서 상당하는 급여를 지급하거나, 또는 원에 의한 정년 퇴직자가 될 경우 보조 연금을 추가 지급한다.

3. 본법 제3부에서 규정한 공기업에서 그 역할이 소멸된 보직자들은 본법 제58조에 의해 민영화된 TF1에서 우선적으로 보직 받을 수 있다.

4. 동 조항의 적용을 위하여, 국사원령으로 세칙을 정한다.

제5부 영화 및 영상 진흥 사업

제70조 1. 영화 또는 영상물을 방송하는 방송사, 특히 전국망 방송사는 프랑스 영화 산업 발전에 기여하여야 한다. 이 때 그 방법은 본법 제30조, 제31조, 제65조에 의한 '면허 허가' 및 본법 제33조, 제43조에 따른 '법령'에 따라서 해당사 시행 요강서에 규정된다.

2. 전항의 시행 요강서, 면허 허가 및 법령에 의하여 영화 및 영상물을 방영하는 경우 다음 사항을 명시하여야 한다. (1) 영화 및 영상물의 연간 최대 방송 또는 재방송 편수, (2) 이 경우, EC역 내 제작물 및 순수 프랑스 제작물로서 불어로 방송되는 작품이 대부분을 차지하여야 할 의무, (3) 영화 및 영상물 방송 조건에 대한 별도의 편성 운행표, (4) 동 영화 및 영상물의 방송권 회득 후의 '방송 불가 최저 의무 연한' 규정.[18]

3. 동 영화 및 영상물의 방송 조건에 관하여는 공영사, 민영사 공히 같다. 또한 동 영화 및 영상물 방송시, 이를 방송함으로써 '별도의 영화 관람료'를 징수할 수 없다.

제71조 '1984년 재정법'(1983년 12월 29일자 법률 제83-1179) 제36조

I, II의 규정은 다음과 같이 변경한다.

I. 다음과 같은 세금을 신설한다. (1) 개정 방송법(1986년 9월 30일자 법률 제86-1067호) 제30조, 제31조, 제34조, 제65조에 의해 허가 받은 텔레비전 방송사 *Canal Plus* 가 정기 시청료 및 사용료의 성격을 갖는 수익자 부담의 세금이나, 만약 동법 제43조 규정에 의거 영화 및 영상물을 방송할 경우 동 세금을 징수한다. 이 경우도 수익자 부담이다. (2) 위 항의 경우 광고 방송을 행하는 경우 광고주의 전파 사용에 관한 세금을 징수한다.

동 개정 방송법(1986년 9월 30일자 법률 제86-1067호) 제3부에 명시된 방송사는 이에 본 조항에 적용되지 아니한다.

II. 다음과 같은 텔레비전 수신료를 신설한다. 이 경우 텔레비전 수신료는 동 개정 방송법(1986년 9월 30일자 법률 제86-1067호) 제3부에 명시된 방송사의 수익이 된다. 그러나 동법 제44조에 명기된 방송사들은 이에 해당되지 아니한다.

제72조 '음반물, 비디오물 제작자, 방송 관련 사업자, 예술가, 번역가 및 작가의 권리에 관한 법률'(1985년 7월 3일자 법률 제85-660호) 제52조항에 명기된 내용은 다

음과 같이 변경한다.

"공사의 (위의 제작물) 방송에 관한 것은⋯ "을 "공사의 (위의 제작물) 방송에 관한 것은 국립 영화 연구소 CNC 에 그의 활동에 관한 사항을 신고하여야 하며⋯" 으로

제73조 1. 동 '음반물, 비디오물 제작자, 방송 관련 사업자, 예술가, 번역가 및 작가의 권리에 관한 법률'(1985년 7월 3일자 법률 제85-660호)이나 1989년 7월 1일까지 시행중인 조치에 의한 영화 및 영상물은, 방송 위원회가 예외를 인정하지 아니하고서는, 방송 중 광고에 의하여 중단되지 아니한다. 여기서 광고라 함은 그것이 분명히 광고임을 나타내도록 하는 것을 말한다.

2. 텔레비전에서의 영화 및 영상물 방송시의 가능한 광고는, 특히 예고편이나 자체 제작 영화 선전 내용을 제외한 순수 광고물만 가능하다.

3. 본법 제44조 규정에 의한 전국망 텔레비전 방송사와 수신료 혜택을 받는 텔레비전 방송사가 동 영화 및 영상물을 방송할 시, 어떠한 경우라도 광고로 인한 방송 중단은 허용되지 아니한다.

4. 동 영화 및 영상물의 방송시, 자막 처리 광고도 허용되지 아니한다. '명화 감상 Cine-Club'[19]의 경우도 마찬가지이다.

제6부 처벌 규정

제74조 1. 본법 제35조를 위반, 타인의 명의를 임대차한 자는 '징역 2월에서 1년'에 벌금 1만 프랑에서 20만 프랑의 처벌을 받거나, 동 징역형 또는 벌금형 중 하나로 처벌된다. 동 명의를 행사한 자도 동량의 처벌을 받는다.

2. 본 1항의 위반 사항이, 회사나 단체의 명의로 행사되었을 경우, 경우에 따라서, 동 회사나 단체의 이사회 의장, 사장 등이 처벌 대상이 된다.

제75조 본법 제38조에 의거(20% 이상의 지분 소유자로서 동 권리 행사권자), 방송 위원회에 필요한 정보를 제출하지 아니한 자연인이나 법인은 6천 프랑에서 12만 프랑의 벌금형에 처한다.

제76조 1. 본법 제36조 규정을 위반(기명주)하여 동 기명주를 타인에 양도하거나, 기명의 의무를 위반한 해당사의 대표자는 1만 프랑에서 4만 프랑의 벌금형에 처한다.

2. 본법 제37조 규정에 의거 사전 신고 사항을 이행하지 않거나, 동법 제43조 7

항의 (1) 규정을 위반한 '프로그램 공급자'도 1과 같은 형량으로 처벌한다.

제77조 본법 제39조와 제40조의 규정(지배 주주, 대주주 등)을 위반하였을 경우, 10만 프랑에서 100만 프랑의 벌금형에 처한다.

제78조 1. 하기 사항 위반자는 벌금 6천 프랑에서 50만 프랑에 처한다. (1) 방송 위원회의 허가를 득하지 아니하거나, 본법 제42조(방송 위원 회의 강제 처벌권 발동) 규정이나 허가 주파수 이외의 사용에 의한 중지나 취소 명령을 위반할 경우, (2) 허가된 방송사의 장소와 출력 등의 사항 위반

2. 공영 방송사, 전국망 방송사 또는 방송 위원회에 의하여 허가된 방송사의, 방송 또는 중계를 교란한 경우 또는 동 사항의 누범일 경우, 10만 프랑에서 100만 프랑의 벌금형과 징역 6월을 부과한다.

3. 방송 위원회의 직원이나, 동 위원회의 위임권자는 전 항의 위반 사항에 대한 '사법권'을 행사하며, 이 경우 동 '사법권' 행사자는 국사원령에 의한다. 동 '사법권' 발동에 의한 조서는 5일 이내에 공화국 검찰관에게 이송한다. 이 경우, 조서의 각 1부는 방송 위원회 위원장과 피소자의 법률상 대표자에게 전달하여야 한다.

4. 위반 사항이 명백할 경우, '사법 관리'는 피소자의 기자재를 압수한다. 동 사법권 발동에 의한 압수는 '형사 소송법' 제56조와 제57조에 의한다.

5. 처벌을 받는 경우, 법원은 피소자의 기자재의 몰수를 명한다.

제79조 1. 하기 사항 위반자는 본법 제78조항의 처벌을 받는다. (1) 본법 제27조, 제33조, 제43조에 의거 발령되는 법령과 해당사의 시행 요강서 규정 및 동 시행 요강서에 추가되는 부가 의무 사항을 위반할 경우, 동 '부가 의무 사항'에 저촉되는 규정은 방송사의 인허가 사항, 쿼터에 의한 영화 및 영상물 방송 및 재방송 사항, 자국 및 EC역 내 제작물 등의 쿼터 이행 사항, 동 영화 및 영상물의 별도 편성 운행표 제출에 관한 사항 및 동 영화 및 영상물의 방송권 획득 후의 방송 불가 최저 의무 연한 규정 (2) 1982년 제정 방송법(1982년 7월 29일자 법률 제82-652호) 제89조[20] 위반 사항

2. 1982년 제정 방송법(1982년 7월 29일자 법률 제82-652호) 제89조를 위반하였을 경우, 카세트 등 일반인이 소지한 동 제작물의 변경된 형태 등을 압수할 수 있다.

제7부 기타 규정

1989년 1월 17일 개정(법률 제89-25호) 제26조, 제27조

제26조 1. 1986년 개정 방송법(1986년 9월 30일자 법률 제86-1067호) 제3조에 의해 탄생한 '구 방송 위원회 CNCL'는 본법(1989년 법)에 의한 방송 위원회 CAS 가 구성될 때까지 기능을 한다.

2. 이 기간 동안, '구 방송 위원회 CNCL'는 1986년 개정 방송법(1986년 9월 30일자 법률 제86-1067호) 제3조가 명시한 권한을 본법 공포시까지만 행사한다.

3. '구 방송 위원회 CNCL' 방송 위원회 의원들은 퇴임 후 6개월 동안 각각 위원 재직시와 동등한 급여를 받는다. 다만, 퇴임 후 당사자가 노동 행위를 재개하여 급료를 받거나, 정년 퇴직자로서 연금을 수혜하는 경우, 또는 법조인이나 공무원의 신분으로 활동을 할 경우는 해당 급여를 중지한다.

제27조 방송 위원회 위원은 임기 4년 위원 3명, 임기 6년 위원 3명, 임기 8년 위원 3명으로 구성한다. 이 때 대통령, 상하원 의장 각 1인은 4년 위원 1인, 6년 위원 1인, 8년 위원 1인씩 지명한다.

제80조 1. 지상파 라디오 방송사로서, 순수 전파를 사용함으로써 얻는 영업 수익이 총 매출액의 20% 미만일 경우 특별 보조금을 받는다. 이 때 특별 보조금에 관한 사항은 국사원령에 따른다.

2. 동 특별 보조금의 재원은 라디오 및 텔레비전 방송의 광고료에서 얻은 공익 자금으로 한다.

3. 일반 이익과 지역 발전을 위해 방송하는 지상파 라디오 방송사에 지급하는 보조금은 1항의 특별 보조금 규정에 따르지 아니한다.

제81조 1. 면허 허가 취득 대상 방송사는 매년 국가 예산 수립시, 면허 허가에 관한 각종 통제나 의무 사항 점검에 따른 경비를 납부하여야 한다.

2. 동 지불해야 할 경비의 상한액은 매년 국회 예결산 법안 통과시 결정한다.

3. 징수된 경비는 '국가 소유 채권'으로서, 국세 및 국유 재산으로 귀속된다.

제82조 우정법 郵政法 L33조 1항을 다음과 같이 변경한다.

"우정상의 허가를 득하지 아니하고는 어떠한 텔레커뮤니케이션 장비를 설치하거나 사용할 수 없다…"를 "우정상의 허가를 득하지 아니하거나 또는, 1986년 개정

방송법(1986년 9월 30일자 법률 제86-1067호) 제10조와 관련, 방송 위원회 CSA 의 허가를 득하지 아니하고는 어떠한 텔레커뮤니케이션 장비를 설치하거나 사용할 수 없다."로

제83조 1982년 제정 방송법(1982년 7월 29일자 법률 제82-652호) 제6조(정정 보도 청구권) 마지막 항의 자구는 다음과 같이 변경한다.

"본 조항(정정 보도 청구권)의 규정은 정기적으로 제작되는 음반이나 비디오 등에도 저촉된다. 마찬가지로 동 조항의 규정은 1986년 개정 방송법(1986년 9월 30일자 법률 제86-1067호) 제43조의 적용에 의거 사전 신고 대상 방송사에게도 적용된다. 이 때 그 절차는 국사원령에 따른다."

제84조 (1982년 제정 방송법 제92-2조 및 제95조의 변경: 제110조와 그 이하 참조)

제85조 1972년 방송 개혁에 관한 법률(1972년 7월 5일자 법률 제722-619호) 중 '지역망 지역국 방송사 및 기구 설립'에 관한 제15조항에서 언급된 '구 방송 위원회 CNCL'를 '방송 위원회 CSA'로 대체한다. "경제 사회 이사회는 산하 분과 위원회를 둔다. 이 때 분과 위원회의 수, 임무, 구성 및 기능에 관한 절차는 국사원령에 따른다. 동 분과 위원회 중, 방송 분과 위원회와 교육 분과 위원회는 해당 지역의 담당 정책을 수립함에 있어 의견을 제시한다. 동 방송 분과 위원회는 방송 위원회 (CNCL을 CSA로)의 권고안을 참조하여, 지역 방송 발전에 관한 연차 보고서를 발간한다. 이 때 방송 위원회(CNCL을 CSA로)와 지방 자치 단체장, 지방 의회의 장의 권고안을 참조하는 절차는 국사원령으로 정한다."

제86조 1974년 2차 방송 개혁에 관한 법률(1974년 8월 7일자 법률 제74-696호) 제23조 및 '주택 및 건설에 관한 법률' L112-12조에 명기된 자구를 다음과 같이 변경한다.

"방송에 관한 공공 기관…"을 "구 방송 위원회 CNCL…"(난시청 지역 해소에 관함)로

제87조 1982년 제정 방송법(1982년 7월 29일자 법률 제82-652호) 제5조에 언급된 '코르시카 지역[21]의 법적 지위'와 관련, '구 방송 위원회 CNCL'를 '방송 위원회 CSA'로 대체한다. 1982년 제정 방송법 제5조에는 "문화, 교육, 생활을 관장하는 코르시카 지방 자치 단체는 방송 위원회에 대하여, 코르시카 지방 정부의 방송과 관련한 연차 보고서 제출 의무가 있다. 이 때 방송 위원회는 '구 방송 위원회 CNCL'를 '방송 위원회 CSA'로 대체한다.

제88조 1982년 제정 방송법(1982년 7월 29일자 법률 제82-652호)에 의거 입법된

'프랑스령 해외 영토에서의 현지 방송에 관한 법률'(1983년 7월 12일자 법률 제83-632호) 제16조는 다음과 같이 변경된다. "1982년 제정 방송법(1982년 7월 29일자 법률 제83-652호) 제89조, 제90조, 제92조는 해외 영토에 적용되지 아니한다."

제89조 1983년 '공공 분야의 국유화 조치에 관한 법률'(1983년 7월 26일자 법률 제83-675호) 제4조에 명기된 '부록 II'의 마지막에서의 2번째 항은 다음과 같이 변경된다.

"1986년 개정 방송법(1986년 9월 30일자 법률 제86-1057호) 제3부에 명기된 '기관'과 '기업'…"

제90조 I — 1984년 법률(1984년 8월 2일자 법률 제84-747호) 제25조 2항에 의한, 해외 영토 중 과다루프, 기얀느, 마르티니크, 레위니옹에 관한 사항은 다음과 같이 변경된다. "1986년 개정 방송법(1986년 9월 30일자 법률 제86-1067호) 제44조 4항에 의한 '이사회 의장'은, 매년 해당 방송사의 방송 활동 내역을 지방 자치 단체의 '지역 위원회'에 통보하여야 한다…"

II — 동 1984년 법률(1984년 8월 2일자 법률 제84-747호) 제26조에 명기된 '구 방송 위원회 CNCL'를 '방송 위원회 CSA'로 대체한다. "문화, 교육, 환경 분과 위원회는 방송 위원회(CNCL을 CSA로)의 권고안을 참조하여, 해당 지역의 방송에 관하여 해당 지방 의회에 제출한 연차 보고서를 제출하여야 한다. 이 때 방송 위원회(CNCL을 CSA로)와 지방 자치 단체장, 지방 의회의 장의 권고안을 참조하는 절차는 국사 원령으로 정한다."

III — 동 1984년 법률(1984년 8월 2일자 법률 제84-747호) 제28조는 다음과 같이 변경한다.

제28조 "1986년 개정 방송법(1986년 9월 30일자 법률 제86-1067호) 제29조, 제30조, 제34조에 의거한 프랑스령 해외 영토에서의 '지상파 또는 유선 방송사(라디오 및 텔레비전) 설립 허가 신청'이 방송 위원회에 접수되었을 경우, 동 방송 위원회는 사전에 해당 지역의 지방 의회의 견해를 참고하여야 한다…"

제91조 1984년 법률(1984년 9월 6일자 법률 제84-820호) 제3조 18항에 근거, 프랑스령 폴리네시아의 법적 지위와 관련한 자구는 다음과 같이 변경한다.

"1982년 제정 방송법(1982년 7월 28일자 법률 제82-652호)을 개정하여, '구 방송 위원회 CNCL'의 권한에 의한…"을 "1986년 개정 방송법(1986년 9월 30일자 법률 제86-1067호)을 개정하여, '방송 위원회 CSA'의 권한에 의한…"으로

제92조 < 1984년 해외 영토 '누벨칼레도니'의 법적 지위와 독립에 관한 법률

(1984년 9월 6일자 법률 제84-821호) 제5조의 개정. 동 제5조는 1988년 동 '누벨칼레도니'의 법적 지위에 관한 법률(1988년 1월 22일자 법률 제88-82호)에 의거 폐기됨 >

제93조 1985년 해외 영토 '상 피에르 미클롱 군도'의 법적 지위에 관한 법률(1985년 6월 11일자 법률 제85-595호) 제29조의 자구는 다음과 같이 변경한다. 본문 중 "구 방공 위원회 CNCL," "공영 방송을 담당하는 기관"을 "방송 위원회 CSA," "방송 공기업"으로

제94조 1985년 임산 관리법(1985년 1월 9일자 법률 제85-30호) 제16조는 다음과 같이 변경한다.

제16조 "1986년 개정 방송법(1986년 9월 30일자 법률 제86-1067호) 제25조, 제29조, 제30조와 관련, 산악 지역에서의 양호한 지상파 방송의 수신을 위하여 특별 시설물을 설치할 수 있되, 주파수 배분, 전파 교란 금지, 안보 등에 관련된 국제 협약을 준수한다는 전제하에서 허가한다…"

제95조 1985년 법(1985년 7월 3일자 법률 제85-660호) 제27조 2항은 다음과 같이 변경한다. "1986년 개정 방송법(1986년 9월 30일자 법률 제86-1067호)에 정의한 '방송사'란 '방송 기업'을 의미한다."

제8부 경과 조치

(제96조에서 제99조 포함 별책 황색 조문 참조)

제100조 본법 제7에 의거, 1982년 제정 방송법(1982년 7월 29일자 법률 제82-652호) 제34조에 명기한 공영 방송사들과, 본법에 의해 방송 위원회에 주어진 임무를 수행하기 위하여 설립한 텔레커뮤니케이션 담당 기관은 방송 위원회의 관할하에 놓인다. 동 기관에 종사하는 직원의 신분은 사법 私法 에 의한다. 이 때 동 직원은 그들의 노동 계약서가 명시한 권한을 갖는다.

(제101조에서 제104조 포함 별책 황색 조문 참조)

제105조 I — 1989년 1월 17일 개정 방송법(법률 제89-25호) 공표 이전에 허가된 방송 면허는 본법에 의하여 허가 중지되지 아니한다. — 그러나 법률, 법령, 규칙 등과 허가시 결정된 사항의 불이행은, 전 I항에 명기된 방송 면허 소지자라도 본법 제42조에서 제42-II조의 적용을 받는다.

II — 1982년 제정 방송법(1982년 7월 29일자 법률 제82-652호) 제17조에 의거, 허가를 득한 지역 방송사의 면허 만기일은 1986년 5월 1일 이후로 하되, 본법에 의하여 지정된 지역에 한하여 신규 면허 신청 공모일 사이로 하며, 동 면허 만기일은 방송 위원회가 정한 기일까지 연장할 수 있다.

III — 1982년 제정 방송법(1982년 7월 29일자 법률 제82-652호) 제79조에 의거(신고 대상이 되는 지상파 텔레비전 방송사의 법인격 변경), 방송 위원회는 해당사와의 협약 및 동 시행 요강서의 의무 이행 여부를 통제한다. 만약 해당사가 동 의무를 이행하지 않는 경우, 방송 위원회는 행정부에 대하여 해당사의 제재를 요구한다.

제106조 1. 1984년 법(1984년 8월 1일자 법률 제84-743호)에 의거 반관 반민의 법인격으로 설립된 유선 방송사(라디오 및 텔레비전)는 해당사가 원할 시, 본법 이전의 제반 효력을 갖는다.

2. 이 경우, 동 유선 방송사에 대한 공공 기관의 최소 투자 의무와 관련된 규정은 적용되지 아니한다.

제107조 < 1986년 개정 방송법(1986년 9월 30일자 법률 제86-1067호) 제107조 참고 규정 >

1982년 제정 방송법(1982년 7월 29일자 법률 제82-652호) 제7조에 의거 교부된 위성과 텔레비전 방송사의 면허는 본법의 공표로 허가 취소한다. 면허 취소된 방송사는 손해 배상 청구권을 갖는다.

제108조 본법 제10조, 제23조, 제53조, 제81조를 제외한 전 조항은 프랑스령 해외 영토 및 동 '마이요트' 지역에 적용된다.

제109조 < 참고 규정 >

1. 공공 법인 CIC[21]의 설립 근거인 1984년 6월 8일자 법률 제84-4092호는 1986년 10월 1일부로 폐기한다.

2. 동 CIC가 소유하던 모든 재산권과 과거 계약 체결하여 갖게 된 모든 권리와 의무도 방송 연구원 INA 의 소유로 한다.

3. 단, 동 CIC가 운영하던 부동산 회사 Tete-Defense 등으로 획득한 자산 및 이에 상응하는 권리와 의무는 국가가 소유한다.

제110조 하기 조항은 폐기한다.

(1) 우정법 郵政法 제L34-1조, 동 L39조 2항 (2) 1982년 제정 방송법(1982년 7월 29일자 법률 제82-652호) 중 제6조, 제73조, 제89조, 제90조, 제92조, 제93조, 제93-2조, 제93-3조, 제94조, 제95조, 제96조를 제외한 전 조항 (3) 반관 반민의 지방사 설립에 관

한 1983년 7월 7일자 법률 제83-597호 제11조 4항, 5항 (4) 1983년 7월 12일자 법률 제83조-632호 제15조, 제16조를 제외한 전 조항 (5) 반관 반민의 유선 방송사(라디오 및 텔레비전) 설립에 관한 1984년 8월 1일자 법률 제84-743호 (6) 1984년 8월 2일자 법률 제84-747호 제27조

1982년 제정 방송법(1982년 7월 29일자 법률 제82-652호)
제29조 1986년 개정 방송법(1986년 9월 30일자 법률 제86-1067호)과 이의 적용에 있어, 그 효력을 발생하는 경우, '구 방송 위원회 CNCL'를 '방송 위원회 CSA'로 대체한다.
제30조 본법은 프랑스령 해외 영토 및 동 '마이요트' 지역에도 적용된다.

1982년 제정 방송법(1982년 7월 29일자 법률 제82-652호) 중
효력을 발생하는 조항(원문 및 원문 일부 자구 수정)[23]

제6조(자구 수정) 1. 자연인 또는 법인은 방송에 의하여 그의 명예나 위신이 훼손 또는 실추되었다고 판단되는 경우, 정정 보도 청구권을 행사할 수 있다.

2. 동 권리의 청구권자는(이하 피해자라 한다) 그가 입은 피해 상황과 동 피해에 따른 '원상 회복' 방안을 명기하여야 한다.

3. 정정 보도는 동 피해 사항이 방송된 상황과 동등한 조건으로 방송되어야 한다.

4. 정정 보도 내용은 동 피해 사항이 방송된 상황과 동등한 시청자를 상대로 방송되어야 한다.

5. 정정 보도 청구권의 행사는 동 피해 사항이 방송된 날로부터, 8일 이내에 행사되어야 한다.

6. 피해자의 정정 보도 청구서를 접수한 방송사(이하 피소자라 한다)가 접수 후 8일까지 동 정정 보도를 거부하거나 또는 응답이 없는 경우, 피해자는 동 9항에 의거 동 피해 사항을 첨부하여 피소자의 법률적 대리인을 법원에 제소할 수 있다.

7. 동 법원의 장은 정정 보도를 명할 수 있으며, 즉시 집행의 명령도 가할 수 있다.

8. 선거 기간 중 후보자가 피해자가 되었을 경우, 동 6항의 기간은 24시간으로 한다.

9. 본조의 적용을 위하여, 피소자가 법인일 경우 피소자는 정정 보도를 담당하는 자연인을 지정해야 한다.

10. 본조의 적용 절차는 국사원령으로 정한다.

11. 국사원령에는 특히 1항의 증거로서 채택하기 위한 절차로서, 영상물의 보존 기한 및 그 방법에 관하여 명시한다. 이 경우 '문서 보존에 관한 법률'(1979년 1월 3일자 법률 제86-1067호)의 규정에 저촉되지 아니한다.

12. 본조의 명시된 조항들은 정기적으로 출시되는 음반류 및 비디오 제작물을 공개적으로 배포하는 모든 자에게도 적용된다.

13. 동 조항의 적용에 있어, 1986년 방송법(1986년 9월 30일자 법률 제86-1067호) 제43조에 의한 사업자(사전 신고 대상인 방송사 및 유관 사업체)에게도 동일하게 적용되며, 이 경우 그 절차는 국사원령에 따른다.

제73조 전국망 방송사 내에서의 인사권 행사에 관한 절차는 국사원령이 정한다. 이 경우 소속사 직원의 기득권은 최대한 보장한다.[24]

제89조 극장에서 개봉 상영중인 극영화는 재원을 조달할 목적으로 개봉 허가서에 명시한 일정 기간 내에는 특히 비디오 카세트나 비디오 디스크의 형태로 일반인에게 판매 또는 임대할 수 없다. 이 때 지켜야 할 동 형태로의 판매 금지 기간은 개봉 허가서 발급일을 기준으로 하되, 그 기간은 국사원령에 따른다. 동 금지 기간은 6개월에서 18개월 이내로 하되, 국사원령에 의한 예외가 인정될 수 있다.[25]

제90조 1. 극장용 영화 제작에 참여하는 모든 제작자 연합체들은 모두 국립 영화 연구소 CNC 에서 교부하는 사업 인증서에 정한 의무를 지닌다.

2. 동 인증서는 동 제작자 연합체에게만 교부한다. 이 때 자유 경쟁과 일반 이익을 위한 최대한의 광범위한 배급에 장애를 끼치지 아니하며, 영화 제작에 다양한 형태로서의 투자에 기여하는 연합체를 교부 대상으로 한다.

3. 동 인증서는 국가적으로 중요한 2개 이상의 기업이 제휴한 연합체에게만 교부한다.

4. 동 인증서의 교부와 반납에 관한 사항은 국사원령으로 정하되, 동 국사원령에는 제작에 관한 의무 약관이 명시되며, 특히 제작 분담금의 결정에 관한 사항이 포함된다.

5. 현재 시행중인 동 의무 약관[26]과 동 연합체의 법률적 효력은 4항 규정에 의한 국사원령이 공표된 후 3개월간 발생하며, 그 이후 효력을 상실한다. 그러나 배급사와 제작자 연합체 또는 제작자 연합체의 이름으로 권리를 행사하는 '제작자' 사이에 '기 체결된 계약', 또는 본법 공표 이전에 등록을 필하고 배급사에게 사전 공급 예정량임을 약조한 계약에 대해서는, 본항은 적용되지 아니한다. 이 경우, 본법 공표 이전에 국립 영화 연구소에 등록을 필한 계약을 의미한다.

6. 본법 제90조의 조항과 이의 적용을 위한 제 규정을 위반할 시, 영화법 제13조에 의한 처벌을 받는다.

제92조 1. 극장용 영화의 배급과 관련된 분쟁 또는 동 배급과 관련한 독과점, 선전 또는 자유 경쟁 질서를 교란할 목적으로 야기된 분쟁 및 일반 이익을 위해 동 영화의 광범위한 배급을 방해한 분쟁 등은, 법원에 제소하는 등 통상적인 절차를 따르지 아니하고 중재에 따라야 한다.[27] 다만, 화해 및 조정에 있어 전문성을 띤 절차에 따라야 할 경우 예외로 한다.

2. 동 중재는 영화 중재원에 의하여 이루어진다. 동 중재원은 자연인 또는 법인

으로서의 분쟁 당사자는 물론, 직능 단체, 해당 노동 조합 및 국립 영화 연구원의 원장의 중재 요구를 관장한다. 동 중재인은 그의 권한에 있는 모든 분규의 소송 대리인이 된다.

3. 동 중재원이 사법권을 발동하여 '공정 경쟁 위원회'의 자문을 요청할 경우, 동 중재 절차는 공정 경쟁 위원회의 관할하에 놓이며, 해당 사건 및 분규 당사자들은 최대 3개월간의 강제 냉각기를 갖는다.

4. 동 중재원은 분쟁 조정 및 화해를 위해 모든 조치를 취할 수 있다. 중재에 따른 동 중재원의 조서는 법원의 서기국에 접수시킬 때에만 효력을 발생한다. 또한 동 중재원은 중재 조서를 일반 공개할 수 있다. 중재가 이루어지지 않을 경우, 동 중재 조서가 법원에 접수된 날부터 최대 2개월 이내에 일반 공개되는 최고 催告 명령을 내릴 수 있다.

5. 중재가 실패한 경우, 동 중재원은 '공정 경쟁 위원회'에 요청, 해당 분규가 동 위원회의 관장 사항인지를 자문하고 내무 장관에 주문, 처벌 가능한 사안 여부를 결정한다.

제93조 1. 1개 또는 1개 이상의 방송사에 근무[28]하는 방송 기자들은 신문, 잡지 등 인쇄 매체에 종사하는 기자들과 동등한 권한을 갖는다. 또한, '노동법' 제1책 제3부의 규정과 동법 제L761-1조에서 제L761-16조까지, 제L796-1조의 혜택을 받거나[29] 또는 '해외 영토에 시행중[30]인 노동법'의 혜택을 받는다.

2. 방송 기자들의 보수는 언론 노사 전국 단체 협약 言論勞使 全國團體協約 의 제 규정에 따르거나 또는 '해외 영토에 시행중인 노동법'이 정하는 규정에 따른다.

제93-2조(자구 수정) 1. 모든 방송사에는 발행인을 두어야 한다.[31]

2. 만약 동 발행인이 헌법 제26조에 의한 국회 의원 면책 사유 또는 유럽 의회 의원으로서의 면책 특권에 관한 국제 협약(1965년 4월 8일 국제 협약 제9조 및 제10조)에 저촉되는 자일 경우, 동 발행인은 면책 특권이 없는 중에서 1인을 공동 발행인으로 임명해야 하며, 방송사가 법인에 의해서 운영되는 경우, 해당 방송사의 소속 단체나 이사회, 집행 부서 또는 위임 사장 중에서 1인을 발행인으로 임명하여야 한다.

3. 제2항의 경우, 발행인이 면책 특권 소유자가 되었을 경우, 동 특권이 부여된 날부터 1개월 이내에 공동 발행인을 임명하여야 한다.

4. 발행인과 공동 발행인은 그들의 민법상의 모든 권리를 행사할 수 있으며, 사법부에 의해 그들의 공민권을 박탈당하지 아니한다.

5. 발행인으로서 갖는 모든 법적 의무는 공동 발행인에게도 적용된다.

6. 방송사가 법인일 경우, 발행인은 집행 부서의 장이나 이사회 의장 또는 법적 대표자나 사장이어야 한다.

7. 방송사가 자연인에 의해 운영될 경우 발행인은 자연인으로의 운영자가 된다.

제93-3조 1. 고발된 내용이 일반 대중에게 사전에 공개적으로 명시되어야 할 의무 사항을 이행하지 않아 언론법(1981년 7월 29일자) 제4장의 조항[32]을 위반한 경우, 방송사의 발행인 또는 제93-2조에 명시된 공동 발행인은 형사 소추의 대상이 된다.

2. 발행인이 (도주 등) 없을 경우 고발된 내용을 작성한 작가, 동 작가가 없을 경우(도주 등) 제작자가 형사 소추의 대상이 된다.[33]

3. 발행인 또는 공동 발행인이 형사 고발된 경우, 해당 작가도 공동 정범으로 고발된다.

4. 또한 형법 제60조가 규정한 자는 모두 공동 정범으로 고발된다.

제94조(자구 수정) 텔레비전 수상기를 판매함에 있어, 판매 상인, 동 제조업자 및 동 관련 부품 수입업자는 구매자의 신고서를 필히 받아야 한다. 전 항의 의무는 동 텔레비전 수상기를 공매하는 공공 기관이나 행정 관서의 공무원에게도 적용된다.

3. 구매자의 신고서는 수상기를 판매한 후 30일 이내에 지역 수신료 수납 기관 CRA 에 송부하여야 한다.

4. 구매자의 동 신고서 부본은 1항의 해당자가 4년간 보관하며, 수납 기관의 조사시 제출하여야 한다.

5. 다만, 1항의 해당자간의 거래에는 동 신고서 발부 보관이 면제된다.

제95조(자구 수정) 1. 동 수납 기관의 조사원들은 그들의 임무를 수행함에 있어 판매 상인, 동 제조업자, 동 수입업자, 동 수선인 및 동 임대인들에 대한 실사를 실시한다. 이 때 동 조사원들은 상법 제1책 제2부가 명기한 관계 규정집과 회계 장부 및 부속 자료와 영수증 등을 소지하여야 한다.

2. 제94조 2항에 의한 경우, 관계 공무원들은 회계 장부 및 동 증빙 서류를 소지하여야 한다.

* 1983년 7월 12일자 법률 15조에 의거, 제94조 및 95조는 해외 영토에는 적용하지 아니한다.

제96조 전기 제94조 및 제95조 위반자는 벌금 500프랑에서 5만 프랑을 부과한다.

제8부 경과 규정(초대 방송 위원회 HA에서 CNCL로)

제96조[34] 1. 1982년 7월 29일 제정 방송법(법률 제82-652호) 제12조에 의하여 탄생한 방송 위원회 HA 는 '신 방송 위원회 CNCL'가 구성될 때까지만 그 효력을 갖는다.

2. 이 기간 동안 방송 위원회 HA 는 1982년 7월 29일 제정 방송법(법률 제82-652호) 제13조, 제14조, 제18조, 제19조, 제20조, 제22조, 제26조에 근거한 권한만을 행사한다. 또한 방송 위원회 HA 는 1986년 법 제42조(현행법과 동일한 효력을 갖음)의 처벌권을 갖는다.

제97조 '신 방송 위원회 CNCL'가 구성될 때까지는, 방송 위원회 HA 는 지방 자치 단체 또는 동 연합체가 제출한 설립 신청서를 접수한 날로부터, 1개월 이내에 '유선 방송사 면허'만을 교부한다.

제98조 방송 위원회 HA 의 위원장과 위원들은 임기 만료 후에도 6개월간은 재임 기간의 급여를 받는다. 다만 퇴임 후 당사자가 노동 행위를 개재하여 급료를 받거나, 공무원의 신분으로 다시 복귀할 경우는 해당 급여를 중지한다.

제99조 1. 1986년 법 제4조의 예외 규정으로서[35], '신 방송 위원회 CNCL'의 최초 구성은 5년 임기 6명의 위원과 9년 임기의 7명으로 한다.

2. 대통령, 상하원 의장은 각각 5년 임기 위원 1인과 9년 임기 위원 1인, 2인을 지명한다. 동 지명은 1986년 법 공포 후 20일 이내로 한다.

3. 잔여 5년 임기 위원(3명)의 결정은 추첨으로 한다. 추첨은 위원을 임명하기 전에 실시하며 1986년 법 제4조 2항, 3항, 4항에 따르는 한편, 동 6항으로 선출하며(10명을 먼저 임명하고, 잔여 3명을 이들 10명이 호선하는 방법), 연임은 허용하지 않는다.

4. 1986년 법 제4조 2항, 3항, 4항에 따른 위원 선출은, 1986년 법 공포 후 20일 이내에 실시한다.

5. 1986년 법 제4조 6항에 의한 선출은 1986년 법 공포 후 1개월 이내에 실시한다.

제101조 1986년 법 제64조 마지막 항에 의해 민간 이양되는 TF1의 이사회 및 동 시행 요강서는 1986년 법이 공표될 때까지만 효력을 갖는다.

제102조 1. 1982년 7월 29일 제정 방송법(법률 제82-652호)에 의해 법 인격이 부여된 전국망 방송사 및 방송 연구원 INA 은 1986년 법 제44조 및 제49조에 따르며, 그 기능은 각각 1982년 법 제3부의 규정에 따라 '새로운 경영자'가 임명될 때까지만 효력을 갖는다. 동 임명은 1986년 법이 공표된 후 6개월 이내에 행하여진다.

2. 1982년 7월 29일 제정 방송법(법률 제82-652호) 제3부에 의한 시행 요강서는 1982년 법 제48조, 제49조가 정한 기일까지만 효력을 발생한다. 동 규정에 의한 새로운 시행 요강서는 1986년 법이 공표된 후 6개월 이내에 다시 작성한다.

제103조 1. 1982년 7월 29일 제정 방송법(법률 제82-652호) 제34조에 의한 공사의 이사회 의장, 이사 및 사장 등은 1986년 법 제51조에 따라 공기업이 재구성될 때까지만 그 기능을 갖는다.

2. 1에 의해 국가가 양도하는 총 자산의 10%가, 재구성되는 기업에게 양도될 때까지만 동 공기업의 이사회는 1986년 법 제50조에 의거, 그 기능을 갖는다. INA의 경우도 같은 경우로 한다. 이 때 새로 구성되는 이사회 의장의 임명은 법령에 의한다.

3. 공기업 방송사의 직원들은 그들의 노동 계약서가 정한 바에 따라, 권리를 받는다.

4. 공기업 방송사의 백서는 제51조에 의한 새로운 시행 요강서가 작성될 때까지만 효력을 갖는다.

5. 공사의 재산은 새로 탄생하는 공사의 재산으로 이전된다.

제104조 1. 1982년 7월 29일 제정 방송법(법률 제82-652호) 제3부에 규정된 공사의 세습 자산, 권리 및 의무는 1986년 법 제3부 제44조, 제49조, 제51조 및 제52조에 의한 공사로 이어진다. 그러지 아니한 경우, 관계 장관들의 영에 의하여 국가에 귀속된다.

2. 1항에 의한 동 재산, 권리 및 의무의 이전은 소유권 취득이나 세금 징수의 대상이 되지 아니하며, 급여 지불이나 사례금의 대상이 되지 아니한다.

(옮긴이: 임동환, 한양대학교 강사, 신문방송학)

주

1) 제청된 위원에 대한 대통령의 거부권은 없음. 즉, 제청은 임명을 의미한다.

2) 1989년 1월 17일 개정 방송법(법률 제89-25호) 제27조(본법 제7부 기타 규정 참조) 및 1989년 1월 26일자 관보에 의하면(1989년 1월 24일자 대통령령) 방송 위원회가 CNCL에서 CSA로 명칭이 바뀌면서, CSA 초대 방송 위원에 한하여 임기가 8년, 6년, 4년으로 차등화되어 있다. 이는 본법에서 위원의 임기가 6년으로 되어 있으나, 각각 2년의 연임 기간을 제청한 것으로 전임 위원의 연속성을 보장하기 위한 조치임.

3) 헌법 기관인 國事院 Conseil d'Etat 은 행정부 내의 입법 자문 및 심의 기구로, 수상 *Premier Ministre* 을 의장으로 한 200여 명의 직원이 있다. 주요 기능은 정부의 법률 입안(헌법 제37조)의 사전 자문 및 심의와 행정 청원(재판)의 사법적 기능을 갖는다. 법률 입안 사전 자문은 강제 규정이며, 국사원의 견해를 참작하여 각의에서 각종 법령, 시행령, 행정 명령 등을 내릴 수 있다. 한편 국사원 결정에 대한 이의 제기는 헌법 위원회 Conseil Constitutionnel 가 관장한다.

4) 공기업이건 사기업이건 해당 경비는 정부가 보조한다.

5) 한시적 방송사 면허를 갖고 있는 3개 지방 방송사는 모두 운영 주체가 시, 도 등 지방 자치 단체임.

6) 인쇄 매체의 경우 발행인과 편집인이 동일인이 아니어야 하며, 방송에도 이 같은 제도를 그대로 도입한 것임. 이는 민형사상의 책임 소재를 분명히 하기 위함. 후술한 '황색 조항' 제92-2조, 제92-3조 참조.

7) 인쇄 매체의 경우, 발행 부수 공개 원칙의 규정이 언론법에 명시되었으며, 금융 실명제를 채택하고 있기 때문에 언론사의 영업 실적과 시장 점유율 판정은 어려운 일이 아님.

8) 1881년 제정된 '언론법'으로 인쇄 매체와 전파 매체의 합영 금지 등의 '언론 집중 및 독과점 방지 규정'에 의함.

9) 라디오 방송사로 번역하였으나, 우리와 달리 1974년 방송 개혁과 1982년 방송법 제정에 의해 프랑스의 공영 방송은 제작, 편성, 송출로 구분되었다. 따라서 엄밀한 의미의 방송사는 '편성사'의 의미를 가지며, 제작은 제작사 SFP 및 외부 발주로 이루어지나, 1986년 수정법에 의해 제작사, 송출사 등의 공기업의 주식 일부가

민간 이양되어, '편성사'가 제작의 일부도 담당하게 되었다. 이러한 의미에서 흔히 방송사라고 할 경우, 제작 편성사로 이해하는 것이 타당하다. 텔레비전의 경우도 동일하다.

10) La SEPT, TV — 5 Europe

11) 동 조항은 방송법이 사회당 집권 후(1981) 사회당 및 공산당에 의하여 제정되고 (1982), 1986년 하원에서의 우파 승리로 정권 교체가 이루어진 즉시 이를 개정하였으며(1986), 1988년 국회를 해산하고 실시한 총선에서의 사회당 승리로 또다시 개정되었다(1989). 이는 1989년 법이 총 30개 조항으로 된 '짜집기식' 현행 좌우 합작 방송법을 개정하려는 의도로 삽입되었다.

12) 현재 기간 공영 채널인 A2을 통해서 헌법이 보장한 종교 자유와 이의 방송이 의무화되어, 매주 일요일 아침 카톨릭, 개신교, 유태교, 그리스 정교, 이슬람교의 종교 방송을 내보낸다(A2 시행 요강서 제19조 1항에 규정).

13) 본 조항에서는 50% 지분 소유의 1개 단독 지배 주주는 배제하고, 2개 이상의 지배 주주를 실질적인 운영 주체로 하되 이들간의 경쟁 또는 담합을 금지하는 조항이다. 이 경우 사실상의 지배 주식 지분인 50%를 2개 이상의 사업자에게 양도하되 이들간의 관계는, 민법상 부부와 같은 관계로서, '혼인' 및 '이혼' 사유 발생시 야기되는 소유 재산 처분에 관한 쌍방 관계를 정의함으로써 대주주로서의 법률상 '쌍방 의무'를 정의한 것임.

14) 따라서 해당 소속사 직원에게는 국가 무상 증여 주식 1구좌는 주식 매입 후 3년간 보유하여야 한다.

15) 현재 시행중인 방송법은 1989년 법이나 전문 30개조의 '보완법 synthèse des lois'의 성격을 띤다. TF1 민영화 조치는 1986년 우파 정부에 의해 이루어졌으며, 현행 방송법에도 1986년 개정 방송법이 그대로 적용되고 있다. 따라서 방송 위원회의 명칭은 1982년 제정 방송법에서는 HA, 1986년 법에서는 CNCL로, 1989년 현행법에서는 CSA로 명칭만 바뀌었지 골격은 같다고 볼 수 있다. 다만, CNCL을 '구 방송 위원회'라 번역한 것은 현행 방송 위원회 CSA 와 구분하기 위함이다.

16) 전후 주택 개량 및 복구에 관한 민간 부분 예산 집행에 관한 사항.

17) 행정 청원의 1급심은 국사원이고, 최종심은 헌법 위원회임.

18) 동 제70조 2항 4°의 규정에 의해, 개봉 영화의 텔레비전 방송시, '방송 불가 최저 의무 연한'을 규정한다(극영화의 경우 3년). 이는 물론, 영화 산업(제작사, 배급사, 극장주 및 저작권 보호를 받는 국가 등)의 텔레비전에 대한 경쟁을 갖도록

보호하는 규정이다. 또한 프랑스의 모든 개봉 영화는 법령에 의해 반드시 수요일에 개봉하게 되어 있으며, 매주 월요일은 남녀 노소를 불문하고, 관람 요금을 할인한다. 이외에도, 영화 방송 시간의 편성에는, 수요일과 토요일의 황금 시간대 *heures de grande ecoute* 에는 영화 방송을 금지하고, 연간 전체 방송 영화 편수를 제한한다.

19) 주로 1940~50년대 이전의 예술성 높은 무성 영화 또는 흑백 영화를 방송하는 텔레비전 프로그램명.

20) 영화 산업을 발전시키기 위하여, '극장에서 상영되는 영화는 상업적 목적으로, 개봉 중 비디오 카세트 등 다른 형태로 상품화시키지 못한다.' 단, 법령이 정하는 '유예 기간'을 경과한 경우는 가능하다.

21) 코르시카는 정치사상 중앙 정부와 대립, 독립을 요구하는 본토 지역의 대표적인 지방 정부다. 해외 식민지였던 프랑스령 해외 영토를 제외하더라도, 본토 지역에서 코르시카와 유사한 '독립 운동'을 하는 지방 정부로는 스페인 국경의 바스크 지역, 대서양 연안의 노르망디 지역, 독일로부터 영토를 할양받은 동부 독일어권 지역, 남부 프로방스 지역 등이 이에 해당한다. 따라서 1981년 사회당 정부가 들어선 후에 이 지역들에게는 보다 많은 자치를 허용하고 있다.

22) Carrefour International de la Communication.

23) 1989년 법 제110조에서는 1982년 법 중, 계속 효력을 발생하는 조항으로 총 11개 조를 본문 말미에 '황색 조문 *pages jaunes*'이라 하여 첨부하고 있다.

24) 본 조항은, 1982년 방송법이 제정되기 전까지는 모든 방송사가 공영이 아닌 국영으로 존재하여 왔고, 1981년 우파에서 좌파에게로 정권이 교체되면서, 내부 인사에 대한 우려 무마책으로 만든 조항임. 방송법 자체가 정치 쟁점 법률이기 때문에, 1986년 우파 정부, 1988년에서 지금까지 또다시 좌파 정부로 정권 교체가 이루어지면서 남게 된 '정치성'이 강한 조항이다.

25) 동 조항이 방송법에 규정된 것은 텔레비전 또는 비디오에 대한 영화의 경쟁력을 보장하는 조치이며, 동시에 유관 사업으로서의 영화 진흥책의 하나이다. 텔레비전에서의 '방송 불가 최소 의무 연한'과 '연간 전체 방송 편수' 등의 제한 조치 등이 방송법에 명시되어 있고, 텔레비전 방송사의 '외주 의무 조항' 등이 모두 이와 관련된 조항들이다.

26) 의무 약관은 결국 국가가 위임한 CNC와 제작자들 간에 이루어지는 것임.

27) 1982년 방송법에서는 방송 위원회에 '중재 기능'을 부여하였다.

28) 인쇄 매체의 경우와 마찬가지로, 방송 기자들도 상근 또는 비상근으로 동종 타 언론 기업에서 근로를 제공할 수 있게 되어 있다(대개 비상근이나 자유 기고가로 계약을 체결함). 이것은 어디까지나 해당사와의 '계약상'의 문제이며, 이를 보장 하는 법적 근거는 1935년의 노동법으로서, 사법 私法 인 노동법에 '특정 직업인의 권리'를 명시한 입법 예는 타국에서 찾아보기 어려운 프랑스만의 독특한 현상이 다. 게다가, 기자는 직무상 행하며 얻어진 자신의 글, 그림, 사진 등에 대한 '판 권'을 행사한다(1957년 저작권법 제1조).

29) 노동법상(제1책 3장) 단체 교섭 및 행동권을 갖는 언론 노동자의 보호 규정으로, 상임 또는 임시직(연예인, 기술직, 행정직 등) 방송국 근로자는 노동법이 규정한 상기 단체 교섭 및 행동권을 갖는다. 물론 단체 교섭 및 행동권은 言論勞使 全國團 體協約에 따른다는 것이다.

30) 해외 영토에서 거주하는 모든 근로자는 본토 거주 근로자들보다 세제상의 모든 혜택이 주어진다.

31) 1983년 법 제37조를 참조할 것.

32) 1989년 방송법 제37조 참조.

33) 이 조항은 유럽 최초의 가장 완벽한 자유주의 언론법인 1881년 언론법 제정 상 황을 이해하여야 한다. 혁명 이후 나폴레옹이 제거되고, 왕당파와 공화파의 무수 한 정권 교체를 거쳐 공화파가 득세한 후, 검열과 허가가 없어지고 신고로 대체 된 후, '무제한의 언론 자유'를 구가하다 보니, 언론의 책임 문제가 대두되었고, 이의 처방으로, "모든 인쇄 매체의 발행은 자유이되, 그 책임의 소재는 분명히 한 다"라는 의미에서, '민형사상 서열별 연대 책임제'를 도입한 것임.

34) 동조 이하는 1986년 법임.

35) 1985년 법 제4조에서는 임기 9년의 연임 불가 위원 13명을 지명하게 되어 있었 다. 이 역시 정치 보복으로 이루어져, 전임 HA 위원의 경우 임기를 마치지 못하 였고, 1986년 법에 의해 구성된 임기 9년(5년 6명) 위원들 모두가 1989년 법으로 도중 하차한 바 있다. 1986년 법에서는 대통령이 2명(좌파), 상하원 의장이 각각 2 명씩 지명(우파 4명)에 중립인 법관 2명(최고 재판소, 감사원 각 1인), 국사원 1명 (우파), 아카데미 회원 1명(중립)을 선출한 후(산술적으로 좌파 2명, 우파 5명, 중 립 3명), 이들 10인이 나머지 3명을 호선하는 '졸작'으로 위원회를 구성하였다. 현행 1989년 법에서는 위원의 분포가 좌파 6명, 우파 3명임에는 틀림이 없으나, 이들 위원 모두가 '방송 전문가'임은 상기할 만하다.

미국 헌법 수정 조항

수정 제1조
(종교, 언론 및 출판의 자유와 집회 및 청원의 권리)

연방 의회는 국교를 정하거나 또는 자유로운 신교 행위를 금지하는 법률을 제정할 수 없다. 또한 언론, 출판의 자유나 국민이 평화로이 집회할 수 있는 권리 및 불만 사항의 구제를 위하여 정부에게 청원할 수 있는 권리를 제한하는 법률을 제정할 수 없다.

수정 제14조
(공민권)
* 이 수정 조항은 1866년 6월 13일에 발의되어 1868년 7월 9일에 비준됨.

제1절

합중국에서 출생하고 또는 귀화하고, 합중국의 관할권에 속하는 모든 사람은 합중국 및 그 거주하는 주의 시민이다. 어떠한 주도 합중국 시민의 특권과 면책권을 박탈하는 법률을 제정하거나 시행할 수 없다. 어떠한 주도 정당한 법의 절차에 의하지 아니하고는 어떠한 사람으로부터도 생명, 자유 또는 재산을 박탈할 수 없으며, 그 관할권 내에 있는 어떠한 사람에 대하여도 법률에 의한 평등한 보호를 거부하지 못한다.

우리 나라의 언론 피해 구제 제도: 판례를 중심으로[*]

안상운[**]

1. 머리말

헌법 제21조 제4항
"언론·출판은 타인의 명예나 권리 또는 공중 도덕이나 사회 윤리를 침해하여서는
아니 된다. 언론·출판이 타인의 명예나 권리를 침해한 때에는 피해자는 이에 대한
피해의 배상을 청구할 수 있다."

2. 언론 피해 상황

1) 언론 중재 신청 현황(1981~90: < 언론중재 > 1991년 봄호)
- 총 709건 신청: 합의 184건(25.9%), 불성립 219건(30.9%), 취하 280건(39.5%)
- 1심 법원 제소 현황: 총 69건, 인용 21건, 기각 12건
- 침해 유형: 명예 훼손(사생활 침해, 인간의 존엄과 가치 경시, 공중 도덕 및 사회
  윤리 저해, 미성년 피의자 신원 공표 등) 528건(74.5%), 신용권(재산) 침해 172건
  (24.2%), 저작권 9건(1.3%)

2) 언론 피해 발생 원인
- 관급 기사 의존
- 일반 당사자의 의견만 취재, 보도
- 언론의 상업성(선정적 보도): 주간지, 월간지, 여성지
- 언론의 폭로성: 종교지, 시사 월간지

---

[*] 1992년도 제3차 한국 언론학회 언론 윤리 법제 분과에서 발표한 자료.
[**] 변호사.

3) 언론 피해 사례 유형
- 명예 훼손(개인, 법인, 단체)
- 사생활, 인격권, 초상권 침해
- 보도 삭제, 미보도
- 불공정, 왜곡 보도: 선거 보도, 공안 관련 보도
- 업무 방해, 신용 훼손

3. 언론의 법적 책임

1) 민사상 책임
- 불법 행위로 인한 손해 배상 책임(민법 제750조, 제751조, 제764조)
- 신문(잡지) 발행 또는 방송 금지 가처분 신청(민사 소송법 제714조)

2) 언론 관계법상 책임
- 정정 보도 의무(정간법 제16조, 제19조, 방송법 제41조)
- 추후 보도 의무(정간법 제20조, 방송법 제42조)

3) 형사상 책임
- 형법상 명예 훼손죄
  - 명예 훼손죄(제307조), 사자의 명예 훼손죄(제308조), 출판물 등에 의한 명예 훼손죄(제309조), 음화 등의 배포죄(제243조)
  - 친고죄: 제308조, 제311조(모욕)
  - 반의사 불벌죄: 제307조, 제309조
  - 위법성의 조각: 제307조 제1항의 행위(공연히 사실을 적시하여 사람의 명예를 훼손하는 행위)가 진실한 사실로서 오로지 공공의 이익에 관한 때에는 처벌하지 아니한다(제310조)
- 국가 보안법 제7조 제5항: 이른바 이적 표현물의 제작, 수입, 복사, 소지, 운반, 배포, 판매, 취득한 자(폐지 주장)
- 대통령 선거법 제145조(신문, 잡지 등 불법 이용죄), 제159조(허위 사실 공표죄), 제160조(후보자 비방죄), 제161조(방송 등 부정 이용죄) 등 각종 선거법

4) 행정상 책임
- 정간물에 대한 발행 정지·등록 취소(정간법 제12조)
- 출판사, 인쇄소에 대한 등록 취소(출판사 및 인쇄소의 등록에 관한 법률 제5조의 2)
- 방송국에 대한 시정 및 제재 조치(방송법 제21조)
    ― 시청자에 대한 사과
    ― 해당 방송 내용의 정정·해명 또는 취소
    ― 해당 방송 순서의 책임자나 관계자에 대한 징계 또는 1년 이내의 범위 안에서의 출연 또는 연출의 정지

4. 언론 피해 구제 제도

1) 민사상 구제 절차
- 관할 법원에 손해 배상 청구 소송 제소
- 요건
  고의·과실 + 위법성 + 손해 배상 + 인과 관계
- 금전 배상 원칙
- 사죄 광고 청구는 위헌(헌법 재판소 1991. 4. 1 결정. 89 헌마 160호 민법 제764조의 위헌 여부에 관한 헌법 소원)

"민법 제764조가 사죄 광고 제도를 포함하는 취지라면, 그에 따른 기본권 제한에 있어서 그 선택된 수단이 목적에 적합하지 않을 뿐만 아니라, 그 정도 또한 과잉하여 비례의 원칙이 정한 한계를 벗어난 것으로 헌법 제37조 제2항에 의하여 정당화될 수 없어 헌법 제19조(양심의 자유)에 위반되는 동시에 헌법상 보장되는 인격권의 침해에 이르게 된다고 할 것이다."

"우리 민법 제764조의 적용에 있어서도 사죄 광고를 구하는 판결이 아니고도 ① 가해자의 비용으로 그가 패소한 민사 손해 배상 판결의 신문·잡지 등에 게재, ② 형사 명예 훼손죄의 유죄 판결의 신문, 잡지 등에 게재, ③ 명예 훼손 기사의 취소 광고 등을 상정할 수 있다."

2) 언론 관계법상 구제 절차
- 정정 보도 청구(자료 3 참조)
- 추후 보도 청구

"정간물(방송)에 의하여 범죄 혐의가 있다거나 형사상의 조치를 받았다고 보도된
자는 그에 대한 형사 절차가 유죄 판결 이외의 형태로 종결된 때에는 그 날로부
터 1월 이내에 서면으로 발행인이나 편집인에게 이 사실에 관한 추후 보도의 게
재를 청구할 수 있다."

3) 형사상 구제 절차
- 고소, 고발
- 불기소 처분에 대한 항고, 재항고(검찰청법 제10조)

4) 행정상 구제 절차
- 청원권 행사(헌법 제26조, 청원법 제4조, 제6조)

5. 문제점

1) 정정 보도 청구권의 경우
- 제소 기간: 1개월에서 3개월까지로
- 사실 보도에만 국한
- 의견 표현 보도는 제외
- 보충적 반론권의 명문화
- 신청인 적격의 확대 — 불특정 집단 매도의 경우
- 언론 보도와 개인 간의 개별적 연관성 완화
- 정정 보도문의 자수 제한 완화
- 정정 보도문의 제목 및 원문 보도와의 관련성 표시 여부
- 중재 신청 방법 — 서면 또는 구술로
- 중재 위원에 대한 제척, 기피, 회피 제도 도입
- 병합 신청 허용

- 중재 신청시 중재 대상 표현물의 사본 제출 의무 완화
    - 방송 녹음, 연합 통신 기사, 특수 신문(< 국방일보 >)
    - 사전 자료 제출 요구권 인정(정간법 제18조 제3항)
- 피신청인의 일원화
    - 정정 보도 게재 청구시: 발행인 또는 편집인(정간물), 방송국의 장 또는 편성 책임자(방송)
    - 중재 신청, 제소시: 언론 기업체
    - 지방 방송국의 자체 방송
- 재판 기간의 법정화
- 중재부의 손해 배상 명령권 인정 여부
- 추후 보도 청구권의 경우

2) 민사상 손해 배상 소송의 경우
- 입증 책임의 전환 내지는 완화
- 소송 비용의 과다, 위자료 금액의 소액
- 사죄 광고 금지로 실효성이 줄어듦

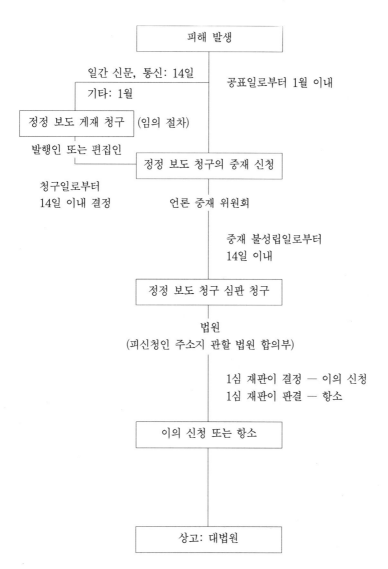

< 자료 1 > 정정 보도 청구 절차

피해 발생

일간 신문, 통신: 14일

기타: 1월

공표일로부터 1월 이내

정정 보도 게재 청구 (임의 절차)

발행인 또는 편집인

정정 보도 청구의 중재 신청

청구일로부터
14일 이내 결정

언론 중재 위원회

중재 불성립일로부터
14일 이내

정정 보도 청구 심판 청구

법원
(피신청인 주소지 관할 법원 합의부)

1심 재판이 결정 — 이의 신청
1심 재판이 판결 — 항소

이의 신청 또는 항소

상고: 대법원

< 자료 2 > 정정 보도 청구와 민법상 손해 배상 청구와의 비교

	정정 보도 청구	손해 배상 청구
근거 법률	정간법 제16조 내지 19조 정정 보도 등 청구 사건 심판 규칙	민법 제750조, 751조, 764조
요건	사실적 주장에 의하여 피해 입은 경우 고의 과실이나 위법성 여부 불문	고의 또는 과실 위법성 손해 발생(인격권 등 침해) 인과 관계
관할	언론 중재 위원회 중재 대상이 된 정기 간행물의 발생지를 관할하는 중재부 해외 지사에서 발행하는 정간물의 경우 서울시 소재 중재부	민소법상 피고의 재판적
절차	중재 신청 전치주의 서면 신청 이에 선행하여 발행인, 편집인에게 정정 보도의 게재를 청구할 수 있으나 이는 임의 규정임	법원에 제소 소장 접수
당사자	임의 청구시 - 정간물의 발행인 또는 편집인 중재 신청시 - 정간물을 발행하는 기업 또는 방송국을 경영하는 기업	피고 - 기자 및(또는) 회사
심리	출석 의무 불출석 - 신청인(1회): 중재 신청 철회 - 피신청인(2회): 합의 간주 증거 제출 의무	민소법상 변론주의

	정정 보도 청구	손해 배상 청구
구제 형식	합의 성립시 - 정정 보도문 게재 - 재판상 화해와 동일한 효력 시정 권고 금전 배상 등은 불가	금전 배상의 원칙 사죄 광고 - 위헌 결정(현재 1991. 4. 1 결정, 89 헌마 160호) 가해자의 비용으로 그가 패소한 민사 소송 판결의 신문, 잡지 등에 게재 요구 형사 명예 훼손죄의 유죄 판결의 신 문, 잡지 등에 게재 명예 훼손죄 기사의 취소 광고 등
기한(시효)	분쟁된 공표가 있는 날로부터 1월 임의 절차의 경우에는 청구일 로부터 14일 이내	피해자나 그 법정 대리인이 그 손해 및 가해자를 안 날로부터 3년 이내에 소송을 제기해야 불법 행위일로부터 10년을 넘지 않아 야 함
불복 절차	불합의시 법원에 정정 보도 청 구 심판을 청구 그에 불복시 이의 신청 또는 항소	항소 상고
집행	간접 강제(민소법 제693, 694조)	직접 강제
기타	정정 보도 청구 심판의 절차 불합의일로부터 14일 이내 청 구 피신청인은 정간물 발행 기업 가처분 절차에 관한 규정 적용 이의 신청 또는 항소로 불복	방송법상의 정정 보도 청구권 - 공표일로부터 14일 이내 서면으로 - 방송국의 장이나 편성 책임자에게 정정 보도의 방송을 청구 - 정간법상 규정을 준용

< 자료 3 > 정정 보도 청구권

1. 의의

정정 보도(반박) 청구권이란 정기 간행물이나 방송에 공표된 사실적 주장에 의하여 피해를 받은 자가 발행인이나 편집자에 대하여 그 피해를 받았다고 주장하는 자의 주장 내지는 의견을 게재하여 줄 것을 요구할 수 있는 권리

2. 입법 취지

· 언론 자유 최대 보장 대신 신속한 피해 구제
· 대법원 1986. 1. 28 선고. 85 다카 1973호 사건

"(구) 언론 기본법 제49조(정정 보도 청구권)의 의의는 피해자에게 보도 내용의 진실 여부를 가리기 위하여 장황하고 번잡한 사실 조사에 시간을 낭비케 함이 없이 신속하고 대등하게 반박문 공표의 기회를 부여하려는 데에 있다고 보여지거니와 언론사측으로서도 보도 내용에 대하여 이의가 있을 때마다 일일이 그 진실 여부를 소상하게 가려 내어 정정 보도를 하여야 한다면, 언론의 신속성과 신뢰성은 저절로 위축될 수밖에 없으므로 위 규정의 취지를 이의가 제기된 보도 내용의 진실 여부를 가려 그 시정을 요구하는 것이 아니라 단지 일정한 요건하에 피해자가 주장하는 반박 내용의 게재를 요구하고 있는 것으로 풀이함은 언론의 신속성 유지라는 측면에서도 타당하다."

3. 법적 성질

· 대법원 1986. 1. 28 선고. 85 다카 1973호 사건

"(구) 언론 기본법 제49조에 규정된 정정 보도 청구권은 그 제목의 표현과는 달리 언론사에 대하여 정기 간행물이나 방송의 보도 내용을 진실에 부합되게 시정할 것을 요구하는 권리가 아니라 그 보도 내용에 대하여 피해자가 주장하는 반박 내용을 보도해 줄 것을 요구하는 권리이므로 이의 대상이 된 보도 내용의 진

실 여부는 그 권리 행사의 요건이 아니다(이런 점에서 위 권리의 제목이 정정 보도 청구권이라고 되어 있는 것은 정확한 표현이 아니며 반박 보도 청구권이라고 표현하였어야 옳을 것이다)."

4. 요건

1) 주체
자연인, 법인, 권리 능력 없는 사단, 조합(?), 외국인, 관청(법원, 의회), 동명 이인, 상속인(고인의 명예에 대한 중상 또는 모욕이 되는 경우에만 인정, 프랑스 언론법)

2) 객체(원문 기사)
정기 간행물
- 정간법 제2조
  "정기 간행물이라 함은 동일한 제호로 연 1회 이상 계속적으로 발행하는 신문, 통신, 잡지, 기타 간행물을 말한다."
- 책, 추록, 관보는 불포함. 학술 잡지 포함

사실적 주장
- 명시적, 묵시적, 추측적 주장
- 가치 판단 제외(윤리적, 종교적, 경제적, 사회적, 예술적 척도에 따른 주관적 판단: 연극, 시사 평론)
- 사실 보도인 경우 신문 논설, 르포, 독자 투고, 외부 인사 청탁 원고 포함
- 사진, 만화 포함: 반대 사진, 이에 상당한 반박 보도물
- 광고(서민판 부정, 학설은 긍정)
- 재반박 보도 청구 여부 — 가능
- 사실적 주장의 내용이 진실인지 여부는 불문
- 예외: 국가, 지방 자치 단체, 공공 단체의 공개 회의와 법원의 공개 재판 절차에 관한 충실한 사실 보도인 경우(정간법 제16조 제6항)

공표되었을 것
- 의문이 있는 것으로 보도된 경우, 다른 사람의 주장을 그대로 인용하여 보도한 경우
- '소식통에 의하면'이라는 형식으로 보도한 경우. 불문

3) 사실적 주장에 의하여 '피해를 입었을 것'(개별적 관련성)
- 언론으로부터 공격 받았다거나 침해를 받은 경우만으로 국한되는 것이 아니라 단지 사실적 주장에 관련되었거나, 언급되었다는 것으로도 피해를 입었다고 볼 수 있음
- 불특정 다수인을 대상으로 하는 경우(음주자, 흡연) 제외
- 정당, 회사, 협회 등과 그 구성원 사이 — 부정
- 가명, 다소의 불특정 기사

4) 정당한 이익이 있을 것 — 언론사에서 주장, 입증해야
정당한 이익이 없는 경우(정간법 제16조 제3항 단서)
- 반박 보도의 내용이 명백히 진실에 반하는 경우
- 원문 기사나 반박 보도의 내용이 사소한 경우
- 반박 보도의 내용이 그 자체로서 불합리하거나 서로 모순되는 경우
- 반박 보도의 내용이 독자를 기만하는 경우
- 반박 보도의 내용이 자기의 광고만을 목적으로 하거나 관계없는 제3자의 이익을 위법하게 침해하는 경우
- 공표에 대한 사전 동의가 있는 경우
- 반복 요구
- 속보에 의한 언론 스스로의 보도
  ① 이의 대상인 보도 자체를 특정 또는 명시하여
  ② 원문 보도와 같은 공표 효과를 가질 수 있는 방법으로
  ③ 신청인이 정정 보도문으로 구하는 내용이 모두 보도되어야
- 원문 기사를 왜곡 해석하여 정정 보도를 구하는 경우
- 오히려 오해를 유발하게 하는 정정 보도
상업적 광고만을 목적으로 하는 경우

5. 반박 보도 청구권의 내용

1) 내용
- 반박 보도는 사실적 진술과 이를 명백히 전달하는 데 필요한 설명에 국한되고 위법한 내용을 포함할 수 없다(정간법 제16조 제4항).

- 정정 보도 청구서에는 이의 대상인 기사의 본문과 게재를 요청하는 정정 보도문을 첨부하여야 한다(정간법 제16조 제2항).
- 대립되는 반박 보도문
- 보충하는 반박 보도문

2) 제한
- 정정 보도의 내용은 독자 투고의 형식으로 게재할 수 없으며, 반박 보도문의 자수는 이의 대상이 된 공표 내용의 자수를 초과할 수 없다(정간법 제16조 제5항).

3) 타인의 말 또는 글의 보도와 정정 청구 보도
- 기고 또는 회견 자체를 한 일이 없는 경우(이름 도용)
- 익명 약속 인터뷰 후 기명 보도
- 발언 내용이 보도 내용과 다른 경우
- 청탁, 기고, 투고에 의한 원고 게재시, 동의 없이 내용 수정하면 정정해야
- 보도된 타인의 사실 주장으로 피해 받은 제3자, 청구 가능
  통신 전재, 경찰 조서, 타 기관 제공의 보도 자료, 타인의 회견 내용 속의 사실 주장, 고소장, 유령 단체의 유인물, 비공식 단체의 비리 백서, 소문 등을 근거로 보도한 경우

6. 정정 보도 청구 심판 청구

- 민소법상 가처분 규정 적용(민사 신청 사건)
- 관할: 피신청인의 재판적 관할(합의부)
- 법원 실무에서는 일반 민사 본안 사건과 동일하게 운영하여 서증 조사, 증인 신문 등의 절차를 거쳐 원래의 기사 내용의 진실성 여부를 면밀히 검토한 다음 그 허위성이 밝혀진 연후에야 비로소 반박 보도문의 게재를 허용하는 태도를 취하고 있으나 실정법 위반
- 신청인은 원문 기사, 정정 보도문, 불합의 증명원(언론 중재 위원회), 회사 등기부 등본만 첨부하면 됨
- 엄격한 증거가 아닌 소명 자료로 족하므로 피신청인의 증거 부동의 또는 불출석에 불구하고 신청인의 주장을 판단해야 함

< 자료 4 > 언론 피해 사례(판례)

1. 정정 보도 청구권의 일반적 내용에 관한 판례

1) 주체

· 서울 민사 지방 법원 1982. 9. 3 선고. 82 카 18633호 정정 보도

주간 경향 1982. 4. 4자(제686호) "여직원과 불륜극, 실성 공무원" 기사 가운데 '광주시 북구 건축과 근무 공무원 임任 모씨'라고 지칭된 사람이 비록 그 성명으로 특정되지는 않았다 하더라도 신청인을 가리키는 것임은 편견 없는 상당수의 독자나 또는 그 기사에 관심이 있는 독자라면 별 어려움 없이 알 수 있으리라고 보여지므로

· 서울 민사 지방 법원 1983. 8. 19 선고. 83 카 9145호 정정 보도

"정정 보도 청구권의 재판상 행사에 관하여는 민사 소송법상 가처분 절차에 따르도록 되어 있으나, 이는 신속 엄정한 피해자의 권리 구제를 도모하기 위하여 소송법상 특수한 소권을 인정한 것으로서 그 절차나 당사자의 문제에서 엄격한 민사 소송 절차와 동일하게 취급하려는 취지가 아니며, 이러한 의미에서 정정 보도 청구권을 행사할 수 있는 당사자 능력에 관하여 민사 소송법상으로는 당사자 능력이 인정되지 아니하는 경우라도 사회 생활상 하나의 단위로서 활동하고 있는 사회적 개체인 경우에는 그 당사자 능력이 인정된다는 점 등에 비추어 볼 때 그 당사자 표시 정정의 경우에도 통상의 민사 소송 절차에 있어서보다 넓게 인정된다."
세계 기독교 통일 신령 협회 대표자 '이재석'. — 재단 법인 세계 기독교 통일 신령 협회 유지 재단 협회장 이재석 — 세계 기독교 통일 신령 협회

· 서울 민사 지방 법원 1984. 11. 30 선고. 84 카 35089호 정정 보도

"월간 < 현대종교 > 1984년 9월호 '예장 합동측 P 노회 이단의 음모에 휘말려' 제하의 기사는 신청인 노회에 대하여 피해를 가한 기사라고는 볼 수 없으므로(위

기사의 사실적 주장에 의하여 신청인 노회의 대표자인 소외 김 모씨가 피해를 입었다고 하더라도 그로 인하여 단체인 신청인 노회가 피해를 입게 된다고도 볼 수 없다)"

· 서울 민사 지방 법원 1983. 8. 26 선고. 83 카 17754호 정정 보도

"잡지를 통해 기명으로 원고를 공표한 경우 비록 잡지사가 당초의 원고를 필자의 승낙 없이 일방적으로 삭제, 변경, 첨가한 내용으로 게재하였다 할지라도 그는 잡지를 통하여 정정 보도 청구의 대상이 되는 사실적 주장 그 자체를 발표한 주체적, 능동적 지위에 있는 자로서 그 공표된 내용 안에서 거론되는 등 직접적인 관련성이 있는 경우에 해당되지 아니하므로 이에 대하여 필자는 민법 또는 저작권 등에 기한 청구를 할 수 있음은 별론으로 하더라도 언기법상 정정 보도 청구권은 인정되지 아니한다."

2) 객체(원문 기사)
· 서울 민사 지방 법원 1983. 5. 24 선고. 83 카 7953호 정정 보도

"논평이나 비평하기 위한 기고문을 게재한 것이므로 사실적 주장에 의해 피해를 입었다고 볼 수 없다."

· 서울 민사 지방 법원 1983. 8. 19 선고. 83 카 9145호 정정 보도

"다른 기관의 공문이 피신청인의 신문을 통하여 공표된 이상 이는 동 신문의 사실적 주장으로서 정정 보도 청구의 대상이 분명하다."

· 서울 민사 지방 법원 1984. 11. 30 선고. 84 카 34374호 정정 보도

"광고는 언론이 광고주와의 광고 계약에 의하여 광고주의 개인적인 의사 표시를 그대로 게재하여 주는 광고주의 주장이지 언론의 사실적 주장이라고 볼 수 없고, 또한 광고는 언론이 그 대가를 받고 게재하여 주는 것임에 반하여, 정정 보도는 무료로 게재하여 준다는 점에 이른바 대등의 원칙에 반한다는 점 등에 비추어

볼 때 광고 게재로 인하여 피해를 입은 자는 광고주 또는 언론 기관을 상대로 민·형사상의 구제 수단을 강구하는 것을 별론으로 하고 언론 기본법에 의한 정정 보도의 대상으로 삼을 수 없다."

• 서울 민사 지방 법원 1987. 12. 11 선고. 87 카 40175호 정정 보도

"정정 보도 청구의 대상이 되는 보도는 일반적인 기사의 형식으로 보도되든지 독자 투고의 형식으로 보도되든지 그 보도의 형식을 불문한다."

• 서울 민사 지방 법원 1991. 10. 10 선고. 91 카 81540호 정정 보도

"< 목회와 신학 > 1991년 6월호에 게재된 '구원파를 왜 이단이라 하는가' 라는 제목의 논문은 일부 사실적 주장에 해당하는 기재 부분이 있기는 하지만 29면에 달하는 위 논문의 대부분이 신청인 교단(기독교 복음 침례회)을 지칭하는 구원파의 성서관, 하나님과 구원관, 기도관, 예배관, 교회관, 종말관 등 교리에 대한 종교적 척도에 따른 주관적인 가치 판단을 기재한 것이므로 사실적 진술로서의 정정 보도를 신청하는 것에 해당하지 아니한다."

• 서울 고등 법원 1990. 2. 6 선고. 89 나 30506호 정정 보도

"피신청인의 기사가 경찰 기록이나 경찰관의 의견을 옮겨 보도하였다 하여도 일단 그 내용이 정기 간행물에 공표되어 사실적 주장이 되었다면 그 기사에 의해 피해를 받은 신청인은 이를 반론할 수 있는 권한이 있다."

3) 개별적 관련성
• 서울 고등 법원 1987. 3. 18 선고. 86 나 4096호 정정 보도

"기자가 수기를 조작하여 실명이 아닌 가명으로 보도했더라도 그것이 특정인의 인적 사항과 일치하여 쉽게 누구인지를 알아볼 수 있다면 언론사는 정정 보도할 의무가 있다."

4) 정당한 이익
· 대법원 1986. 12. 23 선고. 86 다카 818호 정정 보도

"(구) 언론 기본법 제49조 제3항 단서의 '정당한 이익을 갖지 않는 경우' 중에는
정정 보도에 기재될 내용과 원문 기사에 보도된 내용이 본질적인 핵심에 관련되
지 못하고 지엽 말단적인 사소한 것에만 관련되어 있을 뿐이어서 이의 시정이 올
바른 여론 형성이라는 본래의 목적에 기여하는 바가 전혀 없는 경우에 포함된다."

· 서울 민사 지방 법원 1989. 12. 29 선고. 89 카 46152호 정정 보도

"언론사가 오보를 인정 '고침' 또는 속보 형식의 기사를 통해 해명했다 하더라
도 그 내용이 원기사 내용을 정정한 것이 아니라면 이는 충분한 정정 보도가 이
루어졌다고 할 수 없으므로 정정 보도를 게재할 의무가 있다."

· 서울 지방 법원 남부 지원 1992. 2. 21 선고. 89 카 8917호 정정 보도 방송

"이 사건 보도(1989. 5. 14 MBC 9시 뉴스 센터 '천방 지축조의 담임')는 신청인
최종순의 사전 동의하에 대담 등을 통하여 신청인의 교육 활동에 대한 사실 보
도에 관한 반박 대담 장면을 방영함으로써 신청인의 입장과 주장을 보도하였을
뿐만 아니라, 피신청인은 이 사건 보도 후 신청인을 자신이 방영하는 시사 토론
프로그램에 출연시켜(1989. 5. 26. 박경재 < 시사토론 > '무엇이 참교육인가') 이
사건 보도로 인하여 문제된 신청인의 교육 활동에 대한 반박의 기회를 부여함으
로써 신청인은 이를 통하여 이미 이 사건 사실적 보도에 대한 상당한 반론권을
행사한 이상 이 사건 정정 보도 청구는 정당한 이익이 없다 할 것이다."

2. 피해 유형별 판례 검토

1) 명예 훼손
· 사회적 평가를 저하시키는 공표에 의해 정신적 고통을 받은 경우
  서울 민사 지방 법원 1983. 9. 30 선고. 83 가합 2449호 손해 배상 등
  박윤식 VS 탁명한

< 현대종교 > 1983년 3, 4월호 '박윤식 목사 그는 왜 이단인가'
- 부도덕한 소문을 기사화하여 미혼 여성의 명예를 훼손한 경우
  서울 고등 법원 1989. 11. 29 선고. 89 나 8158호 손해 배상 등
  김성희 VS < 마드모아젤 >
  < 마드모아젤 > 1988년 9월호 '전경환과 김성희 소문의 진상 확인'
- 연예인의 연애설이 어떤 근거가 있는 것처럼 선입견을 갖게 하고 불륜 관계까지
  진전된 것이 사실이라는 인상을 주는 경우
  서울 지방 법원 동부 지원 1989. 4. 14 선고. 88 가합 17151호 위자료 등
  조하문 VS (주) 여원
  여원사 발행 월간 < 신부 > 1988년 7월호 '가수 조하문, 탤런트 박순애 열애설
  진상', '아니 땐 굴뚝엔 연기가 안 난다'(소제목), '탤런트 박순애 가수 조하문
  간통'(머리말)
- 수기의 일부만을 발췌, 게재하면서 기사와 관련 없는 선정적 사진을 삽입하여 성
  폭행 경험을 묘사한 수기로 오인케 한 경우
  서울 민사 지방 법원 1991. 1. 17 선고. 90 가합 15896호 사죄 광고
  권인숙 VS (주) 서울 문화사
  < 우먼센스 > 1990년 1월호 '권인숙 양이 자신의 성폭행 과정을 솔직히 쓴 문제
  의 수기'(제목), '문기동은 권인숙 양을 이렇게 성폭행했다'(기사 첫 머리)
  권인숙의 ≪ 하나의 벽을 넘어서 ≫의 내용을 사전, 사후 승낙 없이 일부 발췌
- 전과가 틀리게 기재된 경찰 배포의 보도 자료를 근거로 기사화한 경우
  서울 민사 지방 법원 1988. 4. 29 선고. 87 가합 3739호 손해 배상
  곽철암 VS 대한민국 외 6개 일간지
  전과 1범을 전과 7범으로 발표, 보도

"수사 경찰관으로서는 피의 사실에 관하여 신문사 기자들에게 보도 자료를 배부,
발표함에 있어 그것이 정확하게 작성되어 있는지의 여부를 확임 점검하였어야
할 것임에도 불구하고 이를 게을리 한 채 원고가 전과 7범으로 잘못 기재되어 있
는 위 보도 자료를 그대로 배부, 발표하여 그것이 도하 각 신문에 보도되게 함으
로써 결과적으로 공연히 허위의 사실을 적시하여 원고의 명예를 훼손했다. [……]
한편, 나머지 피고들(일간 신문사)은 위 피의 사실을 보도함에 있어 서울 시경의
공식 발표를 위 보도 자료에 기재된 대로 보도한 이상 그 내용 중에 원고가 전

과 7범이라는 내용의 허위 사실이 포함되어 있었다 하더라도 그 사실이 진실한 것으로 믿었고, 또 그와 같이 믿은 데에는 상당한 이유가 있다 할 것이어서 위 피고들에게 원고의 명예를 훼손하는 것에 관한 고의나 과실이 있다고 볼 수 없다."

- 서울 민사 지방 법원 1990. 11. 9 선고. 90 가합 15032호 손해 배상
  김영회 VS (주) 민주일보사
  민주일보사 발행의 < 주부생활 > 1989년 11월호 '김세레나 전 국회 의원 숨겨온 사랑 고백'

"신문이나 잡지 기사에 의한 명예 훼손 등 불법 행위의 성립 여부는 그 기사의 객관적인 내용뿐만 아니라 일반의 독자가 통상 기사를 읽는 것을 전제로 하는 그 기사의 내용, 기사의 배치, 기사의 문구의 연결 방법 등을 종합적으로 판단하여 그 기사가 독자에게 부여하는 전체적인 인상을 그 판단 기준으로 하여야 할 것"

"취재원이 제공한 정보를 그대로 보도하였다고 하더라도 합리적인 자료나 근거에 의하여 그 정보가 진실하다고 믿은 데 상당한 이유가 있는 경우에만 불법 행위 책임을 면할 수 있다."

- 서울 지방 법원 남부 지원 1990. 10. 12 선고. 89 가합 18505호 사죄 광고 등
  (주) 문화방송 노조 VS (주) 동아일보

"피고의 1989년 9월 8일자 '국실장 신임 평가제 도입이 쟁점' 보도 및 같은 날짜 '평형 감각 있는 운동을' 사설은 사실의 진실성이 인정되고 비록 원고의 입장과 행동이 피고의 사설에서 충분히 이해되고 동조되지 못하였다 하더라도, 비록 이로서 원고의 명예가 다소 훼손되었다 하더라도 그 위법성이 조각되어 면책된다 할 것이다."

"즉, 원고로서 또 다른 논평과 반론에 의하여 피고의 입장을 교정하고 토론함은 별론으로 하더라도 이러한 피고의 보도와 평론 자체를 불법 행위로 단정하여 우리의 사상의 자유 시장에서 축출할 만한 사안은 결코 아니다."

- 서울 고등 법원 1990. 7. 3 선고. 90 나 4848호 정정 보도
  이규효 VS (주) 동아일보

  "< 동아일보 > 1989년 8월 8일자 '제2 싹쓸이 발언 분노의 소리' 라는 제목과 '김
  용태 의원 발언 전북 도민 반응' 이라는 소제목 기사에 신청인의 지난 대통령 선
  거 당시 싹쓸이 발언이 언급되어 있으므로 신청인은 이 사건 기사에 의해 피해
  를 받았다."

- 서울 민사 지방 법원 1989. 9. 22 선고. 89 카 28545호 정정 보도
  문익환 VS (주) 조선일보사

  "< 조선일보 > 1989년 4월 5일자 1면 기사 중 '문씨 돌아가고 싶지 않다' 는 제목
  의 기사는 신청인이 방북 후 귀국을 원치 않는다는 잘못된 보도이므로 신청인은
  피해를 입었다."

- 서울 민사 지방 법원 1990. 7. 19 선고. 90 카 41568호 정정 보도
  김우룡, 차인태 VS 한국 기자 협회

  "피신청인의 기자 협회보 1990년 4월 20일자 1면의 '방송 장악 기도 일부 드러나'
  제하로 < 한국 커뮤니케이션 연구소 >가 정부의 방송 장악 기도에 개입하고 있다
  고 의혹을 받고 있다고 보도하면서 이 연구소에 참여하고 있는 인사로 방제연에
  참가한 K 교수와 현직 MBC 방송인 C씨 등을 거론하였는바, 이는 적어도 위 기자
  협회보의 독자로 예상되는 신문 및 방송 기자들로서는 이 사건 기사에 보도된 K
  교수와 C씨가 신청인들을 가리키는 것임을 명백히 인식할 수 있었을 것"

2) 신용 훼손
- 부도덕한 상행위를 시인한 사실이 없는데도 마치 시인한 것처럼 보도한 경우
  서울 고등 법원 1989. 7. 12 선고. 89 나 7209호 정정 보도
  파스퇴르 유업 (주) VS (주) 중앙일보사
  < 중앙일보 > 1988년 7월 23일자 '허위 광고 파스퇴르 우유, 보도한 신문 되레
  비방' 기사

• 수기라 하여 원문의 수정 없이 타인을 비방하는 내용의 글을 잡지에 게재했다면 잡지사는 명예 훼손에 대한 책임을 면할 수 없다.

대법원 1988. 10. 11 선고. 85 다카 29호 위자료 등

이일재 VS (주) 학원사

"< 주부생활 > 1982년 7월호 '한국 최초 변호사를 상대로 승소한 중학 중퇴 기능공의 법정 투쟁기' 수기 내용은 일간 신문지상에 보도된 기사 내용보다 더 나아가 원고가 상대방 대리인과 공모하여 의뢰인인 수기자에게 불이익을 주기로 하였다는 내용을 포함하고 있는 점을 살펴보면, 그것이 진실과는 다른 것이고 원고에게 확인하거나 변명의 기회조차 부여하지 아니한 채 마치 위 수기자가 위 소송 과정에서 위 수기에 서술한 내용이 포함된 주장을 하여 그 주장이 법원에 의하여 그대로 받아들여져 원고가 전부 패소한 판결이 선고 확정된 것처럼 그 독자들이 오인할 수 있게 한 이상 이는 원고에 대한 사회적, 직업적 평가를 저하시켰으므로 불법 행위 책임이 있다."

3) 저작권 침해

• 드라마 작가의 동의 없이 드라마 녹화 작품을 TV 방영이 아닌 비디오테이프로 복제, 판매한 경우

서울 지방 법원 남부 지원 1983. 10. 21 선고. 83 가합 7호 손해 배상

정하연 외 15 VS KBS, (주) 한국 방송 사업단

"피고 공사가 원고들이 저작한 극본을 토대로 TV 드라마를 제작한 경우에는 비록 그것이 연출자 등의 창작적 기여에 의하여 이루어지는 이른바 종합 저작물로서 그 제작자가 이에 관하여 저작권을 갖게 된다고 하더라도 이는 원저작물인 극본을 변형, 복제하는 방법으로 개작한 것에 다름 아니므로 위 극본의 저작자인 원고들로서는 위 TV 드라마 녹화 작품에 대하여 제1차적인 저작권을 보유한다 할 것이다."

• 저작권이 완전히 성립되기 전인 번역 원고라도 타인이 원작을 별도로 번역하면서 이를 무단으로 이용하는 경우

서울 민사 지방 법원 1984. 7. 24 선고. 83 가합 6051호 손해 배상

안정효 VS 재단 법인 한국 문학 진흥 재단

"원고의 번역물에 아직 2차적인 저작권이 발생하지는 않았다고 하더라도 원고의
위 번역 원고(한말숙의 ≪ 아름다운 영가 ≫ 영문 번역본)는 원고의 정신적 노동
과 그 창작성의 산물로서 원고는 위 번역물에 대하여 그의 승낙 없는 타인의 이
용이나 임의 개작으로부터 법률상 보호되어야 할 정당한 이익을 가진다고 할 것
인바, 소위 스잔 크라우더가 원고의 승낙을 얻음이 없이 원고의 번역 원고를 참
고하여 그 중 좋은 표현을 그대로 사용하고 기타의 부분도 상당 부분은 어휘나
문장 구성을 일부 바꿔 자신의 독창적인 번역물로서 출판한 행위는 원고의 위
법률상 보호하여야 할 정당한 이익을 침해하는 위법 행위이다."

4) 인격권, 초상권 침해
• 상품 안내 책자에 쓰일 목적으로 찍은 사진을 월간지 광고에 사용한 것은 초상
  권 침해다
  서울 민사 지방 법원 1988. 9. 9 선고. 87 가합 6032호 손해 배상
  한혜숙 VS 럭키 금성 상사 (주), (주) LG애드

"피고들은 원고를 모델로 한 카달로그용(반도 패션 봄철, 여름철 의류) 사진의 촬
영 및 공표에 관하여만 원고의 승낙을 얻었음에도 불구하고 그 승낙의 범위를
벗어나 월간 잡지(< 여원 >, < 월간중앙 >, < 여성동아 >, < 가정조선 > 등)에
까지 원고의 위 카달로그용 사진을 실어 광고에 사용하였는바, 위 월간 잡지상의
광고는 당초 원고가 피고들과 카달로그 모델 계약할 때 예상한 것과는 상이한
별개의 광고 방법이라 할 것이어서 원고의 초상권을 침해하였다."

• 사회 통념상 광고에 실린 그림이 원고라도 곧바로 식별할 수 있는 정도는 아니
  라고 보여지므로 초상권이 침해되었다고 단정할 수 없다.
  서울 민사 지방 법원 1988. 5. 11 선고. 87 가합 6175호 위자료
  김경애(예명 주미) VS (주) 영동백화점

"초상권이라 함은 얼굴 기타 사회 통념상 특정인이라고 식별할 수 있는 신체적
특징에 관하여 이것이 함부로 촬영되어 공표되거나 또는 광고 등에 무단히 사용

되는 것을 방지함으로써 초상의 인격 가치를 보호하는 것을 내용으로 하는 인격권의 일부라고 할 것이고, 따라서 초상의 묘사 방법이 사진 촬영이든 또는 일러스트레이션과 같은 회화적 방법 등에 의한 것인지 등을 묻지 아니하고 그 보호를 받을 것이지만, 초상권은 인간의 외면적인 모습을 그 보호 대상으로 하는 것이므로 묘사되어진 초상이 사회 일반인이 보아 누구인가를 곧 알 수 있을 정도로 묘사된 경우에 한하여 초상권의 침해를 인정할 수 있다 할 것인바, 원고가 소위 태평양 화학 주식 회사의 모델로 나온 사진의 영상과 피고들의 광고에 실린 그림의 모습을 대조하여 보면 위 그림의 내용과 구조가 위 사진의 그것과 일치하기는 하나 위 그림의 얼굴 모습이 사진에 나온 원고의 얼굴과 같다거나 그 외면적 특징을 그대로 나타내고 식별할 수 있는 정도는 아니라고 보여지므로 결국 피고들이 원고를 모델로 촬영한 사진을 토대로 삽화를 제작, 발표함으로써 그 사진이 저작권을 침해하였음은 별론으로 하고 이러한 사실만으로 곧 원고의 초상권이 침해되었다고 단정할 수는 없을 것이다."